고려시대의 특수행정구역 所 연구

이 저서는 2008년도 정부재원(교육과학기술부 인문사회연구역량강화사업비)으로
한국학술진흥재단의 지원을 받아 연구되었음(NRF-A00013)

한국중세사학회 연구총서 4

고려시대의 특수행정구역 所 연구

이 정 신 지음

혜안

책을 펴내며

이 책은 1991년『고려 무신정권기 농민·천민 항쟁연구』와 2004년의 『고려시대의 정치변동과 대외정책』에 이어 내놓은 필자의 세 번째 저서다. 다작이 좋은 것만은 아니라고 하지만 필자의 연구속도는 한마디로 지지부진 하다고 볼 수밖에 없다.

사실 필자가 所에 관심을 갖게 된 것은 무려 20년이 넘는다. 1991년 고려시대 농민항쟁을 주제로 박사학위를 받았지만 이 논문은 필자가 보기에 도 부족한 점이 많았다. 무엇보다도 운동사적 관점에서 농민들이 수탈에 못 이겨 이곳 저곳에서 봉기한 과정을 서술하였을 뿐 고려시대 피지배층의 삶은 제대로 규명하지 못했다는 자책이었다. 이후 피지배층이 살아가는 구체적인 삶을 알아야겠다는 생각으로 所를 테마로 잡게 되었다.

소는 金所·銀所·銅所·鐵所의 광산물, 鹽所·藿所·魚梁所의 해산물, 薑所· 茶所의 특수농산물, 絲所·紬所·紙所·瓦所·炭所·墨所의 수공업제품으로 나 뉜다. 그런데 소의 실태를 파악하기 위해서는 광업, 농업, 수산업 등 전반에 걸친 지식이 필요하였다.

처음 1998년에 지소와 어량소, 1999년에 다소까지 발표하고는 도저히 감당하기 어려워 다른 분야로 관심을 돌렸다.

우선 고려시대 농민항쟁을 연구하는 과정에서 민란의 전신으로 볼 수 있는 묘청의 난이 궁금하여 관심을 두었다. 여기에서 김부식 등의 개경파와 서경파로 불리는 묘청 등은 금과의 전쟁 여부를 내세워 정치적인 주도권을 장악하려 한 점이 눈에 띄었다. 필자는 묘청 난의 분석을 통해 대외정책이 국내정치와 어떻게 연계되는가를 파악하여 국내정치의 연장선에서의 외교관계를 살펴보고자 했고, 그 이외의 논문들도 이 같은 시각에서 살펴보려고 했다. 그 성과물이 2004년에 내놓은 『고려시대의 정치변동과 대외정책』이었다.

두 번째 책이 나온 이후 所 연구를 마무리할 필요성을 느꼈으나, 수공업·광업·염업 등에 무지했던 필자로서는 우선 개설적이라도 이 같은 전근대 산업을 제대로 이해할 수 있을까 두려움을 느꼈다. 뭔가 추진할 동력을 얻기 위해 한국연구재단의 인문저술지원사업에 신청했고 이것이 통과됨으로써 본격적으로 연구에 매진하게 되었다. 그 과정에서 띄엄띄엄 탄소, 동소, 와소, 금·은소를 발표하였다.

필자는 간헐적으로 개별 소를 연구하다 보니 각 소에만 매진하여 통일성을 잃어버렸다. 더욱이 문헌사학만 주로 연구하던 필자가 발굴보고서나 현지답사를 통해 이해하기에는 부족한 점이 너무 많았다. 그리고 자기소 같은 경우에는 발굴보고서나 연구자의 연구성과가 너무 많아 각자 논지가 다른 점도 필자의 혼란을 가중시켰다. 포기하고 싶은 생각이 들 정도로 힘든 작업이었다. 고백하건대 한국연구재단의 도움이 아니었다면 이 책을 출간할 수 없었을 것이다. 한국연구재단에 중간보고서, 결과보고서를 써야 한다는 압력에 필자는 어떻게든 마무리를 하려고 애썼고 결과적으로 이 책을 완성할 수 있었다.

이 책은 각 소에 대한 연구성과 중 이미 발표했던 논문은 다시 수정·보완하여 통일을 기하려 하였다. 그 외 소민의 신분문제, 소의 위치비정, 소가 고려의 수공업에서 차지하는 비중 등 필자가 규명하고자 한 내용은 많았으나 해당 사료의 부족으로 대략 유추만 할 뿐, 명쾌한 결론을 내리지는 못했다. 소 연구의 첫걸음으로 생각해 주길 바란다.

소는 고려시대의 특수한 수공업 생산구역으로서, 이전부터 존재했던 소가 부곡과 함께 군현제의 일환으로 편성된 것은 현종대부터라고 생각한다. 또한 소의 규모는 작은 촌락에서부터 군·현에 이를 정도로 큰 규모를 가진 다양한 모습을 지녔으며, 각 물품마다 생산조건이 다양하였다. 상공은 주로 군현의 공물에 포함되며, 별공은 중앙에 직납하였다고 하나 어량의 경우 중앙에 직납되는 공물도 있어 일률적으로 판단하기 어렵다고 생각한다.

수공업이 크게 발달하지 못했던 고려시대에서는 이 소라는 특수구역의 편성을 통해 점차 기술이 발달하고 생산량도 늘어났다. 고려중기에는 관영 수공업·민영 수공업·소 수공업 중 소 수공업이 가장 큰 비중을 차지하여 수공업 기술이 발달하였다. 고려후기에 들어서서 소가 해체되자 소의 장인들은 각지로 흩어져 민영 수공업의 수준을 한 단계 높이는 역할을 하게 되었다. 이것이 고려시대 소의 존재 이유이며, 소의 역사적 의의라고 볼 수 있다는 것이 필자의 결론이다.

소를 연구하면서 필자는 일반적으로 조선이 중세사회의 연장으로 평가절하된 점에 대해 재고해 봐야 한다고 인식하게 되었다. 향·부곡과 더불어 소가 없어진 사실만으로도 엄청난 사회변화를 가져왔다고 생각한다. 즉 소민이 소를 벗어나 각지로 흩어져 특정 물자를 전문적으로 생산하는 중추세력이 된 것이 조선시대 민영 수공업이 발달하는 계기가 되었고 이는 농경위주의 사회에 큰 변혁을 가져왔다고 보기 때문이다.

마지막으로 미흡한 글이나마 이 책을 쓰도록 후원해준 한국연구재단, 정성을 다해 책을 만들어준 혜안출판사의 오일주 사장님과 김현숙 님에게 감사드린다. 그리고 오늘날 차가운 미취업의 시대에 안정적으로 공부할 수 있도록 해준 한남대학교와 예쁜 제자들, 그리고 교정에 힘써준 김난옥·이정란·김보광 선생님에게 고마움을 전하고 싶다. 또한 박용운 선생님과 고려사를 공부하는 후배들, 한국중세사학회 동료들의 후의는 필자가 힘내어 공부할 수 있게 해주는 기반이다. 앞으로도 언제나 이들과 즐거운 마음으로 공부하고 토론할 수 있기를 바란다.

2013년 2월   이 정 신

목차

序論 : 소란 무엇인가

1. 소의 존재형태와 소민의 신분

고려시대의 所가 특산물을 생산하여 공납하는 특수집단임은 널리 알려져 있는 사실이다. 그러나 소가 향·부곡과 달리 특산물을 공납하는 특수한 성격을 지니고 있음에도 부곡제에 편제되어, 개별 소의 특성이나 수공업과 연계한 소의 전체적인 모습은 완전하게 그려지지 못하였다. 따라서 부곡제에 대한 연구성과가 많이 축적되어 있으나, 소는 부곡제의 일환으로 언급되었을 뿐 소 문제에 천착한 연구성과는 그다지 많지 않다. 최근 들어와서 소의 존재형태뿐 아니라, 수공업과 신분제도와의 관계, 공납방식 등 많은 부분이 연구되고 있다. 그러나 소 문제만을 천착한 연구성과는 부곡세에 비하면 그다지 많지 않다. 다음에서 제시하는 연구사적 검토에서는 주로 소에 관해 중점적으로 다룬 연구성과만을 정리한 것이다.

백남운[1]이 부곡을 집단적 노예, 종족 노예제로 규정한 이후 이를 계승한 임건상은 이들 집단이 군현제의 관할하에 있으며 군현제를 통하여 국가 중앙부에 연결된다고 보았다. 이들 집단은 국가발생 초기 촌락공동체의 보존과 발전이라는 모순 대립의 발전과정 속에서 촌락적 예속형태의 강화를

---

1) 백남운, 1933, 「부곡제의 역사적 의의」, 『조선사회경제사』, 개조사(윤한택 역, 1989, 이성과현실, 295~296쪽).

통해 나타나게 되었는데, 이 과정에서 예속된 집단은 노예적 성격 또는
천민집단이었으며 이는 소도 같은 맥락으로 볼 수 있다고 하였다.[2]

홍희유는 고려시대의 소가 노비에 가까운 천인으로서, 후기신라의 成에
서 연원한 것이지만, 신라말 개별 봉건세력들이 갖고 있던 수공업장이
소로 편성되기도 했다고 보았다.[3] 기타무라(北村秀人)는 소민이 국가에서
요구하는 특정 생산물로서의 貢賦만을 주로 부담했으며, 일반 군현이 계수
관을 통해 수취하는 데 비해 소는 국가에서 직접 수취했다고 보았다.[4]
이같이 초기의 학자들은 부곡이나 소가 천민집단이라는 점을 전제로 서술하
였다.

부곡의 천인설에 대한 반론은 이우성에 의해 처음 제기되었다. 그는
정도전의 유배지인 나주 거평부곡에서의 생활을 분석하여 이곳 부곡민이
자영농민으로서 국가에 조세를 부담하며 군현민과 교류를 할 정도로 신분적
으로 차이가 없음을 들어 부곡민이 천인이라는 기존 견해에 의문을 제기하
였다.[5]

다케다(武田幸男)는 부곡제가 군현제의 일환으로서 양인질서 속에 편입
되어 있었으나 국가에 의한 특별한 역역수취의 대상이었다는 견해를 제기하
였다.[6] 박종기는 부곡민 양인설을 제시하면서 부곡을 고려국가의 수취체계
방식과 결부시켜 이해하였다. 즉, 부곡제는 수취체계의 운영을 통해 형성된
구조적 특성을 가지고 있었다고 하였다. 이어서 그는 소 또한 신분적으로는
일반 촌락에 거주하는 군현민과 같은 양인이었으나 수취체계상 부곡제하의
주민으로 파악하여 특정 물품을 생산하는 役을 추가로 부담하였다고 보았
다.[7]

---

2) 임건상, 2001, 「조선의 부곡제에 관한 연구」, 『임건상전집』, 혜안.

3) 홍희유, 1989, 『조선중세 수공업사 연구』, 지양사, 119~121쪽.

4) 北村秀人, 1969, 「高麗時代의 所에 대하여」, 『朝鮮學報』 50.

5) 李佑成, 1966, 「高麗末期 羅州牧 居平部曲에 對하여」, 『震檀學報』 29·30合.

6) 武田幸男, 1971, 「良賤制의 展開」, 『岩波講座 世界歷史6』, 岩波書店, 75~78쪽.

소가 고려시대부터 지방제도에 편입되어 존재했다는 사실은 대다수의 학자들이 인정하고 있는데, 김현영은 소를 두 단계로 나누어 전기에는 특정 물자를 생산하는 장소에 불과하던 것이, 중기 이후 향·부곡과 같은 지방행정단위가 되었다고 하여 시기에 따른 소의 변화를 강조하였다.[8) 이를 받아들여 김난옥은 전기적 소가 군현에 존재한 촌락으로 관할군현의 지배를 받는 방식이었다면 후기적 소는 하나의 지방행정단위로서 특정 기관이나 세력에 의해 탈점되는 대상으로 변형되었다고 보았다.[9)

이런 학자들의 견해는 고려사회를 어떤 성격의 사회로 보느냐로 귀결된다. 부곡을 천민집단으로 보는 설은 고려시대를 고대적 성격이 잔존한 사회로 보는 데 비해, 양인으로 보는 견해는 부곡제를 중세적 지배질서의 확립과 관련시키는 입장에서 파악하고 있다. 필자 또한 소가 행정적으로는 천시된 면도 있으나 이를 양인 내의 하층집단으로 파악하고 논지를 전개하고자 한다.

그러나 소가 부곡제의 일환으로 존재한 것은 사실이지만 그 시기는 구체적으로 언제이고, 주산업이 농업인 고려사회에서 수공업이 차지하는 비율은 어느 정도이며, 고려 수공업에서 소가 차지하는 위상이 어느 정도인지를 밝힐 수 있어야만 소의 존재형태에 관한 문제가 해명될 수 있을 것이다. 이를 위해 우선 각 소를 생산방식에 따라 구분하고 유형화하는 작업이 필요하다고 생각한다. 다음은 고려시대 所의 기원에 관한 가장 기본적인 사료다.

A. 新羅에서 州·郡을 설치할 때 그 田丁·戶口가 縣이 되지 못하는 것은 鄕이나 部曲을 두어 그곳에 있는 邑에 속하게 하였다. 高麗 때는 또 所라고 칭하는 것이 있었는데 金所·銀所·銅所·鐵所·絲所·紬所·紙所·瓦

---

7) 박종기, 1990, 『高麗時代 部曲制硏究』, 서울대출판부.
8) 김현영, 1986, 「고려시기의 소에 대한 재검토」, 『한국사론』 15.
9) 김난옥, 2011, 「고려시대 소의 편재방식과 소민의 사회적 지위」, 『역사교육』 120.

所·炭所·鹽所·墨所·藿所·瓷器所·魚梁所·薑所의 구별이 있어 각각 그 생산물을 공급하였다.(『新增東國輿地勝覽』7, 京畿道 驪州牧 登神莊條)

고려시대의 지방제도는 주·부·군·현, 그 아래에 속군·속현, 그리고 향·소·부곡이 있었다. 고려초기 군현개편은 후삼국 전쟁 중 지방세력에 대한 재편 과정에서 그 기초가 마련되었다. 태조 왕건은 전쟁이 마무리되자 필요에 따라 부분적으로 단행되던 군현개편을 종합적으로 정리하여 제도적으로 추인하였다.[10] 태조 23년의 군현제 개편은 주현과 속현의 군현제 영역과 향·부곡 등의 부곡제 영역이 복합적 계서적으로 존재하는 군현지배 구조였다. 그러나 고려왕조가 소 체제를 만들어 중앙에 직속시키는 것은 성종 이전에는 가능한 일이 아니었다고 생각한다. 신라시대부터 존재한 향·부곡과는 달리 소는 고려시대에 만들어졌고 성종대에 가서야 12목에 지방관을 파견했던 것으로 보아 고려전기까지 소는 신라의 成이나 지방호족 휘하의 수공업 단지로 존재했을 것이다.[11] 그리고 군현제가 완비되면서 점차 규모가 커진 소는 현종대에 이르러서야 군현제도에 편입되었을 것이다.

이 과정에서 국가에서는 광산물, 수산물, 특수농산물, 수공업 제품 등의 주요물자 생산지를 소로 편제하여 별도의 수취체계를 마련하였다. 고려시대의 소는 金所·銀所·銅所·鐵所·絲所·紬所·紙所·瓦所·炭所·鹽所·墨所·藿所·瓷器所·魚梁所·薑所·茶所를 들 수 있다. 이를 분류해 보면, 金所·銀所·銅所·鐵所의 광산물, 鹽所·藿所·魚梁所의 해산물, 薑所·茶所의 특수농산물, 絲所·紬所·紙所·瓦所·炭所·墨所의 수공업 제품으로 나눌 수 있는데, 여기에서 다시 완제품을 생산하는 소와 원료를 생산하는 두 부류로 나눌 수 있다. 金·銀·銅·鐵의 광산물과 絲·紬의 수공업 제품은 이를 가공하여 완성된

---

10) 김일우, 1998, 『고려초기 국가의 지방지배체계연구』, 일지사.
11) 홍희유, 1989, 『조선중세 수공업사 연구』, 지양사, 120~121쪽. 홍희유는 소를 신라 말까지 봉건세력이 가지고 있던 수공업장으로 파악하였다.

물품을 생산할 수 있는 원료이며 그 외 종이·기와·숯·소금·먹·미역·瓷器·
물고기·생강·茶 등은 그 자체로 바로 사용할 수 있는 완제품으로 볼 수
있다.

그러므로 소에서 받은 원료를 이용하여 새로운 제품을 생산해야 하는
물품은 장야서·도염서 등 경공장에, 소에서 만들어 바로 사용이 가능한
완성품은 각기 필요한 관청에 공납되었을 것이다.[12] 소에서 만들어진 물품
은 지방관의 통제하에 地方稅貢에 포함시켜 중앙에 공납하게 된 것으로
보이는데, 소에서의 세공문제가 부곡의 그것과 나란히 병기된 기록이 숙종
5년에 처음 나온다.[13] 예종대는 소에 대한 수취가 과도하여 유랑민이 발생했
다는 기록이 보인다.[14] 그러므로 고려초기의 소는 특산물 생산이 가능한
지역에서 이를 생산하던 집단에 불과했던 것이 그 규모가 커지면서 현종
이후 향·부곡과 비슷한 지위를 가져 부곡제에 편입되었으리라 판단된다.[15]

부곡제 존재형태에 대한 논의는 신분제 문제와도 연계된다. 부곡인의
신분에 대해서는 초기 연구자들은 천민집단으로 파악하였으나 오늘날은
양인으로 보는 것이 대체적인 견해다. 부곡인을 천민으로 보는 대표적인
연구자로는 앞서 본 바와 같이 백남운, 임건상 그리고 소에 한정시켜 연구한
기타무라(北村秀人)를 들 수 있다.

1980년대부터는 부곡을 양인집단으로 파악하는 견해가 보나 주복을

---

12) 이러한 사례는 조선시대 別進上 상납에서 참고할 수 있다(최주희, 2012, 「15·16세기
별진상의 상납과 운영」, 『한국사학보』 46).

13) 『高麗史』 80, 食貨 賑恤 恩免之制 肅宗 5年 2月, "免州府郡縣部曲雜所 今年稅布牛"
; 구산우, 1988, 「고려시기 부곡제 연구성과와 과제」, 『부대사학』 12 참조. 잡소의
해석에 대해서는 두 견해가 있다. 하나는 주·부·군·현·부곡의 여러 곳이라는 견해와
주·부·군·현·부곡·잡소로 해석하는 견해다. 필자는 후자의 견해를 따르고자 한다.

14) 『高麗史』 78, 食貨1 貢賦 睿宗 3年 2月制.

15) 김현영, 1986, 「고려시기의 소에 대한 재검토」, 『한국사론』 15, 101쪽. 김현영은
고려후기에 가서야 소가 향 부곡과 동격이 되었다고 하였다. 그러나 고려후기에
소의 해체가 시작되는 시점과 군현으로 편입되는 시기를 비슷하게 보는 것에 대해서
는 앞으로 더 많은 연구가 필요하다.

받고 있다. 대표적인 인물로는 이우성, 다케다(武田幸男), 박종기 등을 들수 있다. 이우성은 정도전의 유배지에서의 생활을 분석하여 부곡민을 양인으로 결론지었으나 정도전이 살았던 시대가 고려말이라는 점에서 일정한 한계를 갖는다. 박종기는 천인설을 주장하던 학자들이 내세우는 자료로 오히려 양인설을 주장하였다. 그는 부곡제 주민이 공역부담자였던 것이 오히려 그들의 신분이 법제적으로 양인신분임을 알려주는 반증이라고 하여, 부곡인의 승려금지 규정, 交嫁所産子女에 대한 규정, 과거응시와 입학금지 규정 등은 신분적 규제 차원에서 제정된 것이 °아니라 부곡제 주민의 역을 확보하려는 고려정부의 의지가 반영된 것이라고 보았다.16) 이어서 소를 부곡제의 일환으로서, 군현과 별개의 독립된 특수행정기관이라기보다는 군현제 예하의 일반 촌락 가운데서 국가에 특정 물품의 생산을 전담하는 촌락으로 파악하였다. 다음은 부곡민의 신분을 유추할 수 있는 사료다.

B-1) 군현인과 津, 驛, 부곡인이 交嫁하여 소생한 자는 모두 진·역·부곡에 속하게 하고 진·역·부곡과 잡척인이 교가하여 소산한 자는 절반씩 나누되 남은 자는 어머니에 따른다.17)
   2) 부곡인 및 奴가 주인 및 주인의 周親의 尊長을 奸하면, 和奸은 絞하고 强奸은 斬하며 和奸한 자 중 부녀는 죄 1등을 감하고 주인의 시마 이상 친척을 奸하면 죄 1등을 감한다.18)
   3) 역에 차출된 丁夫와 雜匠이 머물러 나아가지 않으면 1일에 笞 40, 4일에 50, 7일에 杖 60, 10일에 80, 13일에 90, 19일에 100, 23일에 徒 1년으로 처벌한다.19)

---

16) 박종기, 1990, 앞의 책, 207~208쪽.
17) 『高麗史』 84, 刑法 戶婚, "郡縣人與津驛部曲人 交嫁所生 皆屬津驛部曲 津驛部曲與雜尺人 交嫁所産 中分之 剩數從母."
18) 『高麗史』 84, 刑法 奸非.
19) 『高麗史』 84, 刑法 職制 肅宗 2年.

B-1)에서 부곡 양인론자들은 비록 차별적이기는 하나 혼인을 그대로 인정한 점에서 부곡인을 천인으로 볼 수 없다고 하였다. 그 예로 고려시대에는 노비와 양인은 결혼할 수 없음이 법률로 정해져 있었음을 제시했다.[20] 그러나 부곡인이 천인이라고 하더라도 노비와 동격이라는 것은 아니다. 부곡인은 천인이라면 상층천인이었을 것이며 양인이라면 하층양인이었을 것이다. 그러므로 노비와 바로 비교하는 것은 무리가 있다.

특기할 사실은 1)에서 잡척을 진·역·부곡인과 동격으로 설명하면서 양인과 구별하고 있다.『高麗史』형법지에서 향·소·부곡민이 양인과 결혼할 경우 그 자손은 향·소·부곡민이라든가, 부곡인과 노비를 동격으로 두고 처벌하는 점, 그리고 과거시험 자격에 제한을 둔 점, 이지은소가 옛날에는 현이었는데 중간에 읍인이 국명을 어겨 은소로 만들었다[21]는 내용이나, 국가에 공을 세워 부곡을 현으로 승격시켜주는 점 등을 일일이 열거하지 않더라도 부곡민이나 소민을 군현민과 동등하게 보기에는 문제가 있다.

B-2)의 해석에서 다케다(武田幸男)와 박종기는 당률과 고려 형법지를 비교하여 고려가 당률을 그대로 인용한 것에 불과하며, 이는 노비에게만 적용되었으리라 보고 있다.[22] 당률을 살펴보면 이를 고려가 그대로 인용한 것은 사실인 것 같다. 그러나 그대로 서술한 것은 당시 고려의 사회적 통념으로 부곡인을 노비와 함께 서술해도 무빙하나고 생각했기 때문일 것이다. 부곡인을 양인이냐 천민이냐 뚜렷이 구별하기를 시도하는 것은 오늘날의 관점이지 고려 사람들은 군현민-부곡인-노비의 서열 정도로 인식하고 있었으리라 생각한다.

그러면 신분과 역 관계를 보자. 전근대 사회에서는 개인의 개별적인 활동 하나하나에 공적인 위치를 부여하는 것이 아니고 집단을 매개로

---

20)『高麗史』85, 刑法2 奴婢.

21)『新增東國輿地勝覽』27, 河陽縣 古蹟.

22) 武田幸男, 1971,「良賤制의 展開」,『岩波講座 世界歷史 6』, 75~80쪽 ; 박종기, 1990, 앞의 책, 53~58쪽.

위상을 정한다. 신분이란 특정한 집단을 공적 사회에서 위치를 매기기 위한 제도이며, 신분제 사회에서는 직역과 신분은 일치한다고 볼 수 있다. 그렇다면 향이나 부곡은 차치하더라도 천역에 종사하는 소민을 양인으로 보기에는 조심스럽다. 이에 대한 대안으로 전병무는 조선전기의 양인과 천민 사이의 신분층 단계를 설정하고 소의 주민이 신분은 양인이고 역이 苦役이라 하여 신량역천 계급으로 인식하였으며,[23] 김난옥은 농민 이하계 층을 賤事良人, 賤役良人으로 나누어 부곡민을 천역양인으로 파악하였다.[24]

여기에서 고려되어야 할 점은 양인과 천민의 정의다. 대표적인 천민인 노비는 사람취급을 받지 못하므로 국가에 대한 역이 없었다는 점에서 보면 부곡인은 분명히 양인이라고 볼 수 있다. 그러나 비록 부곡민이나 소민이 양인이라 하더라도 맡은 역이 과중하여 모두의 기피대상이 된다면 이는 천민과 다를 바 없으며, 법률적으로 천민이 아니더라도 사회적인 분위기에서는 천시되었을 것이다. 이를 보완하기 위해 신량역천이나 천역 양인 등의 용어가 나오는데 이것은 신분의 용어로 쓰기는 적합하지 않다. 그러나 다양한 양인계층 중에 하층의 양인이라는 의미로서, 양인의 다양한 모습을 설명하려는 시도로서 일정한 의미는 있다고 생각한다.

B-3)에서는 丁夫와 雜匠을 동격으로, B-1)에서는 군현민과 진·역·부곡인 과 잡척인[25]을 3단계로 구별하고 있다. 즉 군현민이 잡장과 동격이라는 것은 匠人이 양인임을 나타내고, 잡척의 경우는 군현인과는 구별되는 신분

---

23) 田炳武, 1992, 「高麗時代 銀流通과 銀所」, 『韓國史研究』 78, 韓國史研究會.

24) 김난옥, 2001, 『고려시대 천사·천역양인 연구』, 신서원.

25) 윤경진, 2002, 「고려시기 소의 존재양태에 대한 시론」, 『한국중세사연구』 13, 2002, 60쪽. 소를 상시적으로 물자를 생산하는 신역 생산방식과 일정 기간 동안만 물자를 생산하는 잡역 생산방식으로 구분하고, 雜尺人을 소에서 신역으로 생산에 종사하는 사람으로 파악하였다. 소에 따라 신역과 잡역을 구분한 것은 참신한 발상으로 보인다. 그러나 이에 덧붙여 소의 특성에 따라 소 내부에서 전업적으로 특산물 생산에 종사하는 장인의 신역 생산방식과 소민의 잡역 생산방식의 구분도 필요하지 않을까 한다.

임을 짐작할 수 있다. 잡장은 잡색공장으로서[26] 소의 匠人과도 크게 다르지 않았으리라 생각한다. 그렇다면 소에 소속되어 있는 장인은 양인, 所民 즉 雜尺人은 부곡민과 같은 신분이라고 볼 수 있다. 고려 숙종대까지는 소와 진·역·부곡도 비슷한 신분이면서도 구별하여 파악하였음을 엿볼 수 있게 한다. 이 시기의 소민은 향·부곡과는 별도의 개별단위로 파악되고 있는데 이때는 확실히 천민에 가깝다고 보아야 할 것이다. 그러나 이는 고려중기를 지나면서 부곡제에 편입되어 향·소·부곡으로 연칭되면서 부곡인과 같은 하층양인 정도로 승격했으리라 생각된다.

조선전기에는 비노비자를 일률적으로 양인으로 간주하여 양천을 구분하기 어려운 자는 양인으로 만드는 양인 확대정책을 실시하였다. 이에 따라 세습적 천역자가 감소되고 양인 일반에 대한 보편적인 신역 부과체계가 마련되면서 양천제가 신분체제로서 정착되었다. 양인은 국가에 대한 권리로서 이에 따른 과거응시의 기회 및 교육받을 권리가 있었고, 조세와 국역부담의 의무를 지닌 자유민이었다. 반면에 천인은 타인 또는 국가기관에 예속되어 인격적인 대우를 받지 못하는 부자유민으로 仕宦權 자체가 부정되었다. 양인은 남자만이 立役 대상이 되었으나, 천인은 남녀 구별없이 모두 사역되었다. 또한 양인의 신역은 일차적으로 군역을 의미하는 것이었으나, 천인은 군역에서 배제되어 있었다. 따라서 조선시대이 기준으로 양인과 천민을 구분하면 사환권이나 군역에서는 미흡한 부분이 있지만 부곡인은 양인으로 파악될 수 있다.

국가로부터 군현민과 차별대우를 받았던 사실은 군현민이나 부곡민도 인지하고 있었을 것이다. 이러한 차별책은 국가 통치기술의 일환으로 볼 수 있다. 군현민의 입장에서는 국가의 군현민에 대한 수취의 강도가 부곡민보다는 낮다는 점에서, 부곡민에 대한 우월감으로 국가에 대한 군현민의 불만을 완화시키는 기능을 했으리라 판단된다. 즉 왕실과 귀족 등 지배층에

---

26) 채웅석, 2009,『고려사 형법지 역주』, 신서원, 201쪽, "雜匠은 雜色工匠."

대한 불만을 부곡민과 비교함으로써 사회적으로 누적되는 불만을 해소시키는 기능도 가능했을 것이므로 고려정부 차원에서는 체제안정을 위해서도 부곡제가 필수적이었으리라 추정된다.[27] 특히 소는 국가가 필요로 하는 특정 물품을 안정적으로 공급할 수 있게 한다는 점에서, 경제적 면에서도 국가에서는 소를 부곡제 내에 긴박시킬 필요성이 요구되었을 것이다. 이같이 부곡인은 양인이라고 판단되지만 부곡제 등을 통해 양인을 여러 계층별로 나누어 다스리는 것은 국가로 볼 때 피지배층 서로간의 공유할 입지를 약화시킬 수 있다는 면에서 매우 긴요한 일이었으리라 판단된다.

2. 소의 수취구조와 편제

부곡인에 대한 수취방식에서 임건상은 국가가 부곡인과 군현인에 대한 수취형태에서 일정한 차별을 두었다고 보았는데 이는 부곡인＝천인론에 근거하고 있다. 그는 부곡인이 조세부담에서는 군현인과 동일하였으나 공부와 요역은 국가적 지배를 일탈하여 군현의 호장이나 향리에 일임되어 군현인에 비해 훨씬 가혹한 수탈을 받았다고 하였다. 소민에 대한 수취방식에서 기타무라(北村秀人)는 일반 군현에 대한 수취가 호부－계수관을 통하여 실현되는 데 비해 소는 중앙의 특정 기구가 직접 수취하였다고 보았다.

1980년대 이후에 가서 많은 연구성과가 나왔다. 소도 부곡제의 일환이라고 하면서 部曲이나 屬縣이 개별적인 수취단위라고 주장하는 설(박종진·안병우)과 세역수취의 기본단위는 州縣이라는 설(박종기·김재명)로 나뉘어져 있다.

박종진은 속군현과 향·부곡을 독자적인 조세수취단위로 보고 있는데, 그 이유로는 속현이 주현과 같이 독립된 영역을 확보하여 토착 향리가

---

27) 정광하, 2000, 「일본의 부락차별 현상과 극복대책에 관한 연구」, 『한국정치외교사논총』 21-2, 382쪽 참조.

독자적인 邑司를 구성하여 군현의 공무를 담당했기 때문이라고 하였다. 반면 소는 읍사의 존재를 확인할 수 없으며 공해전 설치 대상에도 들어가지 못하였다. 그러므로 소에서 납부해야 하는 공물의 양은 소단위로 정해졌지만 그것은 군현 공물에 포함되어 중앙의 각 기관에 납부하였다고 하였다.[28] 이에 대해 윤경진도 『高麗史』 89, 齊國大長公主에서 드러나듯이 금소가 담당했던 부역부담이 가림현 전체 부담의 일부였으며, 또한 이지은소의 경우에도 소에서 현이 되면서 현사와 장리를 두었다고 하여 소에는 읍사와 장리가 별도로 존재하지 않았다는 데 동조하였다.[29] 안병우는 소도 독립적인 부세의 수취단위이기는 하나[30] 성종 2년에 공해전 분급기준에 소·장·처가 보이지 않음을 들어 소가 행정단위로 설정되지는 않았다고 하였다.[31] 이에 비해 이희관은 소에도 읍사가 있었다고 보고 있다.[32]

필자도 소의 공물이 지방공물과 함께 중앙의 각 기관에 운송되었으리라 생각한다. 그러나 적어도 소의 경우에는 三司의 지시에 의해 각 소의 할당량이 산정되었을 것이며 이를 지방관의 책임하에 수합하고 운반했을 뿐이라고 생각한다. 군현민이 부담해야 할 공물과 혼합된 것은 아닐 것이며, 그런 점에서 소는 사실상 독립적인 부세수취단위였다고 판단된다. 그러나 소에서 생산된 공물의 공납 여부에 대한 책임은 소가 편성되어 있는 군현의

---

28) 박종진, 2000, 『고려시기 재정운영과 조세제도』, 서울대출판부, 81~82, 116~118쪽. 씨는 『高麗史節要』 5, 文宗 12年 2月의 "都兵馬使奏 安西都護府界內 鐵貢 舊充兵器 近創興王寺 又令加賦 民不堪苦 請減鹽 海 安 三州 二年軍器貢鐵 專供興王之用 以紓勞弊 從之"를 인용하여 해주속현인 염주·안주가 철공수취의 별도 단위로 보이므로, 속현을 별도의 수취단위로 볼 수 있다고 했다. 공철은 鹽州·海州·安州의 주민을 대상으로 부과된 공부로, 실제로는 그들의 노동력을 수취하는 것이라고 하였다.

29) 윤경진, 2002, 「고려시기 소의 존재양태에 대한 시론」, 『한국중세사연구』 13, 45~47쪽.

30) 안병우, 2002, 『고려전기의 재정구조』, 서울대출판부, 265쪽.

31) 안병우, 1990, 「고려전기 공해전의 설치와 운영」, 『이재룡환력기념 한국사학논총』, 176쪽. 공해전의 지급기준이 정해진 것이 성종 6년 2월이므로 이 시기에는 소가 향·부곡처럼 군현제에 편성되기 이전이다. 그러나 고려중기에 소가 부곡제에 편성된 이후의 공해전 지급 여부 또한 알 수 없다.

32) 이희관, 2005, 「고려시대의 도자소와 그 전개」, 『사학연구』 77.

24

지방관이었을 것이다. 그러나 이는 상공에 한해서일 것이고 별공의 경우에는 따로 중앙에 직납한 것 같다. 예컨대 어량소민들은 신선도 유지라는 특수성으로 인해 정부 왕실이나 혹은 소가 소속된 기관에 직납했을 것으로 보인다. 직납의 예는 다소에도 보인다. 다음은 이규보의 시다.

> C. ＜孫翰長이 다시 화답하기에 운을 차하여 기증하다＞
> 　　雲峰의 독특한 향취 맡아보니
> 　　남방에서 마시던 맛 완연하구나
> 　　따라서 花溪에서 차 따던 일 논하네
> 　　관에서 감독하여 老弱까지도 징발하였네
> 　　험준한 산중에서 간신히 손으로 따서
> 　　머나먼 서울로 어깨가 벌겋도록 등짐져 날랐네.33)

위의 기록은 茶所民이 차를 경작할 때에는 관에서 일일이 관여하여 노인 어린아이까지 징발하여 경작하게 하였으며, 찻잎을 중앙에 직납할 때에는, 지리산에서 개경까지 등짐져서 날랐음을 보여주고 있다. 고려시대의 所는 鄕·部曲과 달리 국가가 필요로 하는 특산물을 생산하므로 국가의 통제가 상시로 이루어졌다는 것은 충분히 예측할 수 있다. 그런데 상공의 경우, 원칙적으로는 州縣의 지방관을 통해 공납이 이루어졌다 할 수 있다. 하지만 어량소의 경우는 빠른 수송에 의한 해산물의 신선도 여부가 가장 중요하다는 점으로 미루어 몇몇 소는 개별적으로 어떤 형태든 중앙의 직접적인 통제가 있었으리라 생각한다. 그리고 소는 金所·銀所·銅所·鐵所·絲所·紬所·紙所·瓦所·炭所·鹽所·墨所·藿所·瓷器所·魚梁所·薑所가 있었다고 하나 그 외 茶所 등 몇몇 특산물의 소가 더욱 많이 있었을 가능성이 있다.34) 소의 별공수취에 관한 사료로서 다음 내용을 보자.

---

33) 李奎報, 『東國李相國集』 13, 古律詩 孫翰長復和次韻寄之, "品此雲峯未嗅香 宛如南國曾嘗味 因論花溪採茶時 官督家丁無老稚 瘴嶺千重眩手收 玉京萬里賴肩致."

D-1) 銅·鐵·자기·紙·墨·雜所의 別貢物色을 徵求함이 매우 지나치므로 장인
이 고통을 견디지 못하여 도피하니 所司는 각 소의 별공과 상공의
많고 적음을 酌定하여 上奏하여 裁決하라.[35]

2) (내시 유방의 등은) 또 별공을 제정하여 금·은·鍮銅·器皿이 산같이
쌓이니, 이로 말미암아 왕의 총애를 받아 순서 없이 관직이 제수되어도
言官의 책임을 맡은 자가 모두 임금 뜻에 아부하여 한 사람도 直諫하는
자가 없었다.[36]

3) (최항은) 교정별감 통첩으로 청주의 설면, 안동의 璽絲, 경산의 황마포,
해양의 백저포와 모든 별공 및 금주·홍주 등처의 어량선세를 면제케
하고 또 諸道의 敎定收獲員을 불러 돌아오게 하고 그 임무를 안찰사에
위임하여 인망을 거두었다.[37]

4) 貢賦詳定都監에서 上書하였다. "신 등이 삼가 예전 田籍을 상고하여
토지의 산물을 분변하여, 공부의 등급을 마련해서 이전의 액수를
적당히 감하여 常法으로 정하고, 그 時物로써 상공이 될 수 없는
것은 상공 외라고 列錄하고, 이를 칭하여 별공이라 했으니, 귤과 유자
같은 類가 이것입니다."[38]

상공은 그 액수가 정해져서 매년 정기적으로 수취하는 공물이고, 별공은
중앙에 납부해야 할 액수가 고정되지 않은 공물이었다. D-1)의 기록에
따르면 철을 비롯하여 동·자기·종이·먹 등 주요 공물들이 각각의 소를

---

34) 이정신, 1999, 「고려시대 차생산과 다소」, 『한국중세사연구』 6 ; 김기섭, 1999, 「고려시
기 소의 입지와 기능에 관한 시고」, 『한국중세사연구』 7 ; 박종기, 2011, 「고려시대
종이생산과 所 生産體制」, 『한국학논총』 35. 『新增東國輿地勝覽』 京畿道 驪州牧 登神莊
條에 나타나지 않는 소로서 茶所와 竹箭을 공납하는 於谷所, 玉所, 水精所, 硫黃所
그리고 漆所를 유추하기도 한다.

35) 『高麗史』 78, 食貨 貢賦 睿宗 3年 2月.

36) 『高麗史』 19, 世家 毅宗 23年(1169) 2月 乙卯.

37) 『高麗史』 129, 列傳 崔忠獻 附 崔沆.

38) 『太祖實錄』 2, 元年(1392) 10月 12日 庚申, "臣等謹稽舊籍 辨土地之物産 立貢賦之等第
量減前額 定爲常法 其時物之不可爲常貢者 則列於常貢之外 名之曰別貢 如橘柚之類是
已."

대상으로 수취되고 있는 것으로 이해된다.[39] D-3)에서 청주의 설면, 안동의
■絲, 경산의 황마포, 해양의 백저포와 별공이라 하여 소에서 생산되지
않는 솜·삼베·모시 등도 금·은·구리와 함께 국가는 필요에 따라 소뿐 아니라
군현민에게도 별공의 명목으로 수취하였다. D-4)의 조선 태조대의 기사에
時物로써 상공이 될 수 없는 것은 상공 외라고 列錄하고, 이를 칭하여
별공이라 했다고 하여 조선초기에도 별공은 바로 중앙에 공납하였음을
알 수 있다.

상공이 지방공물에 포함되어 정해진 액수만을 공납한다면 별공은 국왕이
나 권력자의 요구에 의해 언제든지 징구할 수 있었음을 D-2)의 예가 잘
보여준다. 소민들의 유망 원인이 상공보다 별공의 과중함에 있었음은 이미
예종대부터 나타나고 있다. 충렬왕대의 홍자번 상소에 모든 주현 및 향·소·
부곡의 人吏가 1戶도 없는 자가 많다는 기록으로 보아[40] 소의 생산과정을
감독하고 그 생산물을 납부하는 전 과정에 대한 실질적인 책임을 지던[41]
所吏조차 과도한 수탈에 피역하는 지경에 이르렀음을 알 수 있다.

3. 수공업 생산체제에서 소의 비중

고려의 수공업은 관영 수공업, 민영 수공업, 소 수공업으로 분류된다.
관영 수공업은 중앙관청 수공업과 지방관청 수공업으로 나뉜다. 중앙관청
수공업은 개경의 중앙관청에서 조직 운영하던 수공업장으로 창·칼·갑옷
등의 군수품 및 국가행사에 필요한 물품, 그리고 왕실이나 귀족들에게
필요한 물품을 생산하였다.[42] 지방관청 수공업은 금기방·잡직방·갑방 등과

---

39) 서성호, 1992, 「고려전기 지배체제와 공장」, 『한국사론』 27, 114쪽.

40) 『高麗史』 84, 刑法 職制 忠烈王 22年 5月.

41) 박종기, 1990, 「고려의 수취체제와 부곡제」, 『고려시대 부곡제연구』, 서울대출판부,
159쪽.

42) 중앙관청 수공업의 행정체계는 『高麗史』 77, 百官 工部 참조.

같이 중앙관청에 제공할 공물과 지방관청 자체의 수요를 위한 물품을 생산하였다.

소 수공업은 완제품인 공물을 생산하는 소와 원료를 생산하는 소의 두 부류로 나뉜다. 金·銀·銅·鐵·絲·紬는 원료이며 그 나머지는 완제품이다. 선공시, 장야서, 장복서 등 중앙의 소속 관청은 원료를 생산하는 金·銀·銅·鐵·絲·紬 등의 원료를 주로 소에서 공납받아 왕실이나 국가가 필요한 우수한 제품을 만들었으며, 그 외 도자기·소금·미역 등 완제품은 사재시 등 왕실이나 특정 필요한 기관에 바로 분납했을 것이다.

민영 수공업의 중심은 농촌의 가내수공업이었다. 농민들의 가내수공업은 대체로 자가수요와 관청에 납부하기 위한 포를 주로 생산하였는데 가장 많이 생산한 것은 마직물이고 양잠과 모시가 그 뒤를 이었다. 그리고 바닷가 어민들은 물고기·미역·소금 등을 생산할 수 있었으리라 판단된다. 그러므로 소의 장인이 주로 생산한 물품은 墨·瓦·瓷器 정도이며 그 이외의 제품은 민간 수공업과 병행되었으리라 생각한다. 그러나 금·은·동·철 등 광산물은 민간에서 생산하기 어려운 만큼 주로 소에서 공납했으리라 생각된다.

이들 수공업에서 소가 차지하는 비율이 어느 정도인지 살펴보자. 여기에 대해서는 고려전기 수공업의 지배적 위치를 차지하는 것이 관영 수공업과 소의 공납 수공업이라고 보는 견해[43]와 민간 수공업이라는 견해를 들 수 있다. 민간 수공업은 개별 농민이나 일반 전문 工匠, 사원 등과 같은 사적 주체가 생산도구와 원료 등을 마련하여 자신의 계획에 의해 생산노동을 하는 수공업으로 규정할 수 있다.[44]

고려사와 조선초기 여러 지리지를 종합하여 부곡제의 분포 상황을 살펴

---

43) 강만길, 1975, 「수공업」,『한국사 5』; 안병우, 1994, 「고려시대 수공업과 상업」,『한국사 6』, 한길사 ; 위은숙, 1993, 「고려후기 직물수공업의 구조변동과 그 성격」,『한국문화연구』6.

44) 서성호, 1997,『고려전기 수공업연구』, 서울대 박사학위논문.

보면 부곡 431, 향 145, 소 275, 처 34, 장 14개 도합 899개가 있었으므로,[45] 부곡제에서 소는 31%의 비중을 차지하고 있다. 한편 이를 다시 당시 전국 군현 수와 대비해 볼 필요가 있는데 당시 군현의 수는 4京 2大都護府 8牧 1大都督府 2都護府 9知事府 61領郡 30領縣 29鎭 1屬府 68屬郡 305屬縣에 달한다. 『高麗史』 地理志 西京留守官[46] 인종대의 기록을 보자.

E. 西京留守官 平壤府 : 仁宗十三年 … 除留守監軍分司御史外 悉汰官班 尋削京
　畿四道置六縣
　江東縣 : 仁宗十四年分京畿爲六縣 以仍乙舍鄕 班石村 朴達串村 馬灘村
　　合爲本縣 置令 仍爲屬縣 後屬於成州
　江西縣 : 以梨岳 大垢 甲岳 角墓 秃村 甑山等鄕 合爲本縣 置令 仍爲屬縣
　中和縣 : 以荒谷 唐岳 松串等九村 合爲本縣 置令 仍爲屬縣
　順和縣 : 以楸子島 櫻遷村 龍坤村 禾山村 合爲本縣 置令 仍爲屬縣 後屬於祥原
　三和縣 : 以金堂 呼山 七井三部曲 合爲本縣 置令
　三登縣 : 以成州所屬 新城 蘿坪 拘牙等三部曲 合爲本縣 置令

소가 촌락의 규모와 비슷하다는 증거로서 예를 들어보면 가림현에 소속 된 금소를 금소촌이라 한 점,[47] 소 이름 뒤에 ○○촌소인 14개 사례, 소의 이름이 촌에 상응하는 칭호로 보이는 谷을 사용한 ○○곡소인 47개 사례,[48] 조선시대에 개편된 후의 명칭이 촌 또는 리인 13개 사례 등 75개 사례가

---

45) 박종기, 1990, 앞의 책, 7쪽 [향 부곡 소 처 장의 도별 분포도]

	경기	충청	경상	전라	황해	강원	함경	평안	계
부곡	24	70	233	88	0	9	0	7	431
향	14	22	39	51	7	3	1	8	145
소	7	60	49	115	10	33	1	0	275
처	15	9	1	2	4	3	0	0	34
장	6	2	2	0	3	1	0	0	14
계	66	163	324	256	24	49	2	15	899

46) 『高麗史』 58, 地理3.
47) 『高麗史』 89, 后妃 齊國大長公主.
48) 北村秀人, 1969, 앞의 논문, 23쪽 [표 3].

있다.49) 그 외 고부군 독변소처럼 里보다 소규모로 보이는 경우,50) 금산군 황금소처럼 2개 이상의 里를 포함하는 경우,51) 충주 다인철소나 강진군 대구소처럼 군현의 범위를 능가하는 소 등 다양한 소가 있었다. 그러므로 소의 규모를 일률적으로 정의하기에는 한계가 있다.

그러나 위의 예를 보면, 묘청의 난이 진압된 직후 인종은 서경에 대한 응징으로, 서경의 留守 監軍 分司御史臺를 제외한 나머지 官班을 모두 없애버려52) 지금까지 독립된 수도 형태의 행정기구를 축소시켰으며, 서경에 소속된 영역을 6개의 현으로 나누어 서경의 지배하에서 분리시켰다. 여기에서 향, 부곡 그리고 소규모의 촌락을 합하여 현으로 승격시켜주고 있는데 강동현은 3개의 촌락과 1개의 향, 강서현은 6개의 향, 중화현은 9개의 촌락, 순화현은 1개의 섬과 3개 촌락, 삼화현은 3개 부곡, 삼등현은 3개 부곡을 합하여 현으로 만들었다. 이로 보건대 부곡의 규모는 촌락의 2~3배, 향은 촌락의 2배 정도로 추정된다.53) 그렇다면 다소 크기의 차이는 있지만 부곡·향·소의 규모를 3 : 2 : 1 정도로 볼 수 있을 것이다. 이들 규모를 비율로 환산하면, 부곡 1,293, 향 290, 소 275, 처 34, 장 1454)로 추정할 수 있다. 부곡제에서 소는 14.4% 정도를 차지하는 것이다.

고려시대의 총 군현수는 대략 수도 개경과 3京 2大都護府 8牧 1大都督府 2都護府 9知事府와 61領郡 30領縣 29鎭, 그리고 1屬府 68屬郡 305屬縣으로 나누어 볼 수 있다. 이에 따라 주현지역 규모의 평균치를 100으로 할

---

49) 서성호, 1999, 「고려 수공업소의 몇가지 문제에 대한 검토」, 『한국사론』 41·42, 245~246쪽.
50) 『新增東國輿地勝覽』 33, 古阜郡 古蹟.
51) 『世宗實錄地理志』 150, 慶尙道 金山郡.
52) 『高麗史』 77, 百官2 西京留守官.
53) 이병희는 향이 부곡보다 규모가 다소 크다고 본다. 여기서는 소의 경우만 분석하고자 하므로 향·부곡의 규모에 대해서는 일단 논의에서 제외한다(이병희, 1998, 「고려시기 전남지방의 향 부곡」, 『지방사와 지방문화』, 231~232쪽).
54) 처와 장의 규모는 알 수 없어 임의로 소와 같은 비중으로 서술하였다.

때, 영역규모의 경우 속현은 55, 부곡지역은 14다. 호수의 경우, 속현은 34, 부곡은 13이다. 인구의 경우 속현은 32, 부곡은 11이다. 결국 부곡지역은 영역규모에서 주현의 1/8, 속현의 1/4, 인구수(호수 포함)에서 주현의 1/8~1/9, 속현의 1/3로 판단된다.[55] 따라서 대략 수도와 도호부, 군현, 속군현, 부곡제는 각각1/4 정도의 비중을 차지하고 있다고 유추할 수 있다. 그렇다면 전체 인구수에서 소의 비중은 최대 약 2~3% 정도 되지 않을까 생각한다.[56]

각 단위별 규모의 차이를 논하지 않고 수치의 대비만으로 수공업에서의 소의 비중을 추정하는 것은 합당하지 않다고 생각한다. 그러나 다른 자료가 없으므로 대략 포괄적으로 추정하면 고려시대는 소 수공업이 전체 수공업에서 과반이 넘는 비중을 차지하고 있었다고 짐작할 수 있을 것이다. 그러나 이는 고려중기에 한정된 것이며, 고려후기에 가면서 소의 해체와 더불어 달라졌다. 충선왕 원년(1309)에 왕이 소금전매제를 실시하면서 일반 民戶를 염호로 징발한 것은 염소의 소멸로 인해 기존 소금생산구조로는 충분한 소금생산이 불가능했기 때문이다. 이는 염소에 한정된 것만은 아니라고 볼 수 있으므로 고려후기에는 민간 수공업의 비중이 점차 높아져 갔다고 판단된다.

---

55) 박종기, 2006, 「조선초기 부곡의 규모와 존재형태」, 『동방학지』 133, 11쪽.
56) 일제는 조선을 식민지로 만든 후 민적을 조사하여 민적통계표를 만들었다. 이 시기의 직업별 통계표는 고려시대와 바로 비교하기는 어렵지만 전근대 사회의 직업군을 대략이나마 짐작할 수 있을 것이다.

[전국 직업별 통계]

관공리	양반	유생	상업	농업	어업	공업	광업	日稼	기타	무직	직업계
15,630	53,513	18,438	172,707	2,366,075	33,722	22,864	1,383	68,973	34,347	31,107	2,818,759

* 이헌창, 1997, 『민적통계표의 해설과 이용방법』, 고려대 민족문화연구소, 74쪽.

위의 민적통계표에 의하면 1910년도에 우리나라 산업 중에서 어업·공업·광업 비율이 2.4% 정도며, 상업이 6%, 농업은 85% 정도다. 1910년대는 병자수호조약 이후로 외국에서 공업제품이 들어오면서 수공업이 무너지고 있던 단계라고 보더라도 전체 산업에서 차지하는 수공업의 비중이 매우 적다. 전근대로 올라갈수록 농업이 가장 중심적 위치를 차지하고 다음이 상업, 수공업이라고 한다면 고려시대 전체 산업에서 소의 비중을 짐작할 수 있을 것이다.

4. 연구방향

고려시대의 所는 향·부곡과 달리 국가가 필요로 하는 특산물을 생산하므로 국가의 통제가 상시로 이루어졌다는 것은 충분히 예측할 수 있다. 소의 공물은 주로 지방관을 통해 각 지방의 특산물과 함께 운송되었지만 별공의 경우는 중앙의 직접적인 지시로 이루어졌을 것이다. 예컨대 어량소의 경우는 해산물의 신선도 유지가 가장 중요하다는 점에서 직접적인 수취가 불가피했을 것이다. 그러나 이 경우에도 지방관의 개입이 완전히 부정되는 것은 아니다.

본서에서는 우선 개별 소를 분석하여 그 존재형태를 파악해보려고 한다. 우선 고고학 발굴자료나 연구성과에 힘입어 각 소의 구체적인 존재형태와 소민의 신분, 그리고 수취구조 등을 규명하고자 한다.

제1부에서는 소의 존재형태와 신분, 수취구조, 그리고 소가 수공업에서 차지하는 비중 등을 살펴보았다.

제2부는 수공업, 특수농작물, 해산물, 광산물로 분류하여 각 소의 생산실태를 지역답사와 고고학 성과에 의거하여 구체적으로 살펴보고자 한다. 이들 所는 모두 국가에 특산물을 공급하지만 생산물자의 특성에 따라 所別로 수취관계도 달랐으리라 판단된다.

지소의 경우, 종이의 종류와 생산실태, 紙所의 존재형태와 소멸을 통해 조선시대에는 어떤 형태로 종이를 공납했는지 살펴보고자 한다.

비단실과 비단옷감을 공납하는 사소·주소의 경우, 일반적으로 소에서의 생산주체는 대체로 남자였던 데 비해 사소와 주소의 경우에는 여성이라는 점에서 특기할 만하다. 따라서 본서에서는 이런 특성을 고려하여 고려시대의 비단생산을 규명하고 특히 사소와 주소의 생산구조와 수취를 살피려고 한다.

숯은 일반 가정에서도 사용되지만 탄소가 성립될 정도의 대규모 숯

생산은 기와, 철 등 다른 물자를 생산할 수 있게 하기 위한 일차적 자원으로서의 기능이 더 중요한 위치를 차지하고 있었다. 공주 명학소를 예로 숯의 사용실태, 탄소의 공납과정을 규명하고자 한다.

먹은 문인들의 필수품이었을 뿐만 아니라 외국과의 무역에도 주요한 물자였다. 이처럼 널리 소요되었던 먹이 고려시대에 어떻게 생산되었는지 묵소의 존재형태와 묵척으로의 변화과정을 살피고자 한다.

기와생산에는 가마를 만들고 기와를 빚고 불을 때는 등 여러 단계의 공정을 거치게 되므로 일정한 조직체가 필요하다. 따라서 고려는 각지에 와소를 두어 국가의 필요에 따라 공납하게 하거나 기와가 필요한 곳에 와장을 보내어 생산하게 하였다고 판단된다. 와소에 관한 자료는 거의 볼 수 없지만 발굴보고서와 조선전기의 기록을 통해 기와의 생산지역과 와장의 존재형태, 그리고 그 변화과정을 살펴보고자 한다.

자기소는 당시 국가의 주요 관심대상이었고 유물 특성상 고고학적 발굴성과가 가장 많은 분야다. 고려시대 청자를 만드는 대표적인 요지로는 강진과 부안을 들 수 있다. 본서는 고고학 자료를 분석하여 이곳의 생산모습과 공납, 그리고 해체과정을 살펴보려고 한다.

차는 불교의 발달과 더불어 사원에서 주로 사용되었는데, 고려시대에 들어와서는 차를 마시는 것이 일반화되어 차를 일반 농민층의 공물로 납부하도록 하거나 茶所를 두어 전문적으로 차만을 생산하도록 하였다. 본서는 고려시대의 茶所를 중심으로 차의 생산과정과 공납방식을 살펴보고자 한다.

식품과 약품으로 쓰이는 생강의 경우, 따뜻한 지역에서 생산되는 작물이지만 전문가 외에는 경작이 힘들 정도로 어려운 농작물은 아니다. 다른 농산물과 차이가 있다면 저장이 어렵다는 점이다. 국가에서는 생강생산에 적합한 전라도지역을 비정하여 강소로 편제하고 안정적으로 필요한 양을 수취했으리라 생각된다. 본서에서는 생강이 생산되는 지역을 살펴보고

생강의 생산과 공납과정을 유추하여 강소의 존재형태를 복원해 보고자
한다.

고려시대는 농업이 주산업이었지만 강이나 바다를 끼고 있는 마을에서는
어업도 무척 활발하였으리라 판단된다. 본서에서는 고려시대의 어업실태
를 밝히고 이와 더불어 어민의 수취상황과 어량소의 존재형태를 살펴보고자
한다. 특히 신선도가 중시되는 물고기나 조개 등의 해산물은 보관이 용이하
지 않다. 촉박한 시일이 요구되는 해산물이 어떤 형태로 생산·운반·전달되
었으며 또한 어량소의 분포와 어민의 생활은 어떠한지 등을 규명함으로써
고려시대 어민의 존재형태를 살펴보고자 한다.

미역의 경우, 우리나라는 삼면이 바다로 둘러싸여 있어 곳곳에서 채취가
가능했다. 따라서 고려정부가 곽소를 운용하여 미역을 공급하게 한 것은
품질이 우수한 미역을 공급받기 위해서라고 생각된다. 고려시대 곽소의
생산실태나 수취구조는 거의 자료가 없으므로 울산 박윤웅의 예를 들어
곽소의 존재형태를 추적해 보려고 한다.

소금의 경우, 고려시대에는 염소를 두어 왕실이나 국가기관에 안정적으
로 공급하였는데, 국왕은 필요에 따라 궁인이나 관원에게 염분을 하사함으
로써 점차 염분의 사유화가 진행되었다. 충선왕대에 이르러 재정난의 해결
과 권력층의 염분소유를 막기 위해 가염제를 시행하였다. 본서에서는 각염
법 시행 이전 고려사회 소금의 생산구조를 살피고 각염법 시행 이후 어떻게
변화되어 갔는지 선학의 연구성과를 토대로 규명하려고 한다.

고려시대 금생산은 사금 채취가 주였다. 따라서 금소 역시 사금생산이
편리한 강가에 위치하고 있었다. 은은 귀족들의 사치품, 대외무역의 결재수
단으로 중요한 기능을 차지하고 있었다. 국가는 은의 안정적인 확보를
위해 전국에 은소를 설치하여 생산을 담당하게 했다. 본서는 금과 은의
생산량, 발굴과 제련과정 등 광업사적 측면에서 접근해보려고 한다. 특히
고려후기에 가서 은소가 해체됨에 따라 은생산에 종사하는 사람들에게는

조세와 부역을 면제시켜주는 파격적인 조치를 시행하였다. 이 같은 방안이 이전 국가의 은소민에 대한 대우와 비교하여 어떻게 달라졌는지 살펴보려고 한다.

고려시대는 많은 佛具類와 더불어 민간의 식기가 동으로 만들어졌으며, 대외교역에도 동과 동제품은 필수적이었다. 이같이 수요가 다양한 동이 어떻게 채굴 제련되었는지 그 과정을 살피며, 고려시대 동의 생산지역과 동소의 위치, 그리고 소 체제가 무너지는 후기에는 동의 생산체제가 어떤 형태로 변화되었는지 살펴보려고 한다.

철은 국가와 민간에서 무기나 농기구, 솥을 만드는 데 필수적이었다. 고려시대 철의 생산은 사철광산이 주였고 차츰 석철(광철)광산도 개발되기 시작하였다. 고려시대 철광업에 관한 사료는 소략하지만 다인철소를 중심으로 철소민의 생산모습을 재현해 보고자 한다.

그리고 『新增東國輿地勝覽』에 언급되지 않았던 소의 존재 가능성도 살펴보려고 하는데, 예컨대 모시 삼베가 소에 편재되지 않았던 까닭 등을 간략하게 규명하려고 한다. 마지막으로 고려사회에서 소의 역사적 의미를 생각해 보고자 한다.

【제1부】
수공업

제1장 종이의 생산실태와 紙所

1. 머리말

종이는 105년(고구려 태조왕 3년, 백제 己婁王 29년, 신라 婆娑王 26년)에 채륜에 의해 발명되었다고『後漢書』蔡倫傳에 기술되어 있으나 이미 전한시대에 종이를 문자 기록용으로 사용했음은 전한시대 유적에서 종이가 출토됨으로써 확인되었다.[1] 우리나라의 종이 제작기술은 삼국시대에 처음 유입되었으리라 추정되나 정확한 시기에 관해서는 3세기설, 4~5세기설, 6세기말~7세기설 등 이론이 분분하다.[2] 고구려의 경우, 고구려왕이 승려 담징 (579~631)을 일본에 보냈는데, 담징은 五經을 알았을 뿐 아니라 紙·墨을 만들 줄 알았다고 한다.[3] 백제는『논어』,『천자문』등 많은 서적을 일본으로 전했다는 기록으로 보아 학문의 발달과 더불어 제지술도 발달했으리라 추정된다. 신라는『三國遺事』4, 元曉不羈條에 종이가 보인다. 또한 신라 경덕왕 31년(754)에 편찬된『大方廣佛華嚴經』(국보 169호),[4] 그리고 석가탑에서 발견된 無垢淨光大陀羅尼經[5] 등으로 보아 삼국시대 이래 종이가 생산

1) 김철, 1996,『한지제조의 이론과 실제』, 원광대출판부, 23쪽.
2) 김철, 1996, 위의 책, 14쪽.
3)『日本書紀』22, 推古 18年(601) 3月.
4) 李基白, 1979,「新羅 景德王代 華嚴經 寫經參與者에 대한 考察」,『歷史學報』83.
5) 신라 경덕왕 10년에 창건된 경주 불국사 석가탑에서 발견된 세계 최고의 인쇄물로서

되어 광범위하게 사용되었음을 알 수 있다. 특히 국보 169호로 지정된 화엄경 편찬과정을 보면 사경에 쓰이는 종이라 하여 닥나무 뿌리에 향수를 뿌려가며 길러서 종이를 만들었다고 하는데 이로 보아 신라시대에도 다양한 품질의 종이가 생산되었으리라 짐작된다.

그리하여 종이는 고려시대에 가서는 그 품질이 더욱 발달하여 외국과도 교역이 이루어졌는데 본서에서 다루고자 하는 것은 고려시대 紙 수공업이다. 고대부터 오늘날까지 인류문화 발전에 결정적 역할을 한 紙 수공업을 고려시대에 한정시켜 분석해 보고자 한다. 종이의 종류와 생산실태, 紙所·紙匠의 존재형태를 통해 고려시대 수공업의 발전양상도 아울러 살펴보고자 한다. 고려시대 종이에 관한 논문은 대체로 고려시대 수공업에 관한 연구과정에서 언급될 뿐[6] 이를 중점적으로 다룬 논문은 겨우 1편뿐이지만,[7] 조선시대 제지업에 관해서는 몇 편의 글이 보인다.[8] 선학들의 연구성과를 토대로 이를 보완하는 데 중점을 두고자 한다.

2. 종이의 종류와 생산실태

1) 종이의 종류

옛 한지는 주로 닥나무의 껍질을 이용해 만들었는데 이외에도 등나무,

704~751년 사이에 인쇄되었다고 추정된다. 국립중앙박물관 소장.

6) 손영종·조희승, 1990, 『조선수공업사(1)』, 공업출판사 ; 홍희유·최운규, 1991, 『조선수 공업사(2)』, 공업종합출판사 ; 홍희유, 1989, 『조선중세 수공업사 연구』, 지양사 ; 홍희유, 1989, 『조선상업사』, 과학백과사전종합출판사 ; 최상준, 1994, 『조선기술발 전사』, 과학백과사전종합출판사 ; 徐聖鎬, 1992, 「高麗前期 지배체제와 工匠」, 『韓國史論』 27 ; 서성호, 1997, 『고려전기 수공업 연구』, 서울대 박사학위논문 ; 金哲, 1996, 『한지제조의 이론과 실제』, 원광대출판국.

7) 박종기, 2011, 「고려시대 종이생산과 所 生産體制」, 『한국학논총』 35.

8) 李光麟, 1958, 「朝鮮初期의 製紙業」, 『歷史學報』 10 ; 金三基, 2006, 『조선시대 제지수 공업 연구』, 민속원.

누에고치 솜이 재료로 사용되었다. 종이에 관한 고려시대의 기록을 우선
살펴보자.

A-1) 백접선은 대를 엮어서 뼈대를 만들고 藤紙를 재단하여 덮어씌운다.9)
   2) 종이는 전부 닥나무만 써서 만들지 않고 등나무를 간간이 섞어 만들되
      다듬이질을 하여 모두 매끈하며, 높고 낮은 몇 등급이 있다.10)
   3) 고려 닥종이는 빛이 희고 사랑스러워 백추지라고 부른다.11)
   4) 고려 종이는 누에고치 솜으로 만들어져 종이빛깔은 능라비단같이
      희고, 질기기는 비단과 같은데 글자를 쓰면 먹물을 잘 빨아들여 소중하
      게 여겨진다. 이는 중국에도 없는 귀한 물건이다.12)

고려시대에는 종이가 모두 닥나무만을 원료로 하여 생산되는 것이 아니
라 등나무, 누에고치 솜도 포함됨을 알 수 있다. 繭紙의 경우, 닥나무를
원료로 만들었음에도 그 질이 대단히 광택이 나고 질겨서 훌륭하기 때문에
중국인들은 이것을 누에고치로 만든 줄로 알고 繭紙라고 불렀다고 한다.
중국인의 그릇된 인식은 明나라의 董越이 불로 태워 보아 식물섬유임을
깨달은 후 비로소 견지가 닥나무를 원료로 한 것임을 알게 되었다고 한다.13)
그리고 등나무를 섞어 만드는 경우는, 닥나무를 귀하게 여겨 등나무를
섞음으로써 종이의 질을 조금 저하시키더라도 더 많은 종이를 생산하기
위함이었다. 또한 누에고치로도 종이를 만들었는데, 이는 원료가 비싸
일상적으로 사용될 수는 없어 특별한 경우에만 만들었으리라 생각된다.
이외에 고려시대에는 表箋紙·佛經紙·翠紙·金粉紙·門窓戶紙 등 다양한 종이

---

9) 『高麗圖經』 29, 供張2 白摺扇, "白摺扇 編竹爲骨 而裁藤紙鞔之."

10) 『高麗圖經』 23, 雜俗2 土産, "紙不用楮 間以藤造 搥搗皆滑膩 高下數等".

11) 『海東繹史』 27, 物産志 紙條(鷄林志에서 인용), "高麗楮紙 光白可愛 號白硾紙."

12) 『海東繹史』 27, 物産志 紙條, "高麗紙 以綿繭造成 紙白如綾 堅靭如帛 用以書寫 發墨可愛
   此中國所無 亦貴品也"(考槃餘事).

13) 李德鳳, 1965, 「韓國生物學史」, 『韓國文化史大系－科學·技術史』, 고려대 민족문화연구
   소.

를 생산하였다.[14)]

表箋紙와 名表紙는 외교문서나 왕궁 안에서 사무용지로 쓰던 고급용지로서 조선시대에는 표전지로 불경을 만든 기록도 보인다.[15)] 불경지는 당시 불경을 필사 또는 인쇄하는 데 쓰려고 특별히 만든 종이로서 닥나무에 향수를 뿌려 키우는 등 특별 관리하였다. 취지는 靑磁紙 또는 鴉靑紙라고 부르던 연한 푸른색 종이였는데 광택이 있고 벌레가 타지 않아 오랫동안 보관할 수 있다고 하여 특별히 귀중한 책을 필사할 때 많이 이용되었으며, 1369년에는 명에서 원사를 편찬할 때 책표지로도 사용했다고 한다. 『書目漏』에 의하면 금나라 장종이 항상 이것으로 글을 썼다고 하는데, 여기에 금·은과 같은 금속가루를 뿌려 만든 금분지는 화려하기로 유명하였다.[16)] 문창호지는 "종이를 펴서 물에 담갔다 꺼낸 다음 들깨기름을 뿜으면 능히 비를 막을 수 있고, 겨울에 문의 창살구멍마다 서리가 차면 안에서는 갑옷으로 막은 것과 같이 보이고 점차 더워지면 서리가 녹아 물방울이 되어 비와 같이 흘러내렸다"고 한다.

송나라의 경우, 麻·竹·桑皮·藤·苔·麥經·稻秆 등 매우 다양한 재료를 써서 종이를 만들었다고 한다. 그리하여 종이로 옷[17)]과 갑옷까지 만들었을 뿐 아니라 이불도 생산하였다고 한다.[18)] 이는 조선시대의 경우도 마찬가지여

---

14) 그 외에 1960년 개성시 장풍군 석암리 불일사터의 5층 돌탑에서 다라니를 쓴 종이(가로 25cm, 세로 21.5cm)가 나왔는데 이것이 닥나무 껍질을 가공해서 만든 야청지라고 한다. 이는 섬유소 굵기가 균일하여 그 강도가 1000여 년간이나 변하지 않고 남아 있었다고 한다(1965, 『고고민속』 4호, 45쪽/손영종·조희승, 『조선 수공업사』, 377쪽에서 재인용).

15) 『世宗實錄』 112, 28年 4月 庚子.

16) 최상준, 1994, 『조선기술발전사』, 과학백과사전종합출판사, 172~173쪽.

17) 종이로 옷을 만든 것은 宋代가 처음이 아니다. 周 世宗 柴榮이 일찍이 왕릉이 도굴당하는 것을 보고 내가 죽으면 종이옷으로 옷을 해입고 瓦棺에 매장토록 하여 도굴을 방지하라는 명을 내렸다고 하니 중국에서는 이미 周代부터 종이옷이 있었음을 알 수 있다. 宋代에는 가난한 사람들 중에서 종이옷을 해입는 사람들이 적지 않았다고 한다(漆俠, 1988, 『宋代經濟史(下)』, 上海人民出版社, 700쪽).

18) 漆俠, 1988, 위의 책, 704쪽.

서, 고려시대보다 훨씬 다양한 재료를 이용해서 종이를 만들었으며 종이갑
옷까지 만들어 사용했다.19) 그 외 대잎과 뽕나무 껍질을 배합하여 만드는
黃紙, 뽕나무 껍질로 만드는 白紙, 삼과 닥을 배합하는 麻紵紙, 벼짚으로
만드는 藁精紙, 솔잎으로 만드는 松葉紙, 부들로 만드는 蒲節紙, 보리짚으로
만드는 牟節紙, 삼대로 만드는 麻骨紙, 버들가지로 만드는 柳木紙, 버들잎으
로 만드는 柳葉紙, 율무로 만드는 薏苡紙 등 다양한 원료의 종이 생산방법이
창안되었는데 그 중 닥을 원료로 한 제품의 질이 가장 우수하였다.20)

2) 종이의 생산실태

  종이의 생산은 소민과 농민의 부역으로 주로 이루어졌다. 고려시대에는
국가가 필요로 하는 특산물을 손쉽게 조달하기 위해 소를 설치하였다.
이 중 광산물과 해산물 계열은 특정 지역이 아니면 생산되지 않는 만큼
소의 필요성이 절실했겠지만 수공업품 계열은 질의 차이는 있으나 노동력이
있다면 어디서나 생산할 수 있었다. 종이의 경우도 [표]에서 보이는 바와
같이 우리나라는 함경도, 평안도를 제외한 전국에서 닥나무가 자라고 있었
다. 그러므로 정부는 전주·남원 등 닥나무가 풍부하여 종이 제작기술이
뛰어난 몇몇 지역과 지소를 제외하고는 상당수를 농민의 공납에 의존했으리
라 판난된다.

  따라서 고려정부는 農桑과 더불어 닥나무 재배를 적극 독려하였다. 닥나
무는 습한 토양만 아니라면 토질을 가리지 않으며, 물 빠짐이 좋고 일조가
좋은 산간의 남향 경사지가 적합한 재배지다. 그러므로 닥나무는 논이나
밭에서 재배하기보다 밭둘레 길가, 제방 또는 급한 경사지와 같이 농작물을
재배하기 어려운 땅을 이용하는 경우가 많았다.21) 따라서 정부는 토질이

---

19) 『世宗實錄』 24, 6年 5月 己亥.

20) 홍희유, 1989, 『조선수공업사연구』, 지양사, 224~225쪽.

21) 金哲, 1996, 앞의 책, 41쪽.

나빠 농작물 생산이 어려운 땅에 닥나무, 뽕나무, 밤나무, 옻나무 등을 심도록 하였다.[22] 고려사회에서 닥나무는 양계를 제외하고는 전국적으로 생산이 가능했으며 기온이 온난한 남쪽지방이 보다 잘 자랄 수 있었다.

『世宗實錄地理志』에 의하면 조선초기에 종이를 공부로 바친 지역은 전라, 경상, 충청, 황해, 경기, 강원 순이며 그 중 양과 질이 우수한 곳은 전주와 남원이었다고 하는데 이 같은 상황은 고려 때도 마찬가지였을 것이다.

종이의 생산공정을 보면, 매년 겨울 동짓날 전후해서 껍질의 섬유질이 단단해졌을 때 닥나무 가지를 잘라 큰 가마에 넣고 쪄서 껍질을 벗겨 말리는데 이를 흑피라고 한다. 불순물을 제거하고 부드럽게 만들기 위해 흑피를 물에 하루 동안 담가 겉껍질을 벗겨 햇볕에 말리는데 이를 백피라고 한다. 이 백피를 나뭇재나 풀을 태워 만든 잿물에 넣어 끓인 다음, 건져내어 10~12시간 정도 흐르는 맑은 물 속에 담가 잿물을 뺀다. 그리고 씻어낸 백피를 한 번 더 바래게 하여 표백한 후 다듬질하여 종이원료를 만든다. 이를 대발 위에 골고루 펴서 종이를 떠서 말린다.[23] 이때 종이 원료액을 어떻게 틀 위에 펴느냐에 따라 종이의 두께나 품질이 결정되므로 다듬질하는 기술과 원료를 골고루 펴는 기술이 매우 중요하다. 이같이 종이를 만드는 데 손길이 99번 거쳐서 만들어진다고 하여 백지라고 불렸다고 한다.

사실 비단·모시·삼베 등 직조업에 종사하는 사람은 주로 여성들이었으며, 국가에서 일상적으로 거두어들인 공물은 布 즉 삼베였다. 이는 국가가 모든 수취의 기준을 남자로 하여 호구조사를 시행하면서도 실제로는 여성의 노동력을 염두에 두고 있었다는 의미로 볼 수 있다. 신라 장적문서에서는 여자의 수를 남자와 같이 정확히 분류하여 기재하고 있으며, 『慶尙道地理志』에서도 여자의 수를 기재하고 있어 국가에서 조선초기까지는 여성의 노동력이 국가의 관리대상이었음을 보여준다. 이 같은 상황이 바뀌게 된 것은

---

22) 『高麗史』 79, 食貨 農桑 睿宗 3年 5月.

23) 홍희유, 1989, 『조선중세 수공업사 연구』, 209쪽.

『世宗實錄地理志』 편찬 시기부터였다. 이는 여자의 노동력을 戶에 포함시킨 것으로 이해해야 할 것이다. 그러나 종이 생산의 경우에는 나무를 베고, 껍질을 벗기고, 다듬질을 하는 등 힘센 노동력을 필요로 하므로 남자들이 주로 담당했으리라 보인다. 다음 기록을 보자.

> B. 감찰사가 말하기를, "여러 도의 안렴사와 별감들은 그 직책이 관리의 행정을 감찰하고 백성들의 고통을 살핌에 있는데, 지금 모두 왕에게 바친다는 구실하에 백성들의 명주, 楮皮, 幣, 육포, 과일, 名表紙 등의 물건을 거두어 權貴에게 뇌물로 바치고 있습니다. 자기 스스로가 바르지 못한데 어찌 다른 사람을 바로잡을 수 있겠습니까. 칭컨대 모두 저벌하기 바랍니다" 하였다. (충렬)왕이 정가신에게 말하기를, "닥은 땅에서 나는 것인데 종이가 무슨 폐단이 되겠는가" 하니 정가신이 대답하기를, "제가 일찍이 全州의 管記로 있었으므로 종이를 만드는 것이 매우 힘들다는 것을 잘 압니다"라고 하였다.24)

B는 충렬왕 때 감찰사가 안렴사와 별감이 왕에게 바친다는 것을 빌미로 여러 물자를 수취하여 권귀에게 뇌물로 바치는 것을 비판하는 말에 왕이 소극적으로 대응하자, 정가신이 특히 종이를 예로 들어 공물의 과도함을 비판한 글이다.

원 간섭기에 들어서면서 원에 바쳐야 할 공물이 많이 필요하였으며, 고려국왕이 원에 체류하는 비용 또한 막대하였다. 특히 충렬왕 6년이라면 일본을 정벌하기 위한 전쟁준비로 많은 물자가 필요했던 시기인데, 종이도 예외가 아니었다. 여기에 관리들의 부정까지 가세하여 백성들의 고통이 매우 심하였음을 짐작할 수 있다. 그럼에도 왕은 '닥은 땅에서 나는 것인데 무슨 폐가 되겠는가'라는 한가한 소리로 오히려 지방관을 비호하고 있다.

24)『高麗史』 105, 列傳 鄭可臣, "監察司言 諸道按廉使別監 職在察吏治問民苦 今皆籍上供 斂民紬楮皮幣脯果名表紙等物 賂遺權貴 已自不正 烏能正人 請皆理罪 王謂可臣曰 楮生於 地 紙有何弊 可臣曰 臣嘗管記全州 知造紙甚苦" ;『高麗史節要』 20, 忠烈王 6년 3月.

주지하듯이 수공업 중 옷감짜는 작업은 주로 여성들이 담당했던 데 비해 종이 제작은 노동의 강도가 심해 남자가 주로 담당해야 했다. 그러므로 옷감을 공물로 바치는 다른 지역에 비해 종이 공납지역은 남자들의 노역이 보다 과중하였다. 종이 제작작업은 가을부터 봄까지 농한기에 쉬지 않고 일해야 하는 힘든 작업이었다.[25] 위의 기록은 종이가 지배층에 상납하는 물자였으며, 전주지방에서 종이 생산을 독려하여 이것이 민원의 대상이었음을 보여주고 있다.

지소가 없어진 조선시대에 가서는 조지서에서 국가가 필요한 종이를 생산하였다. 조지서에서는 닥나무를 잘게 부수는 擣砧軍의 노역을 보충하기 위해 국왕의 명을 어긴 환관이나 죄수를 도침군으로 만든 경우가 보이는데, 이들 또한 조지서의 노역을 가장 고통스러워하였다.[26]

종이 제작은 종이를 뜨는 등 기술이 필요한 부분과 닥나무를 베어 방망이로 다듬질하는 공정에 이르기까지의 특별한 기술이 필요하지 않는 부분이 있어 紙匠과 소민이 각기 분담해서 종이를 만들었을 것이다. 『高麗史』 78, 食貨1 貢賦 睿宗 3年(1108) 2月 기사에 의하면 銅·鐵·瓷器·紙·墨所에 대한 정부의 착취로 所의 匠人 대다수가 도피했다는 기록이 나온다.[27] 여기에서 匠人이라고 묘사한 것으로 보아 일반 소민이 아니라 소에 거주하는 기술자임을 알 수 있다. 소의 匠人이 도피했다는 사실은 지방관의 소에 대한 심한 수탈이 일차적인 요인이지만, 다른 한편으로는 소를 벗어나 다른 지역에 가더라도 생계를 유지할 수 있었기 때문이 아닐까 추정된다. 특히 지장이 쉽게 도피할 수 있는 지역으로는 사원이 있다. 대다수의 사찰은 산속에 위치하여 닥나무 재배가 유리했으며 물이 맑고 깨끗하여 한지

---

25) 전상운, 1994, 『한국과학기술사』, 정음사, 293쪽.

26) 『世祖實錄』 32, 10年 1月 10日 癸亥 ; 『成宗實錄』 98, 9年 11月 4日 辛酉 ; 金三基, 2006, 앞의 책, 19~21쪽.

27) 『高麗史』 78, 食貨1 貢賦 睿宗 3年(1108) 2月, "金鐵瓷器紙墨雜所 別貢物色 徵求過極 匠人艱苦而逃避."

제조에 적당한 조건을 갖추고 있었다. 그들은 이곳에서 과도한 노역에서 벗어나 자유롭게 종이를 생산할 수 있었을 것이다. 다음 기록을 보자.

C-1) 지금 役을 기피하는 무리들이 사원에 이름을 걸어놓고는 재물을 늘려 생활을 영위하려고 한다.[28]

2) 道門의 승려들이 각지의 農舍에서 함부로 貢戶를 자기 소유의 노비라 하여 양인을 부린다. 또한 품질이 조악한 종이와 布를 貧民에게 강제로 대여하여 그 이익을 취하니, 모두 다 금지하라.[29]

3) 鄕·部曲·津·驛과 兩界·州鎭의 編戶人은 승려가 되는 것을 금한다.[30]

고려시대의 工匠 중 상당수는 사원에 투탁하여 승려가 되었다. 대표적인 예로 刻字僧 石工僧이 있어 塔碑를 만들었으며 鐵匠僧 木手僧 瓦匠이 있어 사원건축에 일익을 담당하였다.[31] 이로 미루어 보아 금석문에 구체적인 자료가 보이지는 않지만 사원에서 빈번하게 행해진 사경에 필수적인 종이의 생산을 紙匠僧이 담당했을 것임을 충분히 예측할 수 있다. 그러므로 C-1)에서의 역을 기피하는 무리에는 紙匠도 포함되어 있었을 것이다.

명종은 승려들이 사원에서 생산한 품질이 매우 낮은 종이와 布를 억지로 백성들에게 팔아 그 이윤을 취하는 것을 방지하라는 지시를 내렸다. 이는 사원에서 布와 더불어 종이를 생산히여 매매했음을 심작하게 한다. 사원에서 생산한 품질 좋은 종이는 사경을 할 때 이용하거나 권세가들에게 비싼 값으로 팔고, 품질 낮은 종이나 布는 사원의 佃戶에게 강제로 팔았다. 사원은 품질이 우수한 종이를 생산하기 위해 지장을 사원에 거주하게 하였을 것이다. 뿐만 아니라 사원은 소를 소유하고 있었으리라 판단된다.

---

28) 『高麗史』 4, 世家 文宗 10年 9月 丙辰, "今有避役之徒 托號沙門 殖貨營生."

29) 『高麗史』 85, 刑法2 禁令 明宗 18年 3月, "制曰 … 道門僧人 諸處農舍 冒認貢戶 良人以使之 又以麤惡紙布 强與貧民 以取其利 實皆禁止."

30) 『高麗史』 85, 刑法2 禁令, "禁鄕部曲津驛兩界州鎭編戶人爲僧."

31) 林英正, 1992, 「高麗時代의 使役 工匠僧에 대하여」, 『伽山李智冠스님華甲紀念論叢』.

1328년 이전의 通度寺 寺領支配 상황을 기록한『通度寺舍利袈裟事蹟略
錄』의 寺之四方山川裨補條에 의하면 寺利이 茶所를 소유하고 있다.[32) 이
같은 사찰에 소속된 소는 비단 茶所뿐만 아니라 사원에 필요한 물품을
공납하는 다른 소도 있었으리라 생각된다. 그렇다면 고려후기에 가면서
사찰에 요긴한 지소 또한 사찰소유로 전화되었으리라 추정된다.

예종 3년의 기사에서 별공의 과중에 반발하여 장인이 도피했는데 그
구체적 예로 든 소가 금·철·자기·종이·먹이다. 이 중 사원에서 환대받을
수 있는 기술자는 종이·먹·도자기를 만드는 장인일 것이다. 정부는 이들이
사원에 편입되는 것을 금지하려고 노력했으나 큰 효과는 없었다. 이로
인해 사원의 조지기술은 더욱 발달하였으며, 이렇게 만들어진 종이는 주로
수도 개경에서 판매되었을 것이다.[33) 따라서 고려시대에서 종이는 지소나
일부 군현 농민뿐 아니라 사원에서도 생산이 활발했음을 알 수 있다.

3. 종이의 공납과 紙所

종이의 공납이 일반 농민과 지소에서의 공납으로 주로 이루어졌으리라는
것은 충분히 유추할 수 있다. 국가에서는 닥나무를 심어 생산을 독려하였으
며 시기에 맞게 닥나무를 심게 한 것으로 보아 종이 생산에 관심이 많았음을
알 수 있다. 그런데 1년 내내 생산할 수 있는 소금이나 비단 등과는 달리
종이는 닥나무가 다 자란 12월에 베어 종이를 만들기 때문에, 종이 만드는
기술이 있다면 농한기를 이용하여 농가에서 충분히 생산할 수 있었다.
그러나 좋은 종이를 만드는 것은 쉬운 일이 아니었다. 여기에 지소의 필요성
이 있었으리라 생각된다.

---

32)『通度寺志』(1979, 亞細亞文化社), "北冬乙山茶村 乃造茶貢寺之所也 貢寺茶因茶泉 至今
　　猶存不泯 後人以爲茶所村也."
33) 李仁老,『破閑集』, "文房四寶 皆儒者所須 唯墨成之最難 然京師萬寶所聚 求之易得."

그러면 우선 [표]에서 전국의 토의와 토공 그리고 지소를 살펴보자. 조선시대에 들어와 소가 소멸된 이후의 자료라고 볼 수 있는『世宗實錄地理志』를 통해 고려시대 종이의 공납실태를 파악하려는 것이 크게 적합하다고 볼 수는 없으나 고려시대 자료가 없는 상태에서 이를 통해 유추할 수밖에 없다.

고려시대는 양계를 제외한 전역에서 닥나무가 잘 자라므로 종이를 생산할 수 있으나 紙所로 추정될 수 있는 곳은 河陽縣의 安心所, 宜寧縣의 楮旨所, 咸陽郡의 馬川所, 全州府의 豆毛村所, 南原의 몇몇 소와 任實縣의 楊等良紙所 정도다. 이외 지소로 추정할 수 있는 곳은 토공과 토의에 종이와 닥나무가 있는 충주목 청풍군의 所, 단양군 금의곡소, 제천현 空梓所, 공주목 소속 소 등을 들 수 있다.

하양현은 지금의 경산으로서 고려 현종 때 경주 임내로 있다가 뒤에 감무가 설치되었다. 이곳에 소속된 유일한 소가 安心所인데 팔공산 아래에 있었다.『世宗實錄地理志』에 의하면 이곳은 토공으로 종이가, 토의에 닥나무가 있어 지소일 가능성이 있다. 그러나 이곳에서 기와 가마터가 발견되어[34] 와소였을 가능성도 있어 단정짓기는 어렵다.

조선시대 邑誌에 의하면 宜寧縣은 楮가 토산으로 기록되어 있으며 紙村里(北60里)도 있다. 또한 의령은 남서쪽에 晉川, 남에 咸安, 서북에 三嘉와 경계를 접하고 있는데『世宗實錄地理志』에 의하면 이 세 곳 역시 종이를 토공으로 바치던 지역이었다. 특히 의령의 楮紙所는 신번현에 있었는데 이곳은 지금의 부림면 新反里로서 예로부터 한지 생산이 활발하였으며 지금도 한지가 생산되고 있다고 한다.[35] 의령군 설화에 의하면 오늘날의 봉수면 국사봉 중턱의 대동사 주지가 한지를 떠서 쓰므로 부근 주민들도 점차 그에게 배워 이 일대가 한지의 고장이 되었다고 한다.[36] 이로 미루어

---

34) 尹容鎭, 1986,「大邱龍水洞瓦窯址調査報告書」, 대구직할시, 4·13쪽.
35)『慶尙道邑誌』20, 宜寧(1832年刊 / 1982, 亞細亞文化社).

보건대 의령의 저지소는 지소임이 확실하다.

咸陽郡은 조선시대 후기까지 白紙 厚紙를 중앙에 進貢했을 뿐 아니라[37] 의령군과 함께 1960년대 초반까지 한지가 많이 생산되는 곳으로 알려져 있었다. 함양한지가 이름을 날리게 된 까닭은 닥나무가 잘 자랄 뿐 아니라 한지 뜨기에 알맞은 맑은 개울이 닥나무가 자라는 야산 가까이 있었기 때문이다. 닥나무가 많아 예로부터 한지로 유명한 곳은 지리산에 맞닿아 있는 馬川面인데『世宗實錄地理志』에 마천소가 있는 것으로 보아 이곳을 지소라고 단정지어도 좋을 것 같다. 그리고 품질이 우수한 종이가 다양하게 생산되는 지역으로 유명한 全州에는 所가 陽良鐵所를 제외하고는 豆毛村所 (在 利城縣, 全州 西75里)만 있다. 이로 보아 두모촌소는 紙所로 추정된다. 남원 또한 종이 생산으로 유명했으나 이곳은 너무 많은 소가 난립해 있어 무슨 소인지 판단할 수 없으나 그 중 하나 이상은 지소일 것이다.

『谷成邑誌』에 의하면 곡성에서 厚白紙, 注油紙가 많이 생산되어 매달 중앙에 進貢하였다고 한다.[38]『世宗實錄地理志』에 의하면 谷城은 東으로 求禮까지 7리, 西로 玉果까지 20리, 南으로 順天까지 50리, 北으로 南原까지 7리의 거리를 두고 있으며, 고려초에는 昇平(順天) 임내였다가 뒤에 나주에 속하였고, 明宗 2년에는 감무를 설치했다고 한다.[39] 그러나 곡성에는 소가 보이지 않고 토의에 닥나무만 보이고 있는데, 이는 순천도 마찬가지다. 아마 이 지역은 고려시대 일반 농가에서 공물의 형태로 종이를 공납한 대표적인 예일 것이다.

[표]에서 전국의 토의와 토공을 보면 토의에 닥나무가 있으면서 토공에 종이가 없는 지역, 닥나무와 종이가 함께 기재되어 있는 지역, 토의에 닥나무가 없으면서 토공에는 종이를 공납하는 지역 등으로 혼재되어 있다.

---

36) 뿌리깊은나무, 1983,「의령군」,『경상남도』.

37)『慶尙道邑誌』7, 咸陽(1832年刊).

38)『湖南邑誌』3, 谷城, 1872(1983,『邑誌』4, 亞細亞文化社).

39)『新增東國輿地勝覽』39, 谷城縣.

우선 전라도를 보면 전역에서 닥나무가 생산되면서도 토공으로 종이를 바치는 지역은 전주와 남원에 불과하다. 이에 비해 충청도·경상도는 토공에 종이가 있으며 토의에 닥나무가 있는 지역은 충주목·청풍군·단양군·제천현·공주목·경상도 하양현·의령현 정도다.

그런데 『世宗實錄地理志』 임실현에 양등량지소가 있다고 표기되어 있음에도 토공에 종이가 보이지 않는다. 임실현은 동으로 남원부까지 21리, 남으로 남원부까지 23리, 북으로 전주부까지 24리에 위치하고 있다. 더욱이 임실현은 고려시대에는 남원부의 임내가 되었다가 명종 2년에 감무를 두었고 조선 태종 13년에 감무를 고쳐 縣監으로 하였다고 한다.[40] 이로 보아 임실현에서 생산된 종이는 남원에서 거두어들여 남원부의 이름으로 중앙정부에 공납했을 것이다. 해미현의 경우, 토의에 닥나무가 있으면서 토공에 종이가 보이지 않는다. 소의 명칭이 寺谷所인 것으로 보아 사찰에 소속된 지소가 아니었을까 추정해 본다. 그 외 특기할 사실은 영광군에 조지부곡이 있으며 이곳에서 종이를 공납했다고 한다. 그 구체적인 존재형태는 알 수 없으나 지소와 같은 성격을 지니고 있었으리라 추정된다. 그리고 닥나무가 생산되면서 종이를 공납하지 않은 지역은 닥 원료 그대로 중앙이나 지방관아에 공납하거나 매매했던 것으로 판단된다. 다음 기록을 보자.

D-1) 中軍摠制 李澄 등이 진언하기를, "楮貨 만드는 닥을 민간에서 거두어들이니 그 폐단이 적지 않습니다. 원컨대, 저화로써 그 값을 환급해줌으로써 민폐를 제거하소서" 하였다.[41]

2) 충청·전라·경상도 감사에게 전지하기를, "사마천의 『사기』를 인쇄하여 반포하고자 하니, 그 책을 인쇄할 종이를 公物로 닥나무를 사서 만들어 올려보내도록 하라" 하였다.[42]

---

40) 『世宗實錄地理志』 151, 全羅道 任實縣.

41) 『太宗實錄』 29, 15年 6月 25日 庚寅, "中軍摠制 李澄等陳言 楮貨造作之楮 民間收合 其弊不小 願以楮貨還給交易 以除民弊."

조선 세종대 李澄 등은 값을 치르지 않고 함부로 닥을 수취하는 폐단을 방지하고 그 값을 정당하게 지불하도록 건의하고 있다. 이것이 조선전기의 기록이므로 고려시대의 경우와 동일하다고 볼 수는 없다. 그러나 이로 미루어 추정해 보면 고려시대 역시 종이를 생산하는 전문 장인이 없는 군현의 농민들은 닥을 바로 지방관아에 공납하기도 했을 것이다. 소의 공납체계에 대해서는 중앙에서 직접 수취한다는 견해도 있으나[43] 지방 군현에서 수합하여 중앙의 필요한 관사에 개별적으로 공납했다[44]고 보아야 할 것이다.

예컨대 현종대의 '詹事府 公廨田 給15結 供紙一戶'의 경우를 보면 편호로 형성된 지호에서 생산된 종이는 바로 첨사부에 납부했을 것이다. 첨사부에 소속된 지호에서 생산된 종이를 군현에서 수합하여 중앙정부로 보내어 다시 첨사부에 내려보내는 번거로운 절차를 시행하지는 않았으리라 생각된다. 따라서 소는 중앙정부에 직속되어 있으나 개별 소가 공납해야 하는 궁원이나 관청에 직납한 것으로 보인다.

이 같은 공물의 직납을 방지하기 위해 최씨 정권은 교정도감을 설치하면서 교정수획원을 분속시켜 공물을 수납하였다. 교정수획원에 대한 반발이 거세지자 최항은 이 임무를 안찰사에게 넘겼다. 안찰사제는 고려 예종대에 성립하였으나 이것이 중앙관사와 주현 사이의 중간 행정기구로서 제 기능을 발휘한 것은 고려후기에 이르러서다. 원래 안찰사의 임무 중에 수령과 더불어 수집한 貢賦를 개경으로 輸納하는 역할도 담당하고 있으므로[45] 부당한 조처는 아니다. 그러나 지방관이 아닌 안찰사로 하여금 관리하게

---

42) 『世宗實錄』 27, 7年(1425) 1月 24日 乙未, "傳旨忠淸全羅慶尙道監司曰 欲印馬遷史頒布 其冊紙 以公物買楮 造作上送."

43) 北村秀人, 1969, 앞의 논문, 45~46쪽.

44) 박종기, 1990, 「고려의 수취체제와 부곡제」, 158쪽.

45) 邊太燮, 1974, 「高麗按察使考」, 『高麗政治制度史硏究』, 一潮閣 ; 박종진, 2003, 「안찰사의 기능과 위상」, 『동방학지』 122.

하는 것은 안찰사에 대한 중앙의 직접통제가 지방관보다 수월하기 때문으로
이는 최씨 정권기의 특수한 상황으로 보인다.

4. 지소의 구성

紙所에는 紙匠과 所吏와 所民이 구분되어 있었다. 우선 장인의 처지부터
살펴보자.

  E-1) 稻12石 花匠校尉1, 紙匠行首副尉1[46]

    2) 城隍 鄕校 紙匠 墨尺 水汲 刀尺 등의 位田은 前例대로 준다.[47]

    3) 顯宗 14年 6月 式目都監議定 詹事府 公廨田 給15結 供紙1戶[48]

고려시대는 조선시대처럼 조지서가 따로 존재하지 않았으나 중상서
내에 지장이 있었다. 이 행수부위의 직책을 가진 지장은 국가로부터 벼
12섬을 녹봉으로 받았으며 또 무산계 전시 17결도 함께 받았다.[49] 그러나
조선시대의 조지서처럼 많은 분량의 종이를 생산하여 국용에 충당한 것이
아니고 왕실의 器玩을 제작하는 중상서의 특성에서 나타나는 바와 같이
왕실에서 소용되는 고급종이만을 생산했다고 판단된다.

  E-3)에서 동궁관인 첨사부에 공지일호가 따로 책정된 것은 동궁에 소용되
는 종이는 따로 조달했음을 의미한다. 첨사부는 현종 13년에 처음 설치되었
다.[50] 현종대에 첨사부에 지호 1호를 주었다고 하는데 여기서 1호는 한

---

46) 『高麗史』 80, 食貨3 祿俸 諸衙門工匠別賜.

47) 『高麗史』 78, 食貨1 田制 祿科田 禑王 14年 7月, "大司憲 趙浚等上書曰……位田 城隍
    鄕校 紙匠 墨尺 水汲 刀尺等位田 前例折給."

48) 『高麗史』 78, 公廨田柴 顯宗 14年 6月.

49) 서성호, 1997, 『고려전기 수공업 연구』, 서울대 박사학위논문, 36쪽.

50) 『高麗史』 77, 百官2 東宮官.

가구를 의미한다기보다는 편호로 보아야 할 것이다.[51] 그렇지 않다면 첨사부에 필요한 종이를 문자 그대로 一戶가 담당한다면 지나치게 과중한 부담이 되었을 것이기 때문이다. 번거로운 일이 많은 종이의 특성으로 볼 때 개별적으로 종이를 생산하기보다는 공동으로 생산에 참여했을 것이다.

그리고 중앙과 지방관아의 지장에게는 위의 趙浚 상소에서처럼 노동력에 대한 대가로 위전을 지급하여 최소한의 생계보장은 책임졌지만 지소의 지장까지 토지를 준 것으로 보이지는 않는다. 고려시대 지장은 국가기관(중상서)에 극히 일부분만 존재하였고 지방관청의 경우에는 각 군현의 공해전 시에 紙田이 있는 것으로 보아 주로 원료를 지방의 장인에게 제공하고 만들게 하거나 혹은 대가를 지불하고 구입했으리라 생각된다.

이 같은 국가에 의해 특별대우를 받는 장인에 비해 소의 지장의 경우는 어떠했을까. 고려시대 공장이 공장안에 등록되어 있는 것과 마찬가지로 지장도 등록되어 국가의 통제를 받았으리라 판단되는데, 이는 소의 장인도 예외가 될 수 없었을 것이다. 그러나 이들은 국가에 공납의 의무만 있을 뿐 국가로부터 어떤 생계보장도 받지 못했으므로 국가에 바치고 남은 물자를 매매하거나 농사를 지음으로써 생계를 유지했을 것으로 생각된다. 그러나 사원의 공장은 수취대상에서 제외되었으리라 보인다. 전시과가 무너지고 토지겸병이 성행하여 국가에 조세를 내지 않는 권력형 농장이 형성된 고려후기에서, 사원 또한 소속 장인들이 수취대상에서 벗어날 수 있었으므로 사원으로 도피하였던 것이다. 이들의 신분을 살펴보자.

  F-1) 諸所有土姓吏民(『新增東國輿地勝覽』 7, 京畿道 驪州牧 古蹟)
    2) 築羅城 營重光寺員吏 僧俗工匠 並加階職(『高麗史』 5, 顯宗 21年 6月)
    3) 京師 工人의 家中에서 지리산 안양사의 飯子를 鑄成하였다. … 工人은 別將同正 韓仲敍이다.[52]

  51) 홍희유, 1989, 『조선중세 수공업사연구』, 지양사, 105쪽.
  52) 『韓國金石文追補』, 安養寺飯子 1252년(고종 39).

F-1)에서 토성을 가진 吏民에서 吏가 所吏이며 또한 토성을 가진 민은 工匠으로 추정된다. 그리고 나성을 축조하고 중광사를 설립한 후 국가에서는 공장에게 階職을 주었다고 하였으며 F-3)에서는 공인의 직책이 별장동정이며 한중서라고 이름도 명확히 기재되어 있다. 고려시대에서 성씨를 가지고 있으며 또한 관직을 제수받는 일은 양인 이하의 신분은 불가능하다는 점에서 양인으로 추정된다. 신라시대에 5두품까지 차지한 공장이 비록 고려말 기술을 천시하는 성리학적 분위기와 맞물려 현실적 지위가 약화되어 갔지만 고려시대에는 전반적으로 그렇게 천시된 것 같지는 않다.

다음, 지소에서 역호는 소민이었을 것이다. 이들의 임무 또한 장인에 비해 가볍지 않았다. 주지하듯이 종이 제작은 종이를 뜨는 등 기술이 필요한 부분과, 닥나무를 베어 껍질을 벗겨 방망이로 다듬질하는 공정까지의 특별한 기술이 필요하지 않은 부문으로 나뉘어 있었다. 장인의 일이 기술이 필요한 데 비해 역의 일은 노동을 필요로 하였다. 지소가 없어진 조선시대에 가서는 조지서에서 擣砧軍의 노역을 보충하기 위해 환관이나 죄수를 도침군으로 만든 경우가 많이 보이는데 이들 또한 조지서의 노역을 가장 고통스러워하였다. 종이를 수취하기 위해 국가는 소민의 노동력에 의존하였으며, 소가 없어진 조선시대에 가서는 역호가 鐵干·鹽干·生鮮干·水站干·銀戶·津尺 등 소위 身良役賤을 이루는 干尺之徒로 이어지므로 소민의 신분은 이에 비견할 수 있을 것이다. 所吏에 대해서는 다음 기록이 보인다.

G. 여러 주현과 향·소·부곡에 吏가 1호도 없는 곳이 많습니다. 세가에 의존하여 역을 피하는 外吏는 모두 귀향시키고 또한 丁吏 수도 줄여 귀환시키십시오.[53)]

앞서 본 바와 같이 所吏는 공물을 각 기관에 전달해야 하는 중요한

---

53) 『高麗史』 84, 刑法1 職制 忠烈王 22年 5月 中贊 洪子藩 上疏, "諸州縣鄕所部曲人吏 無一戶者 多矣 外吏 依勢避役者 悉令歸鄕 丁吏 亦令減數歸還."

임무를 담당하고 있었다. 위의 기록은 고려 충렬왕대의 것으로 이미 이 시기는 소가 해체되고 있던 때였다. 소민이 유망하여 특산물을 생산할 수 없게 되면 소리 또한 그 추달을 이기지 못하여 유리하지 않을 수 없었을 것이다. 이러한 현상은 소에 국한된 것은 아니지만 공물을 조달하는 소의 경우가 가장 심각했으리라는 것은 충분히 예측할 수 있다. 결국 所民과 匠人의 유리는 자연스럽게 所吏의 유리까지 가져와 소가 해체될 수밖에 없었다.

5. 지소의 해체

지소의 해체 조짐은 고려전기부터 있었다. 그 첫 번째 이유로 들 수 있는 것이 수탈의 과중이다.

H-1) 銅·鐵·瓷器·종이·먹 등의 雜所는 別貢物色을 징수하는 것이 극도로 과중하여 匠人들이 고통을 견디지 못하여 도피하게 되었으니 바라건 대 所司는 각 所의 別貢과 常貢의 많고 적음을 작정하여 보고하도록 하라.[54]
  2) 요즈음 사람들은 풍속이 경박하고 사치스러워져서 본법을 버리고 말업을 좇아 농사지을 줄은 모르니 각 도의 錦綺坊·雜織坊·甲坊의 匠人들은 모두 그 인원을 축소하여 농업에 종사시키도록 하라.[55]

소는 당초 공물의 생산을 위해 설치된 특수행정구역이었던 만큼 주민의 노동력에 비해 공물 자체가 과다하기 일쑤였다. 특히 그 공역이 소민의 집단적인 신역이어서 대개의 경우 상공과 별공을 막론하고 매번 소민들을

---

54) 『高麗史』 78, 食貨1 貢賦 睿宗 3年 2月.
55) 『高麗史』 79, 食貨2 農桑 顯宗 3年 3月, "比者 人習浮靡 棄本逐末 不知稼穡 其諸道錦綺雜織 甲坊匠手 並令抽減 以就農業."

지속적으로 동원하여 공역 부담을 가중시켰다.[56] 이미 고려전기부터 소민들이 과중한 수탈을 이기지 못하여 유망민이 늘어나고 있는 사실에서 소제도의 모순점을 파악할 수 있다. 이 같은 역의 과중함은 중세사회 내에서의 고대적인 잔재라고 볼 수 있는 것으로 이것에 대한 극복이 보다 발전된 중세사회로 나아갈 수 있게 한 것이다. 그러므로 민의 유망, 나아가서 공주 명학소민의 봉기처럼 민의 저항은 중세사회에서 고대적 요소가 극복되는 보다 발전된 사회로 나아가고자 하는 민의 열망이 표출된 것이었다.

다음은 상공업의 발달을 들 수 있다. 본래 살고 있던 지역을 떠나 유망하면 그들은 앞서 본 바와 같이 사원에 투탁하거나 아니면 지방으로 내려가 물자를 만들어 팔아 생활하였다. 이에 정부는 공장을 통제하고 농업을 중시하도록 하였는데 H-2)와 같은 통제의 궁극적 배경에는 상업적 이윤이 국가 재정에 도움이 되지 못한다는 인식이 깔려 있었기 때문이다.[57] 그러나 국가의 제어에도 불구하고 수공업자들의 활동은 더욱 활발해져서 자체수요보다 판매를 목적으로 한 생산이 이루어지고 있었다.

다음은 소의 군현으로의 승격을 들 수 있다. 처음 고려왕조는 국가가 필요로 하는 공물이 생산되는 곳에 소를 설치하여 특수집단으로 편성하였는데 이들의 규모가 점점 커지자 현종~숙종 연간에 향·부곡과 같은 행정구역으로 편성하였다. 이후 소민에 대한 수취가 강화됨에 따라 소外 위상은 선락하여 천민과 같은 인신수탈에 주로 의존하는 형태로 변질되었다고 생각한다. 수취 강도가 높은 소로 편제되는 것에 대해 주민들이 강하게 거부하니 정부는 군현민이 국가에 죄를 저질렀을 경우, 일 개인에 그치지 않고 지역 전체를 향·소·부곡으로 편입시키는 방법을 강구했던 것이다. 고려사회는 아직까지는 공동체적 유대가 남아 있어서 이를 빌미로 한 개인의 잘못을 들어 마을 전체에 형벌을 가할 수가 있었던 것이다. 그러나

---

56) 서성호, 1997, 앞의 논문.
57) 홍희유, 앞의 『조선중세 수공업사 연구』, 92쪽.

무신집권기 전국적인 민란의 소용돌이 속에서 소민들도 그들이 받는 부당한
대우에 반발하거나 유리하게 되자 정부는 소를 해체시키고 점차 군현민에게
특산물을 부과시키는 방향으로 나아갔다.

예컨대 이지은소의 경우, 고려초에 所가 되었다가 충숙왕대에 이곳 주민
이던 邪壽와 也先不花가 원 황제를 잘 보필하였다고 하여 이지현으로 승격되
었다.[58] 이에 따라 은소의 수공업자들은 은호로 되어 은을 전문으로 생산하
는 독립적인 수공업자의 처지로 전화한 것으로 보인다.[59] 그 비슷한 예로서
고종대에 몽골병을 잘 막아 翼安縣으로 승격된 忠州 多仁鐵所나[60] 그 지역
주민 伯顔夫介가 원나라에 있으면서 공을 세워 龍安縣이 된 咸悅縣 道乃山銀
所[61]도 마찬가지였을 것이다. 이 같은 상황은 고려후기에 이르러 소가
해체되었음을 보여주는 것이다. 그러므로 정부는 소에 부과하던 각종 물품
들을 군현민에게 부과하였고 그것을 잡공의 형태로 거두어들였다.[62] 기록
상 잡공이 처음 보이는 것은 고종대이므로[63] 고종 이전에 이미 소가 제
기능을 발휘하지 못했음을 알 수 있다. 소는 고려후기에 가서 권력층에
의해 사유화가 진행되면서 그 해체가 더욱 가속화되었다.

   I. 嘉林縣 사람들이 達魯花赤에게 말하기를, "현의 촌락들이 각각 元成殿,
    貞和院, 將軍房, 忽赤과 巡軍에 분속되어 오직 金所 한 촌락뿐이었는데,
    이제 鷹坊의 迷刺里가 또 빼앗으니 우리들이 어찌 홀로 부역을 감당하겠습
    니까" 하니 達魯花赤이 말하기를 "비단 너의 현만 그런 것이 아니고
    이런 일이 많다. 장차 각 도에 관원을 보내어 순찰하여 그 폐단을 제거하도

58) 崔瀣, 『拙藁千百』 2, 永州梨旨銀所陞爲縣碑.
59) 홍희유, 1989, 『조선상업사』, 74쪽.
60) 『高麗史』 56, 地理 楊廣道 忠州牧.
61) 『高麗史』 57, 地理 全羅道 全州牧 咸悅縣.
62) 이혜옥, 1994, 「고려후기 수취체제의 변화」, 『14세기 고려의 정치와 사회』, 민음사,
    206~207쪽.
63) 『高麗史』 80, 食貨3 賑恤 水旱疫癘賑貸之制 高宗 13年 3月.

록 하겠다" 하였다.[64]

위의 글은 금소 등 각 촌락이 권력기구에 분속되어 감을 보여준다. 이는 몽골 간섭기에 들어서면서 더욱 심화되어 소가 국가에 필요한 물품을 공납하는 기능을 상실하고 있음을 나타낸다. 소가 권력층이나 사원에 예속되는 것은 원의 간섭에 편승하여 중앙권력이 약화되자 더욱 심화된 것으로 보이는데, 특히 지장은 사원에 예속된 경우가 많았다. 그러나 이들이 사원에 예속되었다 하더라도 이들에 대한 사원의 수취는 국가의 수탈보다는 더욱 약화된 형태로서, 장인의 자율성이 보장되는 방향으로 변화 발전해 나아갔으리라 보인다.

그러나 그럼에도 종이의 수요는 더욱 확대되고 있었다. 예컨대 고려정부는 몽골의 침입으로 불타버린 대구 부인사의 대장경을 대신해서, 부처님의 힘을 빌어 몽골을 물리치기 위해 팔만대장경을 간행하였는데 여기에 소요된 종이가 무려 154,229장이었다.[65] 특히 고려후기에 들어가면서 몽골에 바쳐야 하는 공물에 종이도 포함되어 있었다. 그 외 학문의 발달에 따라 많은 서적이 출간되었는데 이는 종이의 생산이 뒷받침되지 않으면 안 된다. 그리고 공양왕대에는 楮幣가 논의되었는데, 종이 생산이 풍부하고 질이 좋지 않으면 불가능하다는 점에서 고려 종이의 수준을 짐작할 수 있다.

이와 같이 종이는 다양하게 사용되었으며 생산량도 비교적 풍부했던 것 같다. 그러므로 고위 관리들은 종이를 선물로 받는 것을 뇌물로 생각하지도 않았다. 다음 기록을 보자.

---

64) 『高麗史』 89, 列傳 齊國大長公主 忠烈王 4年, "嘉林縣人告達魯花赤曰 縣之村落 分屬元成殿及貞花院 將軍房 忽赤 巡軍 唯金所一村在 今鷹坊迷刺里 又奪而有之 我等何以獨供賦役 達魯花赤曰 非獨汝縣 若此者多矣 將使巡審諸道 以蠲其弊."

65) 徐首生, 1989, 「八萬大藏經과 佛敎文化史上의 價値性 및 保存策」, 『高麗大藏經』, 高麗大藏經硏究會.

J-1) 조정에서 근무하는 양반들은 다른 사람에게서 뇌물을 받을 수 없고 심지어는 차, 약, 종이, 먹까지도 받을 수 없다. 위반한 자는 죄를 준다.[66)]

　2) 그가 어향사로서 각 도에 내려갔을 때 提察使와 守令들이 민간의 재물을 긁어모아서 그에게 막대한 선물을 주었다. 全羅提察使 李仲丘가 종이를 선물로 보냈더니 방신우는 받지 않고 그것을 트집잡아 그를 모욕하였다.[67)]

J-1)은 충선왕이 즉위하면서 충렬왕대의 폐해를 지적하면서 중앙관리가 뇌물을 받아서는 안 되며 심지어는 차, 약, 종이, 먹조차도 받아서는 안 된다고 하였다. 이는 여태까지 이 정도는 뇌물의 범주에 속하지 않았음을 반증하는 것이다. 그러므로 충렬왕, 충선왕 때 환관으로서 원 황제를 설득하여 立省問題를 무위로 만들어 큰 功을 세웠던 방신우에게 이중구가 종이를 선물로 보내었더니 도리어 모욕당했다고 한다. 이로써 당시 종이가 지배층의 입장에서는 비교적 쉽게 구할 수 있었던 물자임을 알 수 있으며 이는 상공업의 발달과 더불어 지소가 해체되더라도 종이 수급에는 지장이 없음을 나타내는 것이기도 하였다.

금소, 어량소, 염소 등에 비해 지소가 권력층의 침탈대상이 된 기록은 보이지 않는다. 종이가 지배층의 필수품이기는 하나 귀중품은 아니었고, 대체로 소의 물품이 한정된 지역에서만 생산되는 데 비해 종이는 그렇지 않아 부의 축적대상이 될 수는 없었다. 조선시대에 들어서서 정부는 종이를 농민들에게 특산물의 형태로 징수하였으며, 양질의 종이는 우수한 생산지로 이름난 전주와 남원, 그리고 중앙이나 지방의 관사에서 만들게 하였다. 그러나 닥나무가 많지 않아 종이 생산에 어려움을 겪게 되자 국가 차원에서

---

66) 『高麗史』 84, 刑法 職制 忠烈王 24年 正月 忠宣王 卽位 下敎, "凡侍朝兩班 不得受人賄賂 至於茶藥紙墨 亦不可受 違者罪之."

67) 『高麗史』 122, 方臣祐, "其降香諸道也 提察守令 抽斂民財 贈遺甚厚 全羅提察使 李仲丘 贈以紙 臣祐不受 因折辱之."

강제로 심게 하여 종이의 수급을 맞추었다.[68] 이에 조지서를 창설하게
되었던 것이다.

> L-1) 造紙所를 설치하였다. 戶曹에서 전날 의정부에 상납한 각 도의 못
>   쓰게 된 종이로 楮貨紙를 만들어 외방에서 종이 만드는 폐단을 줄이도
>   록 청하니 그대로 따랐다.[69]
> 2) 造紙所 : 壯義寺洞에 있다. 처음에는 事大의 表·箋·奏·啓·咨文에 쓸
>   종이를 전라도 全州와 南原府에서 해마다 세밑에 바쳤는데 많이 써서
>   이를 충당하지 못하였다. 그러므로 금상 2년에 특명으로 조지소를
>   두어 만들었는데 품질이 옛것에 견주어 훨씬 곱고 좋았다. 이로 말미암
>   아 전주와 남원 두 府의 歲貢 독촉의 폐단이 비로소 없어졌다.[70]

이리하여 종이 생산을 전담하던 고려시대의 지소는 종이가 발달하지
못한 시기에 국가에 필요한 물자를 생산하던 역사적 임무를 끝내고 사라졌
다. 시장에서 종이의 자유로운 매매가 가능했고 사원에서 생산이 활발하였
으며 농민들도 생산이 가능해진 단계에서 국가는 더 이상 소라는 특수지역
에 주민들을 강제적으로 속박시켜 인신수탈을 강요하여 민의 광범위한
저항을 야기시킬 필요가 없었다. 그러나 지소라는 전문 종이생산지에서
생산되던 것에 비해 일반 군현민의 종이가 질도 조악하고 생사량도 줄어들
게 되자 조선정부는 조지서를 만들게 되었던 것이다. 이제 종이 생산은
조선시대에 들어서면 조지서를 중심으로 하는 관영 수공업단계에 들어가게
되었다.

---

68) 『太宗實錄』20, 10年 10月 29日 壬戌, "臣等願令各道 大戶則二百條 中戶一百條 小戶五十
    條 限來年二月 一皆種之 令監司差人考察 有不如法者 贖徵楮貨 罪及守令 曾有楮田 不在
    此限."
69) 『太宗實錄』30, 15年 7月 庚申.
70) 『世宗實錄地理志』京都 漢城府.

6. 맺음말

우리나라에서 종이는 이미 삼국시대부터 제조 사용되었다. 그러나 서적과 대외수출품으로 이용되었다는 기록만 있을 뿐 종이의 생산실태에 대해서는 정확하게 알 수 없다. 종이 생산이 본격화되어 일상적으로 사용되게 된 것은 고려시대부터였다. 종이를 사용하는 계층은 주로 지배층으로서 국가는 그들의 수요에 충당하기 위해 농민에게는 지방특산물로서 공납을 요구함과 동시에 소라는 특수집단을 만들어 보다 품질이 좋은 종이를 생산할 수 있도록 독려하였다. 그러나 소는 국가에 예속된 특수물품 생산집단으로서 국가가 비록 所民에게 租稅와 力役을 면제하고 특산물만 생산하게 했다고 하더라도 그 요구량이 지나치게 과중하여 이미 睿宗代부터 유랑민이 생기는 형편이었다.

紙所에는 匠人과 所民이 있어 고도의 기술을 요하는 부분과 그렇지 않은 부분으로 나누어 일을 하고 있었다. 소민의 노역도 힘들었지만 장인들의 노역 역시 견디기 힘들 정도였던 것으로 보인다. 특히 장인의 유리가 많이 나타나는 이유는 그들의 노역이 과중함이 하나의 원인이었지만 한편으로는 그들이 고향을 떠나더라도 반겨주는 곳이 있었기 때문이니, 이는 곧 사원이었다. 사원에는 대다수가 깊은 산과 맑은 물을 끼고 있었으므로 종이 생산에는 아주 적합하였다. 고려사회가 불교국가인 만큼 사원은 사경이 활발하여 종이 수요가 아주 많은 형편이었다. 사원은 지장들을 받아들여 종이를 생산했을 뿐 아니라 사원 자체가 지소를 소유하기까지 했으리라 보인다. 그리하여 사원은 사용하고 남는 것은 시중에 매매하기도 했는데, 조악한 종이를 강제로 매매하여 물의를 빚기도 하였다.

고려시대의 지소로 지금까지 알려져 있는 것은 의령현의 저지소, 함양군의 마천소, 임실현의 양등량지소, 전주부의 두모촌소 등 극히 일부에 불과하다. 특히 전주의 경우, 두모촌소라는 하나의 소로써는 국가의 요구를 충당할 수 없었을 것이므로, 한편으로는 농민의 부역을 동원해 종이 생산을 독려했을 것이라고 생각된다.

문화가 발달할수록 더 많은 양의 종이가 소요되었음에도 고려후기에 이르러 지소는 해체되기 시작하였다. 그 이유로는 고려사회의 발달에 따른 종이수요의 증가가 결국 소민의 부담을 더욱 늘려 소민들을 유리하게 만들었다는 점, 또한 상업의 발달로 쉽게 구할 수 있게 된 점, 전반적으로 제지기술이 발달함에 따라 국가로서는 저항이 극심한 소민들을 묶어 두기보다 농민에게 공부의 형태로 거두어들이는 것이 가능해진 점을 들 수 있다. 이 같은 과정을 거쳐 조선시대에 이르러서는 국가는 양질의 종이를 안정적으로 화보하기 위해 조지서를 설치하기에 이르렀다.

[표] 종이의 공납현황과 지소

地名	所	土宜	土貢	備考
忠淸道 淸風郡	木村(北1里) 箭山(북17) 結買(북2)	닥나무	종이	
丹陽郡	金衣谷(동30)	닥나무	종이	
堤川縣	空梓(서51)	닥나무	종이	지소
淸州牧			종이	
沃川郡	酢汁器(在管城縣)		종이	
公州牧	今丹(남20) 甲村(儒城 동23) 樸山(德津縣 동5)	닥나무	종이	
韓山郡	鸚谷(북13)		종이	
懷德縣			종이	
尼山縣			종이	
扶餘縣	楓枝(남10)		종이	
洪州牧	上田(남74) 高伊山(高丘縣 서48) 明海(新平縣 북14) 鳥史(남34) 馬餘(북15)		종이	
舒川郡	林述所(북14 今稱 獐項村)		종이	
泰安郡	吳山(남25) 梁骨(남13)		종이	
沔川郡	挑村(북20)		종이	
鴻山縣	非刀(古稱鳩站 ; 북41)		종이	
保寧縣	巾子山(북20 ; 今稱靑所里)		종이	
禮山縣	立石(동16, 古名文石 今爲大枝洞村)		종이	
海美縣	寺谷(동1)	닥나무		사찰소속 지소
慶尙道 梁山郡	於谷(서5) ; 俗號水蛭獄 古爲所時囚罪人之地		종이	
永川郡	이지은소		종이	
醴泉郡	冬老坪(북53)		종이	
義城縣	骨羅(동남50)		종이	
大丘都護府	資己(解顔縣 북20)		종이	
密陽都護府	陰谷(서25)		종이	
河陽縣	安心(一名明山, 在公山下)	닥나무	종이	지소 혹은 와소
尙州牧	海上伊(中牟縣) 阿多(中牟縣)		종이	
聞慶縣	仍乙項(동10)		종이	
晉州牧	伐大(서40) 水曲(서30) 火谷(동30) 大谷(동30) 水大谷(남40) 葛谷(동20)		종이	
陜川郡	樸山(동10)		종이	
草溪縣	代如谷(북28)		종이	
咸陽郡	馬川(古作淺, 남30) 義呑(남30)		종이	지소

三嘉縣	綿峴 吐村		종이	
宜寧縣	楮旨(在新繁縣) 釜谷(남15) 東谷(동15) 弓谷(동15)	土産 ; 닥나무	종이	지소
安陰縣	加乙山(서40)		종이	
咸安縣	杆曲(남18)·知谷(서37)·楸子谷(남20)·比史谷(남27)·損村(서40)		종이	
固城縣	樸島句當所		종이	
順興都護府	下谷		종이	
全州府	豆毛村(在利城縣)		종이	지소
古阜郡	禿邊(南毛助里) 德林(서15)	닥나무		
錦山郡	大谷(남60) 安城(동남15) 橫川(남120)	닥나무		
珍山郡	金岳(동30) 銅界(북15) 橫程	닥나무		
扶安縣	申德(동5)	닥나무		
羅州牧	水多(古作水墮, 一名橫山 서25)	닥나무		
靈岩郡	冬栢(동15) 馬峯 神葛 貴人	닥나무		新增에는 新葛部曲
靈光郡		닥나무		造紙部曲이 보임
長興都護府	茶所 ; 13개	닥나무		
康津縣	大谷(동30) 山計(북20) 山深(서북35) 種玉(남50) 舊溪(남17) 富元(남15)	닥나무		
南原都護府	省火岾(남50) 豆加(남60) 熊陰(남50) 龍鳳(동20) 申內洞(남17) 歧於淺(남30) 楊川(남8) 金城(동15) 南田(楡谷 북6) 放光(楡谷 북10) 興福 置等保 所火尺	닥나무	表箋紙	지소 ; 전주와 남원이 품질 우수
淳昌郡	置等(서30) 高刀巖(동24) 柳等(동15) 甘勿吐(동10) 芿佐 弓津	닥나무		
龍潭縣	銅鄕(동남35)	낙나무		
任實縣	陽等良紙所	닥나무		지소
鎭安縣	剛珠(在馬靈縣)	닥나무		
玉果縣	鸎谷(鸎山下)	닥나무		
長水縣	陽岳(북60) 梨方(북30) 天豎(북15) 福興	닥나무		
順天都護府	上伊沙(서20) 豆仍只(남60) 月谷(富有縣 東) 豆坪·調海·調水(在麗水縣)	닥나무		
樂安郡	加用(一名浦龍倉) 品魚(동29) 草川(동50) 開寧(동10)	닥나무		
寶城郡	蒲谷(남20) 釜谷(동10) 功神 神同串 房高城 酢桃	닥나무		
結城縣	品坪(남30)	닥나무		

光陽縣	大谷(동15) 玉谷(동30) 孔村(동65) 多沙川(동65) 蚊峴(동60) 孔之道(동46) 車衣浦(동46) 仇良浦(동45) 奴之道 實岾 鳥項 知巖川 熊陰 骨若	닥나무	
求禮縣	南田(북6) 放光(북10)	닥나무	
同福縣		닥나무	
海南縣	熊山 枏山 大上伊 伊良山 德池(古名德津)	토산; 닥나무	
황해도 遂安縣	介磨谷(북15)	닥나무	
谷山郡	亦谷(서30)		종이
牛峯縣	牛峴(남45)		종이
강원도 原州牧	乙呑(동13) 射林(동45)	닥나무	
寧越郡	楊等(서15) 梨木(동50) 耳達(서40) 省弥呑(동30) 注文伊(동40) 居呑(동30)	닥나무	
平昌郡	沓谷(동45) 古林(동59) 新林(동65) 石乙項(동63) 乃火谷(동60)	닥나무	
橫城郡	猪村(동20)	닥나무	
金城縣	小水伊(在通溝)	닥나무	
金化縣	馬峴	닥나무	

※ 『高麗史』 地理志, 『世宗實錄地理志』, 『新增東國輿地勝覽』 참조

제2장 견직물의 생산과 絲所·紬所

1. 머리말

인간 생활에서 가장 기본적인 것이 의·식·주다. 그 중에서 자신을 표현하는 수단으로서의 기능은 옷이 가장 효율적이다. 그러므로 필수적이면서도 아름답고 화려한 옷을 입고자 하는 인간의 욕망은 일찍부터 비단의 발달을 가져왔다. 우리나라는 기후 풍토가 양잠에 적합해 일찍이 2~3세기부터 뽕나무를 심고 누에를 치며, 비단실을 켜서 비단을 짜는 일이 발달하였다. 고려시대에 들어서서 생산된 비단의 상당수는 중앙에 집중되어 왕실의 의복뿐 아니라 국가 간의 통교시 상대국에 대한 증여품으로, 여진 등 북방민족과의 교역품, 그리고 신하들에 대한 사여품, 관리 녹봉용, 군수품 등 재정적 용도에 충당되었다.[1] 비단이 富를 과시하는 수단이 되자 민간 부유층에서는 고급비단을 의류나 부채, 두건[2]으로 사용하는 경우가 많아, 성종대의 최승로는 서인들의 무분별한 고급비단 착용을 금지하고 다만 紬·絹만을 허용하자는 건의를 하고 있다.

고려의 견직물 생산은 관청 수공업, 소 수공업, 민간 수공업으로 분류된다.

---

1) 北村秀人, 1985,「高麗時代の絹織物生産について」,『人文研究』37-9, 大阪市立大學文學部, 42~43쪽.

2)『宣和奉使高麗圖經』19, 民庶, 舟人, "高麗頭巾 唯是重文羅 一巾之價 准米一石 細民無貨可得."

관청 수공업은 고급비단을, 농촌 수공업은 고치솜과 비단실을 주로 생산하였으며, 소 수공업은 실을 만들고 옷감을 짜는 사소와 주소라는 특수구역이 있었다. 각 소의 특산물이 일반적으로 남자들이 주로 생산을 담당하는 데 비해 사소와 주소의 경우에는 여성의 비중이 높다는 점이 특기할 만하다.

고려시대의 견직물 생산에 대해서는 몇몇 논문이 있으나3) 사소와 주소에 대해서는 관련 사료의 부족으로 아직 제대로 연구된 바가 없다. 사소나 주소는 생산기술 면에서 일반 농가에 비해 전문 생산집단이었던 만큼 주로 고급제품을 생산하였을 것이다. 그러므로 비단은 일반 농가에서의 생산이 주를 이루고, 사소와 주소의 경우는 왕실이나 국가에 필요한 물자를 주로 생산했으리라 판단된다. 여기에서는 고려시대의 견직물 생산실태를 살펴보고 특히 사소와 주소의 존재형태를 추정해 보며, 아울러 견직물의 수취와 경영형태, 그리고 그 변화과정을 추적해 보고자 한다.

2. 명주의 직조과정과 비단의 종류

양잠업의 관건은 뽕나무의 수량에 달려 있다. 뽕나무는 삼베나 모시, 그리고 목화와는 달리 재배전답이 필요하지 않으며 아무 지역에서나 잘 자란다. 뽕나무는 심은 그해 가을부터 뽕잎을 딸 수는 있지만, 2~3년이 지나야 무성해지며, 경제수령은 3~5년 정도가 지나야 한다.4) 뽕잎을 먹여 누에를 키우는 기간은 3~5월 사이의 40여 일 정도라고 한다.

명주 직조과정은 누에가 고치를 만드는 데서 시작한다. 누에가 알에서 고치를 만드는 데는 약 1개월이 걸리며, 이 고치에서 뽑아낸 실이 명주실이

---

3) 北村秀人, 1985, 앞의 논문, 42~43쪽 ; 위은숙, 1993, 「고려후기 직물수공업의 구조변동과 그 성격」, 『한국문화연구』 6 ; 조효숙, 1994, 「高麗時代 織造手工業과 織物生産의 實態」, 『국사관논총』 55 ; 서성호, 1997, 『高麗前期 手工業 硏究』, 서울대 박사학위논문.

4) 남미혜, 2009, 『조선시대 양잠업 연구』, 지식산업사, 34·58쪽.

다. 다음으로 製絲[실써기]를 하는데, 누에고치에서 명주실을 풀어 타래실로 만드는 과정이다. 솥에 물을 붓고 누에고치를 넣어 끓인 후 솥에 떠 있는 누에고치를 휘저어 실끝을 찾아 모아쥔다. 10개의 고치로 한 올을 만든 실은 아주 가는 실이 되는데, 製絲된 타래실을 풀을 먹여 말린 후 도투마리에 감는다. 이로써 비단실이 완성된다.

『高麗史』기록에 나타나는 비단의 종류는 綾·羅·錦·繡·紗·絹 등이다. 그리고 액정국에 錦匠·羅匠·綾匠이 있으며, 잡직서에는 闕匠과 繡匠이 있어, 御衣를 제작하는 상의국에서 요구하는 옷감을 우선적으로 공급했으리라 판단된다.5) 이들 工匠은 일반 공장들을 기술적으로 지도 통제할 임무가 부과되어 있었으며 그 대가로 지유, 행수교위 등의 직위와 토지를 받았다.6) 그러나 工匠의 휘하에서 각기 분담받은 비단을 생산하는 공장들은 국가에서 급료를 받는 것이 아니라 力役으로서 일정 기간만 생산에 종사했으리라 생각된다.7)

지방에서는 絲所와 紬所를 두어 비단실과 비단옷감을 거두어들였다. 사소에서 중앙관청이나 지방관청의 수요를 대비하기 위해 비단실을 수취한 것은 분명해 보인다. 그런데 紬의 경우 비단 중 가장 품질이 저급하다고 하는데,8) 품질이 낮다면 고려왕조가 굳이 따로 주소를 둘 이유가 없을

---

5) 『高麗史』80, 食貨 祿俸, "諸衙門工匠別賜 掖庭局 米七石【錦匠 指諭承旨一】六石【羅匠 行首校尉一】稻十五石【錦匠 行首大匠一】十石【綾匠 行首副正一】雜織署 米七石【闕匠 指諭承旨同正一 行首校尉二】六石【繡匠 行首校尉一】尙衣局 米十石【繡匠 指諭一 服頭匠 殿直同正】八石,【服頭匠 指諭承旨一】六石【靴匠 行首校尉一 帶匠指諭承旨行首校尉各一】稻十二石【服頭匠 行首校尉行首副尉各一 花匠 校尉一】."

6) 서명희, 1993, 「수공업」, 『한국사 14』, 421쪽.

7) 조선시대 잠실소속 노비들의 경우에도 양잠에 종사하는 대신 잡역이 면제되고(『太宗實錄』33, 17年 5月 24日 己酉), 신공은 半貢으로 부과되었다가 전량 면제되었다(『世宗實錄』43, 11年 3月 10日 丙辰 ; 『成宗實錄』167, 15年 6月 19日 甲戌 ; 남미혜, 2009, 앞의 책, 72쪽 참조). 이로 보아 고려시대 공장들도 역 면제의 대가로 생산에 참여했으리라 판단된다.

8) 조효숙, 1993, 「고려시대 견직물의 실증적 연구」, 『복식』20, 115쪽. 고려시대의 견은 일반적인 견직물의 총칭이 아니라 특정 견직물을 지칭하는 것으로, 양질의

것이다. 그러므로 紬所는 일반 농가보다는 고급품을 생산했으리라 판단된
다.9)

주에는 綿紬(明紬 혹은 紬, 명주실로 무늬 없이 짠 피륙), 東海紬(날줄과
씨줄이 아주 세밀하여 1필의 부피가 한 주먹에 들어올 정도로 적음), 水紬(최
상품의 명주), 鼎紬(좋은 품질의 명주), 吐紬(바탕이 두껍고 빛깔이 누르스름
한 명주) 등으로 종류가 다양하다. 그러므로 고려왕조가 설치한 사소 주소는
우수한 품질의 絲와 이를 토대로 짠 다양하고 수준높은 紬를 말하는 것이라
고 생각된다. 정부는 사소에서 실을 수취하여 화려하고 정교한 무늬는
중앙과 지방의 工匠에게 짜도록 하였을 것이다.10) 고려시대에는 지방에도
錦綺坊·雜織坊·甲坊이 존재하여 고급 견직물의 직조기술이 지방까지 확산
되고 있었다.11)

그러나 국가에서 공물로 수취하는 것이 주로 삼베인 만큼 농가에서는
마포 생산이 가장 일상적이었으며, 농번기와 누에 기르기의 시기가 겹치는
비단이나 남쪽지방으로 생산지가 한정된 모시의 경우는 그 양이 많았다고
보기 어렵다. 농업생산력의 발달에 따라 공한지가 줄어들게 되자 국가에서
는 양잠에 눈을 돌려 정책적으로 양잠을 장려하였다. 삼베와 모시는 경작할
토지가 필요한 데 비해, 뽕나무는 토질을 가리지 않고 山地나 논밭의 둑
등 아무 곳에서나 잘 자라기 때문이었다. 국왕 하사품으로는 성종·현종대에
는 紬·絹이 나오다가 의종대에 羅·綃가 나온다. 이미 의종 이전에 다양한

가잠에서 뽑아 광택이 좋고 굵기가 일정한 견사로 제작한 평견직물이다. 주는 일반적
으로 견보다 품질이 떨어지는 野蠶, 副蠶, 玉蠶에서 뽑아 굵기가 일정하지 않고
광택이 저하된 絹紡絲를 이용한 평견직물로서 흔히 면주로 불린다고 하였다.

9) 김영숙 편저, 1998, 『한국복식문화사전』, 미술문화, 256쪽.

10) 北村秀人, 1985, 「高麗時代の絹織物生産について」, 『人文研究』 37-9, 大阪市立大學文學
部, 731쪽. 기타무라(北村)는 고려가 양잠기술 수준이 낮아 紬가 대표적 견직물
지위를 차지하였다고 하였지만, 주가 대표적인 견직물이므로 주소로 명명했다고
생각할 수 있다.

11) 『高麗史』 79, 食貨2 農桑 顯宗 3年 3月 ; 위은숙, 1993, 「고려후기 직물수공업의
구조변동과 그 성격」, 『한국문화연구』 6, 194~195쪽.

비단이 생산될 정도로 고려의 비단산업이 발달했다고 볼 수 있을 것이다.

3. 견직물의 생산과 수취

1) 견직물의 생산

우리나라에서 견직물 생산은 신라의 경우, 견직물을 직조하는 綺典과 錦典, 그리고 朝霞坊이 있었으며, 723년(성덕왕 22) 당에 朝霞紬와 魚牙紬를 조공하였다는 기록이 있다.12) 신라시대에도 紬의 품질과 무늬에 따라 다양한 명칭이 정해졌음을 짐작할 수 있다. 이는 고려로도 이어져 주가 비단옷감의 통칭으로 불렸으므로 비단을 생산하는 전문 촌락을 紬所라 불렀던 것이다.

『瑣尾錄』13)에 의하면 1명의 婢가 8斗[말]의 고치를 생산하며, 고치 한 말로 10尺(자는 3.3cm)의 명주를 짜며, 1필의 명주는 네 말의 고치가 필요하다고 한다(1필은 40자). 그리고 1필의 명주로 성인 한복 한 벌 혹은 두루마기 두 벌을 지을 수 있다고 한다.14) 그렇다면 노비 1인이 생산하는 고치로 성인 한복 두벌 혹은 두루마기 네 벌 정도를 만들 수 있을 것이다.

南宋人 陳旉의 『農書』에 의하면 10명의 가족이 10蠶箔의 누에를 키워 1삼박에서 12근 정도의 누에를 얻을 수 있으므로 10잠박이면 120근이고,

---

12) 『海東繹史』 26, 布帛 紬.

13) 임진왜란 때 吳希文이 9년 3개월에 걸쳐 기록한 피난일기. 이 책은 전쟁에 관한 기록뿐 아니라 비참한 백성들의 생활상과 수령·아전·양반·상민·노비 들의 생활, 왜병들의 살인·방화·약탈과 명나라 원군의 횡포, 서울의 戰禍, 의병 활동상, 군대 징발, 세금 징수, 군량 운반 등의 내용이 담겨 있다.

14) 남미혜, 2009, 앞의 책, 159쪽 ; 장경희, 2002, 『명주짜기』, 화산문화, 70쪽. 명주 1필(폭 0.5m, 길이 40자)을 짤 때 필요한 누에고치의 양은 1.2관(4.5kg) 정도라고 한다. 말[斗]은 尺貫法에 의한 부피의 계량단위인 되[升]의 보조 계량단위로, 1말은 10되 18 ℓ 다. 이는 송대 小絹에 해당한다고 볼 수 있다.

누에고치 1斤(16량)에서 1兩 3分의 실을 얻을 수 있으므로 모두 156兩이 된다. 이를 방적하면 5兩의 실로 小絹 1필을 방적해서 모두 31.2필을 생산하는데 송대 官絹의 무게는 12兩으로서 만일 관견으로 계산하면 13필을 생산하는 것이며, 소견 1필로는 쌀 1石 4斗를 살 수 있다고 하였다.15)

이를 1인당 생산량으로 보면, 송대에는 1인이 소견 3.1필 혹은 관견 1.3필을 생산하고, 조선중기 노비의 경우 2필을 생산하는데 조선의 비단은 송대의 소견과 비슷하다고 보고 있다. 조선시대 잠업에 종사하는 노비가 농민층에 비해 노동강도가 상당히 높았을 것임에도 송과 차이가 나는 것은 노비의 생산의욕 상실 혹은 남송의 누에 생산의 자연적 조건이 좋았거나 송의 생산기술이 그만큼 발전한 때문이라고 볼 수 있을 것이다. 그러나 송나라가 당시 소견 1필로 쌀 1石 4斗를 살 수 있었다고 하는 데 비해, 고려 예종대에 삼사에서 祿을 다른 물품들로 환산할 때의 규정을 보면 大絹 1필은 쌀 1섬 7말, 絲綿, 小絹은 각각 1필을 쌀 7말로 환산한다고 하였다.16) 이는 송의 비단값이 비싸다고 해야 할지 아니면 품질에 차이가 있는 것인지 잘 알 수 없다.

무신집권기의 최항 역시 각 지방에서 거두어들인 삼베와 모시는 포로 거두어들인 데 비해 비단은 雪綿子[솜]와 繭絲[고치실]로 거두고 있다.17) 그러므로 고려시대 일반 농가에서는 완제품인 紬보다는 반가공 형태인 眞綿, 繭絲 등의 형태가 더 큰 비중을 차지하고 있었다고 판단된다.18)

15) 陳旉, 『農書』 卷下, 種桑之法篇第1 ; 조복현, 2007, 「宋代 絹價의 變動과 그 特徵 研究」, 『東洋史學研究』 100, 104쪽.
16) 『高麗史』 80, 食貨 祿俸 諸衙門工匠別賜, "睿宗十年 三司改定 祿折計法 大絹一匹折米一石 七斗 絲綿小絹各一匹折七斗 小平布一匹折一斗二升五合 大綾一匹折四石 中絹一匹折一 石 縣紬一匹折六斗 常平紋羅一匹折一石七斗五升 大紋羅一匹折二石五斗."
17) 『高麗史』 129, 列傳 崔忠獻 附 崔沆.
18) 위은숙, 1993, 「고려후기 직물수공업의 구조변동과 그 성격」, 『한국문화연구』 6, 8쪽. 솜의 경우, 일반적으로 고치 부스러기를 이용하지만 경우에 따라서는 좋은 누에고치(가견)를 찢어서 만드는 경우도 있다고 한다(조효숙, 1994, 「高麗時代 織造手工業과 織物生産의 實態」, 『국사관논총』 55, 57쪽).

견직은 삼베나 모시에 비해 실을 생산하는 방적과정은 1/5~1/7시간밖에 소요되지 않으나 직포과정은 매우 오랜 시간이 요구되기 때문이다.[19] 그러나 고려후기에 이르면 옷감을 만드는 경우도 많았다. 민가에서 짜는 비단은 우수한 제품이 생산되지 않으므로 국가에서 비단실을 수취하여 장인에게 품질이 뛰어난 비단옷감을 짜게 하였다고 판단되지만 안동·경주처럼 비단 생산으로 유명한 지역에서는 뛰어난 기술로 羅·絹·綾·繰·縑·縛·縠 등의 다양하고 고운 비단을 제작하였다고 한다.[20]

뿐만 아니라 외국에서 실을 구입하여 옷감을 만들기도 했다. 인종대와 의종대에 국왕이 김돈중·김돈시와 內侍 左·右番에게 丹絲를 하사한 기록이 나온다.[21] 또한 명종이 이지명에게 거란사[22]를 수입하게 한 이유[23]는 거란사의 우수한 품질 때문이겠지만 그 외에도 고려에 비단옷을 입는 풍조가 성행함에 따라 비단실의 공급이 부족했던 것도 또 하나의 원인이 되었을 것이다. 고려는 이미 문종대부터 양잠이 점차 북쪽지방으로 전파되고 있었다. 다음 기록을 보자.

A-1) 西北路兵馬使 楊帶春이 아뢰기를, "관할내 連州 防禦使 휘하의 長吏와 軍民 등 800여 명이 고하기를, 防禦副使 蘇顯은 부임한 이래 農桑을 권장하고 백성을 잘 보살펴 공적이 뛰어나므로 반드시 조정에 아뢰는 것이 합당합니다"라고 하였습니다.[24]

19) 이의명, 1991, 「15·16세기 양잠정책과 그 성과」,『한국사론』24, 101쪽 ; 권태억, 1980, 「한말·일제초기 서울지방의 직물업」,『한국문화』1.

20) 『新增東國輿地勝覽』12, 江華都護府 形勝 崔滋의 三都賦.

21) 『高麗史』98, 列傳 金富軾 附 敦中 ;『高麗史』18, 毅宗 19年 4月 甲申.

22) 김재만, 1962·1968, 「契丹絲考」,『역사교육』6·8, 160~161쪽. 김재만은 거란사가 비단실이 아닌 毛絲라고 주장하였다. 그러나 거란이 적극적으로 견직물을 생산했음은 『高麗圖經』에도 나타난다(『高麗圖經』19, 民庶 工技 ;『高麗圖經』23, 雜俗2 土産 ; 日野開三郎, 1977, 「國際交流史上より見た滿鮮絹織物(3)」,『朝鮮學報』82, 30~36쪽). 거란을 이은 금에서도 양잠기술이 발달했다고 한다(위은숙, 1993, 앞의 논문, 11쪽).

23) 『高麗史』20, 明宗 15年 正月 辛丑.

2) 동북로 병마사가 아뢰기를, "영흥진의 軍士 成厚 등 320여 명이 狀을 올려 告하기를, 鎭將인 尙舍直長 丁作鹽이 農桑을 권하고 부역을 균등하게 하며 성곽을 수리하고 戰具를 갖추었습니다" 하였다.[25)]

3) (임경화는) 정미년(인종 5, 1127) 봄에 京山府通判이 되었다. … 임기가 차자 景靈殿判官 雜職署令 都兵馬錄事 大府注簿 大府丞이 더해졌다. 이때 『孫氏蠶經』이 세상에 처음 간행되었는데 읽는 사람들이 그 뜻을 명확하게 알지 못하였다. 공이 方言으로 풀이하여 아뢰니 조정에서 받아들이고, 詔書를 내려 중앙과 지방에 널리 반포하자 드디어 양잠기술이 크게 성하게 되었다.[26)]

4) 양잠에 서툴러 絲線과 織紅은 다 상인을 통하여 산동이나 閩浙 지방으로부터 사들인다. 극히 좋은 文羅花綾, 緊絲, 錦, 모직물을 짜는데, 그동안 北虜의 항복한 졸병 중에 장인이 많았으므로 더욱 奇巧하고, 염색도 전보다 나아졌다.[27)]

비단이 주로 남쪽에서 생산되다가 동북계, 서북계로 전파된 것이 문종대부터였다. 뽕나무는 기후에 대한 적응력이 강하고 자연적인 제약이 적으며 생육기 3개월 동안은 500ml 이상의 강수량과 섭씨 12도 이상의 기온을 유지해야 한다. 따라서 뽕잎이 피는 시기는 남부지방은 5월, 중부지방은 5월 중순, 북부지방은 6월 상순으로서, 연평균 기온으로 따지면 남부와 중부가 최적이지만[28)] 북부지방도 불가능한 것은 아니었다. 이것이 고려말에 이르러서 목면이 일상화되면서 양잠은 목면 재배가 어려운 북부지방의 주 산업이 되었다.

위의 문종대 기록은 고려왕조가 양계지방에서 처음으로 뽕나무 심기를

---

24) 『高麗史』 7, 世家 文宗 元年 2月 丙午, "西北路兵馬使楊帶春奏 轄下連州防禦長吏軍民等八百餘人 告云 防禦副使蘇顯 自車車以來 勸課農桑 存恤民庶 政績茂著 理合升聞."

25) 『高麗史』 79, 食貨 農桑 文宗 3年 12月.

26) 김용선, 1993, 『高麗墓誌銘集成』 林景和墓誌銘, 한림대출판부.

27) 『高麗圖經』 23, 雜俗 土産.

28) 남미혜, 2009, 앞의 책, 36쪽.

시도한 시기로 보인다. 양잠이 북부지방을 포함하여 전국적으로 확산된 시기는 15세기로 판단되기 때문이다.29) 문종대 양계에 뽕나무를 심은 곳은 連州(价州)와 영흥진이었다. 연주는 평안남북도 경계의 청천강 유역에 위치하고 있다. 토지가 척박한 곳임에도30) 이 지역에 양잠이 가능하다는 것은 우리나라 전 지역이 여건만 조성된다면 양잠을 할 수 있음을 의미한다. 이는 동계의 영흥진도 마찬가지였을 것이다.31)

인종대에 가서는 양잠이 더욱 활성화되었다. 그러므로 좋은 비단은 전부 중국에서 수입한다고 한『高麗圖經』기사는 서긍이 고위 관료들의 옷을 대상으로 파악한 것이라고 판단된다. 인종대 임경화의 경우, 손씨잠경을 이두로 풀이하였다고 하는데 그는 잡직서령을 역임하였으며, 또한 비단생산지로 유명한 경산부 판관으로 있었던 만큼 양잠에 대해 관심이 많았던 것으로 보인다. 서긍은 거란 포로들 중에서 비단짜기에 정교한 솜씨를 가진 공장을 개경에 거주하게 하여 그 기술의 영향으로 옷이 더욱 화려해졌다고 하였다. 거란 포로라면 고려와 거란과의 전쟁 때 잡힌 포로일 것이다. 특히 현종 9년, 강감찬이 거란군을 격파했을때 상당수의 거란군이 포로로 잡혔을 것이다. 그렇다면 비단짜는 기술은 현종대부터 더욱 발전하기 시작했을 것으로 판단된다.32)

양잠업은 농경지를 따로 소유히지 않고시도 쉽게 시삭할 수 있었으며, 적당한 시기에 뽕잎을 채취할 노동력만 동원한다면 누구나 경영할 수 있었다. 게다가 뽕잎 채취는 부녀자나 어린이 노인 등의 유휴노동력을

---

29) 『世祖實錄』16, 5年(1458) 6月 戊寅 ; 이의명, 1991, 「15·16세기 양잠정책과 그 성과」, 『한국사론』24, 135쪽.

30) 『世宗實錄地理志』平安道 价川郡, "厥土多塉 墾田一萬二百八十結【水田止一百八十五結】土宜 黍 稷 麥 菽 桑 麻 楮 莞 梨 栗 松子."

31) 『世宗實錄地理志』咸吉道 永興大都護府, "社五 平川社 本永興鎭 … 土宜 五穀 桑 麻."

32) 北村秀人, 1985, 「高麗時代の絹織物生産について」, 『人文研究』37-9, 大阪市立大學文學部, 738쪽. 기타무라(北村)는 인종대의 양잠업 진흥책을 계기로 좋은 품질의 비단 및 견사 생산이 가능해졌다고 하였다.

이용할 수도 있었다. 이에 비해 삼이나 모시풀은 밭농사로서 농사를 지어 원료를 공급해 주어야만 길쌈이 가능하였다.[33]

정부는 비단생산을 늘리기 위해 양잠을 장려하는 정책을 썼다. 지방관리의 성적평가에서 농사와 누에치기의 장려가 주요 기준의 하나였다. 현종은 밭머리에 뽕나무 모종을 심게 하였으며, 인종대는 토지가 척박하여 밭으로도 사용하기 어려우면 뽕나무, 닥나무 등을 심도록 하였다고 한다.[34] 이는 비단생산을 장려하기 위해 국가 차원에서 뽕나무를 심도록 독려한 기사라고 생각한다. 비단생산에서 가장 중요한 문제는 뽕나무의 공급이었기 때문이다.

그런데 인종은 중앙과 지방에서 비단에 수놓는 일을 중지시켰으며 서민이 비단 옷과 비단바지를 입고 도성에서 말타는 것을 금하였다고 한다.[35] 비단에 수놓는 것을 금지시킨 것은 지배층의 사치를 방지하기 위해서며, 서민의 비단옷 착용 금지는 비단옷이 지배층만의 전유물이 아니라 서민들도 관심을 가지게 되면서 비단옷의 생산량을 고치 수요가 감당하지 못하자 만들어낸 고육책이라고 생각된다.

이후 명종대에 가서는 뽕나무 모종 외에도 옻나무, 닥나무, 밤나무, 잣나무, 배나무, 대추나무 등을 때맞추어 가꿀 것을 강조하였다.[36] 국가 차원에서도 양식으로서의 농작물이 아닌 특산물의 가치에 눈뜨게 되었다고 생각된다. 이 같은 상황이 비단의 기술발전을 더욱 촉진시켜 고종대에 이르면

---

33) 남미혜, 2009, 「조선 초기 농상정책의 수립과 양잠의례의 정비」, 『조선시대 양잠업 연구』, 지식산업사, 34쪽.

34) 『高麗史』79, 食貨 農桑 仁宗 23年 5月, "輸養都監奏 令諸道州縣 地品不成 田畝桑栗漆楮 隨地之性 勸課栽植."

35) 『高麗史』85, 刑法 禁令 仁宗 九年 五月, "停內外錦繡工作 限十年 禁庶人 羅衣絹袴 騎馬都中 及奴隷革帶";『高麗史節要』9, 仁宗 9年 5月, "停內外錦繡工作 限十年. 制 令百官 各寫太祖誡百寮書 以訓子孫. … 禁庶人 羅衣絹袴 騎馬都中 及奴隷革帶."

36) 『高麗史』79, 食貨 農桑 明宗 18年 3月 下制, "以時勸農 務修堤堰 貯水流潤 無令荒耗 以給民食 亦以桑苗 隨節栽植 至於漆楮栗栢梨棗菓木 各當其時 栽以興利."

羅·絹·綾·綵·縑·綃·縛·縠과 더불어 靑黃朱綠으로 염색한 다양한 색깔의 비단이 생산되기에 이르렀다.[37]

그러나 충렬왕대에 가서 民에게서 공물로 綾羅를 징수하였다고 하지만, 여기서 능라를 짤 수 있는 민은 가내 수공업으로 비단을 생산한 일반 농민층이 아니라 관청 수공업이나 수공업소에서 이탈하여 개별적으로 옷감을 짜서 생활하던 장인으로 보아야 할 것이다. 이것은 지방관청 수공업의 운영체제가 공장을 예하에 두고 직영하던 체제에서 공장들에게 일종의 신역에 해당하는 대가를 수탈하는 방식으로 변환되어 감을 반영한다.[38] 수공업자들이 민간으로 흩어지면서 비단짜는 기술이 전파되어 양잠이 더욱 활성화되는 계기를 가져왔다. 또한 사치풍조가 발생하면서 고급 옷감의 수요가 증가하였으며, 과시적 소비의 한 형태로서 옷을 자주 갈아입어 돋보이려는 풍조도 나타나게 되었다.[39]

2) 견직물의 생산주체와 수취

견직물 중 상당수는 사소와 주소에서 생산되었으리라 판단되는데, 한 가지 특징적인 점은 생산주체가 다른 소에 비해 여성의 비중이 높다는 사실이다.[40] 신라시대에도 직조는 여자의 일이었는데, 중앙관청인 綺典이나 錦典에 소속된 장인을 母라고 하여 전문장인으로서의 모습보다는 오히려 궁정에 예속된 노동력으로서의 성격이 더 강하게 보인다.[41] 그리고 조선시

---

37) 『新增東國輿地勝覽』 12, 江華都護府 形勝 三都賦, "雞林永嘉 桑柘莫莫 春而浴蠶 一戶萬箔 夏而繅絲 一指百絡 … 始而緯 方織以縑 雷梭風杼 脫手霹靂 羅綃綾綵 縑綃縛縠 煙織霧薄 雪皓霜白 靑黃之朱綠之 爲錦綺爲繡纈."

38) 위은숙, 1993, 앞의 논문, 201쪽.

39) 『高麗史』 89, 列傳 后妃 忠宣王, "順妃許氏 … 王令淑妃往賀 終宴之間 二妃五出更衣 以服飾相高."

40) 『牧隱詩藁』 29, 詩 蠶婦詞 蠶上箔桑婦樂.

41) 위은숙, 1993, 앞의 논문, 193쪽.

대에도 잠실에서 양잠하는 사람은 잠모로 불렸다. 따라서 고려시대의 일반 농가나 사소와 주소에서도 비단생산의 주체는 여자였을 것이다.

사소와 주소에서 일하는 사람들의 구성을 추정하기 위해 조선초기의 잠실을 살펴보자. 조선왕조는 양잠업을 널리 보급시키기 위해 각 지방의 주요 지역과 대궐·서울에 잠실을 설치하였다. 태종 17년에 함경도·평안도· 강원도를 제외하고 개성·가평·청풍·의성·수안·태인 등 여섯 지역에 도회 잠실을 설치하고 이어 세종대에 평안도와 강원도, 함경도에 각각 잠실을 설치하였다. 태종대의 도회잠실은 태인(논 1/2), 개성(논 3/10)을 제외하고는 토지가 척박하여 간전결수가 많지 않아 농업에만 의지해서는 생계가 어려운 지역에 중점적으로 설치되었다. 그러면 잠실에 소속된 인원을 살펴보자.

  B. 朝宗과 迷原에 새로 蠶室을 설치하고 蠶母 10명, 從婢 10명, 奴子 20명을
    각각 소속시켰다.[42]

잠실에는 蠶母 10명, 從婢 10명, 奴子 20명이 소속되어 있다. 종비는 뽕잎을 손질하거나 뽕잎을 썰어 누에에게 주는 일을 담당하였으며 잠모는 종비와 노자를 부리며 飼蠶하는 동시에 양잠의 전 과정을 관리하였다. 주로 뽕잎을 공급하는 일을 맡았던 노자의 경우, 잠실 주위에 뽕나무가 없을 경우 주거지에서 멀리 떨어진 곳에까지 가서 뽕잎을 따야 했으며, 때로는 나무 위에 올라가 채취해야 했다. 채취된 많은 양의 뽕잎을 운반하는 무거운 일은 남자가 할 수밖에 없는 일이었다. 조선 태종대 잠실에서 양잠을 전담하는 인원의 남녀 비율은 거의 같은 비율이었다.[43] 그러나 방적의 경우, 여자가 중심적 역할을 담당했다.

---

42) 『太宗實錄』 31, 16年(1416) 2月 24日 丁亥, "新置朝宗迷原蠶室 各屬蠶母十名 從婢十名 奴子二十名."
43) 남미혜, 2009, 「조선시대 특수직 여성, 잠모」, 『조선시대 양잠업 연구』, 지식산업사, 243~244쪽.

이를 통해 볼 때 고려시대 사소나 주소의 경우에도, 남녀가 함께 양잠하고 사와 견을 생산했다고 볼 수 있다. 그러나 실지로 비단실을 자아내고 옷감을 짜는 일은 여성이었으므로 여성의 비중이 다소 높았으리라 생각된다. 농사를 전업으로 하는 일반 농가에서도 絲나 紬의 생산은 여성들이 주로 담당하였다. 이로써 비단 등의 직물 생산을 통해 여성노동은 남성을 보조하는 차원이 아니라 중요한 위치를 차지했다.

신라시대 관직명에 朝霞房 母23명, 染宮 母11명, 疏典 母6명, 紅典 母6명, 蘇芳典 母6명, 染典 母6명, 漂典 母10명, 阿尼典 母6명, 綺典 母8명, 針房 女子16명으로 나와 있다.[44] 그런데 고려시대의 장인으로는 雜織署에 罽匠·繡匠, 掖庭局에 錦匠·羅匠·錦匠·綾匠이 보이는데 이들을 여성이라고 보기는 어렵다. 따라서 신라 때 옷감짜는 기관에 소속된 모가 노비로 추정되는 만큼, 고려의 경우에도 錦匠指諭承旨·羅匠行首校尉·綾匠行首副正 등의 감독 아래에서 실지로 옷감짜는 작업에 종사한 인물들은 여자일 가능성이 높다. 이들은 조선시대처럼 관노비에서 선발[45]했을 가능성이 큰데, 충렬왕대에 백저포를 짠 사람이 여종이었다는 것은 이를 시사한다.[46] 송대의 경우를 보면, 紗羅를 짜기 위해 이중의 날실대를 갖춘 복잡하고 덩치 큰 직기가 있었는데, 이 같은 고급품을 짜는 생산장의 고용노동은 거의 남성이었다고 한다.[47] 송대는 이미 공장제 수공업 단계라고 보이므로 이를 고려에 바로 대입시키기는 어렵다. 조선시대에 들어서서도 양잠이 여성의 일로 간주되었기 때문이다.

국가에서 공물로 수취하는 물품으로서 금·은·동·철·소금·비단실·비단옷감·유밀·모시·삼베 등이 있는데[48] 비단의 경우, 국가에서 주로 요구하는

---

44) 『三國史記』 33, 志 職官(中).

45) 『世祖實錄』 16, 5年(1459) 6月 28日 戊寅.

46) 『高麗史』 89, 后妃 齊國大長公主.

47) 육정임, 2006, 「송원대 방직업과 여성의 지위」, 『동양사학연구』 96, 81~82쪽.

48) 강진철, 1980, 「농민의 부담」, 『高麗土地制度史硏究』, 고려대출판부, 268~269쪽.

것은 옷감보다는 비단실이었다. 다음 기록을 보자.

> C-1) 靖宗 7년 3월에 3사가 아뢰기를, "여러 도의 外官員僚로 관할 州府의
> 稅貢으로 1년에 米 300석, 租 400斛, 황금 10냥, 백은 2근, 布 50필,
> 白赤銅 50근, 철 300근, 소금 300석, 絲綿 40근, 油蜜 1석을 미납하는
> 자는 청컨대 현직을 罷하소서" 하니 이를 따랐다.[49]
>
> 2) 충렬왕 4년 2월에 下旨하기를, "안동 경산부 관내 군현의 貢賦를
> 大府·迎送·小府 등의 창고에 납입하는 것을 제외하고는 모두 元成殿에
> 수송하라"고 하였다.[50]

고려 靖宗대에는 비단실과 비단솜[絲綿] 40근을 각 州府의 세공으로
바치게 했다. 이는 마포가 옷감으로 공납한 데 비해 비단은 솜이나 실로
공납하는 경우가 더 많았음을 보여주는데, 고려후기에도 마찬가지였다.[51]
앞서『瑣尾錄』에 의하면 1명의 婢가 8斗[말]의 고치를 생산하며, 고치 한
말로 10尺의 명주를 짜며, 한 필의 명주는 네 말의 고치가 필요하다고
한다.

그런데 綿絲 40근[52]은 24kg이다. 조선초기 기록에 의하면 1升[되]이
약 572.67ml이므로 한 말은 5726.75ml이기 때문이다.[53] 고치 40근이 성인
한복 한 벌을 지을 수 있는 양에 불과한 것으로 보아 국가에서 각 군현에
요구한 40근의 솜과 실로 옷 몇 벌을 지을 수 있을지 의문이다. 여기에서

---

49)『高麗史』78, 食貨志 租稅 靖宗 7年 3月.

50)『高麗史』78, 食貨志 貢賦.

51)『高麗史節要』16, 高宗 37年(1250) 正月 ;『高麗史』129, 崔忠獻 附 崔沆, "以教定別監牒
  蠲淸州雪縣 安東蠒絲 京山黃麻布 海陽白紵布 諸別貢 及金洪州等處魚梁船稅."

52) 1근을 16냥인 600g으로 계산하는 경우와 100돈인 375g으로 계산하는 경우가 있다.
  근은 漢代에는 약 223g, 唐에서는 이것의 약 3배였으며, 宋 이후에 16냥이 600g으로
  정립되었다.

53) 이종봉, 2001,『한국중세 도량형제 연구』, 혜안, 158쪽. 박흥수는 이를 5964.235ml로
  계산하였다(박흥수, 1994,「도량형 제도」,『한국사 24』, 국사편찬위원회, 622쪽).
  필자는 1말을 대략 6kg으로 계산하고자 한다.

비단옷감 즉 紬가 공납에 보이지 않는 점 등을 종합해서 감안해 볼 때 C-1)의 정종대 기사는 상공이 아닌 별공을 수취한 것으로 볼 수 있을 것이다. 주로 비단실을 공납하게 한 것은 중앙 공장으로 하여금 비단옷감을 짜게 하는 편이 훨씬 질적으로 우수하였기 때문일 것이다.[54]

C-2)의 충렬왕대에 안동 경산부 관내의 공부를 大府 迎送 小府를 제외하고 제국대장공주의 원성전에 보내게 한 것은 제국대장공주의 요구에 따른 것이었을 것이다. 원 간섭기에 들어서서는 상당수의 공부가 국가의 창고가 아닌 제국공주 등의 권세가 창고로 직송되었음을 보여준다. 안동 경산부 관내의 공부라면 당연히 비단이 포함되어 있었을 것이다.

고려의 재정운영체계와 조세제도는 몽골과의 오랜 전쟁으로 그 기반이 무너졌으며, 원 간섭기에 접어들면서 국가의 재정상태는 더욱 나빠졌다.[55] 이에 공주가 스스로의 경제기반을 확보하기 위해 권력을 이용하여 원성전에 납부하게 하였던 것이다. 뿐만 아니라 제국대장공주는 직접 원과 무역도 하였다.

일찍이 제국대장공주는 매미날개처럼 얇고 무늬있는 모시를 짠 여승의 노비를 강제로 자기소유로 만들었는데 이는 원과의 무역을 위해서였다. 제국대장공주의 수취대상으로는 금·은·모시만 나올 뿐[56] 비단은 보이지 않지만, 고려에서 가장 우수한 비단을 생산하는 안동 경산부 관내의 공물을 원성전에서 거둬들인 만큼 비단 역시 포함되어 있었을 것이다. 고려후기에 가서 비록 소는 해체되고 있지만 소의 장인이 전국으로 흩어져 비단을 생산했던 만큼 전반적으로 비단의 수준은 높아졌으리라 판단된다.

---

54) 중앙의 공장이 짠 우수한 품질의 비단은 궁정용이나 국왕 하사품, 그리고 외국과의 무역에도 주로 사용되었을 것이다. 각 나라와의 무역품에 관해서는 조효숙, 1994, 「고려시대 직조수공업과 직물생산의 실태」, 『국사관논총』 55, 참조.

55) 박종진, 2000, 「조세제도의 변화」, 『고려시기 재정운영과 조세제도』, 서울대출판부, 196쪽.

56) 『高麗史』 89, 列傳 后妃 齊國大長公主.

4. 비단수공업의 경영형태와 사소·주소

고려의 견직물 생산에서 관청 수공업은 최고기술의 職人과 염료, 원사를 독점하여 최고급품을 생산하였다. 이곳의 직조관청으로 상의국·잡직서·액정국이 있으며, 염색은 도염서에서 이루어졌다. 이들이 왕실을 위해 짜는 비단실은 주로 사소에서 공납하였지만 그 외에 거란이나 여진, 송에서도 수입했으리라 생각된다.

서경의 경우에도 능라점 부사와 능라점 판관이 보인다.[57] 능라점은 고려시대 능라(비단)를 제작하는 업무를 관장하는 관서로서, 1178년(명종 8)에 서경에 儀曹·兵曹·戶曹·倉曹·寶曹·工曹의 6조를 둘 때 보조 속사로 설치되었다.[58] 그 외 다른 지역에서의 비단생산은 금기방·잡직방·갑방이 담당하였다. 다음 기록을 보자.

D-1) 현종 3년 3월에 敎하기를, "요즈음 사람들은 풍속이 경박하고 사치스러워져서 본법을 버리고 말업을 좇아 농사지을 줄은 모르니 각 도의 錦綺坊·雜織坊·甲坊의 匠人들은 모두 그 인원을 축소하여 농업에 종사시키도록 하라."[59]

2) (권단)이 동경유수로 있을 때 옛날부터 창고가 하나 있었는데 백성에게서 綾羅를 징수하여 저장해 두고 甲坊이라 불렀다. 갑방의 물품은 공물을 바치고도 많이 남았는데 모두 유수가 사사로이 써버렸다.[60]

57) 『高麗史』 80, 食貨 祿俸 西京官祿, "權務官 十六石十斗【正設陳設院刪定都監藥店雍和迎仙綾羅店副使】八石十斗【正設陳設院刪定都監藥店雍和迎仙綾羅店大悲院諸學院八關寶貨泉務判官 醫學院博士】."

58) 『高麗史』 77, 百官 外職 西京留守官, "明宗八年 更定官制 儀曹 令丞各一人 文武交差 史二人 一差上京人 記事一人 記官三人 士二人 … 寶曹 員吏亦同上 大府小府陳設司綾羅店 圖院 幷屬焉".

59) 『高麗史』 79, 食貨 農桑 顯宗 3年 3月, "敎曰 比者人習浮靡 棄本逐末 不知稼穡 其諸道錦綺雜織甲坊匠手令抽減 以就農業."

60) 『高麗史』 107, 權㫜, "留守東京 舊有一庫 賦民綾羅 貯之名甲坊 充貢獻 贏餘甚多 皆爲留守所私(忠烈王 5年 6月)."

3) 최항이 교정별감의 공문으로 청주의 雪綿子(솜), 안동의 繭絲, 京山府의 黃麻布, 海陽의 白紵布 등의 여러 별공과 金州·洪州 등지의 魚梁船稅를 면제하게 하였다.[61]

4) 공민왕 5년 6월에 왕이 이르기를 "… 鷄林·福州·京山府에서 바치는 綾·羅·紬·布는 덕천고에 납부하게 하지 말고 이를 광흥창에 보내 백관의 녹봉에 충당하도록 하라"라고 하였다.[62]

고려전기부터 중앙뿐 아니라 지방에도 금기방·잡직방·갑방이라는 옷감 짜는 공장이 있었음을 보여준다. 이미 11세기 초에 사람들이 이윤을 추구하여 농업을 버리고 수공업이나 상업에 종사하는 현상이 일어나므로 정부는 이들 금기방·잡직방·갑방의 장인 수를 줄여 농업에 종사하게 하였다고 한다.[63] 물론 그 같은 이유도 생각할 수 있지만 이보다는 현종 원년부터 2년까지 거란과의 전쟁으로 인해 양식 부족이 심각해지자 지방 수공업자들을 농업에 투입시키려 한 것으로 생각된다. 그러나 한편으로는 전쟁으로 인해 뽕나무가 부족하여 누에를 키워 옷감을 짜는 일이 한계에 달한 것도 또 하나의 원인이었을 것이다.

금기방은 비단, 잡직방은 모시나 삼베를 생산했을 것이다. 갑방은 가죽옷을 만드는 곳이 아니라, 충렬왕 때의 경우 이곳을 능라 등의 저장창고로 명명하고 있다. 고려사회에서는 일상적으로 가죽옷을 만들어 입을 정도로 가죽이 많지 않았고 또 몽골과의 전쟁중에 갑방이 쇠퇴하여 충렬왕대에 가면 비단을 저장하는 창고로 쓰이게 된 것 같다.[64] 즉 충렬왕대에 들어서면 갑방은 민간 수공업자에게서 수취한 수공업 제품을 보관하는 창고로 바뀌었

61) 『高麗史節要』 16권, 高宗 37年(1250) 正月 ; 『高麗史』 129, 崔忠獻 附 沆.

62) 『高麗史』 80, 食貨 祿俸 諸衙門工匠別賜, "恭愍王 五年 六月 敎曰 且林福州京山府 所貢綾羅紬布 毋得納德泉庫 輸之廣興倉 以補百官之俸."

63) 홍희유, 1989, 『조선중세 수공업사 연구』, 지양사, 84쪽.

64) 北村秀人, 1985, 앞의 논문, 725쪽. 기타무라(北村)는 이를 금·기와 여러 가지 비단을 짜는 갑방이라는 기구 소속 장인들로 해석한다("其諸道 錦綺雜織甲坊匠手").

던 것이다. 고려후기에 가면 민간인의 비단짜는 기술이 발달하여 주소뿐
아니라 군현민도 능라를 생산할 수 있었음을 보여준다.[65]

청주는 누에고치로 솜을 주로 만들었으며, 해양(광주)은 백저포, 경주는
능라·세포, 안동은 능라·세포(삼베)·세사(명주실), 경산부는 능라·세포·황
마포 등의 명산지였다. 따라서 충청도의 청주, 전라도의 해양, 경상도의
안동, 경산부 등지에 금기방·잡직방 등의 지방관청 수공업장이 설치되어
있었다고 보아야 할 것이다.[66]

관청 수공업장에서 綾·羅·繡·錦 등 고급견직물은 주로 중앙과 지방의
관청 수공업장에서 생산하고, 견직물 가운데 주는 민간 농가나 소에서
생산케 하여 용도에 충당했다.[67] 여자가 남자보다 더 비중있게 생산에
참여한 사소와 주소는 여성기술자가 많이 존재하여, 이곳에서 여성의 위상
은 다른 지역보다 높았으리라 추정된다. 이는 조선시대에 노비가 잠모가
되고자 애쓰는 것으로도 유추할 수 있다.[68] 그러면 고려사회에서 주로
비단을 생산하는 특수촌락인 사소와 주소가 있었던 지역을 유추해 보자.

E-1) 別號 綾羅郡·地平郡·石陵郡·一界郡·花山郡·古藏郡【皆新羅時稱號】[69]
 2) 鷄林·永嘉(안동)에 뽕나무가 우거졌으니, 봄날 누에 칠 때 한 집에
 만 개의 채반[萬箔]이요, 여름이라 실 뽑으면 한 손에 백 타래씩 뽑을
 제 엉킨 실을 다듬어 짜내니, 철꺽철꺽 저 북[梭] 소리 우레인가 벼락인
 가. 비단·깁[絹]·능라(綾羅)·채색·겹올·이올·가는 비단이 불면 날 듯
 하니 연기인가 안개인가, 희고 흰 빛 눈인가 서리인가. 파랑·노랑·주홍

---

65) 北村秀人, 1985, 위의 논문, 737쪽.
66) 홍희유, 1989, 앞의 책, 93~94쪽.
67) 위은숙, 1993, 앞의 논문, 74쪽. 위은숙은 민간과 함께 소에서 저급품인 紬를 생산한다
 고 했는데, 주에도 여러 가지가 있으며, 주소가 비단짜는 기술이 우수했으리라
 판단되는 만큼 민간의 주와는 차이가 있는 우수한 제품이었으리라 생각된다.
68) 『成宗實錄』 222, 19年(1488) 11月 7日 丙寅.
69) 『高麗史』 57, 尙州牧 安東府.

·녹색으로 물들여 아름답고 화려한 옷으로 만드네.[70]

3) (권단)이 경상도 안렴사로 있을 때 진주부사 白玄錫은 부임하기도 전에 먼저 진주 아전이 가지고 있던 銀幣를 썼으며, 부임 이후에는 백성들에게서 가혹하게 수취하여 왕의 의복에 쓸 능라의 실값을 받아 사사로이 소비하였다. … 그가 국자(감)좨주, 좌사의대부로 전임되었을 때 진주수령 최참이 바친 공물인 능라가 거칠었으므로 왕이 조사하게 하였다. 이 당시 안렴사로 있던 권단이 실값을 깎아버렸기 때문이라고 대답하였으므로 권단은 최참과 함께 파직당하였다.[71]

4) 정세유가 거듭 승진하여 刑部尙書가 되었다. 이때 참지정사 상장군 文章弼 등 여러 장군들이 탄핵하여 아뢰기를, "정세유가 일찍이 서북면에 있을 때 백성의 繭絲 및 진귀한 완구 등의 물품을 거두면서 공물로 바친다고 거짓으로 말하고 驛便으로 자기 집에 輸送하였습니다" 하였다.[72]

고려전기는 소나 일반 농민에게서 공물형태로서 원료를 확보하였다. 그러므로 사소나 일반 농가에서는 紬보다는 원료나 반가공 형태의 眞綿, 絲 등의 형태가 더 큰 비중을 차지하였을 것이다.[73] 옷감 생산은 주로 絲所에서 실을 거두어 전문장인에 의해 생산하였으리라 추정된다.

안동의 별호인 綾羅郡은 비단이 많이 생산되는 지역이라는 뜻에서 온 것으로 생각되는데, 이미 신라시대부터 그러하였다. 이곳이 능라 등 고급품을 생산하였다는 사실은 E-2)의 기록에서 알 수 있다. 최자(1188, 명종 18~1260, 원종 1)는 삼도부에서 "철꺽철꺽 저 북소리 우레인가 벼락인가"

70) 『新增東國輿地勝覽』 12, 江華都護府 形勝 崔滋 三都賦.

71) 『高麗史』 107, 權㫜 忠烈王 5年 6月, "其按慶尙也 晉州副使白玄錫 未之任 先用州吏所賣銀幣 到官重歛御衣對綾羅絲價 私用之 … 轉國子祭酒左司議大夫 晉州守崔㫜所貢綾羅麤 王命考問 邑吏以㫜爲按廉 減折絲價對 與㫜並罷."

72) 『高麗史』 100, 鄭世裕 明宗 15年 6月, "世裕累官刑部尙書 時叅知政事上將軍文章弼等諸將軍劾奏 世裕嘗在西北面 歛民繭絲及珍玩之物 詐稱貢獻 驛輸其家."

73) 위은숙, 1993, 앞의 논문, 196쪽.

로 묘사하고 있는데 이는 비단짜는 소리가 아주 요란했다는 뜻으로 한두
명이 아닌 여러 명이 모여 직조하는 광경임을 나타낸다. 그리고 파랑·노랑·
주홍·녹색으로 물들여 무늬 있는 금수로 만든다는 귀절에서 이곳 주민들이
직조뿐 아니라 염색까지도 담당했으리라 보인다.

따라서 경주·안동 지역에 다양한 비단과 비단실이 생산되는 사소·주소가
있었을 가능성이 있다. 이곳에는 소가 보이지 않고 오직 경산부에만 薪谷所
가 있을 뿐이다.[74] 대신 진주목조에는 소가 6개나 있다. 伐大(서40), 水谷(서
30, 진주시 수곡면), 火谷(동30), 大谷(동30, 진주시 대곡면), 水大谷(남40),
葛谷(동20)이 보인다. 이 중 사소나 주소가 있었을 가능성은 있으나 확인할
수는 없다. 또한 정세유의 경우, 서북면에 있을 때 견사를 수취하였다고
했는데 서북지방에는 소의 존재가 잘 보이지 않는 만큼 이곳은 소보다는
일반 농가의 비단실을 수취했으리라 생각된다.

사소나 주소는 비단실이나 비단옷감을 전문적으로 생산하는 지역인
만큼 뽕나무를 키우는 땅과 누에를 키울 수 있는 잠실 등, 조선시대 잠실과
같은 구조를 가지고 집단적으로 경작과 생산을 하였으리라 추정된다. 누에
를 키우는 과정에서 뽕나무 잎을 채취하는 일은 주로 남자가 했다면, 비단실
을 가지고 옷감을 만드는 작업은 주로 여자가 담당하였을 것이다. 그렇다면
사소와 주소는 바로 이웃에 함께 존재했을 가능성이 크다. 사소가 누에를
키워 실을 뽑아내는 데 주 역할을 한다면, 주소는 실을 받아 옷감을 짜는
일에 주력했으리라 생각되기 때문이다. 그리고 사소는 잠실을 설치해 잠종
(누에종자)을 관리하고 공급하는 역할을 담당했으리라 판단된다.

개별적인 직조가 아닌 소민들이 집단적으로 비단을 생산할 수밖에 없었
던 이유는 좋은 비단과 실을 만들기 위해서였다. 즉 평직으로 짠 견직물이
아닌 보다 가볍고 얇으면서도 품위 있는 고급 紗羅를 짜기 위해서는 이중의

---

74) 『高麗史』 134, 列傳 辛禑傳에는 신곡부곡으로, 『慶尙道地理志』 星州牧조에는 신곡소로
　　표기되어 있다.

날실대를 갖춘 복잡하고 덩치 큰 직기가 필요하다고 한다.75) 이러한 고급 견직물은 자급용 또는 세납용 평직 견을 짜던 농가여성의 기술과 시설의 생산능력을 넘는 것이었다.76) 국가차원의 투자가 없는 한 고급비단의 생산은 불가능하였으므로 정부는 사소나 주소에 고급비단의 생산을 지원했으리라 판단된다.

E-3)의 기록은 충렬왕대에 이르면 지방관이 능라를 받은 것이 아니라 백성에게서 공물로서 능라의 실값을 받아 시장에서 구입하였다는 것을 보여준다. 지역 농민에게서 絲價 명목으로 저포·마포를 징수하여 이것으로 필요한 비단실을 구입하였다는 것은 소의 해체가 가속화되어 사소에서 제대로 실을 공납받지 못했음을 보여준다.77)

사소·주소의 해체는 국가에서 과도한 비단실과 옷감을 수취한 것이 중요 이유였겠지만 이외에도 집단적으로 생산하면서도 힘든 노역에 대한 대가가 없어 적극적으로 생산할 의욕을 갖지 못한 것이 또 하나의 이유였을 것이다.78) 더욱이 그들은 3월에서 5월에 집중적인 노역이 필요한 만큼 고치 생산에 집중하느라 농사지을 시기를 놓칠 수밖에 없었다. 이에 반발하여 주소나 사소민은 점차 질 낮은 비단을 양산하거나 그들의 거주지를 이탈하면서 소는 서서히 해체되어 갔다고 생각된다. 이에 따라 고려말에 가서는 점차 비단 가격이 오르게 되있으니, 우수한 비단은 주로 원에서 수입하였다. 다음 기록을 보자.

F-1) 옛날 독칠방에 있을 적에 寢席 1장을 마련하려고 오승포 3필로 생견

---

75) 최상준, 1994, 『조선기술발전사 3-고려편』, 과학백과사전종합출판사, 51~52쪽.
76) 육정임, 2006, 앞의 논문.
77) 조효숙, 1994, 앞의 논문, 40쪽. 조효숙은 진주목에서 원사입비를 백성들로부터 거두어 지방관사에서 능라를 직접 제작, 중앙에 공납했다고 하였다.
78) 한춘순, 1995, 「조선초기 잠업정책에 대한 고찰」, 『경희사학』 19, 155쪽. 씨는 16세기 비단생산에서 집단적 노동력의 비효율성과 개별경영의 효율성을 언급하고 있다. 이는 고려시대의 소도 마찬가지였으리라 생각된다.

24척을 사고 또 5필로 견 1필을 샀다. 이것이 지정 기축년(1349, 충정왕 1)의 일인데 그때는 향면주 40尺의 값이 오승포 4필밖에는 되지 않았다. 그런데 지금은 견 1필을 사려면 포 70필을 줘야 하고 면주 40척을 사려면 포 30필을 줘야 하니 어떻게 의복을 예전처럼 지을 수 있겠는가.[79]

2) "왕실에서 사용되는 의복을 창고로 하여금 매매해서 바치게 하는데 견직물 1필의 가격이 때로는 수배에 이릅니다. 이익을 도모하는 무리가 앉아서 많은 이익을 취하고 있으니 바라건대 창고 노예들에게 비단 짜는 법을 전습시켜 그것으로써 왕실의 쓰임에 충당하게 하십시오" 하니 왕이 받아들였다.[80]

고려후기에는 사치가 성행하여 과시적 소비의 한 형태로서 하루에 옷을 여러 차례 갈아입는 풍습도 생겨났다.[81] 또한 공양왕대에는 노비들까지 비단옷을 입기도 했으며, 농민층도 혼인할 때에는 비단이불이 필수적이었으므로[82] 원에서 많은 비단을 사들였다.[83] 이 같은 비단구입이 일상화되니 권세가와 상인들은 관청·소 수공업에서 이탈한 장인들을 포섭하여 견직물 등을 생산하게 하였으리라 판단된다.[84] 이때 사소·주소의 해체와 더불어 장인들도 흩어졌는데 그 상당수가 중앙관청에 소속되거나 권문세가의 휘하에 들어가 비단을 짜게 되었으리라 추정된다.[85]

---

79) 『牧隱詩藁』 30, 詩 錄婦言, "昔在獨七房 以寢席一張 五升布三疋 買生絹卄四尺又五疋 買絹一疋 是至正己丑歲也. 若鄕綿紬四十尺 直五升布四疋而已. 今則絹一疋 直布七十疋 綿紬四十尺 直三十疋 衣服安得如舊哉."

80) 『高麗史』 117, 列傳 姜淮伯 恭讓王 卽位年, "又御衣襨 令倉庫買賣供進 一匹之絹價 或倍蓰 謀利之徒 坐取重利 乞令倉庫奴隷 習織綾絹 以供內用 王納之."

81) 『高麗史』 89, 列傳 后妃 忠宣王 順妃許氏.

82) 『高麗史』 85, 刑法 禁令 恭讓王 3年 3月, "今也 無貴無賤 爭貿異土之物 路多帝服之奴 巷遍后飾之婢 … 人家子孫 或家貧無錢 以錦褥綾衾之未辦 皮幣衣服之未備 淹延歲月 婚姻失時."

83) 『高麗史』 112, 列傳 朴宜中 ; 『高麗史』 114, 列傳 金庾.

84) 위은숙, 1993, 앞의 논문, 30~31쪽.

85) 이 같은 모습은 이미 『高麗史』 129, 列傳 崔忠獻 附 崔怡 高宗 31年條에 나온다.

이같이 어의용 견직물조차 시장에서 구입하여 조달하는 현상이 벌어지고, 비단 공급이 불안정하여 가격이 매우 오르게 되었다. 목은 이색(1328~1396)은 1349년보다 지금의 비단옷감이 무려 7.5~14배가 올랐다는 시를 썼는데, 그가 시를 쓴 시기가 『목은시고』의 연대 순으로 보건대, 대략 1380년경이므로 30여 년 만에 그 정도로 오른 것으로 추정할 수 있다. 사소·주소의 해체와 더불어 元·明 교체로 인한 중국의 정세 혼란으로 인해 비단수입이 날로 어려워지자 고려에서 비단가격이 점차 상승했으리라 판단된다.

이에 따라 정부는 노비에게 능견직조법을 익혀 국내의 비단생산을 독려하고자 하였다. 즉 창고노비로 하여금 능견직조를 습득시켜 공급하려 했는데, 이는 중앙의 관청 수공업도 붕괴되고 있음을 보여준다.[86] 그러나 노비들의 노동에 의거한 잠실운영은 생산성을 높이지 못하고 품질의 저하를 가져와 비단생산이 더욱 수입에 의존하게 되었다. 이에 방사량은 민가의 비단 사용을 엄금하고 마포나 저포만을 입도록 하였다.[87] 또한 국내 비단산업의 위축으로 대외무역에서는 비단보다 모시가 인기를 끌게 되었다.[88] 이 같은 모시 특수에 편승하여 왕실과 권세가들은 비단보다는 모시 중심으로 수공업 생산구조를 재편하였다.[89]

소선시대에 들어서면서 정부는 양잠을 장려하였다. 즉 각 도에서 閑曠하고 뽕나무 있는 곳을 택하여 採訪使를 나누어 보내고, 典農寺에 속한 노비에게 잡역을 면제시켜 양잠을 하게 하였던 것이다.[90] 『世宗實錄地理志』 土宜條

"怡 嘗以私織全幅黃綾 粧康安殿後壁障子 令寫無逸篇 王見而嘉之 賞賜甚多."

86) 위은숙, 1993, 앞의 논문, 14쪽.
87) 『高麗史』 85, 恭讓王 3年 3月 中郎將 房士良 상소문.
88) 『高麗史』에도 충렬왕대까지만 원에 바치는 공물로서 능라가 나올 뿐 이후에는 주로 저포를 교역하였다.
89) 위은숙, 1993, 앞의 논문, 43쪽.
90) 『太宗實錄』 33, 17年 5月 24日 己酉, "至是命擇各道閑曠有桑之地 分遣採訪 屬典農寺奴婢 免其雜役 使之養蠶 以示民間."

에 의하면 우리나라에서 재배가 잘 되는 의료작물은 삼 216개, 뽕 204개, 목화 43개, 모시풀 29개, 산뽕 7개 고을의 순서로 되어 있다.[91] 조선전기에 들어와서도 양잠이 2위를 차지할 정도였다. 특히 경기·평안·함경도에서는 뽕과 삼의 재배만 가능하였으므로, 삼남에 목화와 모시가 재배되는 반면 양잠은 점차 북쪽의 특산물로 바뀌고 있었다.

5. 맺음말

비단은 왕실의 의복으로서만이 아니라 국가 간의 통교시 상대국에 대한 증여품, 여진 등 북방민족과의 교역품, 그리고 신하들에 대한 사여품, 관리 녹봉용, 군수품 등 재정적 용도에 충당하였다. 뿐만 아니라 민간 부유층에서도 고급비단을 의류나 부채, 두건으로 사용하는 경우가 많았다. 이를 위해 실을 만들고 옷감을 짜는 사소와 주소라는 특수촌락이 있었다. 각 소의 특산물은 일반적으로 남자들이 주로 생산을 담당하였던 데 비해 사소와 주소의 경우 여성이 주도적으로 생산을 담당하였다는 점에서 특기할 만하다.

주로 남쪽에서 생산되던 비단이 동북계·서북계로 전파된 것은 문종대부터였다. 뽕나무는 기후에 대한 적응력이 강하고 자연적인 제약이 적다. 정부는 비단생산을 늘리기 위해 누에치기를 권장하여, 그 결과 지방관에 대한 성적평가의 주요 기준 중 하나가 농사와 누에치기 장려였다. 현종은 밭머리에 뽕나무 모종을 심게 하였으며, 인종대에는 토지가 척박하여 밭으로도 사용하기 어려우면 뽕나무·닥나무 등을 심게 하여 척박한 땅에 대규모 桑田을 형성하였다고 한다. 이 같은 상황이 비단의 기술발전을 더욱 촉진하여 고종대에 이르면 羅·綃·綾·繰·縑·縛·縠과 더불어 다양한 색깔의 비단이

---

91) 『世宗實錄地理志』 土宜條 ; 남미혜, 2009, 앞의 책, 37~38쪽.

생산되기에 이르렀다.

비단은 경주와 안동을 중심으로 다양하게 생산되었으며 특히 염색술도
발달하였다. 그러므로 이곳에 사소·주소가 있었을 가능성이 있다. 그러나
안동부를 위시한 청주·경주·해양에는 소가 보이지 않고 오직 경산부에만
薪谷所가 있었을 뿐이다. 대신 진주목조에는 소가 6개나 있어 이 중 사소나
주소가 있었을 가능성이 있다.

원 간섭기에 들어서면서 소민의 비단생산에 대한 의욕이 상실되어 소가
해체되고, 이에 따라 원의 비단이 수입되면서 비단생산은 날로 위축되었다.
더욱이 국내에서 사치가 성행하여 노비들도 비단옷을 입고 일반 주민들
사이에서도 혼인할 때 비단이불이 필수적이 됨에 따라 고려는 그 상당수를
원에서 사들이지 않을 수 없었다.

비단값이 폭등함에 따라 정부는 노비에게 능견직조법을 익히게 하여
국내의 비단생산을 독려하려 하였다. 그러나 노비들에 의거한 잠실운영은
품질의 저하를 가져와 비단생산이 더욱 수입에 의존하게 되었다. 元·明
교체로 인해 중국 정세가 혼란됨에 따라 육로로 비단의 수입이 어려워지자
고려에서도 비단가격이 상승하였다. 이에 방사량은 민가의 비단사용을
엄금하고 마포나 저포만을 입도록 하였다. 이 같은 모시 특수에 편승하여
고려는 비단보다는 모시 중심으로 수공업 생산구조를 재편하였다. 또한
고려말에는 목면이 보급되면서 비단은 목면이 생산되지 않는 북쪽지방으로
옮겨가게 되었다.

제3장 명학소와 炭所

1. 머리말

고려시대의 소가 특산물을 생산하고 공납하는 특수한 성격을 지니고 있는 만큼 많은 연구가 이루어졌다. 그러나 존재형태나 공납방식에 관해 논란이 많은 소를 제대로 규명하기 위해서는 우선 각 소의 생산방식에 따라 구분하고 유형화하는 작업이 필요할 것이다. 조선왕조에 들어와 소는 군현체제에 편입되어 소멸되었다. 이에 따라 고려시대 전국에 걸쳐 존재했던 소는 어디에 위치하고 있었으며, 국가에의 공납은 어떤 형태로 이루어졌는지 많은 논의가 있었지만 완전히 밝혀졌다고 하기는 어렵다.

특히 공주 명학소의 경우, 무신정권기에 조위총의 서북지방 봉기에 이어 남도지방에서 일어난 최초의 대규모 민란임에도 이 명학소가 어디에 위치하고 있었고 무엇을 공납했는지도 확실하지 않다. 이는 전근대 사회에서 반란이 일어나면, 그 지역 주민들을 이주시켜 그곳을 아예 사람이 살지 않는 지역으로 만들어 역사에서 소멸시킨 것이 가장 큰 요인이라고[1] 판단된다. 『新增東國輿地勝覽』에 의하면 명학소는 유성현 동10리라고 하였다. 유성현의 관아[2]는 지금의 상대동 중골이므로[3] 그곳에서 동10리에 위치한

---

1) 『新增東國輿地勝覽』 17, 忠淸道 公州牧 古蹟 鳴鶴所, "… 後降而復叛 尋削之."
2) 『新增東國輿地勝覽』 17, 忠淸道 公州牧 古蹟 古儒城.

지역은 대략 탄방동, 둔산동, 갈마동 지역으로 생각할 수 있다.4) 그러면 명학소에서 생산한 물품은 무엇인지 추정해 보자.

현재까지 알려져 있는 소는 金所·銀所·銅所·鐵所·絲所·紬所·紙所·瓦所·炭所·鹽所·墨所·藿所·瓷器所·魚梁所·薑所·茶所가 있다. 이 중 명학소 지방의 산물로 추정될 수 있는 것은 絲·紬·瓦·炭·瓷器 정도다. 뽕나무는 한랭한 북부지방만 아니라면 우리나라 어디에서든 잘 자란다. 그러나 이곳이 고려시대에는 갈대 무성한 저습지대였으리라 생각되므로 적당하게 건조한 지역에서 잘 자라는 뽕나무 생육에는 적합하지 않아 絲所나 紬所는 아닐 것이다.

그렇다면 도자기, 기와, 숯 정도로 축소시킬 수 있다. 둔산동은 원래 둔지산 아래에 있으므로 뫼밑이라고 불렸으며, 또 옛날에 옹기 굽는 가마가 있는 마을이라 하여 가마골, 점말 또는 店村이라고도 불렸으므로5) 瓷器所나 瓦所가 있었을 가능성을 배제할 수 없다. 그러나 탄방동 또한 옛날에 참나무가 우거진 숲이 있었고 숯을 굽는 숯방이 있었던 마을이라고 하여 생긴 이름이므로6) 탄소일 가능성도 부인할 수 없다. 대전지방에는 자기소나 금소, 철소로 비정할 수 있는 지역으로 추정되는 곳은 있으나7) 탄소는 나타나지 않는다. 원래 숯가마의 경우에는 시기를 확인할 수 있는 흔적이 발견되지 않는 예가 많고 또 이곳이 숯가마로 적합한 구릉지데고 딘빙동이라는 이름까지 감안한다면 탄소일 가능성이 가장 많다고 생각한다. 고고학 발굴보고서에 의하면 고려시대 탄요로 비정되는 곳은 불확실하지만 蔚山 達川 유적이 유일하다.8) 달천은 철이 생산되는 지역인 만큼 철 제련에

---

3) 沈正輔, 1983, 「百濟 復興軍의 主要據點에 關한 研究」, 『百濟研究』 14, 171쪽.

4) 柳志勳, 1996, 「鳴鶴所의 再檢討」, 공주대 석사학위논문, 35쪽.

5) 大田直轄市市史編纂委員會, 1994, 『大田地名志』, 749쪽.

6) 『大田地名志』, 1994, 789쪽.

7) 공주목 소 중 金生所(德津縣 동7)는 금소, 村介所(儒城縣 동23)와 福水所(儒城縣 동23)는 자기소나 와소, 그리고 회덕현의 針伊所(북18)는 철소로 추정된다.

8) 金吉植, 2001, 「古代 炭窯의 築造背景」, 『東垣學術論文集』. 그는 고려시대 탄요를

필수적인 숯을 생산하는 탄소와 병존해 있었을 가능성이 크다.

대전에서는 숯가마(탄요)가 대정동·노은동에서 발굴되었으나 모두 백제시대 것으로 비정되었다. 탄요의 시기비정은 유구의 중복상태와 고고지자기 연대측정을 통해 이루어지는데, 대다수가 4~6세기에 사용된 흔적으로 나온다. 그러므로 현 상태에서는 유물을 통해 고려시대 탄요의 존재를 확인하기가 사실상 어렵다고 볼 수 있다. 또한 철소라면 쇠똥 등 유물이 나오는 경우가 많이 있으나 이곳에서는 철이 생산된 흔적이 보이지 않으므로 필자는 탄소로 유추할 수 있는 탄방동이라는 지명을 통해 임의적으로 명학소를 탄소로 비정하고자 한다. 탄방동은 구릉지대로서 숯가마를 만들기에 적합한 장소였으며 주변에는 좋은 숯의 재료가 되는 소나무, 참나무가 무성하였다고 한다.

숯은 일반 가정에서도 사용되지만 탄소가 성립될 정도의 대규모 숯 생산은 기와, 철 등 다른 물자를 생산하기 위한 일차적 자원으로서의 기능이 더 중요한 위상을 차지하고 있었다. 그러나 탄요를 짓는 가장 큰 목적이 철의 생산임을 감안하면, 『新增東國輿地勝覽』懷德縣 土産條에 石鐵이 縣 북쪽에서 생산되며,[9] 공주목 동쪽 25리에 있는 馬峴(지금의 마티고개)에서 水鐵과 銅鐵이 생산됨이 주목된다.[10] 이 철을 생산하기 위해 현 대덕구 회덕동과 공주시 반포동의 중간에 있는 탄방동 지역에서 숯을 생산할 필요가 있었으리라 추정한다. 또한 이 같은 소와 소 사이의 밀접한 관계가

여러 군데 거론하였으나 확실하지는 않다.

金鎬詳, 2000, 「古代 白炭窯 考察」, 『慶州史學』 19, 39~40쪽에 의하면 울산 달천유적지구 2호요에서 탄요가 고려시대 기와가마와 중복된 상태에서 발견되었다. 고고지자기 연대측정에 의하면, 이곳 목탄요는 A.D. 290년 또는 A.D. 1260±40년이며, 나지구 1호요의 경우는 A.D. 380±10 또는 A.D. 1340±10년이라고 한다. 저자는 전자에 더 중점을 두었으나 고려시대 요지가 아니라고 완전히 부정하기는 어렵다고 생각한다.

9) 『新增東國輿地勝覽』 18, 懷德縣 土産, "石鐵 出縣北稷洞". 針伊所, "회덕현 북18리."
10) 『新增東國輿地勝覽』 17, 公州牧 土産. 그러나 마현이 所라고 나와 있지는 않다.

명학소민이 반란을 일으켰을 때 주변 所民들이 함께 가담하여 봉기할
수 있었던 원인이 되었을 것이다. 이 같은 관점에서 명학소를 탄소로 비정하
고 炭의 사용실태, 탄소의 존재형태와 공납과정을 규명해 보고자 한다.

2. 炭의 사용실태와 명학소

1) 炭의 사용실태

炭은 이미 선사시대부터 사용되었으리라 생각되지만, 기록으로 확인되
는 것은『三國遺事』의 脫解王條가 처음이다. 이 기록에 의하면 탈해가 바다를
건너 신라에 와서 지세가 뛰어난 瓠公의 집을 자신의 것으로 만들기 위해
그 집 주위에 몰래 숫돌과 숯을 묻었다고 한다.[11] 그는 조상이 대장장이임을
나타내기 위해 炭을 묻은 것인데,[12] 이미 1세기 초에 철을 이용하여 무기,
농기구 등을 만들기 위해 炭이 사용되었음을 알 수 있다. 다음은 9세기
후반『三國遺事』의 기록이다.

　A) 왕이 가까운 신하와 함께 月上樓에 올라 사방을 바라보니, 서울의 民家는
　　즐비하게 늘어서 있고 노랫소리가 끊임없이 울려퍼졌다. 왕이 侍中
　　敏恭을 돌아보며 말하기를, "내 들으니 지금 民間에서는 집을 기와로
　　덮고 짚으로 잇지 아니하며, 밥을 炭으로 짓고 나무를 쓰지 않는다고
　　하니 사실이냐"고 물었다.[13]

위의 기록은 炭이 신라시대에 일반 가정 취사용으로 사용되었음을 보여

---

11)『三國遺事』1, 紀異 上 第四代 脫解王.
12) 석탈해가 조상이 대장장이임을 드러냈다는 사실에서 고대에는 공장의 지위가 낮지
　　않았다고 추정할 수 있다.
13)『三國史記』11, 新羅本紀11 憲康王 6年 9月 9日, "王與左右 登月上樓四望 京都民屋相屬
　　歌吹連聲 王顧謂侍中敏恭曰 孤聞今之民間 覆屋以瓦不以茅 炊飯以炭不以薪 有是耶."

준다. 숯으로 밥을 지으면 나무를 땔 때와는 달리 연기가 나지 않아 그을음으로 집이 더럽혀지지 않는다. 신라사회에서 이렇게까지 할 수 있는 계층은 주로 진골귀족들로서, 신라하대에 귀족들의 사치가 극에 달했음을 보여주는 예다.

그 외에도 신라에서는 궁중 수공업 관청으로서 氷庫典, 鐵鍮典14) 등이 있었다. 이 기구들에서 하는 일, 즉 얼음을 저장하고 쇠나 놋쇠로 무기나 장신구를 만들며, 가죽을 이용하여 신발이나 여러 가지 물자를 만드는 데에도 많은 숯이 필요했다고 추정되는데 이를 위해 목탄을 생산 관리하는 頭呑炭典이라는 관서가 운용되었다.15) 이같이 숯은 인간사회의 필수품으로서 고려 이전에도 활발하게 사용되었음을 알 수 있다. 고려시대 민가에서 숯을 사용한 예는 李奎報의 『東國李相國集』에서 살펴볼 수 있다.

> B-1) <走筆로 대왕사의 스님께서 숯을 보내준 데에 감사하면서>
>   동짓달에 숯값이 크게 올랐는데
>   친절하게도 천릿길 내집까지 실어보내줄 줄이야
>   화로에 불지펴서 손발을 녹일 뿐 아니라
>   술을 데워 마시리라 국을 끓여 먹으리라.16)
> 2) <춘주 수령 강힐에게서 숯을 얻고저 하여 희롱삼아 짓다>
>   …그대 만약 숯 한 銖를 보내준다면
>   천금보다 더 값지리
>   생전에 그 은공 못 갚으면
>   죽어서도 잊지 않으리라.17)

---

14) 『三國史記』 39, 雜志8 職官2.

15) 『三國史記』 39, 雜志8 職官2, "豆呑炭典 看翁一人." 명칭으로 보아 木炭[숯] 관계 업무를 맡은 관청으로 추정된다(『譯註三國史記 4-註釋編』, 精神文化硏究院, 1997).

16) 『東國李相國後集』 1, 古律詩 走筆謝大王寺文師送炭, "臘天銖炭價超翔 千里殷勤奇草堂 不獨炙炎柔手足 感他熏酒暖於湯."

17) 『東國李相國後集』 7, 古律詩 戱贈春州守姜壯元頡乞炭, "若送炭一銖 價與千金倍 今生若不報 死亦此心在."

3) <진양공에게 드린다>

나는 본래 송곳 하나 꽂을 땅도 없이 오직 녹봉을 바라고 살아 왔는데 그 녹봉 또한 뜸하여 끼니를 거르기가 일쑤이며 늙고 쓸모없이 되어 숯 구할 곳마저 없어서 늘 웅크리고 얼면서 지냈습 니다. 바로 이러한 때에 갑자기 공의 은혜를 입어 흰쌀과 백탄을 내려 사령 근수에게 우리집으로 가져다주게 하였습니다.[18]

신라에 이어 고려시대에 들어서면서 숯의 사용량은 더욱 늘어났다. 숯은 국가차원의 중요한 자원채취와 제련에 사용될 뿐 아니라 민가에서도 중요한 연료였다. 이규보의 시에서 보는 바와 같이 숯이 각 가정이 보온과 취사에서 중요한 위치를 차지하면서 지방관이나 권세가들은 이를 확보하여 자신들의 측근에게 나누어주거나 혹은 뇌물로 사용하였다.[19]

특히 이규보는 최우와 춘주(춘천) 수령뿐 아니라 승려에게서 숯을 구하고 있다. 이로써 차, 종이, 기와와 함께 숯이 사원의 주요 생산물임을 짐작할 수 있다. 사찰이 탄소를 보유하고 있었는지 여부는 알 수 없다.[20] 깊은 산, 울창한 나무가 산재해 있는 곳에 사원이 많이 세워져 있었던 만큼 탄소가 아니더라도 사원 자체 내에서의 숯생산도 그리 어렵지 않았으리라 판단된다.

일반적으로 가정에서 필요한 소량의 숯은 각 가정에서 나무를 사용하면 서 자연스럽게 만들어 쓸 수 있지만 수공업이나 광업에 소요되는 숯은 지속적으로 많은 양을 필요로 하므로 국가차원에서 조직적으로 공급할

---

18) 『東國李相國後集』 8, 古律詩 上晉陽公, "僕本無立錐之田 唯仰俸祿 祿亦稀及 連致在陳 老物無用 無處得炭 連致凍縮 方此之時 忽蒙惠送白粲白炭 遣信所使令近堅 押來到門."

19) 김용선, 2001, 「金須妻高氏墓誌銘」, 『譯註 高麗墓誌銘集成(下)』, "參政 府君이 왕명을 받들고 西海道 今彌莊을 감독하였는데 莊人이 부군에게 잘 보이려고 숯 몇 수레를 가져왔다."

20) 금석문에서 鐵匠僧·瓦匠僧은 추정할 수 있으나 炭匠은 보이지 않는다. 자세한 내용은 林英正, 1992, 「고려시대의 使役·工匠僧에 대하여」, 『伽山 李智冠스님 화갑기념논총』, 769~772쪽.

필요가 있었다. 특히 철·금·은·구리 등의 광업이 발달함에 따라 숯의 사용량이 늘어나면서 국가차원에서 대규모로 숯을 만들어 공급하는 지역을 필요로 했을 것이다. 뿐만 아니라 자기의 경우에도 재벌구이에 필요한 1200도 이상의 열량을 얻기 위해서는 숯을 써야 했으므로[21] 대전 부근에 있는 瓷器나 瓦요지[22]로 미루어 볼 때에도 탄요가 필요했을 것이다. 이것이 탄소가 만들어진 원인이라고 생각한다. 우선 탄요가 존재한 유적에서의 숯의 使用例를 고려시대 유적을 중심으로 살펴보겠다.

첫째, 무덤을 만드는 데 숯이 사용되고 있다. 분묘의 墳丘 성토시에 숯을 섞는 것은 고려·조선 시대의 대형 무덤에 일반적으로 나타나는데 봉토 내에서 숯(목탄)이 검출된 양상은 부스러기 목탄 형태다. 따라서 무덤 주변의 탄요에서 생산된 목탄 중에서 가치가 떨어지는 부스러기 목탄이나 덩어리 목탄을 잘게 부수어 사용하였던 것으로 보인다.[23]

예컨대 여주 매룡리, 천안 남산리, 울산 달천 유적 등에서 조사된 담장이 있는 고려시대 호족묘에는 해충의 침입과 수분 침투를 막아 시신과 목곽을 잘 보존하려는 의도에서 봉분에 목탄을 섞어 성토함과 동시에 목관과 토광 사이에도 목탄을 15~20cm 정도 두껍게 채워서 밀봉하였다. 이같이 무덤 봉분에 목탄을 섞는 이유는 봉토를 형성하는 점질토가 물에 쉽게 녹거나 내구력이 없기 때문에 좋은 사질토나 목탄 점질토를 혼합시킴으로써 적당한 강도나 粘着力을 높일 수 있기 때문이라고 한다.[24]

둘째, 氷庫에도 숯이 사용되었다.[25] 빙고 상부에 복토할 때에도 무덤과 마찬가지로 목탄과 사질토 등을 섞어서 빙고 내부로 수분과 해충 등이

21) 서성호, 1997, 『고려전기 수공업 연구』, 서울대 박사학위논문, 65쪽.
22) 대전시 중구 구완동 지역은 자기나 기와를 생산한 촌개소나 복수소로 추정된다.
23) 鄭鍾秀, 2002, 『朝鮮初期 喪葬儀禮 研究』, 중앙대 박사학위논문, 128쪽.
24) 金吉植, 2001, 「古代 炭窯의 築造背景」, 『東垣學術論文集』, 27~28쪽.
25) 『高麗史』31, 忠烈王 23年 6月 癸未, "許人皆得藏氷." 충렬왕대에 얼음 저장을 허락한 기록이 있어 권문세가들은 개인 소유 빙고가 있었다고 추정된다. 자세한 내용은 李貞信, 1998, 「高麗時代의 漁業 實態와 魚梁所」, 『한국사학보』 3·4, 44~46쪽 참조.

침입하지 못하도록 방지하였다. 그리고 빙고 내부에도 갈대·짚·솔가지 등의 목초와 함께 많은 숯이 사용되었다.26)

셋째, 저장시설을 설치할 때에도 숯이 사용되었는데 이것은 氷庫와 마찬가지로 외부와 공기 유통을 차단시켜 오랫동안 신선도를 유지하고, 漏水와 害蟲을 방지하기 위해서였다. 그리고 저장시설 안에도 숯덩어리를 넣어서 신선도를 유지하려고 했을 것이다. 구체적인 발굴지로는 공주 정지산, 천안 斗井洞, 하남 渼沙里, 상주 屛城洞, 청원 國仕里 유적 등이 있다.27)

넷째, 그 외 민간에서 숯의 사용은 취사용 외에도 不淨한 것과 잡귀의 침입을 막아준다고 하여 출산시 금줄이나 장담그기에 사용되며, 마을 대장간 등 다양한 쓰임새를 보인다. 그리고 누에를 키울 때도 숯을 사용하였다고 한다.28)

다섯째, 국가차원에서는 기와제조, 성벽축조, 마을도로, 광장, 정원, 그리고 궁궐이나 중요 건축물의 기초다짐 등에도 많은 목탄이 소요되었다. 무엇보다 중요한 것은 국가의 기간산업이라 할 製鐵과 鍛冶, 그리고 금광, 은광, 동광 등 광산물 제련에 필수적이었다는 점이다. 이 같은 광산물의 생산은 민가에서 필요로 하는 숯을 약간씩 만들어 쓰는 정도가 아니라 전업적인 대규모 생산시스템을 필요로 했으며 여기에 주로 사용될 숯을 생산히는 것이 탄소리고 생각된다.

2) 충청지역의 숯생산지

숯은 민가보다는 국가차원에서 더 중요한 자원이었다. 그래서 고려왕조는 금소, 은소, 철소 등과 더불어 탄소라는 특수집단을 만들어 탄소 주민에게

---

26) 金吉植, 2001, 앞의 논문, 30~31쪽 ; 2001, 「氷庫를 통해 본 公州 艇止山 遺蹟의 性格」, 『考古學志』 12 ; 金吉植, 2002, 「古代의 氷庫와 喪葬禮」, 『韓國考古學報』 47.
27) 金吉植, 2002, 위의 논문, 32~33쪽.
28) 『成宗實錄』 52, 6年 2月 24日 癸卯.

전업적으로 숯을 생산하게 했던 것이다. 그럼에도 불구하고 탄소가 존재했다고 추정되는 위치비정은 전혀 이루어진 바가 없다. 금소·은소·철소·자기소·어량소·다소·지소 등은 몇 군데 규명되고 있으나[29] 숯을 생산하는 부곡으로 충주의 탄촌부곡이 있고,[30] 탄소의 경우에는 강원도 金化縣의 炭項所가 거론되었으나 이것도 정확한 것은 아니다.[31]

우리나라에서 숯골 또는 숯골로 불리는 지명은 대전뿐 아니라 충남, 강원, 경북 등 전국에 걸쳐 분포한다.[32] 그리고 그 이름은 숯가마로 숯을 구웠던 곳이라서 그렇게 불렸다고 한다. 그러나 나무가 떨어지면 나무가 많은 곳으로 이주하여 다시 숯가마를 만들어 숯을 생산했던 만큼 유물이 남아 있지 않아 사실 언제 만들어진 가마인지 정확히 비정하기가 어렵다.

대전지방에서 숯가마가 있었던 지역은 유성구 신성동 남쪽의 숯골(숙동) 마을, 자운동 금병산 아래 숯골(탄동, 본동) 마을, 서구 탄방동(숯방이), 유성구 도룡동(Expo 과학공원 부근), 동구 판암동(식장산 아래) 등이 보인다.[33] 이곳에서 숯이 생산된 것은 확실하지만 그 시기는 명확하게 비정하기 어렵다. 그러나 고려시대 명학소민이 살았다고 추정되는 지역이 탄방동 부근이므로 명학소를 탄소로 비정하고자 한다. 그러므로 본서에서 거론되는 명학소가 탄소라는 것은 이름에서 유추한 시론에 불과할 뿐이며 정확한

---

29) 徐聖鎬, 1997, 『高麗前期 手工業 硏究』, 서울대 박사학위논문 ; 金炫榮, 1986, 「고려시기의 所에 대한 재검토」, 『韓國史論』 15, 109~110쪽.

30) 『新增東國輿地勝覽』 14, 忠州牧 古蹟. 향·부곡에서도 공물을 생산한 경우에 관한 자세한 내용은 徐聖鎬, 1997, 위의 논문, 65~72쪽 참조.

31) 탄항소는 김현영이 명칭으로 보아 탄소로 비정하였다. 이에 대해 서성호는 금화현 동20리 방동천에서 석철이 산출되므로 금화현 동20리, 즉 같은 마을에 사는 탄항소 주민들이 석철을 제련 공납하였을 것이므로 이를 철소로 보아야 한다고 했다. 그러나 고고학적 발굴로 규명된 것은 없다. 철을 제련하기 위해서라도 숯이 필요하므로 탄소로의 비정을 완전히 부인하기는 어렵다고 생각한다(김현영, 1986, 앞의 논문, 110쪽 ; 서성호, 1997, 앞의 논문, 56쪽).

32) 한글학회, 1999, 『한글 땅이름 큰사전』.

33) 大田市, 1988, 「古蹟과 地名編(上)」, 『우리고장 忠南』, 충청남도 교육위원회 ; 한글학회, 1999, 『한글 땅이름 큰사전』, 3559~3570쪽.

자료나 발굴에 의해 바뀔 가능성이 있음을 미리 밝혀둔다.

대전의 강은 서부에서는 갑천, 중앙부에서는 유등천·대전천이 대지류를
이루며 북류한다. 탄방동과 오정동에서 합류한 유등천과 대전천은 다시
대화동·도룡동에서 갑천에 합류하는데 이 갑천은 마지막으로 금강과 합류
한다.[34] 그러므로 지형상 탄방동은 유등천의 오른쪽에 위치하고 있다.
이곳은 강을 끼고 있어 자주 범람하는 저습지인데, 갈대가 무성하게 자라는
이곳을 농경지로 이용하려면 하천변 자연제방을 제대로 유지 관리하거나
또는 대규모 제방을 축조할 수 있어야 한다. 이러한 대규모 제방의 축조와
관리가 가능한 시점은 조선시대 이후라고 한다.[35] 조선시대에 들어와 제방
의 축조로 농경이 가능해지면서 대전지방에도 회덕현을 중심으로 지주층이
정착하게 되어 우암 송시열, 동춘당 송준길 같은 巨儒를 낳는 경제적 기반이
되었으리라 생각한다.

그러나 소규모의 보 시설은 고려시대부터 일반화되기 시작했고 특히
수리시설의 발달은 이미 12세기부터 시작되고 있었다.[36] 다음은 고려중기
보를 설치할 때의 기록이다.

C-1) 의종 때에 급제하여 溟州 수령으로 나아가, 도랑을 쳐서 밭에 물을
　　관개히게 히였다.[37]
　2) 의종 천덕 4년(1152, 의종 6)에 홍주 수령으로 나가게 되었는데 …
　　도랑의 물을 끌어들여 밭에 물을 댄 것이 5, 6천 頃이 되어 백성들의
　　양식으로 충분하였다.[38]

---

34) 2002, 『대정동유적』, 고려대 매장문화연구소.
35) 1997, 『경부고속철도 대전사토장 영동보수기지 예정부지 고고 민속 조사보고』,
　　충남대박물관·한국고속철도건설공사.
36) 위은숙, 1988, 「12세기 농업기술의 발전」, 『부대사학』 12, 2~15쪽 참조.
37) 『高麗史』 99, 列傳 林民庇傳, "毅宗朝擢第 出守溟州 浚渠漑田."
38) 『朝鮮金石總覽(上)』, 李文著 墓誌, "毅廟天德四年 出守洪州 … 渠引水漑田 五六千頃
　　以足民食."

3) 명종 18년 3월에 왕이 명령을 내려 이르기를 "때를 맞추어 농사를 장려하라. 힘써 堤堰(저수지)을 수축하여 물을 모아 관개하여 황무지가 없도록 하여 백성들의 양식을 풍족하게 하라" 하였다.[39]

4) 해안에 제방을 쌓고 물을 막으면 좋은 땅이 될 만한 것이 더러 있으니 해당 관리를 시켜 토지를 살펴 왜적을 방어하는 군졸로 하여금 농사짓게 하라.[40]

고려시대 명학소가 있을 때에는 주변 하천이 쉽게 범람하여 지속적으로 농사를 짓기에는 부적합한 지역이었으리라 생각한다. 그들은 숯을 구워 생계를 유지하지 않을 수 없었다. 그러나 12세기에 들어와서 농업기술의 발달에 따라 보가 설치되었는데 이는 전국적인 현상이었다. 고려후기 공민왕대에 이르러서는 해안에 제방을 쌓아 농경지 확보를 시도하고 있는데 이를 통해 보의 기술이 도랑의 물을 끌어들이는 단계에서 바닷가에 제방을 쌓을 수 있을 정도로 발전했음을 알 수 있다. 이에 명학소민은 보를 설치하여 안정적으로 농사를 지을 땅을 확보하게 되자, 국가의 과도한 특산물 공납에서 벗어나 일반 군현민이 되기 위해 봉기하였다고 추정해 볼 수 있지 않을까 생각된다.

숯을 만들기 위해서는 숯가마(탄요)를 만들어야 했는데, 탄요의 주요입지 대상지로는 良質의 原木을 쉽게 구할 수 있는 山谷 등이 보다 효율적이었다. 다음은 충청지방을 중심으로 한 탄요의 발굴조사 내용이다.

㉠ 淸州 龍井洞 Ⅱ지구 : 삼국, 신라시대 석곽묘 7기, 고려 토광묘 162기 등 많은 무덤들과 함께 炭窯 1기가 조사되었다. 탄요는 고려 토광묘군 속에 독립적으로 입지하고 있다.[41]

---

39) 『高麗史』79, 食貨2 農桑, "明宗十八年三月下制 以時勸農 務修堤堰 貯水流潤 無令荒耗 以給民食."

40) 『高麗史』82, 兵 屯田 恭愍王 5年 6月, "沿海之地 築堤捍水 可作良田者 往往而有宜 令有司相地 用防倭之卒 爲之農夫."

ⓛ 淸原 角里 유적 : 해발 52~61m의 산등성이 頂上部의 북쪽 경사면에
조성되어 있으며 고려시대 토광묘 5기와 함께 탄요 1기가 等高線과
나란히 축조되어 있다.[42]

ⓒ 天安 大興洞 유적 : 혀모양 형태의 집터 상부에 청동기시대 주거지와
저장혈이 빽빽하게 분포하며 그 남쪽의 완만한 경사면에 1기의 탄요와
고려시대 석곽묘가 독립적으로 존재하고 있다. 석곽묘는 일부 도굴되었
으나 고려초기의 扁瓶(납작한 항아리), 청자접시, 有蓋銅盒(청동으로
만든 뚜껑이 있는 둥글넙적한 그릇) 청동 숟가락 등이 출토되었다.[43]

ⓔ 瑞山 舞將里 1지구 : 탄요의 앞부분은 15세기 후반의 분청사기 요지에
의하여 파괴되었으며 내부는 고려시대 토기편과 元祐通寶[44] 등 8종
10점의 고려시대 동전이 출토되었다. 이로 보아 탄요는 기존의 축조되어
있던 고려시대 유구를 파괴하였거나 이미 축조되어 있는 탄요를 파괴하
고 고려시대 유구가 축조되었을 것이다.[45]

ⓜ 大田 老隱洞 유적 : Ⅰ·Ⅱ지구에서 각각 2기씩 탄요가 발굴되었는데
여기에 청동기시대 주거지 3기, 초기 철기시대 토광묘 1기, 통일신라·고
려시대 橫穴橫口式石室 또는 石槨墓 23기, 여말선초의 주거지 13기,
고려·조선시대 토광묘 130여 기가 함께 조사되었다.[46]

ⓗ 牙山 鳴岩里 유적 : 6지점에서 고려시대 분묘군 중에서 같은 시기의
瓦窯 1기와 함께 1기의 목탄요가 확인되었다. 그 옆의 11지점에서도
약간 떨어져 있기는 하였으나 2기의 탄요와 고려시대 분묘군들이 조사되
었다.[47]

위의 글에서 본 바와 같이 충청지역에서 많은 탄요가 발견되고 있으나

41) 韓國文化財保護財團, 2000, 『淸州 龍岩遺蹟(1)』(學術調査報告 第74冊) ; 金吉植, 2001,
　　앞의 논문, 21쪽.
42) 韓國文化財保護財團, 1999, 「淸原 角里遺蹟」, 『淸原 梧倉遺蹟(Ⅱ)』.
43) 忠南大學校博物館 外, 1999, 『天安 大興里遺蹟』(忠南大學校博物館叢書 第19冊).
44) 元祐는 宋 철종의 연호(1086~1094). 고려 선종 3~11년에 해당된다.
45) 金吉植, 2001, 앞의 논문, 25쪽.
46) 2003, 『대전 노은동유적』, 한남대중앙박물관·대전광역시 종합건설본부.
47) 金吉植, 2001, 앞의 논문.

이것을 고려시대의 탄요로 규정할 수는 없다. 토기나 고분처럼 확실한 유물이 나오지 않는 상태에서 유일하게 객관적이라고 판단되는 방사선탄소 연대측정이나 고고지자기 연대측정에서 7세기 이내로 나오는 것을 주변에 고려시대 고분이 있다는 이유로 고려시대 탄요로 비정[48]하는 데는 문제가 있다고 판단된다. 대체로 고려시대 고분은 삼국이나 그 이전의 고분과 함께 있는 경우가 많다고 한다. 그리고 대전지방 탄요는 노은동과 대정동에서 발견되었다. 그러나 대정동 1-1지구의 2기는 7세기, 3-1지구는 4세기로 추정하며,[49] 노은동의 경우도 발굴된 6개의 숯가마 중 최고 상한선은 방사성 탄소 연대측정 결과 7세기 후반으로 거의가 삼국시대의 가마터로 판정되었다. 그러므로 현 단계로서는 대전지역에서 고려시대의 탄요로 비정된 지역은 없다.

그러나 탄요를 짓는 가장 큰 목적이 철의 생산 때문이라면, 『新增東國輿地勝覽』 18, 懷德縣 土産條에 현 북쪽 20리 직동에서 석철이 생산되었다는 점, 그리고 회덕현 북쪽 18리에 침이소가 있었다는 점을 주목한다.[50] 침이소 주민이 이 석철을 발굴하였으며, 이 철을 제련하기 위해 현 대덕구 회덕동과 가까운 탄방동 지역에서 숯을 생산할 필요가 있었으리라 생각한다.[51] 그리고 비록 소라고 명시되지는 않았지만 공주목 馬峴(마티고개)의 銅鐵과 水鐵의 생산에도 명학소의 숯을 필요로 하지 않았을까 생각된다.

---

48) 金吉植, 2001, 위의 논문.

49) 2002, 『大井洞 遺蹟』, 고려대 매장문화재연구소. Ⅰ-1지구 2기의 炭窯는 考古地磁氣 연대측정 결과 A.D. 625±40이며 3-1지구 1기는 A.D. 355±15라고 한다.

50) 『世宗實錄地理志』 149, 懷德縣 ; 『新增東國輿地勝覽』 18, 懷德縣 古蹟.

51) 金鎬詳, 2000, 「古代 白炭窯 考察」, 『慶州史學』 19, 23쪽 주18). 木炭窯와 製鐵유적이 인접해야 하는 이유는 백탄의 이동거리가 크면 그만큼 탄소입자의 균열로 탄의 파손이 심하기 때문이다.

3. 숯의 생산실태와 貢納

숯을 만들기 위해서는 우선 숯가마를 만들어야 한다. 숯가마는 산비탈을 깎아 만든 평평한 터에 구덩이를 만들고 비바람 불길에 무너지지 않게 박는데, 바람을 잘 타지 않는 곳이 가장 좋은 가마터라고 한다. 이러한 가마터를 만들려면 장정 4~5명이 한 달 간 씨름해야 한다. 숯을 만들기 위해서는 큰나무는 가마 중앙에, 작은 나무는 변두리에 두는 형태로 쌓으며 다 쌓은 후에 황토흙으로 1자 정도 가마지붕을 만든다고 한다. 이후 좋은 숯이 나오길 기원하는 가마제를 열고 불을 붙이는데, 숯의 형태를 온전히 유지시키기 위해 가마 윗부분에 불을 붙인다. 가마에 불을 붙여 숯이 되어 나오기까지 5~6일 정도 걸리는데 숯장이는 가마불을 잘 다스려야 한다. 숯의 질과 양이 가마불에 달려 있으므로 가마불 보기가 자식 기르기보다 더 어렵다는 말이 생겨났다고 한다. 가마불이 꺼진 지 9시간 후에 숯을 꺼내어 미리 준비해둔 소분(숯, 탄분, 회분 등을 혼합)을 덮어 급히 소화하여 냉각시키면 백탄이 되고, 검탄은 가마 속에서 공기를 막고 2~3일 더 있다가 꺼내면 완성된다고 한다. 숯은 대개 갈참나무, 굴참나무 등을 으뜸으로 치는데 참나무 숯이 잘 부서지지 않고 오래 타기 때문이다. 숯을 만드는 나무의 굵기는 15cm 정도가 가장 알맞다ㄱ 한다.

소에서 생산된 물자를 공납하는 방법은 국가에 직접 공납하거나[52] 혹은 개별적으로 필요한 지역에 공납한다[53]는 두 견해가 있다. 常貢의 경우,

---

[52] 北村秀人, 1968,「高麗時代の所について」,『朝鮮學報』50. 예컨대 어량소의 경우 해산물의 신선도가 중요하므로 빠른 수송을 통한 중앙 직납이 이루어졌으리라 생각한다(이정신, 1998,「고려시대의 어업실태와 어량소」,『한국사학보』3·4, 51쪽).

[53] 박종기, 1990,「고려의 수취체계와 부곡제」,『고려시대 부곡제 연구』, 서울대출판부, 153~158쪽 ; 서성호, 1997,『고려전기 수공업 연구』, 서울대 박사학위논문 ; 김현영, 1986,「고려시기의 소에 대한 재검토」,『한국사론』15. 박종기는 지방군현이 수납하여 중앙에 납부한다고 하면서도 "중앙정부가 행정적으로는 직접 수납하는 형식을 취하면서도 실제로는 개별 군현과 중앙의 각 기관을 연결시켜 해당 군현으로 하여금 중앙의 각 기관에 직납케 했다"고 이해하고 있다. 탄소의 경우, 중앙의 각 기관뿐

대체로 후자가 타당성 있어 보이지만 탄소는 그 지방의 金, 銀, 鐵, 銅産地나 瓷器所, 혹은 瓦所 등에 공급하는 것이 일차적 목표였으리라 생각된다.

따라서 중앙에서 필요로 한 숯의 상당량은 개경 주위의 탄요에서 우선적으로 공급 받았으리라 추정된다. 숯의 경우, 깨뜨리지 않고 원형 그대로 운반하는 데 상당한 공력이 들기 때문이다. 숯은 일상생활에 불가결한 위치를 차지하고 있지만 국가차원에서도 금·은·동·철 등 지하자원의 제련에 필수적인 물자다. 고려시대에 숯을 공물로 바치거나 보관된 기록을 살펴보자.

> D-1) 문종 8년에 將作監 商人이 관가의 숯창고에 고의로 불을 질렀다 하여 脊杖 20대를 치고 얼굴에 낙인을 찍어 섬으로 유배시켰다.[54]
>
> 2) (충렬왕) 24년 정월에 충선왕이 왕위에 올라 敎를 내리기를 "… 각 도의 시탄공과 여러 院, 寺院 및 관청 소속의 공해전, 여러 寶들이 빌려준 미곡(寶米)으로서 지난 해에 받지 못한 것은 정유년(충렬왕 23년, 1297) 이전 것은 면제할 것이다. 다섯째 입조하는 길목인 서해도 에는 三稅大貢 이외의 常徭, 雜貢 및 각 驛의 땔감과 숯의 공부(柴炭貢)는 금년에 한하여 전부 면제한다"라고 하였다.[55]
>
> 3) (충렬왕) 34년 8월에 충선왕이 다시 왕위에 올랐는데 11월에 명령을 내리기를 "여러 주, 부, 군, 현들의 轉稅 및 常徭, 雜貢, 그리고 여러 寶의 쌀, 각 역의 柴炭貢 중에 만일 밀린 것이 있으면 마땅히 1년간은 징수하지 말라"라고 하였다.[56]
>
> 4) (공민왕) 12년 5월에 敎를 내리기를, 龍駒[57] 이북의 여러 역은 3도(경기

아니라 철광 등 숯이 필요한 지역에 숯을 공납하는 네트워크가 형성되어 있었으리라 생각한다.

54) 『高麗史』 85, 刑法2 禁令, "以將作監商人 故燒官炭庫 判決背杖二十 鈒面配島."

55) 『高麗史』 80, 食貨 賑恤 恩免之制, "二十四年正月忠宣王即位下敎 … 一各道柴炭貢 諸院寺官司所屬公廨田 諸寶米等 往年未收 限丁酉年以上除之 一入朝過行西海道 三稅大 貢外 常徭雜貢 及各驛柴炭貢 限今年全除."

56) 『高麗史』 80, 食貨 賑恤 恩免之制, "三十四年八月 忠宣王復位十一月 下敎 諸州府郡縣轉稅 及常徭雜貢 諸寶米 各驛柴炭貢 如有欠少 宜限一年勿徵."

도·교주도·서해도)의 요충이라 각종 물자를 많이 내야 하니 그 柴炭貢
은 3년간 면제한다.[58]

5) 前朝에는 鐵干에게 잡역을 면제해주고 口分田을 지급하여 오로지
鍊鐵에 전력토록 하였으므로 땔나무(柴木)가 무성할 때면 쉽게 제련하
여 상납할 수 있었습니다. 현재는 이들의 구분전을 軍資에 소속시켰고
거주지의 땔나무는 거의 다 없어져서 오로지 농사지어 생활하여,
일반인의 예에 따라 잡역을 지고 있습니다. 그러나 철을 상납할 때에는
鐵石을 싣고 땔나무가 있는 곳에 가서 제련하여 상납하든가, 혹은
사들여서 상납하게 되므로, 그 폐해가 적지 않습니다. 청컨대 본도의
3개 소의 철간이 공납하던 5,520근을, 철이 산출되는 여러 관청에
나누어 책정하고, 그 철간들은 軍役에 차정하십시오.[59]

　D-1)의 기록은 고려전기 기록으로서 국가에 장작감 소속의 숯창고가
있었으며 이를 훼손할 경우 얼굴에 낙인을 찍어 유배시키는 엄중한 처벌을
가했음을 알 수 있다. 고려시대에 수도 개경에서 필요한 숯은 개경에서
가까운 탄소에서 장작감에 공급하였으리라 생각되며, 명학소의 경우는
公州목의 지시하에 숯을 거두어들여 주변 광업소에 분배하고 나머지는
중앙에 공납했을 것이다.

　『世宗實錄地理志』에 의하면 숯을 공물로 바친 지역은 충청·황해·강원도

---

57) 홍화도에 속한 名駒驛으로 추정된다. 명구역은 龍州에 있었다. 용주는 평안북도
　　용천지역의 옛 지명. 홍화도는 고려시대 長寧驛(지금의 평안북도 철산)을 중심으로
　　한 驛道. 홍화도의 관할지역 범위는 安州－博川－嘉山－定州－宣川－鐵山－龍川－義
　　州로 이어지는 역로와 박천－龜城－朔州로 이어지는 역로다(1996, 『譯註 高麗史
　　食貨志』, 한국정신문화연구원, 526쪽).

58) 『高麗史』 80, 食貨3 恩免之制 恭愍王 12年 5月, "下敎 … 自龍駒以北諸驛 三道之衝
　　供費尤多 其柴炭貢與免三年."

59) 『世宗實錄』 50, 12年 12月 1日 丁卯, "前此 鐵干除雜役 給口分田 專委鍊鐵 故柴木茂盛之時
　　易以炒鍊上納 今以口分田 屬于軍資 所居之里 柴木殆盡 專事農業以生 依平民例 貢雜役
　　而納鐵之時則 駄載鐵石 輸于有柴木處 炒鍊上納 或貿易以納 其弊不貲 請以本道三所鐵干
　　所貢五千五百二十斤 分定于産鐵各官 其鐵干定于軍役."

에만 나타난다.[60] 그러나 2)는 모든 도에서 특산물로 숯을 공납했으며, 또한 각 역에서 따로 중앙에 숯을 공납했음을 보여준다. 그러나 전라·경상지역은 지역적으로 거리가 멀어 숯 운반에 문제가 있으므로 숯이 필요한 주변의 광산 등지에 공납하였을 것이다. 황해도지방은 대부분 장작감에서 필요로 하는 숯의 공납을 주로 전담하였고 강원도 역시 지역 전체가 산으로 둘러싸여 광업이 발달했던 특수성으로 보건대 주로 그 지역의 광산물을 제련하는 데 필요한 숯을 공급했으리라 생각된다. 충청도의 경우는 철광업 도자기 생산 등 지역의 생산에 필요한 숯의 공급과 중앙에의 공납이 함께 이루어지지 않았을까 생각된다.

고려시대 각 역에서 숯을 공납하는 기록은 충렬왕 24년이 처음이다. 고려전기에는 국가에서 필요로 한 시탄은 주로 탄소에서 공급되었다고 생각하는데 중기 이후 소의 감소에 따라 시탄 공급이 원활하게 이루어지지 못하자 그것을 각 역에 부과한 것이 D-2)·3)·4)에서 보이는 시탄의 공납이라고 생각된다.

여기에서 충렬왕 23년 이전의 숯 공납을 면제해주는 것으로 보아 이때 처음으로 역이 숯을 공납한 것이 아니라 충렬왕 24년 이전부터 시행되고 있었음을 추정하게 한다. 이들 驛子는 선공감에 숯을 공납하는 대신 구분전을 지급받았다.[61] 이같이 소가 해체되면서 특산물 생산의 대가로 토지를 지급받은 경우는 철간에서도 보인다. D-5)는 철소에 관한 기록이다. 고려후기에 들어서면서 철소제가 와해되기 시작하자 국가는 이에 대한 대응방안으로 군현민에게 종전의 철소민들이 하던 일을 대체시키면서 구분전을 지급하고 잡역을 면제하였는데 이를 철간이라고 불렀다. 그러다가 철장제로 바뀌면서 철간에게 지급했던 구분전을 몰수하고 그들이 하던 일을 일반 군현민

---

60) 『世宗實錄地理志』 149, 忠淸道·黃海道·江原道.
61) 『高麗史』 78, 食貨1 祿科田 禑王 14年 7月 趙浚 等 上書, "驛田 其馬位口分田 前例折給 皆終其身."

에게 요역으로서 부담시키고, 기존 구분전을 받고 잡역을 면제받던 이들
철간은 군역에 동원시켰다.[62]

탄소에는 숯가마를 만들고 숯불을 조절하여 좋은 숯을 생산하는 데
결정적인 역할을 하는 炭匠과 나무를 운반하여 숯을 만들 수 있게끔 보조역
할을 하는 잡역인의 두 부류 사람들이 있었으리라 생각된다. 소의 工匠을
제외하고는 대다수가 잡역을 담당하면서 그들이 먹을 양식은 농사지어
자급자족하였을 것이다. 소민의 공물 과잉징수는 이미 고려전기부터 심각
한 폐단으로 거론되었다.

E-1) 銅·鐵·瓷器·紙·墨 등의 잡소는 공물을 징수하는 것이 너무 지나쳐서
　　 장인들이 괴로워서 도피하니 所司는 각 소의 別貢과 常貢의 많고
　　 적음을 작정하여 아뢰어라.[63]
　 2) (충선왕 원년[1309] 2월) 이때 처음으로 군현으로 하여금 백성을
　　 징발하여 鹽戶로 삼고 또 鹽倉을 설치하게 하니 백성들이 이를 몹시
　　 괴로워하였다.[64]

소에 대한 공물의 과징 폐단은 이미 고려 예종대부터 나타나고 있다.
그 중에서 銅, 鐵, 瓷器, 종이, 墨 등을 과징의 예로 들고 있는데 특히
국가산업에 필요한 동·철을 생산하는 데 필수적인 연료가 숯이므로 탄소
또한 과징의 문제가 있었으리라 생각된다.

그 외에도 이인로가 맹성에 수령으로 가 있는 동안 먹 5,000정을 만들기
위해 맹성 예하 촌락인 공암촌에서 먹을 만든 기사가 보인다.[65] 아직 이곳은
墨所로 존재했던 것 같다.[66] 이인로[1152년(의종 6)~1220년(고종 7)]는

---

62) 서명희, 1990, 「고려시대의 철소에 대한 연구」, 『한국사연구』 69, 31쪽.
63) 『高麗史』 78, 食貨1 貢賦 睿宗 3年 2月.
64) 『高麗史』 79, 食貨2 鹽法.
65) 李仁老, 『破閑集』.
66) 徐明禧, 1990, 「高麗時代 鐵所에 대한 研究」, 『韓國史研究』 69. 공암촌이 묵소인가

무신정권 성립기에 활동한 인물로서 이때는 아직 소가 해체되는 시기라고는 생각되지 않는다. 몽골의 침략으로 상당수의 주민들이 산성이나 해도로 피신하는 과정에서 소의 해체가 일어났으리라 판단된다. 그러므로 소가 제 기능을 발휘하지 못한 시기는 원 간섭기로서, 이를 보완하기 위해 소금의 전매제에 관한 충선왕의 조처가 나온 것이라고 생각된다. 위의 2)에서 처음으로 군현민을 염호로 징발했다는 기록은 염소의 기능이 완전히 유명무실해졌음을 의미한다.

   탄소가 해체된 고려후기에 가서는 각 지역의 驛子가 숯의 생산을 주로 담당하였다. 우수한 품질의 숯을 생산하는 것은 불의 흐름을 조절할 줄 아는 전문적인 기술을 필요로 하지만, 금·은·소금같이 특수한 지역에서 생산되거나 고도의 기술을 요구하는 것은 아니기 때문에 각 驛에서 담당하게 되었다. 『高麗史』刑法志에 의하면, 鄕·部曲·津·驛·兩界州鎭의 編戶人은 승려가 되는 것을 금지하였는데[67] 이는 천민들이 고위신분인 승려로 상승하는 것을 막기 위한 신분적 억압이라는 의미보다는 避役의 수단으로서 승려가 되는 것을 금하는 목적이 더 컸다고 한다.[68] 소가 해체된 고려 말에 이르러서도 津尺·驛子에 身役을 부과하려는 국가의 노력은 계속되었는데 그 이유는 역자의 경우 탄소가 해체된 이후 숯의 공급이 이들에게 맡겨졌기 때문이다. 이들에게 시탄을 맡긴 이유는 역이 물자운반이 용이하다는 점이 우선적으로 고려되었을 것이다. 그러나 驛子의 입장에서는 요역 징발의 대상이며 일반 촌락과 마찬가지로 조세부담도 있었으며 또 연료로서 나무와 숯을 공납했던 만큼 역의 해체나 驛子의 유망은 빈번하지 않을 수 없었다.

   철소의 경우, 소가 해체된 이후 조선시대에 들어와 稱干稱尺者와 같은

아닌가에 대해서는 논란이 많다. 위의 논문 22쪽 주51) 참조.
67) 『高麗史』85, 刑法2 禁令.
68) 유승원, 1987, 「조선초기 신량역천 계층」, 『조선초기 신분제 연구』, 을유문화사, 205쪽.

정역호를 지칭해서 공물이나 진상물을 납부케 하다가 일반 민호의 부담으로 전가시켰다.69) 조선은 특수한 물자를 생산하기 위해 일반 민호나 군사를 동원하기도 하고 마치 정역호와 같이 그 의무를 명시해서 燒木軍, 漢都鍊瓦 軍, 吹鍊軍을 두었다. 고려시대 탄소의 역할은 소목군이 이어받아 숯을 생산하여 공납했다고 생각된다. 그러므로 고려시대 소에 속해 있던 주민의 상당수는 조선시대에 들어와 천역 대신 군역에 충당되었지만 司宰監 水軍이 라는 특수한 군역에 몰아넣음으로써 일반 양인과 구분함과 동시에 입학자격 이 불허되는 身良役賤者가 되었다.70)

고려후기 柴炭貢은 각 역에서 將作監 등의 중앙관청에 납부하던 세목이었 다. 따라서 시탄공은 일반 백성들에게 보편적으로 적용된 세목은 아니었 다.71) 조선초기의 기록에는 馬草·柴炭 등이 잡공으로 기록되어 있으나72) 고려시대는 잡공과 따로 기재되어 있다. 그러나 같이 언급하고 있는 것으로 보아 잡공에 준해서 수취했으리라 판단된다(D-2·3). 잡공은 고려중기 이후 의 사회변동으로 기존의 조세체계가 제 구실을 못하게 되자 상요와 더불어 새로 부가된 세목이었다. 이들 세목은 명분은 약한 반면 민의 부담은 커서 1314년(충숙왕 원년) 잡공이 상정될 때까지는 임시세의 성격이 짙어 三稅·三 稅大貢·常稅 등 기존의 기본 세목에 비해 자주 감면의 대상이 되었다. ‧싱요와 집공은 조신초기 조세세도가 개편될 때 공물에 포함되었으며,73) 숯도 이때 포함되었던 것으로 보인다. 다음 기록을 보자.

---

69) 유승원, 1987, 위의 논문 ; 서명희, 1990, 앞의 논문.
70) 유승원, 1987, 위의 논문, 237쪽.
71) 박종진, 2000, 「조세제도의 변화」,『고려시기 재정운영과 조세제도』, 서울대출판부, 221~222쪽.
72)『太宗實錄』1, 元年 正月 14日 甲戌, "門下府郎舍上疏 疏曰…京畿 王化所先 宜加存恤 以安民生. 今馬草柴炭 多般雜貢 倍於外方. 願自今馬草柴炭 量減節用 其餘雜貢可除者及 可移外方者 下議政府擬議詳定."
73) 박종진, 2000, 앞의 책, 220쪽.

F-1) (大司憲) 金汝知가 아뢰었다. "臣이 가만히 생각건대, 경기는 1년의
요역이 다른 도에 비하여 몇 갑절이나 되어 백성들의 어려움이 심합니
다. 또 경기 백성들이 경작하는 토지는 모두 개인에게 나누어주므로,
조세를 거두는 폐단 또한 국가의 경우보다 배나 되어 풀, 숯 혹은
行纏·馬糧 등을 취하지 아니함이 없으며, 운반하는 폐단도 또한 적지
않습니다.[74]

2) 호조에서 아뢰기를, "陽根[75]에 鑄錢하는 대장간 50개 소가 있고,
한 곳에서 하루에 목탄 1백 석이 소용됩니다. 금년 10월부터서 내년
2월까지 소용될 목탄을 총계하면 1만 5천 석인데, 이제 강원도에서
번을 서는 船軍 3백 명으로 숯을 만들기는 매우 부족하니 경기에서
번서는 선군 7백 명을 더 사역하소서" 하니 그대로 따랐다.[76]

3) 僉節制使 朴惟時가 上書하기를, "臣이 보건대, 황해도 水軍의 役은
그 괴로움이 다른 도의 갑절로서, 各 浦의 船軍 등이 繕工監과 司宰監에
바치는 炭木과 소금을 굽는 役은 진실로 많습니다" 하였다.[77]

F-1)은 백성의 공물로서 숯을 징수함을 보여주는데 주로 수도와 가까운
위의 경기도 외에 황해도,[78] 강원도[79]가 기록에 나타나고 있다. 조선시대에
들어와서 숯은 船軍과 일반 백성들의 공물로 조달되었다. 선군의 경우,
조선 태조는 고려말 왜구격퇴에 큰 역할을 한 騎船軍에게 복무의 노고를
위로하고 황폐해진 연해 개발을 추진하기 위해 魚鹽의 이익을 보장해주는

74) 『太宗實錄』 31, 太宗 16年 5月 14日 乙巳, "汝知啓日 臣竊謂圻甸之內 四時之役 倍蓰他道
民之艱苦 甚矣 圻民所耕之田 皆爲私處折受 收租之弊 又倍公例 曰草 曰炭 行纏馬糧
無所不取 輸轉之弊 亦不細矣."

75) 『世宗實錄地理志』 148, 京畿道 廣州牧 楊根郡(지금의 양평).

76) 『世宗實錄』 26, 6年 10月 20日 辛酉, "楊根鑄錢爐冶 五十所 一日所用 炭一百石 自今十月
至來乙巳年二月 所用炭 總計一萬五千石 今以江原道當番 船軍三百名作炭 太半不足 請加
役京畿當番 船軍七百名 從之."

77) 『文宗實錄』 4, 卽位年 10月 10日 庚辰, "僉節制使 朴惟時 上書曰 黃海道 水軍之役
其苦倍於他道 各浦船軍等 繕工司宰監納炭木 燔鹽之役 固多."

78) 『世宗實錄』 31, 8年 3月 20日 甲寅.

79) 『世宗實錄』 121, 30年 9月 4日 丁亥.

시책을 실시하는데,[80] 숯을 굽는 것도 그 정책의 연장선상이었다.

세종대 대마도 정벌 이후 왜적의 침입이 뜸해진 틈을 타서 연해의 진황지를 개발하였는데, 이때 국가재정을 확충하고 부역제를 보완하기 위해 선군을 동원하면서 그 부담이 가중되었다. 이에 따라 선군의 역이 점차 苦役化하면서 이탈하는 자가 늘어났다. 한편 백성들은 숯을 공납하기 위해서는 숯을 사서 바치는 수밖에 없었을 것이다.

所의 소멸은 사회발전의 한 징표로 규정하지만, 조선시대에 들어와 생산되지 않는 특산물을 사서 바쳐야 하는 防納의 폐단은 조선 전체 주민의 고통으로 확산되고 있었다. 이러한 잡공은 중앙정부가 각 주현을 단위로 납부액을 나누어 정하면 주현이 호구와 토지의 다과에 따라 각 호에 다시 할당하는 체계로 부과하였다. 그러므로 구체적인 물품의 종류와 수량 및 부과율이 규정되어 있지 않아 지방관이나 향리들이 마음 내키는 대로 징수할 수가 있었고, 이는 숯도 마찬가지였다. 이 같은 폐단은 1608년(광해군 즉위년)에 대동법이 시행되면서 조금씩 해소되어 갔다.

4. 맺음말

무신집권기 공주 명학소민은 소의 신분에서 벗어나기를 갈구하여 무려 1년 반이나 저항하였으나 실제로 명학소가 무엇을 생산하는 소였는지는 알려져 있지 않다. 명학소민의 봉기가 실패한 후 국가는 보복조처로서 주민을 이주시키고 마을을 폐해 버렸다. 그러므로 그 실상을 더욱 알기가 어려운데『新增東國輿地勝覽』에 의하면 명학소는 유성현 동10리에 있었다고 한다. 이곳은 대략 둔산동, 탄방동 부근으로 비정할 수 있다. 이 지역에서는 생산되는 특산물도 없고 유물도 발견되지 않는다. 그러므로 탄방동이

---

80) 尹薰杓, 2000, 「船軍組織의 확장과 운영방식의 변동」,『麗末鮮初 軍制改革研究』, 혜안, 262~263쪽.

옛날에 숯을 생산하던 숯뱅이 마을이었다는 데에 착안하여 탄소로 비정하고 탄소의 생산실태와 공납을 살펴보았다.

숯은 무덤 성토시에 해충의 침입과 습기를 막기 위해, 氷庫, 저장시설뿐 아니라 민간에서 취사와 난방용으로 사용하였는데 그 중에서 가장 중요한 기능은 철이나 금, 은, 동을 제련하는 것이었다. 특히 철광업을 발달시키기 위해서는 대규모의 숯생산 시스템이 필요했으며 여기에 사용될 숯을 생산하는 것이 탄소였다. 숯을 생산하기 위해서는 우선 숯가마를 만들어 이곳에 나무를 차곡차곡 쌓은 후 가마지붕을 만든다. 숯의 형태를 온전히 유지시키기 위해서는 가마 윗부분에 불을 붙여 5~6일 동안 가마불을 다스려야 한다. 좋은 숯의 생산은 모두 가마불의 조절에 달려 있어 숯장이는 불조절에 신경을 썼다고 한다.

이같이 숯의 경우에도 뛰어난 숯장이라면 보다 우수한 숯을 만들 수가 있지만 금, 은, 소금, 도자기 등에 비해 특수한 지역에서 생산된다거나 고도의 기술이 요구되지는 않았다. 이로 인해 고려후기에 들어서서 소가 해체되자 숯은 各 驛에서 만들어 공납하게 되었다.

조선시대에 들어서면서 숯은 船軍과 일반 백성들의 공물로 조달되었다. 특히 선군의 경우, 특수한 물자를 전업적으로 생산하는 소목군이 있었는데 아마 이들이 이전의 탄소민이었을 가능성이 높다. 요컨대 국가는 소민들을 천역 대신 良役, 즉 군역에 충당하였지만 사재감 수군이라는 특수한 군역에 몰아넣음으로써 일반 양인과 구분하고 동시에 입학자격을 불허하는 身良役 賤 계급으로 만들었다. 이에 따라 부족해진 숯은 백성들의 공물로 조달하였는데 백성들은 숯을 공납하기 위해 숯을 사서 바치는 수밖에 없었을 것이다. 이같이 생산하지도 않는 특산물을 사서 바쳐야 하는 防納의 폐단은 조선 전체 주민들의 고통이었다. 이러한 폐단은 1608년(광해군 즉위년) 대동법이 시행되면서 점차 해소되어 갔다.

제4장 먹과 墨所

1. 머리말

먹은 글씨를 쓰거나 그림을 그리는 데 쓰는 서화용구로서 전근대사회에서 지식층의 필수품이었다. 먹을 최초로 발명한 사람은 後漢의 서도가 韋誕이라고 하나 확실하지 않다. 우리나라에서 먹을 사용한 시기를 보면, 고구려 때 송연묵을 당나라에 보냈다는 기록이 보인다.[1] 신라의 경우, 현재 일본 正倉院에 먹 2점이 남아 있다. 이것은 모두 배 모양이며 각각 먹 위에 신라의 무가와 양가에서 먹을 바쳤다는 내용의 "新羅楊家上墨," "新羅武家上墨"이란 글씨가 押印되어 있어 먹이 생산되었음을 보여준다.[2] 고려시대의 경우, 관서지방의 猛州·順州·不虞城에서 생산되었던 먹이 주로 중국에 수출되었는데, 그 중 맹주묵이 가장 좋았고 순주묵이 그 다음으로 꼽혔다고 한다.[3] 그러나『世宗實錄地理志』에서는 단양군의 먹이 품질이 좋아 丹山烏玉이라고 불렸다고 한다. 옛날 글씨나 그림이 몇백 년이 지난 오늘날에도 변함없이 유지되는 것은 종이와 함께 먹의 품질이 우수했기 때문이라 볼 수 있다. 고려시대에 들어와서 종이와 더불어 먹은 문인들의

---

1)『海東繹史』27, 物産志 墨[먹].
2) 박상균, 1991, 「먹」,『한국민족문화대백과사전』, 한국정신문화연구원.
3)『海東繹史』27, 物産志 墨[먹].

필수품이었을 뿐만 아니라 거란이나 송과의 문물교류나 원에 바치는 조공품에도 항상 먹이 있었다. 이처럼 널리 이용되었던 먹이 고려시대에는 어떻게 생산되었는지 묵소와 묵척의 존재형태를 중심으로 살펴보겠다.

2. 먹의 생산과 사용

먹은 연기의 그을음을 아교와 섞어 굳혀서 만든다. 일반적으로 오동이나 유채씨의 기름, 돼지기름 따위의 그을음으로 만든 것이 1/10을 차지하고[4] 소나무를 태운 그을음으로 만든 것이 9/10를 차지한다고 한다. 먹을 만드는 과정을 살펴보면 유연묵은 용기에 기름을 가득 넣고 芯에 점화시켜 태워서 생긴 매연을 긁어모아 물과 아교를 혼합해서 반죽한 다음 조그만 틀에 부어 굳힌다. 유연묵은 불을 잘 조절해서 유연을 채취하여 만드는데 능숙한 사람은 그을음을 모으는 등잔 200개를 혼자 다룰 수 있다고 한다. 그을음을 때맞추어 긁어모으지 않으면 그을음이 다 타버려 지금까지 한 일이나 재료를 다 헛되게 한다.[5] 그러므로 이를 능숙하게 할 수 있는 匠人이 필요하다.

대다수의 먹은 소나무 그을음으로 만든다. 우선 소나무 송진을 흘려낸 다음 나무를 벤다. 송진을 깨끗이 빼내지 않고 그 그을음으로 먹을 만들면 찌꺼기가 남아 잘 갈리지 않기 때문이다. 소나무를 태워 그을음을 얻으려면 소나무를 일정한 길이로 자르고 땅에 대쪽으로 무지개 모양의 지붕을 짓는다. 차례로 이어서 길이가 10여 장에 이르면 안팎과 이음매를 종이와 돗자리를 풀로 발라 단단히 밀봉한다. 몇 구획마다 연기를 뽑는 작은 구멍을

---

4) 조선시대에는 들기름을 사용하여 먹을 만들었는데 이는 궁중용이었을 것이다. 『肅宗實錄』 28, 21年 1月 18日 庚辰, "上命度支 進水荏油二百斗 判書李世華 嘗於筵席 以數彩難之 上曰 欲用於造墨也 命減五十斗."

5) 송응성, 1997, 「먹」, 『天工開物』, 전통문화사, 371~372쪽.

내고 지붕과 땅이 닿는 곳은 진흙으로 덮는다. 그 안에 미리 벽돌로 연기가 통하는 불길을 만들어 두고 며칠 동안 소나무를 태우다가 식으면 사람들이 들어가 그을음을 긁어 모은다고 한다.[6]

아교도 제묵의 중요 성분으로서, 보통 사슴의 뿔이나 牛皮·魚皮 등에서 정제한다. 이들 원료를 물에 적셔 부드럽게 한 뒤, 삶고 씻어서 맑은 액체로 만드는데, 아교와 그을음의 배합은 제묵법의 비밀로 되어 있다. 다음은 먹을 만드는 방법이다.

A-1) 물 9근에 아교 4근을 넣고 불에 녹인 다음 순수한 그을음 10근을 넣어 잘 반숙한다. 이것을 다른 그릇에 옮기고 남은 물 1근을 적당히 뿌려가며 잘 찧는다. 다음 깊숙한 방에 평판을 깔고 습한 재를 한 치 정도 깔고 종이를 덮는다. 그 종이 위에 먹을 옮겨놓고 다시 종이를 덮고 위에 다시 습한 재를 한 치쯤 덮는다. 그대로 3일을 두었다가 각 장을 바르게 네모로 자른다. 자른 먹 위에 마른 재를 한 치쯤 덮고 2~3일 지난 후 으슥한 방 평판 위에 놓고 여러 차례 뒤집어가며 말린다.[7]

2) 이공택이 먹 반자루[丸]를 보내왔는데 그 印文에 張力剛이라고 하였으니 이것은 먹을 만든 장인의 이름인가. 그리고 그것은 고려사신에게서 얻었다고 하는데 그 먹은 광택이 선명하면서도 깨끗하니 어찌 李廷珪[8] 부자가 만든 먹보다 못하겠는가.[9]

A-1)의 기록은 그을음을 모은 후 먹을 만드는 과정에 대한 설명이다.

---

6) 송응성, 1997, 위의 책, 373~374쪽.
7) 魚叔權, 「俗例造墨法」, 『攷事撩要』 ; 이겸노, 1989, 「문방사우」, 『빛깔있는 책들』, 대원사.
8) 李廷邦를 가리킨다. 이정규는 南唐의 易水 사람으로 대대로 묵공이었는데 정규 때에 이르러 이름이 더욱 드러나 송나라 제일로 칭해졌다(『海東繹史』 27, 物産志2 墨, 민족문화추진회, 주 6) 참조).
9) 『海東繹史』 27, 物産志2, 墨.

먹은 물과 아교를 넣고 녹인 다음 그을음을 잘 배합하여 만든다고 하였다. A-2)는 소식의 『東坡集』 내용을 『海東繹史』에서 인용한 것이다. 張力剛이 장인의 이름인지 여부는 정확하지 않지만 만일 장인의 이름이라면 먹이 전적으로 장인의 책임하에 만들어졌음을 알 수 있다. 이공택은 송나라 철종 때의 사람인데 소식(소동파)에게 먹 반자루를 보냈다고 한다. 먹을 한 자루가 아닌 반자루를 보냈다는 것은 먹이 매우 커서 필요에 따라 잘라서 쓰고 또 선물로도 사용하였던 모양이다.

그러나 현존하는 먹을 보건대 고려시대 먹은 그다지 컸던 것 같지는 않다. 1998년 청주 명암동 유적에서 최초로 고려시대의 먹이 발견되어 지금 국립청주박물관에 있다. 발견된 먹은 길이 11.2cm, 폭 4.0cm, 두께 0.9cm로서 요즘 우리가 사용하는 먹과 별다른 차이가 없다. 이 먹은 "丹山烏"라는 글자가 있고 '烏'자 밑에는 먹을 사용하면서 닳아없어진 '一'자획이 남아 있다. 아마 15~20cm 정도의 길이로 추정되는데 그 아래쪽에 장인의 이름이 있었는지 여부는 잘 알 수 없다. 충남역사문화원에서 조사[10]한 홍성 남장리 유적에서는 조선초기로 추정되는 토광묘에서 벼루와 먹이 발굴되었다. 많이 부서지긴 했으나 이 또한 오늘날의 먹의 생김새와 조금도 다르지 않다.

먹의 사용을 보면, 목판 인쇄에는 대개 송연묵을 썼으며, 금속활자 인쇄와 서예에는 주로 유연묵[11]을 사용하였다. 송연묵은 먹빛이 진하지 않고 청색을 띠는 데 비해, 유연묵은 먹색이 진할 뿐 아니라 반짝거리는 윤택이 나므로 조선시대에는 주로 유연묵을 사용하였다고 한다. 서유구의 『林園十六志』에 의하면 자줏빛이 나는 먹을 제일로, 검은빛은 둘째, 푸른빛은 셋째, 흰색이 가장 하품이며,[12] 광택과 색이 오랫동안 변하지 않는 것을

---

10) 이종수, 2006, 「홍성 남장리 유적 현장설명회 자료집」, 충남역사문화원.

11) 유연묵 기름으로는 桐油와 菜油가 주로 쓰이고 참기름[胡麻油]·椰子油 등도 사용되나 동유를 최상으로 친다(두산백과사전 참조).

12) 徐有榘, 『林園十六志』, 怡雲志3 文房雅製 上 墨 辨品, "凡墨色 紫爲上 黑光次之 靑光又次之

귀하게 여겼다고 한다. 고려시대 먹에 관한 기록은 많지 않으나 먹을 전문적
으로 생산하는 묵소가 있어 국내의 수요를 감당하였다.

고려시대 먹이 생산된 지역으로는 맹성13)·順州·평로진·해주가 있다.
『新增東國輿地勝覽』에 의하면 청풍군·단양군·합천군14)의 토산에 먹이 있
으며 『世宗實錄地理志』에는 단양군의 먹이 유일하다.15) 이 밖에도 연주(영
변)의 개평지방에 묵장벌,16) 개천에 묵방리라는 지명이 보이며 강원도
평강현에는 묵곡소가 있었다.17) 또한 황해도 봉산군에는 묵천,18) 경상도
경주에는 묵장산이라는 산 이름까지 보인다. 묵장벌, 묵방리, 묵천, 묵장산
등은 묵소와 관련되어 생겨난 이름으로 보인다. 그러므로 이곳과 순주,
평로진에 묵소가 있었을 개연성19)은 있으나 지금까지 알려진 바로는 평안
도에 소가 없다. 이곳이 먹을 생산했던 지역임은 인정할 수 있으나 이를
전부 묵소로 비정하기에는 무리가 있다. 이인로의 『破閑集』은 주민들을
동원하여 먹을 만든 사실을 알려준다.

B) 내가 맹성에 지방관으로 갔을 때 도독부의 명령을 받들어 御墨 5천
정을 만들어 늦어도 봄까지는 바치게 되어 있었다. 급히 역마를 타고
공암촌에 가서 백성들을 시켜 송연 백곡을 채취하게 하고 良工을 모아
몸소 역을 독려하여 두 달 만에 끝냈다.20)

白光爲下."

13) 陸友, 『墨史』 下, 高麗, "高麗貢墨 孟州爲上 順州次之" ; 徐兢, 『高麗圖經』 23, 雜俗,
"松煙墨貴孟州者 然色昏而膠少 仍多沙."

14) 『新增東國輿地勝覽』 14, 淸風郡·丹陽郡 ; 『新增東國輿地勝覽』 30, 陜川郡.

15) 『世宗實錄地理志』 149, 丹陽郡 土産 墨(단산오옥).

16) 『高麗史』 103, 列傳 金就礪.

17) 『新增東國輿地勝覽』 47, 江原道 平康縣 古蹟.

18) 『新增東國輿地勝覽』 41, 黃海道 鳳山郡 土産.

19) 홍희유, 1989, 『조선중세 수공업사 연구』, 지양사, 127쪽.

20) 李仁老, 『破閑集』 上, "及僕出守孟城 承都督符 造供御墨五千挺 趁春月首納之 承遽到孔
巖村 驅民採松烟百斛 聚良工躬自督役 彌兩月云畢."

위의 기록에서 보는 바와 같이 먹을 생산하기 위해 소민에게는 소나무를 베어 그을음을 채취하게 하고, 工匠에게는 그을음과 아교·물을 섞어 먹을 만들게 하였다. 먹 5천 개를 만드는 데 두 달이 걸렸다는 것으로 보아 먹을 생산하지 않을 때 주민들은 농업 등 생업에 종사했을 것이다. 묵소 역시 나무를 태워 그을음을 모으는 묵소민과 아교를 배합하여 먹을 직접 만드는 工匠의 두 부류가 있었다고 볼 수 있다.

이인로는 맹성의 지방관으로서 도독부의 지시를 받아 묵소에서 먹을 생산해서 중앙에 공납한 것으로 보인다. 당시 맹성은 防禦使(5품 이상) 副使(6품 이상), 判官(7품), 法曹(8품 이상)가 있었는데[21] 그가 직접 공암촌으로 간 것으로 보아 부사나 판관 정도의 직책이었을 것이다. 그러므로 공암촌은 묵소였을 가능성이 있다. 여기서의 도독부는 안북대도호부 寧州(지금의 안주)를 가리키며, 왕실과 국왕이 쓰는 어묵을 생산하라는 명령을 받은 것으로 보아 도호부는 중앙의 명을 받아 맹주로 이첩했음을 알 수 있다.

여기에서 묵소의 생산물은 봄까지 먼저 납부해야 한다고 하여 다른 물자보다 우선적으로 공납해야 했음을 알 수 있다다. 이는 문맥상 매년 공물 형식으로 바치던 常貢이 아니라 중앙의 지시를 받은 도독부의 명으로 급하게 먹을 생산한 것으로서 별공이었을 것이다. 별공이 아니라면 해마다 당연히 바쳐야 할 공물을 중앙의 첩을 받아 지방관이 직접 공암촌으로 가서 먹 생산을 독려할 필요는 없었을 것이다. 따라서 상공이 아닌 별공은 중앙으로의 직송이 일반적이었으리라 추정된다. 고려시대 먹은 일상적으로 국내에서 소비하는 외에 거란, 송, 몽골과의 교역에도 빈번하게 사용되었다. 다음 기록을 보자.

C-1) 김원충이 거란에서 돌아왔다. … 또 詔하기를, … 腦原茶·大紙·細墨·龍鬚簟席 등을 올린 일도 자세히 알았다.[22]

---

21) 『高麗史』 77, 百官 外職 防禦鎭.

2) 유홍 등이 송에서 돌아왔다. … "진헌한 사은물을 살펴보니 … 큰
종이 2,000폭, 먹 400정 … 등임을 자세히 알았다."23)

3) 몽골사신 저고여 등 13명과 동진사람 8명 및 부녀자 1명이 왔다.
… 몽골 皇太弟의 뜻을 전달하고, 수달피 1만 領 … 龍團墨 1천 丁·붓
200자루·종이 10만 장 …을 요구하였다.24)

4) 호조에서 아뢰기를 "… 貢墨은 그 수량이 1백 정이면 아교를 만드는
쇠가죽이 적어도 5~6張이 소요되고, 그 한 장 값이 곡식 10석에
이르는데, 백성에게 독촉하여 징수하니 옳지 않습니다."25)

위의 기록은 거란·송·몽골과의 교역에 종이와 더불어 먹이 일상적으로
사용되었음을 보여준다. 그런데 먹에는 세묵·묵·용단묵 등 다양한 먹이
존재했던 것 같다. 구체적인 내용은 알 수 없지만 묵은 일반 먹이며, 세묵은
일반 먹보다 품질이 좋으며, 용단묵은 먹의 기둥에 용무늬를 찍은 고급품이
었던 것 같다.

그런데 조선 성종대의 기록에 의하면 먹 1백 정을 만드는 데 아교를
만들 쇠가죽이 적어도 5~6장이 든다고 하므로 최소한 먹 20정을 만드는
데 쇠가죽 1장이 필요하다. 그런데 그 1장의 가격이 곡식 10석에 이른다.
그렇다면 먹 2자루에 곡식 1석이며, 앞서 이인로가 말한 먹 500정을 만드는
데에는 쇠가죽 25장이 필요하므로, 아교에 소요되는 경비만 곡식 250석
정도라는 결론이 나온다. 이는 믿기 어렵지만 당시에는 먹값이 상당히
비쌌다는 정도로 이해하려고 한다. 그런데 고려 충렬왕대의 기록에 의하면
먹이나 종이, 차, 약은 일상적으로 주고받아 뇌물로 치지도 않았다고 한다.26)

---

22) 『高麗史』 5, 靖宗 4年 7月 甲寅, "金元沖 還自契丹 … 又詔曰 … 腦原茶大紙細墨龍鬚簦席等
事 具悉."

23) 『高麗史』 9, 文宗 34年 7月 癸亥, "柳洪等 還自宋 … 其二曰 省所進謝恩 … 大紙二千幅墨四
百挺 … 具悉."

24) 『高麗史』 20, 高宗 8年 8月 己未·甲子.

25) 『成宗實錄』 4, 元年 3月 16日 乙未, "貢墨其數百丁 則阿膠所造牛皮 不下五六張 其一張價
穀至十碩 民戶督徵未便."

이로써 판단해 보건대 소가죽이나 사슴뿔로 만든 아교는 최고급품에만
사용하고 일반적으로 사용하는 먹은 魚皮 같은 값싼 재료를 사용하는
등, 품질이 이원화되어 있었으리라 추정된다.

[표] 먹의 생산지와 묵소

지역		소	현재 위치	비고
평안도	맹주(맹성)			파한집
	순주(순천)			묵사
	평로진			묵사
	개주(개천)			묵방리라는 지명
	연주(영변)			개평지방에 묵장벌
황해도	봉산군			묵천(신증)
	해주목	靑山(北90) 長峯(東60) 黃菴(西45)		토산-먹(신증)
충청도	단양군	金衣谷(東30)	충북 단양군 단양읍 금곡리	단산오옥이라 불림 (세지, 신증)
	청풍군	箭山(北17)	제천시 금성면 활산리(본래 청풍군 북면 국사봉 밑)	토산-먹(신증)
경상도	합천군	樸山(동10)	경남 합천군 동10	토산-먹(신증)
	경주			墨匠山(신증)
강원도	평강	墨谷(동북30)	강원도 평강군 동북30	묵곡소(신증)

※ 세지 :『世宗實錄地理志』, 신증 :『新增東國輿地勝覽』

3. 墨所의 존재형태와 墨尺

앞서 표에서 보는 바와 같이 묵소로 추정할 수 있는 곳은 강원도 평강,
경상도 합천, 충청도 단양과 청풍이며, 그 외 평안도 맹주(맹산), 순주(순천),
평로성(영원), 연주(영변), 개천, 황해도 봉산, 경상도 경주의 경우, 묵소가
있었다고 확정하기는 어렵다. 이곳이 전부라고는 생각되지 않지만 묵소는
다른 소에 비해 적게 비치된 것 같다. 먹의 생산은 다른 특산물에 비해

---

26)『高麗史』84, 刑法 職制 忠烈王 24年 正月 忠宣王 卽位 下敎, "凡侍朝兩班 不得受人賄賂
至於茶藥紙墨 亦不可受 違者罪之."

제조과정과 운반이 간단하여 일반 군현민에게서 거둬들이는 데 큰 어려움이 없었기 때문일 것이다. 그럼에도 정부는 대장경을 간행하거나 외국과의 교역 등 필요할 때마다 묵소에도 과중한 별공을 요구하여 장인들이 여기에서 벗어나기 위해 유랑민이 되었다.

> D-1) 왕이 명령을 내리기를 "··· 동·철·자기·종이·먹 등 잡소는 별공으로 받는 물품을 지나치게 거두어들여 匠人들이 고통을 견디지 못하여 도피하니 해당 관청에서는 각 소에서 바치는 別常貢物의 다소를 다시 정하여 아뢰어 재가를 받도록 할 것이다"라고 하였다.27)
> 2) 성황·향교·紙匠·墨尺·水汲·刀尺 등의 위전은 전례대로 준다.28)

별공의 과중함에 대한 불만은 이미 고려전기 예종대부터 보인다. 특히 먹의 경우, 주로 소나무를 태워 만들다 보니 소나무숲이 날이 갈수록 줄어들어 계속적인 생산을 위해서는 장소 이동이 불가피했을 것이다. 그리고 먹의 생산에 필수적인 아교 역시 큰 부담이 되었을 것이다. 이에 따라 소민의 유랑이 늘어나니 묵소 또한 해체되었다고 생각된다. 2)의 기록에서 국가가 토지를 지급했던 지장, 묵척, 도척 등은 국가소속 장인으로 추정된다. 국왕이 쓰는 물자를 담당한 중상서에 묵척 도척은 보이지 않지만 지장이 보인다. 행수부위의 직책을 가진 지장은 국가로부터 벼 12섬을 녹봉으로 받았으며 또 무산계 전시 17결도 함께 받았다.29) 지장과 마찬가지로 묵척 도척 또한 토지를 받는 대가로 국가에서 필요로 하는 제품을 생산하였음을 알 수 있다.

---

27) 『高麗史』 78, 食貨1 睿宗 3年 2月.

28) 『高麗史』 78, 食貨1 田制 祿科田 禑王 14年 7月, "大司憲 趙浚等上書曰······位田 城隍 鄕校 紙匠 墨尺 水汲 刀尺等位田 前例折給."

29) 『高麗史』 80, 食貨3 祿俸 諸衙門工匠別賜;『高麗史』 78, 食貨 田制 田柴科 武散階, "田十七結【大匠 副匠 雜匠人 御前部樂件樂人 地理業僧人】";徐聖鎬, 1997,『고려전기 수공업 연구』, 서울대 박사학위논문, 36쪽.

신라시대는 국가기관에 속하여 특수한 직역을 지는 자를 尺이라고 불렀으며 고려시대에도 특수한 직업에 종사하는 자를 척이라고 불렀다.[30] 그러나 묵소에 묵척이 있었다고 생각되지 않으며 묵척은 묵소가 해체된 이후 먹을 만드는 墨匠으로 판단된다. 고려후기에 가서 명학소처럼 소민들의 저항 혹은 다인철소처럼 몽골침입 때 세운 공로, 혹은 군현제 개편 등 여러 요인에 의해 소가 해체되자 소의 기능을 이어받아 특산물을 담당하게 된 사람은 干尺之徒와 같은 신량역천 계급이었다. 이때 철간 염간 은척 진척과 더불어 묵척도 생겨났다고 생각된다.

요컨대 수공업 기술수준이 낮고 원료 산지가 편재되어 있어서 양질의 수공업품을 안정적으로 확보하는 것이 어려웠던 고려는 중앙정부나 왕실에서 필요로 하는 물품의 생산에 적합한 조건을 갖춘 지역을 소라는 특수 수공업 생산집단으로 편성하여 그로부터 필요한 수공업품을 확보하였다. 그러나 고려후기에 이르러 수공업 기술이 발달되고 소민의 저항이 계속되자 정부는 농민에게 특산물을 공납케 하는 체제로 전환시켰으니, 이는 소의 붕괴를 기정사실화한 것이다. 그리고 정부는 묵척 지장 등 특수 기술자에게 토지를 지급하여 왕실에서 필요한 특산물을 생산하게 하였다. 그러나 조선 왕조가 수립되자 묵척은 군사적 임무까지 같이 감당해야만 했다. 다음 기록을 보자.

> E-1) 정언 奇協이 와서 아뢰기를, "지난날에 듣건대 '혜민서에서 茶時에 감찰 원사열의 종이 승지 박진원의 종과 서로 다투었는데, … (사열이) 羅將 墨尺 등을 시켜 진원의 종을 잡아오게 하였으므로, 나장들이 진원의 집에 난입하여 잡아갔다'고 하였습니다."[31]

---

30) 유승원, 1987, 「조선초기의 신량역천계층」, 『조선초기 신분제 연구』, 을유문화사, 190쪽.

31) 『宣祖實錄』215, 40年 8月 6日 丙寅, "正言奇協啓曰 "頃日得聞 惠民署茶時 監察元士悅之奴 與承旨朴震元之奴相詰 … 且使其羅將墨尺等 捉致震元之奴 羅將等攔入震元之家 執捉而去云.""

2) 한성부 판윤 尹銑이 아뢰기를, "… 이 달 9일 남도 감역관 김진성이 소나무를 벤 사람을 직접 잡아다가 典獄에 가두고 신에게 와서 보고하기를 '오늘 소나무를 벤 자는 韓持平의 종입니다. 그런데 어떤 사람이 사헌부의 묵척이라고 하면서 그를 빼앗아 가려고 하기 때문에 감히 이렇게 와서 보고합니다' 하였습니다."[32]

위의 기록에서 사헌부에는 소속 묵척이 있었으며 이들은 나장과 더불어 죄인을 압송하는 역할을 맡았음을 알 수 있다.[33] 나장은 조선시대 병조에 딸린 下隷로서 의금부 형조 사헌부 사간원 오위도총부 전옥서 平市署 등에 배속되어 죄인을 문초할 때 매를 때리거나, 귀양보낼 죄인을 압송하는 일 등을 맡았는데, 여기에 묵척도 함께하고 있다. 이는 조선시대에 들어오면서 국가에 소속된 묵척이 군사적인 임무도 함께 담당하였음을 보여준다. 조선시대 干尺層은 身良役賤層으로서 특수한 역에 부적되었으며 태종은 이들을 보충군에 입속시켰다. 이때 묵척도 함께 입속되었다고 생각된다. 그들은 군사적인 임무와 먹을 만드는 일을 병행했던 것 같다. 묵척이 다른 군인들과 달리 소나무를 벨 권리를 가지고 있었다는 것은 송연묵을 만들어야 하는 임무도 함께 지니고 있었음을 보여준다.

그런데 『經國大典』에 의하면 京工匠의 尙衣院에 墨匠이 4명 있으며 지방에는 충청도 관찰사·단양·영동·제천·황간·熊川·청도·고성·함안·양산·대구·전주·남원·장흥·장수에 각각 1명의 묵장이 있었다고 한다.[34] 따라서 조선 초기를 지나면서 『經國大典』 편찬시기에는 순수한 장인인 묵장과 군사적인

---

32) 『光海君日記』 178, 14年 6月 20日 甲申, "漢城府判尹尹銑啓曰 … 本月初九日 南道監役官 金振聲 親捉犯松人 囚之典獄 來告於臣曰 今日犯松人 乃韓持平奴也 有一人稱司憲府墨尺 欲奪而去 故敢此來告."

33) 오일순은 묵척을 사헌부에 소속되어 감찰이 書罪할 때 먹병을 들고 따라다니던 墨子로 보고 있는데, 위의 문맥으로 보아 나장과 같이 죄수를 잡는 역할도 담당했다고 판단된다. 오일순, 2000, 『고려시대 역제와 신분제 변동』, 혜안, 47쪽.

34) 『經國大典』 6, 工典 京工匠·外工匠.

일을 병행하는 묵척으로 나누어진 것 같다.[35] 군인이 아닌 대다수의 묵장은
독립적으로 생산하여 국가에 일정한 세금을 납부했던 것으로 판단된다.
국가에서 징세제를 실시하여 개별 수공업자들에게 매해 일정 기간 관청
수공업장에서 복무하고 나머지 기간에는 자립적으로 경영하며, 그때 수공
업에 종사하여 얻은 수입에 대해서는 일정한 세금을 납부하게 했기 때문이
다.[36] 이 같은 과정을 통해 조선사회 수공업의 기반이 형성되고, 16세기에는
상품경제가 발전함에 따라 먹의 생산도 활발해졌다.

4. 맺음말

글씨를 쓰거나 인쇄를 할 때 필수적인 먹은 물과 아교 그리고 소나무나
오동, 유채씨 기름의 그을음을 굳혀서 만든다. 먹의 생산에서 가장 중요한
것은 이 셋의 배합 비율이라고 한다. 특히 아교와 그을음의 배합은 제묵법의
비밀로서 묵장만이 할 수 있는 것이었다. 고려시대에는 먹의 상당수가
묵소를 통해 생산되었는데 그 과정이 이인로의『破閑集』에 잘 나타나 있다.

묵소로 추정할 수 있는 곳은 평안도 맹주(맹산), 순주(순천), 평로성(영원),
연주(영변), 개천, 황해도 봉산, 강원도 평강, 충청도 단양, 경상도 경주
등 9개 지역이다. 그 중 맹성과 단양의 먹이 특히 유명하여 특히 단양
먹은 단산오옥이라고 불릴 정도였다. 이것이 전부라고는 생각되지 않지만
묵소는 다른 소에 비해 적게 설치된 것 같다. 먹의 생산은 다른 특산물에
비해 그 제조과정과 운반이 간단하여 일반 군현민에게서 거둬들이는 데에

---

35) 여기에는 묵척과 묵장을 동일하게 보는 견해(홍승기·김난옥)와 묵척과 묵장을 다르게
봐야 한다는 견해로 나뉘어 있다(유승원). 홍승기, 1995, 「신분제도」,『한국사 15』,
국사편찬위원회, 68쪽 ; 유승원, 1987, 「조선초기의 신량역천계층」,『조선초기 신분제
연구』, 을유문화사, 180쪽 ; 김난옥, 2003, 「고려후기의 잡척」,『한국사학보』15,
327쪽.

36) 홍의유, 1989,『조선중세 수공업사 연구』, 지양사, 176쪽.

큰 어려움이 없었기 때문일 것이다.

고려후기에 가서 소민들의 저항 혹은 몽골침입 때 세운 공로, 혹은 군현제 개편과 같은 여러 요인에 의해 소가 해체되자 소의 기능을 이어받아 특산물을 담당하게 된 사람은 干尺之徒 같은 신량역천 계급이었다. 이때 철간 염간 은척 진척과 더불어 묵척도 생겨났다. 조선왕조가 수립되자 묵척은 군사적 임무까지 감당해야만 했다. 그러나 일부 묵장은 독립적으로 생산에 종사하여 국가에 일정한 세금을 납부했던 것으로 판단된다. 이 같은 과정을 거쳐 조선사회 수공업의 기반이 형성되고, 16세기는 상품경제가 발전하면서 독립적 수공업자에 의한 상품생산도 활발해져서 먹의 생산기술도 발전하여 갔다.

제5장 기와의 생산실태와 와소

1. 머리말

기와는 목재건물의 지붕을 잇는 建築部材로서 양질의 점토를 재료로
瓦范 등의 제작틀을 사용하여 일정한 모양으로 만든 다음에 가마 속에서
높은 온도로 구워내어 만든다. 기와의 종류는 기본 기와로서 수키와·암키와
가 있으며 기와 한쪽 끝에 문양을 새긴 드림새를 덧붙여 제작하여 건물
처마 끝에 사용하는 막새기와[瓦當], 서까래의 부식을 방지하기 위한 서까래
기와 등 다양한 종류가 있다.

고려시대의 기와는 초기에는 신라와 고구려적인 요소가 들어 있는 막새
형을 계승하였으나 중기 이후부터는 鷲頭나 龍頭 같은 새로운 기와가 출현하
여 막새의 시문단위도 연꽃무늬나 당초무늬에서 귀목무늬[鬼目文]로 변화
하였다고 한다.[1] 고려의 기와는 도읍지인 개성을 비롯하여·평양과 경주
그리고 전국 각지의 절터에서 많이 출토되고 있으나 구체적인 생산실태는
제대로 알려진 바가 없다. 특히 고려시대에는 기와에 청자유약을 입힌
청자기와가 사용되고 있어 기와가 고려청자와 연계되어 발전하였음을
짐작할 수 있을 뿐이다.[2]

---

1) 김성구, 1992, 『옛기와』(빛깔있는 책들), 대원사, 78쪽.

기와는 주로 궁전이나 사원의 건축에 사용되었으므로 생산 또한 국가적인 조영사업의 일환으로 실시되었다. 기와생산에는 가마를 만들고 기와를 빚어 불을 때는 등 여러 단계의 공정을 거치게 되어 일정한 조직체를 필요로 한다. 따라서 고려도 각지에 와소를 두어 국가의 필요에 따라 정기적으로 공납하게 하였다고 판단된다.

고려시대의 와소로 알려져 있는 것은 永同郡의 栗谷瓦所가 유일하게 나타나지만[3] 그 외에 대전 구완동 요지도 와소에 포함시켜야 할 것 같다. 구완동 요지는 그 위치로 보아 촌개소·복수소 중 하나일 가능성이 높다. 이같이 고려시대 와소에 관한 자료는 거의 볼 수 없지만 발굴보고서와 조선전기의 기록을 통해 기와 생산지역과 와장의 존재형태, 그리고 그 변화과정을 살펴보고자 한다.

2. 기와생산과 와소

1) 기와의 생산

고대부터 기와를 생산하여 궁궐이나 사찰에 사용한 것은 비가 새는 것을 막고 썩지 않아 반영구적이기 때문이다. 기와는 청자나 백지를 만들 때처럼 정선된 흙이 아닌 자연에서 채취된 흙을 그대로 사용하는데, 적당히 모래가 섞인 약간 차진 점토질이면 된다.

기와 제작과정을 보면, 우선 부근에 있는 논에서 적당한 흙을 골라 운반한 후 물을 뿌려 밟고 가래로 뒤적여서 습기가 골고루 배게 하고 흙 속에

---

2) 『高麗史』 18, 毅宗 11年 4月 丙申, "대궐 동쪽의 離宮이 완성되었다. … 북쪽에는 養怡亭을 신축하여 청기와를 이었다." 전남 강진군 대구면 사당리의 고려청자 가마터에서도 청자기와가 많이 출토되었다.

3) 『世宗實錄地理志』 永同縣, "栗谷瓦所의 성이 1이니, 廉이다"; 『新增東國輿地勝覽』 16, 永同郡, "【古蹟】仰巖部曲·栗谷所 모두 고을 북쪽 20리에 있다."

있는 공기가 모두 빠져나가게 한다. 이렇게 잘 이겨진 흙을 기와 규격에 맞게 틀 속에 다져넣는다. 이후 틀에 다져진 흙, 즉 태토를 가지고 기와 만들기 작업에 들어간다. 암키와는 와통을 이용하여 기와를 만들어 건조시 킨 후 네 토막으로(수키와는 두 토막) 쪼개어 차곡차곡 모아 가마에 채우고 불을 땐다. 완전히 하룻밤을 때고 난 다음, 하루 정도 식힌 뒤 구멍을 뚫고 꺼내면 완성된다.4)

기와에 관한 관청으로서 신라 때의 瓦器典을 경덕왕대에 陶登局으로 고쳤다가 다시 원래대로 복구하였다고 하는데,5) 이것은 기와와 도기를 함께 총괄하는 기구를 의미할 가능성이 있다. 청자가 1200도 이상의 고열인 데 비해 도기와 기와는 900도로서 굽는 온도가 비슷하여 한곳에서 생산하는 경우가 많기 때문이다. 고려시대의 대표적인 수공업 관청으로는 장작감이 보인다. 장작감은 토목공사와 궁실 및 관사의 營造와 수리를 담당하던 관청이므로 이곳에서 와요를 감독했을 것이다.6) 성종대에 김은부가 역임했 다는 甄官丞7)은 기와나 도자기류의 공급을 맡은 관청인 甄官署의 책임자로 보이는데,8) 이후 나타나지 않는 것으로 보아 장작감에 흡수되었을 것이다. 그 외에 임시기구로서 광종대에 修營宮闕都監, 문종 30년과 우왕 6년에 宮闕都監이 있었다고 하나9) 『高麗史』에 명종·충렬왕·충선왕·충숙왕대에 궁궐도감의 기록이 계속 나타난다.10) 여기에도 와장이 소속되어 있었을 것이다.

이렇게 생산된 기와를 수취하는 관원으로서 육요와 제요가 보인다.『高麗

---

4) 황의수, 1989, 『조선기와』(빛깔있는 책들 27), 대원사.
5) 『三國史記』 39, 雜志 職官 瓦器典.
6) 『高麗史』 118, 列傳 趙浚.
7) 『高麗史』 94, 列傳 金殷傅. 견관승은 唐代에도 기와 담당기관이었다.
8) 서성호, 1997, 『고려전기 수공업 연구』, 서울대 박사학위논문, 22쪽.
9) 『高麗史』 77, 百官2 諸司都監各色.
10) 충선왕 34년에 궁궐도감을 繕工司(장작감)에 병합했다고 하지만 선공사 소속 관청으 로 계속 존재한 것으로 보인다(『高麗史』 76, 百官 繕工寺).

史』 祿俸條에 諸窯直과 六窯直에 쌀 8석 10말씩 녹봉으로 지불하라는 규정이 있어,[11] 고려 때 제요나 육요에 소속된 관원이 각지의 청자와 기와 수취를 담당하였을 것이다.[12] 따라서 기와는 삼사의 명으로 장작감 소속 6요 관원의 주관 아래 所史를 통해 수합하여 지방군현의 공물과 함께 중앙에 보내지기도 했겠지만, 한편으로는 무겁고 운반이 어려운 기와의 특성상 일정 기간 동안 장인을 필요한 곳에 차출하는 사무도 맡았으리라 생각한다. 그러나 문종대의 제요가 인종 이전에 숯, 자기, 도기, 기와 등의 생산을 관장하는 6요로 정리되었을 가능성을 배제할 수 없다. 고려시대의 기와생산에 대해서는 충렬왕대의 기록이 보인다.

　　승려 六然을 강화에 파견하여 유리와를 구워내게 하였다. 그 제조방법이 黃丹을 많이 쓰므로 이에 廣州 義安의 흙을 가져다가 구워서 만들었는데 그 품질이나 색채가 南商이 파는 것보다도 우수하였다.[13]

유리와라면 유약을 바른 청기와로, 백제와 신라 때 있었던 綠釉瓦의 발전된 형태일 것이다.[14] 南商은 남쪽지방의 상인, 즉 강진 등 청자요지에서

---

11) 『高麗史』 80, 志34 食貨5 祿俸 權務官祿, "文宗三十年定 八石十斗 【諸窯直】 仁宗朝 更定 八石十斗 【六窯直】."
12) 제요와 육요에 관해서는 여러 견해가 있다. 홍희유, 1989, 『조선중세 수공업사 연구』, 지양사 ; 한성욱, 2009, 「고려청자의 생산과 유통」, 『청자보물섬 뱃길체험기념 국제학술심포지움』, 120쪽 ; 장남원, 2004, 「고려시대 경기지역 요업의 성격」, 『고문화』 63, 101쪽 ; 김영진, 1995, 『조선도자사연구』, 사회과학출판사, 98쪽. 홍희유는 6요가 중앙관청에 고려자기를 생산 공급하는 수공업장인 자기소들을 통제하는 중앙관청이고 제요는 청기와를 비롯한 기와들을 생산하는 와소를 통제 관리하는 중앙관청이었다고 보고 있다. 한성욱은 제요직은 자기소 등을 관리하며 공납받은 도자를 왕실 등 수요층에 공급했던 관사로서, 6요도 제요와 같은 뜻이라고 하였다. 장남원은 제요직은 여러 가마를 지키는 지킴이, 육요직은 여섯 군데 가마를 지키는 지킴이로 해석하였으며, 김영진은 6요를 자기소를 통제하는 기관, 제요를 와소를 통제 관리하는 기관이라고 했다.
13) 『高麗史』 28, 忠烈王 3年 5月, "壬辰 遺僧六然于江華 燔琉璃瓦 其法多用黃丹 乃取廣州義安 土 燒作之品色 愈於南商所賣者."

생산된 기와를 파는 상인으로 판단된다.[15] 이로 보아 강진 등의 청자생산지
에서는 고급품질의 기와 즉 유리와도 생산되었으리라 추정된다.

강화는 몽골침략을 피해 천도하여 궁궐과 사찰을 건립했던 만큼, 적어도
이때부터는 많은 기와가 생산되었지만 와소나 자기소가 있었는지는 알
수 없다. 강화에는 하음부곡(남25)[16]과 해녕향(진강현 서5)이 있을 뿐 소는
보이지 않는다. 유리와라면 청자기와를 의미한다고 생각되는데, 청자와는
와요보다는 자기요에서 생산했을 것이다. 기와를 가장 많이 소비했던 곳이
사원이었던 만큼 승려가 장인인 경우는 육연뿐 아니라 조선전기의 기록에도
많이 나타난다.

와소의 존재 여부와 관계없이 무겁고 깨지기 쉬운 기와의 특성상, 건물을
지을 때 주변에 가마터를 만들어 기와를 공급하고, 끝난 후에 와요지를
폐쇄한 경우가 많았음은 백제 와요지의 예를 보아도 추정이 가능하다.[17]
따라서 고려시대는 기와를 만들기에 적당한 곳에 와소가 있었으리라 보이지
만, 거리가 멀어 운반이 어렵거나 그들이 생산하는 것으로는 수요를 충당하
기 어려우면 와장으로 하여금 일정 기간 동안만 거주케 하며 필요한 기와를
생산하게 하였을 것이다.[18] 다음은 홍경원 건립에 관한 기록이다.

---

14) 吳隆京, 1977, 「彌勒寺址의 綠油瓦當에 대한 考察」, 『馬韓百濟文化』 창간호, 원광대
   문화연구소.
15) 김동철, 1985, 「고려말의 유통구조와 상인」, 『부산사학』 9. 그러나 중국 강남상인일
   가능성도 완전히 배제할 수 없다고 생각한다.
16) 『高麗史』 2, 兵2 屯田 顯宗. 그러나 『고려사』 지리지에는 하음이 속현으로 나온다(『高麗
   史』 56, 地理 江華縣 河陰縣 ; 박종기, 1990, 『고려시대 부곡제 연구』, 222쪽 주)27
   참조). 박종기는 하음현 내에 명칭이 확인되지 않은 부곡이 존재했을 가능성을
   제시하였다.
17) 淸水昭博 저, 韓辰淑 역, 2005, 「기와의 전래」, 『백제연구』 41.
18) 하음부곡민을 둔전에 충당한 내용은 부곡민을 국가의 필요에 의해 마음대로 이주시켜
   농사짓게 한 예다. 그렇다면 와장이나 와소민 또한 국가의 명령으로 이곳저곳으로
   옮겨다니며 기와를 제작했다고 보아도 무방하리라고 생각된다(北村秀仁, 1969, 「高麗
   時代の所について」, 『朝鮮學報』 50 참조).

(顯宗은 姜民瞻과) 金猛을 別監使로 삼아 일(弘慶院 新築)을 함께 관리하게
하였는데 모두들 비방하거나 거만하게 굴지 않았다. 人夫를 사역할 때는
농사철을 피하였으며 물자도 국가의 창고에서 꺼내지 않았다. 陶人은 기와
를 대고(陶人施瓦) 나무꾼은 목재를 공급하였다.[19]

위의 기록은 천안시 성환읍에 있는 弘慶院을 설립할 당시의 일을 적은
것으로, 고려정부는 국고금 없이 오직 백성들의 노동력에 의거하여 사찰을
건조하였다. 정부는 기와장이, 나무꾼, 목수 들을 징발하였을 뿐 아니라
그들로 하여금 사원 건립에 필요한 물자까지 책임지게 하여 무려 5년간의
공사 끝에 완성하였다. 와장은 사찰을 짓는 데 꼭 필요한 인물이므로 최소
3년 이상 홍경원 건립에 종사해야 했을 것이다. 그런데 위의 글에 기와를
조달하는 사람을 瓦匠이 아닌 陶人施瓦라고 하였다. 陶人이라면 도기를
만드는 사람을 말하는데 와장과 마찬가지로 이들은 도기와 기와를 함께
생산했을 것이다. 홍경원의 경우에는 따로 나무를 조달하는 사람이 있었지
만 일반적으로 와소의 경우 와장을 도와 흙을 가져와 반죽하고 나무를
조달한 사람은 와소민이었을 것이다.

이어 문종 10년부터 건립된 홍왕사의 경우, 총 2,800칸으로서 무려 12년
만에 공사를 완료하였다. 정부는 여기에 소요되는 물자를 충당하기 위해
병기제조에 필요한 철을 이곳에서 사용하게 할 정도로 대규모 공사였다.[20]
따라서 많은 기와가 필요했으므로 와장도 이곳에서 공사가 마무리될 때까지
머물러야 했을 것이다. 장인이나 그를 보좌하는 주민들은 기와생산과 더불
어 농삿일도 병행한 것으로 보이는데 이들의 징발로 가족의 생계가 크게
어려워졌을 것이다. 위의 기록으로 보아서는 그들은 국가에 소속된 와장이
아니라 주변에서 임의로 차출된 것 같다.

---

19) 崔忠, 「奉先弘慶寺碣記」, 『朝鮮金石總覽(上)』, 260~262쪽 ; 『東文選』 64, 記, "金猛等爲別
監使 於是事諸共理 謗絶宣驕 厖徒勿奪於農時 程物免煩於公帑 陶人施瓦 木客供材."
20) 『高麗史』 8, 文宗 12年(1058) 2月 辛亥.

고려가 흥왕사나 홍경원 등의 건물을 지으면서 기와생산에 어느 정도의
인원을 동원했는지 구체적인 기록은 보이지 않는다. 그러나 日本 東大寺를
지을 때 기와 제작에 소요된 인원이 구체적으로 남아 있어 이를 참조할
수는 있을 것이다.

A-1) 造瓦所 別當 2명(기와 만드는 곳은 따로 2명이 담당 ; 判官·散位)
     2월 작업(762년(天平寶字 6) 3월 1일)
     전체 793명(관리인 57명, 瓦匠 225명, 잡역부 511명)
     기와굽기 15,880매 156명, 연료채취 918荷 459명, 점토채취 15명,
     기와운반 30명, 요리사 30명, 瓦屋 1채 수리 33명, 기타 13명
   2) 3월 작업(762년 4월 1일)
     전체 813명(관리인 55명, 瓦工 230명, 잡역부 528명)
     기와만들기 11,485매 135명, 흙반죽 137,800근 351명, 점토채취 35명,
     瓦室 3채 수리 33명, 와실청소 4곳 26명, 珎努宮에 彌勒觀世音幷像
     2軀 128명, 보조 등 기타 50명21)
   3) 別瓦窯를 처음으로 설치하였다. … 여러 도에서 僧·匠을 차등 있게
     징발하여 그 役을 담당하게 했는데, 충청도·강원도에서 각각 승려
     50명과 瓦匠 6명, 경상도에서 승려 80명과 와장 10명, 경기도·풍해도에
     서 각각 승려 30명과 와장 5명, 전라도에서 승려 30명과 와장 8명을
     징발하였다.22)

東大寺는 聖武天皇의 발원으로 743년 노사나불을 제작하면서 대불전을
건립하여 752년에 완성되었다. 그 후 造東大寺司를 설치하여 서탑과 동탑,
강당과 3면의 승방 등을 건립하였는데 위의 기록에서 보이는 기와는 시기로
보아 대불전 외의 堂宇를 설치하는 데 소요된 것으로 판단된다. 이를 고려시

---

21) 造瓦所別當貳人, 「造東大寺告朔解」, 『大日本古文書(5)』, 明治 36(昭和 52 復刻).
22) 『太宗實錄』 11, 6年 1月 28日 己未, "始置別瓦窯 … 發諸道僧匠有差 使赴其役 忠淸江原道
   各僧五十名 瓦匠六名 慶尙道僧八十名 瓦匠十名 京畿豊海道 各僧三十名 瓦匠五名 全羅道
   僧三十名 瓦匠八名."

대의 건축에 바로 대비할 수는 없겠지만 대략 소속 인원의 비율로 기와 생산과정을 짐작할 수 있다.

　기와 만드는 작업에 소속된 사람은 관리인과 와장, 그리고 잡역부로 나뉜다. 와장은 기와를 만들고 불을 때며 와실을 수리하는 일을 주로 담당하며 잡역부는 점토를 채취해서 운반하고 땔감을 구해오는 일을 맡았을 것이다. 여기에서 기와를 직접 만드는 장인은 전체 1/3 정도이며, 주로 많은 인원을 필요로 한 것은 흙반죽과 연료채취였다. 기와를 만드는 데 최초의 작업은 점토채취다. 2월에는 총인원 736명 중 15명, 3월에는 758명 중 35명이 점토를 채취하였으며 3월에는 전체 인원의 50%가 흙 반죽 일에 가남하였다. 기와를 구울 때는 많은 나무가 필요한데 2월 작업에는 전체 인원의 60%가 연료채취에 가담하였다.[23] 이로써 궁궐이나 사찰 등 대규모 공사의 경우, 기와도 점토채취, 물 부어 반죽하기, 기와만들기, 땔감구하기 작업이 조직적으로 이루어지지 않는다면 많은 물량을 감당하기 어려웠을 것이다. 고려의 경우에도 成佛寺 至治 원년(1321)의 기와銘에 와장의 대표자를 나타내는 瓦主, 이를 보좌하는 行象의 기록이 보인다.[24]

　조선 태종대의 별와요의 경우 충청·강원도의 승려에 대비한 장인의 비율이 12%, 경상도는 12.5%, 경기 풍해도는 16.7%, 전라도는 26.7%였다. 이를 통해 고려시대 와소에서의 와장과 와수민이 비율을 짐작힐 수 있나. 기와는 아니지만 조선시대 분원의 경우, 흙을 반죽하고, 그릇을 만들며, 그릇에 무늬를 새기며, 가마에 불을 때는 등의 장인이 분화되어 있었다. 그리하여 분원을 운영하려면 100명 정도의 수공업자가 필요하였고 10여 종의 생산공정별 분업이 필수적이었다고 한다.[25] 고려의 와소도 이 같은 집단생산체제로서, 기와생산을 와장이 담당한다면 그 외 점토채취나 땔감

23) 森郁夫, 2001「瓦の生産」,『瓦』, 法政大學出版局, 135~137쪽.
24) 高正龍, 1999,「韓國における滴水瓦の成立時期」,『朝鮮古代硏究』1, 83~84쪽.
25) 홍희유, 1989,『조선중세 수공업사 연구』, 지양사, 21쪽.

조달은 소민들의 몫이었을 것이다.

충선왕대에 5部의 민가는 모두 기와로 지붕을 개조하며, 일반인이 기와굽는 일을 금지하지 말라고 지시하고 있는데,[26] 원칙적으로 금지되었던 私窯가 고려후기에 가서는 상당히 완화되어 민수용으로 제작되었음을 나타낸다. 즉 고려전기에는 관영 수공업이나 와소의 와장을 국가가 관리하였지만 충렬왕대에는 와장이 자율적으로 기와를 생산했음을 보여준다. 그리하여 14세기 후반에 이르면 禁內廳事나 중방 건물을 새로 지으면서 기와와 함께 목재를 시중에서 구입하면서 기술자를 고용하고 있다.[27] 이는 와소 해체와도 밀접한 연관이 있는 것으로 보인다.

2) 기와유적과 와소

여태까지 발견된 기와유적에 관한 발굴보고서를 참조하여 정리해 보겠다. 고려시대 기와 가마터로는 강진 현산리 가마터, 大田 舊完洞 窯址 등 여러 지역이 있다.

강진 현산리 가마터는 3~4명이 운영할 수 있을 정도로 아주 작은 가마터로서 청자생산지인 칠량면 북쪽에 위치하고 있다. 가마는 구릉의 경사면을 따라 축조된 반지하식의 등요로, 그 규모는 길이 약 550cm, 소성부너비 155cm, 요전부너비 약 420cm다. 연소부의 규모는 길이 95cm, 너비 약 110cm, 깊이 약 90cm다. 화구의 규모는 높이 85cm, 너비 60cm인데, 가마에서 출토된 유물의 양상으로 미루어 가마의 사용시기는 10세기 전반쯤으로 추정된다.[28] 그러므로 이곳은 기와 가마터가 항구적으로 존재한 와소라기

---

26) 『高麗史』 33, 忠宣王 元年 8月 辛亥.
27) 李穀, 『稼亭集』 2, 記 <禁內廳事中興記> ;『東文選』 70, "公廨錢 약간을 받았다. 그래도 부족한 것은 人家에서 차용하여 즉시 재목과 기와를 사고, 관아에 인부를 청구하였다. 그 요청이 받아들여지지 않으므로 私的으로 工匠을 고용하였다."
28) 朴美羅, 2006, 『강진 현산리 가마터』, 한국수자원공사·남도문화재연구원.

보다는 주변 사찰을 건립하기 위해 임시로 만들어진 가마터로 추정되는데 이곳과 가까운 유명 사찰은 강진군 성천면 월남리의 월남사지다.

大田 舊完洞 기와가마는 청자1호 가마와 2호가마의 중간지점에서 발견되었는데, 아궁이와 소성실, 굴뚝부가 청자가마에 비해 비교적 상태가 양호하며, 고려후반기에 운영되었을 것이라고 한다. 이곳 가마의 전체규모는 아궁이에서 굴뚝까지의 총 길이가 16.5m, 바닥너비 2.35m, 소성실 바닥면의 기울기는 평균 20°다. 기와가마 아궁이는 입구부분 너비가 약 150cm, 입구부터 불턱이 시작되는 바닥면까지의 길이가 220cm로 사다리꼴 형태를 갖추었으며, 입구부터 불턱 하단부까지의 길이는 300cm 정도로 추정된다.[29] 이 정노 규모라면 조직적인 기와생산이 이루어질 수 있었을 것이다.

이곳에서 출토된 기와는 암키와와 수키와이며 막새나 異形瓦는 발견되지 않았다. 암키와는 성글게 찍어낸 魚骨文과 사격자의 구획 안에 직선과 마름모꼴을 밀도있게 구성한 기하학적 集線文 계통의 문양이 찍혀 있다. 수키와는 내측 표면과 가장자리에 布目痕과 分割刀痕이 있으며 외면에는 문양이 없는 것이 많다. 구완동 가마의 가장 유력한 수요처는 주변에 3~4개의 폐사지 중 보문사지를 들 수 있다.[30]

보문사지는 구완동 가마에서 북서쪽으로 약 500m 직선거리에 있는 대규모 사찰로서 주로 조선시대의 문헌기록과 유물이 남아 있으나 처음 창건된 것은 고려시대로 추정된다. 여기에서 출토된 기와가 구완동 가마터에서 생산된 기와와 일치하므로 구완동 기와가마에서 보문사에도 공납했음을 알 수 있다.[31] 따라서 구완동 기와가마는 고려 때 상당한 규모로 오랫동안 존재한 와소로 추정된다. 『新增東國輿地勝覽』17, 公州牧 古蹟條에 의하면 村介所와 福水所가 모두 유성현 동쪽 23리에 있다고 한다. 구완동은 유성현

29) 崔健·李鍾玟·張起熏, 2001, 『大田 舊完洞 窯址』(海剛陶瓷美術館學術叢書 13), 해강도자미술관 대전광역시.
30) 2000, 『대전 보문사지(1)』, 한국문화재보호재단·대전광역시.
31) 2001, 『大田 舊完洞 窯址』(어청골 청자요지·와요지 발굴조사보고서), 80쪽.

동20여 리에 있으며, 이곳에서 청자가마도 발견된 만큼 촌개소와 복수소를
자기소와 와소로 비정할 수 있을 것이다.

永同 稽山里에서 고려전기 건물지가 발견되었다. 계산리 유적의 건물지는
기와에서 명문이 발견되어 태평흥국 7년(982, 성종 원년)에 만들어졌다는
사실이 확인되었는데, 11세기 초엽까지 존속했을 가능성이 높다. 복원된
명문은 "太平興國七年壬午三月日 竹州瓦草匠 水鳥水院矣"인데 여기서 수오
·수원은 장인 이름으로 판단된다.[32] 박순발·강병권은 이 글을 해독하면서
『輿地圖書』를 인용하여 영동지역이 태평연간에 죽주가 안성에서 영동에
이를 정도로 영역이 광범위하였다고 결론짓고 있다. 그러나 그보다는 죽주
의 와장인 수오·수원이 중앙의 命으로 이곳에 와서 기와를 만들었다고
보아야 할 것이다. 이 건물에 율곡와소의 기와가 사용되었는지는 알 수
없다.

광주 운남동 유적에서도 고려시대 기와가마터 2구가 발견되었다.[33] 가마
터의 구조는 구릉의 등고선과 직교된 반지하식의 터널형으로 남아 있는데,
그 중 1호 가마는 전체 길이가 3.5m, 폭은 1.35m, 燒成室의 폭은 1.08m로
작으며 2호도 1호와 비슷하다. 완전하게 복원된 것은 한 점도 없으나 羽狀文
의 암키와와 無文의 수키와가 주류를 이룬다. 여기서 귀목문 암막새가
출토된 점으로 보아 고려중기까지로 소급될 수 있으리라 보이며, 특히
연화문 수막새는 전 광주지방법원 부지출토 연화문과 비슷하여 기와의
수급관계를 짐작할 수 있다. 『新增東國輿地勝覽』35, 전라도 광산현에는
소는 없지만 良莅部曲(서15리) 慶旨部曲(서30리) 碧津部曲(서20리)의 세 부
곡이 있으며 서북쪽 15리에는 瓦谷이 있다.[34] 운남동 또한 광주의 서쪽에
있는 만큼 기와를 생산하는 부곡이나 와요가 있었으리라 추정된다.

---

32) 朴淳發·姜秉權, 2002, 『永同 稽山里 遺蹟』, 충남대.
33) 조현종 외, 1996, 『광주 雲南洞 유적』, 국립광주박물관.
34) 『新增東國輿地勝覽』35, 全羅道 鑛山縣 古蹟 ; <大東地志> 방면.

대구 용수동에서도 기와가마터가 발굴되었는데 이곳은 팔공산 아래에 위치하고 있다.35) 안심소는 경북 경산시 하양읍 팔공산 아래에 있는데 그 위쪽에 와촌면이라는 지명이 보인다. 이로 보아 안심소가 와소였을 가능성이 있다. 양산군에는 와곡부곡이 있는데 이곳은 부곡민이 기와를 생산했을 가능성이 있다.36) 그런데 양산군 서쪽 5리 되는 곳에 於谷所가 있는데, 이곳은 죄수를 가두는 곳이었다고 한다. 고려시대에 형벌을 면해주는 조건으로 속동과 더불어 징와37)가 있으므로, 어곡소의 경우, 기와를 내게 하거나 아니면 흙을 반죽하고 땔감을 조달하게 하는 등 노역을 담당하게 한 것이 아닌지 추정해 본다.38)

장흥 하방촌 와요지는 고려중기의 어느 시점에 만들어져 단기간만 사용되다 폐기된 것으로 판단된다.39) 그 외 기와가마는 익산 미륵사지,40) 부여 정암리,41) 예산 덕산리, 경주 효현동, 안강 육통리 등에서 발굴되었으나42) 이를 소와 직접 연결시키기에는 어려움이 많다. 여기에서 와요가 발굴된 지역을 통해 소를 유추해 보자.

---

35) 尹容鎭, 1986, 「大邱龍水洞瓦窯址調査報告書」, 대구직할시, 4·13쪽. 지금도 이곳은 쟁이골로 불린다고 한다.
36) 서성호, 1997, 『고려전기 수공업 연구』, 73쪽. 씨는 특정 공물의 생산이 이루어졌음에도 소가 아닌 향 부곡으로 편제된 것은 특정 공물의 운영에 필요한 인원이 부곡 전체 수에 비해 극히 일부분일 때 소로 편제될 수 없었으리라고 보았다.
37) 『高麗史』18, 世家 毅宗 22年 4月, "己亥 宣旨曰 … 今欲舊染汚俗 咸與惟新 亦將延基保業 乃幸是都 迎駕時有所違誤 爲有司所拘執者 公徒私杖以下 贖銅徵瓦 並皆放除."
38) 김기섭, 1999, 「고려시기 소의 입지와 기능에 관한 시고」, 『한국중세사연구』 7.
39) 김건수·이영철·이인숙, 2004, 『장흥 하방촌 와요지』, 호남문화재연구원.
40) 최맹식, 1989, 「익산 미륵사지 기와가마터」, 『용암차문섭교수 화갑기념사학논총』.
41) 국립부여박물관, 1992, 『부여정암리가마터Ⅱ』.
42) 김성구, 1992, 『옛기와』(빛깔있는 책들), 대원사, 110~119쪽 참조.

[표] 와요의 소재지

지역	와요지	현지명	비고
충청도 공주목	촌개·복수소 중 하나	대전시 동구 구완동	신증27, 『大東地志』, 발굴조사보고서
영동현	栗谷瓦所		세지
경상도 하양현	安心所	경산시 하양읍 팔공산아래	세지, 신증27
양산군	와곡부곡(북6)		신증22
전라도 광산현43)	양고부곡(서15), 경지부곡(서30), 벽진부곡(서20) 중 하나		세지, 신증35, 발굴조사보고서 『大東地志』 방면 ; 瓦谷

※ 신증 : 『新增東國輿地勝覽』, 세지 : 『世宗實錄地理志』

　대략 이 정도로 와요와 와소의 존재를 유추해 볼 수 있다. 황해도는 개경 부근이므로 와요가 많았으리라 생각되나 해주목에 와포가 보일 뿐이다.44) 하지만 와포는 기와를 수송하거나 기와 형태를 띤 포구라고도 볼 수 있으므로 확실하지 않다.

　고려시대 와요지는 개경 부근에 가장 많이 있었다. 1973년 개성 만월대의 궁궐을 조사발굴하는 과정에서 청기와, 재색기와 등 고려시대 기와가 적지 않게 발견되었는데 그 중 일부 기와에 월개 또는 월포, 지포, 적항, 판적, 남산 등의 글자가 새겨져 있어서 생산지를 알 수 있다. 판적은 지금의 개성과 장풍군 사이에 있었던 곳으로, 고려후기까지 중앙에 직속된 와요지가 있었는데45) 의종이 뱃놀이를 한 곳으로도 유명하다.46) 지포와 월개(월포)는 개경에 인접한 포구로 생각되는데, 기와를 생산한 요업장이 있었던 곳으로 추정된다.47) 이 밖에 평양 영명사터와 송악산에는 기와, 정방산은

---

43) 『新增東國輿地勝覽』 35, 鑛山縣 古蹟, "良苽部曲 현 서쪽 15리, 慶旨部曲 현 서쪽 30리, 碧津部曲 현 서쪽 20리에 있다" ; <大東地志> 방면, "瓦谷 서북쪽 15리에 있다."

44) 『世宗實錄地理志』 黃海道 海州牧 康翎縣.

45) 崔瀣, 「朴華墓誌銘」, 『高麗墓誌銘集成』(金龍善 譯註)에 의하면 박화는 충렬왕 때 板積窯直을 지냈다고 한다.

46) 『高麗史』 18, 毅宗 19年 4月 戊申, "王泛舟板積窯池 與宦者白善淵 王光就 內侍朴懷俊 劉莊等 置酒張樂" ; 같은 책, 毅宗 21年 4月 戊寅, "又泛舟亭南浦沿流 上下相與唱和 至夜乃罷 亭在板積窯."

유약입힌 기와, 묘향산·박천군 봉성리·강진군 대구면·황해도 봉산군 등은 청기와가 출토되었다.[48]

이 같은 기와생산은 대부분 국가나 사찰이 주관했으리라 생각되는데, 수막새의 경우, 고려문화의 전성기인 11세기가 되면 고려적인 특징이 있는 새로운 형식의 日暈文 수막새가 제작되다가 몽골침입을 겪으면서 形式化·單純化·粗雜化하면서 퇴화했다고 한다.[49] 기와 문양이 단순·조잡해지는 것은 소가 해체되고 장인들이 흩어지면서 전문 기술력이 떨어졌기 때문이라고도 볼 수 있지만 한편으로는 기와가 보편화되면서 일어난 현상이 아니었을까 생각된다. 기와는 문양으로 그 시기를 판단하는데 고려시대의 것으로는 魚骨文, 方廓文 混合文, 變形方廓文, 樹葉文, 車輪文, 同心圓文, 혼합문, 唐草文, 水波文 日暈文 등이 있었다.[50]

3. 와소의 해체와 조선초기의 기와생산

1) 와소의 해체

기와에 대해서는 발굴보고서가 많이 나와 있지만 거의 와요의 크기, 기와의 문양을 통해 언제 만들었는지를 유추할 뿐 이를 통해 기와의 생산이나 유통관계를 추적하지는 못하고 있다. 그러나 기와가 주로 국가와 사원의 필요성에 의해 만들어졌던 만큼 와소가 국가와 직접 연관이 있었다고 추정할 수 있다.

---

47) 홍희유, 1989, 『조선중세 수공업사 연구』, 지양사, 90쪽.

48) 최상준, 1994, 『조선기술발전사 3 - 고려편』, 과학백과사전종합출판사, 155쪽.

49) 최정혜, 1993, 「고려시대의 수막새에 대한 검토」, 『박물관연구논집』 2, 부산직할시시립박물관.

50) 張慶浩·崔孟植, 1983, 「彌勒寺址出土 기와 등文樣에 對한 調査研究」, 『문화재』 19, 문화재관리국.

고려정부가 각 소에서 생산되는 특산물을 수취하는 방법은 기본적으로
지방의 공부에 포함되지만 그 수취방법은 물품에 따라 조금씩 달랐을
것이다. 기와의 경우, 기와가 필요한 지역으로 바로 장인을 파견하여 그곳에
서 직접 생산하게 했을 것이다. 그 외에는 와요지나 와소에 중앙에서 직접
관원을 파견하여 기와생산을 감독했을 것이다.『高麗史』趙浚傳에 의하면,
司饔이 매년 사람들을 각 도에 파견하여 그 감독하에 궁중에서 쓸 사기를
굽는다고 하였는데,[51] 기와 역시 비슷하게 운영되었을 것이다.

그러므로 유적의 발굴조사 과정에서 많은 와요지가 발견되지만 와소의
수가 적은 것은 그 같은 기와 생산과정의 특수성에서 기인한다고 판단된다.
따라서 所는 향 부곡과 달리 국가가 필요로 하는 물자를 생산하므로 국가의
통제가 이루어진 경우가 많았다고 예측할 수 있다. 백성들에게서 거두는
공부에 기와는 없는 만큼 정부는 전적으로 관영 수공업장의 瓦匠과 瓦所에
의지하여 건물을 지을 수밖에 없었다. 충렬왕 때 가림현에 속했던 금소를
응방이 빼앗아간 사실[52]은 소가 국가가 아닌 권력기구에 분속되고 있음을
보여준다.

고려후기로 가면서 민영 수공업이 발달했다고는 하나 민가의 가옥구조가
바뀌지 않는 한 기와의 수요에는 한계가 있었다. 또한 기와가 대량생산되어
민가에까지 사용되지 못한 것은 몽골과의 전쟁기부터 원 간섭기에 이르는
동안 국가의 과도한 공물 요구로 인한 민의 피폐, 소의 해체로 인한 匠人의
離散과 더불어 땔감 부족으로 인한 기와생산의 어려움이 주요 요인이었다.
고려후기에는 농업 생산기술의 발달과 함께 산이 나무뿐 아니라 농사도
지을 수 있는 농토로 인식되면서 권세가들의 탈점대상이 되었다.[53] 그러므

---

51)『高麗史』118, 列傳 趙浚.

52)『高麗史』89, 列傳 齊國大長公主. 이희관은 이를 금소촌이라는 지명으로 파악하여
　　금소임을 부정하였다(2005, 「고려시대 도자소와 그 전개」,『사학연구』77, 168쪽).
　　이에 비해 윤경진은 금소를 인정하고 군현의 한 촌락으로 보고 있다(2002,「고려시대
　　소의 존재양태에 대한 시론」,『한국중세사연구』13, 46쪽).

로 도자기에 비해 값싸고 많은 땔감과 노역이 필요한 기와생산은 날이 갈수록 입지가 좁아져 점차 와소가 해체되었다.

고려후기에 가서 점차 진행되던 소의 해체는 소민에게는 과중한 역부담으로부터의 해방을 의미한다. 국가 또한 부곡민의 유망을 막아 안정적인 국가재정을 확보하기 위해 이를 허용했다.54) 충선왕대에 일반인이 기와 굽는 것을 금지하지 말라는 기사55)는 충선왕 이전부터 와장이 국가의 요구보다는 자신의 경리에 주력하였으며, 충선왕의 지시는 이 같은 사적인 기와생산이 국가가 제어할 수 없을 정도로 확산되었음을 보여준다. 다음은 고려말 조준의 상소문이다.

B. 造成都監은 당초에 궁궐을 짓느라고 설치했던 것인데 뒤에는 營繕의 직책도 부여하여 나라 전체의 목재 및 철재의 수요를 관리케 하였습니다. … 원컨대 조성도감을 폐지하여 繕工寺에 귀속시키며 … 또한 호곶(壺串) 궁궐을 짓는 데 필요한 자재는 형벌을 받고 적몰된 주택, 兩江의 목재, 여러 요업소에서 생산되는 기와로 충당하십시오. 그리고 나무를 벌채하고 기와굽는 役을 우선 3년간 중지하여 백성을 쉬게 하십시오.56)

여기에서 보이는 조성도감은 토목·營繕 사업을 관장했던 관부인데 처음 기록에 보이는 것이 충렬왕 7년 2월이다. 조성도감은 몽골과의 전쟁이 끝난 후 불에 타거나 부서진 궁궐, 관청이나 사찰을 복구하기 위해 임시로 설치하였다. 이를 위해 국가에서는 복구에 필요한 목재·기와 등의 징수와 요역징발권뿐 아니라 이에 불응할 경우 징계할 수 있는 권한도 주었다. 이에 따라 조성도감의 민폐는 날이 갈수록 심해져 충렬왕대에 조성도감에

---

53) 『高麗史』78, 食貨1 貢賦 恭愍王 5年 6月, "賊臣之黨 擅占山澤 重收其稅 國用日乏 民生益凋 自今山林屬繕工 澤梁屬司宰 弛禁輕稅."
54) 박종기, 1997, 「조선초기의 부곡」, 『국사관논총』 92, 158쪽.
55) 『高麗史』33, 忠宣王 元年 8月 辛亥.
56) 『高麗史』118, 列傳 趙浚.

화재가 발생하자 백성들은 이를 '하늘이 재앙을 내려 경계한 것'이라고 기뻐하였다고 한다.[57]

우왕대에 조준은 조성도감을 폐지하고 그 기능을 선공시(이전의 장작감)가 담당하게 하자고 주장하였다. 그리고 거실, 목재, 기와 등의 공급상황을 조사하여 백성들의 나무 베고 기와 굽는 역을 3년간 면제시켜줄 것을 요청하였다. 여기에서 와소도 다른 소와 마찬가지로 해체되어 우왕대에는 와장을 보좌하는 일이 소민이 아닌 백성들의 부역이었음을 알 수 있다. 일반적인 기와라면 쉽게 만들 수 있으나 궁궐이나 사찰에 있는 귀문, 연화문 등 예술성이 풍부하고 다양한 형태의 기와는 누구나 쉽게 만들 수 있는 것이 아니었다. 따라서 조선시대에 가서는 품질이 우수한 기와를 생산하기 위해서라도 국가에서 瓦署를 두고, 별와요를 설치하지 않을 수 없었다.

2) 조선초기의 기와생산

소가 해체되어 와장이 흩어지면서 우수한 기와를 생산할 수 있는 통로가 막히게 되자 조선왕조는 瓦署를 설치하였다. 瓦署는 관에서 사용하는 기와 벽돌 등을 만드는 상의원 소속 관아로, 태조 원년에 東·西窯를 두었다가 나중에 둘을 합하여 와서라 했다. 관원은 別提 1명과 종6품인 別提 3명이 있었으며[58] 소속 와장은 40명, 雜像匠은 4명이었다.[59] 처음 조선왕조는 관청용 기와를 전담하는 대가로 이들에게 위전을 주었으나 다른 장인들과 형평성이 맞지 않는다는 이유로 세종대에 혁파하였다.[60] 이후 장인들의 생산의욕이 떨어져 우수한 제품이 생산되지 않았던 것으로 보인다. 이것이 국가의 큰 골칫거리가 되었음은 『經國大典』의 와장에 대한 징계 내용에서

---

57) 『高麗史』 53, 五行 火 忠烈王 7年 2月 丙戌.
58) 『經國大典』 1, 吏典 京官職 從六品衙門 瓦署.
59) 『經國大典』 6, 工典 京工匠 瓦署.
60) 『世宗實錄』 109, 27年 7月 13日 乙酉.

잘 알 수 있다.[61] 조선왕조는 와서 외에도 대규모의 토목공사에 필요한
기와를 생산하기 위해 군사를 징발하였다. 이들은 주로 고려 때의 와장이나
와소민이었을 것이다.

C-1) 태조 5년 병자 봄에 각 도의 民丁 1만 8천 76명을 모아 도성을 쌓기
　　 시작하였는데, 정월 15일에 역사를 시작하여 2월 그믐날에 역사를
　　 파하니, 燔瓦軍 및 石灰軍이 또한 1천 7백 59명이었다.[62]
　2) 지금 陰竹 國農所를 폐지하고 그 稱干·農夫들을 모두 船軍과 漢都鍊瓦軍
　　 으로 나누어 붙였기 때문에, 强豪한 무리들이 그 田地를 다투어 점령하
　　 고, 아울러 干 등이 경작하던 田地와 집도 또한 모두 탈점하였습니다.[63]

　기와를 굽는 사람으로서 번와군이 나온다. 조선시대에 들어와 소가 해체
된 이후 숯은 각 지역의 역자가 담당했으며,[64] 철의 경우는 稱干稱尺者와
같은 정역호를 지칭해서 공물이나 진상물을 납부케 하다가 일반 민호의
부담으로 전가시켰는데,[65] 이것은 기와도 마찬가지였다. 조선은 특수한
물자를 생산하기 위해 일반 민호나 군사를 동원하기도 하고 마치 정역호와
같이 그 의무를 명시해서 燒木軍, 漢都鍊瓦軍을 만들었다. 이들은 와서에
소속된 와장을 도와 흙과 땔감을 조달하는 일을 맡았을 것이다. 그러나
이 정도로는 국가의 토목사업에 필요한 기와만 조달할 수 있을 뿐 민가의
수요는 충족시킬 수 없었다. 이것이 별와요가 설치된 이유였다.

---

61)『經國大典』6, 工典 雜令, "造瓦濫惡不如法者重論."
62)『世宗實錄地理志』150, 京都 漢城府, "我太祖五年丙子春 徵各道民丁一萬八千七十六
　　始築都城 以正月十五日起役 至二月晦日罷役 燔瓦及石灰軍 又一千七百五十九."
63)『太宗實錄』9, 5년 3月 28日 癸亥, "今革陰竹國農所 其稱干農夫等 並皆分屬船軍及漢都鍊
　　瓦軍 豪强之輩 爭占其田 並取干等所耕之田 其家舍 亦皆奪占."
64) 이정신, 2003,「고려시대의 탄소와 명학소의 위치」,『한국중세사연구』15.
65) 유승원, 1987,「조선초기 신량역천 계층」,『조선초기 신분제 연구』, 을유문화사
　　; 서명희, 1990,「고려시대의 철소에 대하여」,『한국사연구』69.

D-1) 別瓦窯를 처음으로 설치하였다. 僉知議政府事 李膺을 提調로, 前典書
李士穎과 金光寶를 副提調로, 중 海宜을 化主로 삼았다. 해선이 일찍이
나라에 말하기를, "… 만약 별요를 설치하고, 나에게 기와 굽는 일을
맡겨, 사람들이 값을 지불하고 사가도록 허락한다면, 10년이 안 되어
성안의 민가가 모두 기와집이 될 것입니다" 하니, 나라에서 그렇게
여겨, 여러 도에서 僧匠을 차등 있게 징발해서 그 役을 담당하게
하였다.[66]

2) 의정부에서 別窯를 없애지 말기를 청하며 아뢰기를, "지금 말씀하신
대로 별와요를 罷한다고 하는데, 사람들이 각기 일찍이 기와값으로
쌀 백여 석을 바치고도 아직 다 받지 못하였으니, 바라건대 기와굽는
일이 끝나기를 기다려 뒤에 혁파하소서" 하였으나, 윤허하지 않았
다.[67]

3) 동서요의 瓦匠位田 17결은 처음에 망새[鷲頭]를 傳習하는 功으로 折給
하였으나 그 나머지 瓦匠과 諸色匠人은 모두 위전이 없으니 지금
혁파할 것.[68]

동서 와요에서 기와를 생산하고는 있었지만 이는 국가에 필요한 물자를
겨우 공급하는 정도였다. 이에 태종은 수도에서 일상적으로 소요되는 기와
를 안정적으로 공급하기 위해 별와요를 설치했다. 여기에서 우선 주목되는
것은 기와생산에 승려들을 동원하고 있다는 사실이다. 조선이 도첩제를
엄격히 시행하여 승려가 되는 길을 차단하려 한 가장 큰 원인은 요역에
동원될 인원의 감소를 방지하기 위해서였다. 이에 조선왕조는 승려들을
기와생산에 이용하기 시작했는데 승려들 중에는 과중한 노역을 거부하고

---

66) 『太宗實錄』 11, 6年 1月 28日 己未, "始置別瓦窯 以僉知議政府事李膺爲提調 前典書李士穎
金光寶爲副提調 僧海宜爲化主 海宜嘗言於國曰 … 若置別窯 使予掌以燔瓦 許人人納價買
之 則不滿十年 城中閭閻 盡爲瓦屋矣 國家然之 發諸道僧匠有差 使赴其役."
67) 『太宗實錄』 18, 9年 7月 12日 壬午, "議政府請 勿罷別窯 啓曰 今以陳言 罷別瓦窯 然各人曾
納瓦價米百餘石者 尙未畢受 乞待畢燔瓦 而後革去 不允."
68) 『世宗實錄』 109, 27年 7月 13日 乙酉, "東西窯瓦匠位田十七結 初以鷲頭傳習之功折給
其餘瓦匠及諸色匠人 皆無位田 今革之."

달아나기까지 하였다.[69]

　그런데 별와요는 설치 3년 만에 폐지되었다. 이는 몇 년 동안 흉년이 들어 민심이 흉흉해진 점,[70] 기와를 굽기 위해 소요되는 나무를 水站에서 운송토록 하였는데 강제로 강가 주민들을 징발하여 민원이 심해졌기 때문이다.[71] 또한 와요에서의 노역도 힘들었는데, 특히 찌는 듯한 더운 여름에 가마를 만들고 불 옆에서 생활해야 하는 와장들은 더욱 견디기 어려웠을 것이다.[72] 이에 세종은 승려 중에서 와장을 선정하여 근무성적이 좋으면 관직을 주며, 와장과 보좌하는 사람에게 급료도 지급하도록 하였다.[73]

　그러나 개인적으로 기와를 생산하여 판매하는 것에 비해 국가의 대우는 열악했다. 특히 세종대는 일반 장인의 예에 따라 고난도 기술이 필요한 망새 만드는 법을 가르치는 장인의 위전마저 없애버렸다. 와장이 노역을 거부하며 흩어져서 기와생산에 차질을 빚게 되자 중종대에 가서는 기와 만드는 일을 各司奴婢로 충당하거나 私匠을 강제로 동원하여 일을 시키는 형편이었다.[74] 기술력과 의욕을 상실한 장인의 동원은 기와의 품질을 날이 갈수록 저하시켜 원료만 헛되이 낭비하는 상태에 이르게 되니 결국 와장을

---

69) 『世宗實錄』 24, 6年 4月 6日 辛亥.
70) 『世宗實錄』 26, 6年 12月 7日 戊申.
71) 『太宗實錄』 17, 9年(1409) 4月 20日 壬辰 ; 『太宗實錄』 27, 14年(1414) 5月 26日 戊戌.
72) 『太宗實錄』 23, 12年 5月 9日 壬辰, "賜醞于造成都監 上曰 行廊告訖 瓦窯役徒 亦可放遣 時近苦熱也."
73) 『世宗實錄』 31, 8年 2月 29日 癸巳.
　　1. 기와장이 40명을 우선 승려로 뽑아서 선정할 것.
　　1. 일을 보좌하는 사람 300명은 자진 희망하는 사람과 지방의 중들로 뽑아서 의복과 식량을 지급하고, 중은 그가 노동한 날수와 근무 성적을 조사하여 관직으로 상을 줄 것.
　　1. 기와장이와 보좌하는 사람의 급료 및 흙 밟는 소를 먹일 쌀과 콩은 첫 해부터는 수량을 계산하여 지급하고, 다음 해부터는 기와로써 값을 지급하며, 醬과 魚醢[해산물]은 각 관청에 저장된 묵은 장과 사재감과 의영고에 저장된 묵은 해산물로 지급할 것.
74) 『中宗實錄』 84, 32年 4月 25日 癸酉.

해산하고 국가가 필요로 하는 기와는 사다 쓰는 사장 형태로 바뀌게 되었다. 특히 기와생산에 큰 걸림돌이 된 것은 땔감 조달이었다. 각지에 흩어져 와요를 설치하고 기와를 생산한 고려시대 방식과는 달리 수도에 대규모 와요를 설치하고 땔감을 조달하게 하는 방법은 나무를 베어 운반하는 어려움 때문에 당연히 백성들의 원성을 샀다. 이에 정부는 선군에게 땔감을 조달하게 했다.

> E-1) (水站別監 崔有恒이 아뢰기를) 신이 관할하는 水站의 船軍은 겨우 조운을 마치고 비로소 농삿일을 보는데, 만약 또 나무를 운수한다면 무슨 겨를에 농사에 힘쓰겠습니까.[75]
>
> 2) (호조에서 아뢰기를) 기와 굽는 장작은 적당한 수를 책정하여 해마다 경기·강원·황해도에 소속된 船軍으로 하여금 한강 상류에서 벌채하여 水站船으로 수송하게 할 것.[76]

기와생산에 드는 노역의 50% 이상이 땔감을 조달하는 일이었다.[77] 이를 국가에서는 선군에게 부담시켜 원성이 높았다. 처음에는 태조가 황폐해진 연해의 개발을 추진하기 위해 선군에게 魚鹽의 이익을 보장해주면서[78] 그들에게 나무 베고 숯 굽는 일을 맡겼다. 그러나 세종대에 대마도 정벌 이후 왜적의 침입이 뜸해진 틈을 타서 연해의 진황지에 대한 개발이 진행되었는데, 이때에도 국가재정을 확충하고 부역제를 보완하기 위해 선군을 동원하였다. 이에 선군의 부담이 가중되어 점차로 苦役화하면서 견디지

---

75) 『太宗實錄』 27, 14年 5月 26日 戊戌, "臣所管水站船軍 纔畢漕運 始治田畝 若又輸木 何暇務農."

76) 『世宗實錄』 31, 8年(1426) 2月 29日 癸巳, "燔瓦木 量宜定數 每年令京畿江原黃海道 當領船軍於漢江上流斫伐 用水站船輸納."

77) 森郁夫, 2001, 「瓦の生産」, 『瓦』, 法政大學出版局, 135~137쪽.

78) 尹薰杓, 2000, 「船軍組織의 확장과 운영방식의 변동」, 『麗末鮮初 軍制改革 研究』, 혜안, 262~263쪽.

못하고 이탈하는 자가 늘어났다. 특히 수도 부근의 노역은 더욱 심각하여 국가차원에서 와요를 지속시키는 것이 더욱 어려워져 갔다. 이에 조선왕조는 수차례 별와요의 치폐를 거듭하였고 그 과정에서 관요는 자연히 기능을 상실하였다.

4. 맺음말

기와는 양질의 점토를 재료로 일정한 모양으로 만든 다음 가마 속에서 높은 온도로 구위내어 만든 건축자재로서, 선물의 부식을 막기 위해 이미 삼국시대 이전부터 사용되었다. 고려시대 기와는 도읍지인 개성을 비롯하여 평양과 경주 그리고 전국 각지의 절터에서 많이 출토되고 있으나 구체적인 생산실태는 제대로 알려진 바가 없다. 특히 고려시대에는 청자기와까지 사용되고 있어 기와 발전이 고려청자와 연계되고 있음을 짐작할 수 있다.

기와는 일반인의 수요보다는 주로 궁전이나 사원 건축에 사용되었으므로 그 생산 또한 국가적인 조영사업의 일환으로 실시되었다. 기와생산에는 가마를 만들고 기와를 빚어 불을 때는 등 여러 단계의 공정을 거치게 되어 일정한 조직체가 필요하다. 고려의 와소도 기와생산을 와장이 담당한다면 그 외 점토 재취나 땔감 조달은 소민들의 몫이었을 것이다. 와소에서 와장의 비율은 와소민에 비해 대략 12.5~25% 정도라고 추정된다.

기와를 생산한 지역은 전국적으로 나타나지만 고려시대의 와소로 알려져 있는 것은 永同郡의 栗谷瓦所가 유일하다. 그러나 그 외에 대전 구완동 요지도 와소에 포함시켜도 될 것 같다. 구완동 요지는 그 위치로 보아 촌개소·복수소 중 하나일 가능성이 높다.

고려의 와소 또한 고려후기에 들어서서 소의 해체와 더불어 사라져갔다. 이에 따라 원 간섭기에 들어서서는 사장들이 개인적으로 기와를 생산하여 판매하였다. 그러나 궁궐이나 사찰 등 정교한 기술을 필요로 한 기와는 국가차원에서 생산할 필요성을 느껴 조선시대에 들어서면 瓦署를 두었다. 그리고 민가의 수요를 충족시키기 위해서 따로 별와요를 설치하였다. 그러나 조선왕조가 노역에 대한 대가인 위전을 폐지함으로써 장인들의 불만이 커져갔고, 생산의욕이 저하되어 품질은 날로 조악해졌다. 이에 세종대에 장인에게 급여를 주었으나 이는 私匠이 되어 벌어들일 수 있는 것에 비하면 너무 적은 액수였다.

또한 기와생산에 필수적인 나무의 공급을 선군에게 일임하였는데, 그 부담이 날로 가중되어 이를 견디지 못해 이탈하는 자가 늘어났다. 특히 수도 부근의 노역은 더욱 심각하여 국가차원에서 와요를 지속시키는 것이 더욱 어려워졌다. 이에 조선왕조는 수차례 별와요의 치폐를 거듭하였고 그 과정에서 관요는 자연히 기능을 상실하였다.

제6장 청자의 변천과정과 자기소

1. 머리말

청자는 고려시대를 대표하는 물품이다. 국가는 우수한 자기의 지속적인 공급을 위해 자기소를 설치하였다. 일반적으로 도자기라고 불리는 도기와 자기는 기본적으로 흙에 차이가 있다. 도기를 만드는 흙은 진흙 즉 도토이며 자기는 돌가루 즉 瓷土로 만든다. 따라서 자기는 돌가루에 점력이 있는 흙을 같이 섞어 만드는데, 다양한 형태를 만들기 위해 점력이 있는 흙이 필요하기 때문이다. 도토는 굽는 온도가 600~1200°C 미만이며 자토는 1200°C 이상에서 굽는데, 대체로 1300°C가 이상적인 온도다.[1]

고려시대의 청자는 철분이 조금 섞인 백도로 형제를 만들고 잘 말려 섭씨 700~800°C에서 한 번 구워낸(초벌구이) 다음 그 위에 철분이 1~3% 정도 들어 있는 석회질의 유약을 입혀 1250~1300°C 정도의 높은 온도에서 환원염으로 구워낸다고 한다. 양질의 청자를 만들기 위해서는 유약이 중요하다. 유약은 장석을 불에 달군 다음 살짝 무른 상태가 되면 절구에 빻아 체로 걸러 밀가루처럼 만들고 이 가루를 식물의 재와 7 : 3의 비율로 섞는다. 식물의 재 속에는 철분이라는 쇳가루가 포함되어 있는데 포함된 철분이 3% 정도일 때 좋은 청자 빛깔이 나온다고 한다.[2]

---

1) 윤용이, 2007, 「자기란 무엇인가」, 『우리 옛 도자기의 아름다움』, 돌베개, 169~173쪽.

고려시대의 청자나 가마터, 그리고 그 아름다움에 대해서는 많은 연구가
이루어지고 있으며 자기요에 대해서도 고고학적 발굴을 토대로 많은 연구성
과가 진척되었다.[3] 그 중에서 자기소의 전반적인 내용에 관해서는 홍희유·
송성안·서성호의 연구가 있으며, 권병탁은 실지로 도자기 생산지를 찾아다
니며 옛 도자기의 생산 모습을 재현하였다.[4] 이희관은 고려가 여러 개의
자기요에서 출발하여 대구소 중심의 운용체제로 바뀌었음을 강조하였다.

여태까지 청자에 대해서는 연구성과가 많을 뿐만 아니라 청자의 기원이
나 소체제에 대해서도 다양한 견해가 제기되고 있는 형편이다. 여기에서
필자는 고려시대 전체 소 체제 연구의 일환으로서 자기소를 정리해 보고자
한다. 선학의 연구성과를 토대로 자기소의 발생시기와 위치, 그리고 청자의

---

2) 윤용이, 2007, 위의 책, 178~179쪽.

3) 강경숙, 1989, 『한국도자사』, 일지사 ; 정양모, 1991, 『한국의 도자기』, 문예출판사
; 윤용이, 1993, 『한국도자사연구』, 문예출판사 ; 김애경, 2008, 「완도 해저출토
청자의 특징과 생산시기」, 『해양문화재(1)』 ; 장남원, 2008, 「완도선 인양 철화청자의
특징과 제작시기」, 『해양문화재(1)』 ; 박지영, 2008, 「고려시대 도자기 장고 연구」,
『해양문화재(1)』 ; 김영진, 2003, 『도자기가마터 발굴보고』, 백산자료원(2002, 사회과
학출판사) ; 이해준, 1992, 「강진지역 고려청자의 발달배경」, 『강진의 청자요지』,
해강도자미술관·전라남도·강진군 ; 강경숙, 2005, 『한국도자기가마터연구』, 시공아
트 ; 2009, 『청자보물섬 뱃길체험기념 국제학술심포지엄』(2009. 6. 9. 윤용이 「고려청
자의 생산과 소비, 항로」, 윤명철 「청자산업과 관련된 고려의 대외항로」, 최연식
「태안 청자운반선 출토 고려목간의 현황과 내용」, 한성욱 「강진청자의 생산과 유통」)
; 장남원, 2004, 「고려시대 경기지역 요업의 성격」, 『고문화』 63 ; 정명호·윤용이,
1985, 『고창 아산댐 수몰지구 발굴조사보고서』, 원광대 마한·백제문화연구소·한국
전력공사 영광 원자력건설사무소 ; 최순우, 1982, 『한국청자도요지』, 한국정신문화연
구원 ; 삼성미술문화재단·호암미술관, 1987, 『용인 서리 고려백자요』 ; 이희관·최건,
2001, 「고려초기 청자생산체제의 변동과 그 배경」, 『미술사학연구』 232 ; 이희관,
2002, 「시흥 芳山大窯의 생산집단과 개시시기 문제」, 『신라 금석문의 현황과 과제』,
경주시·신라문화선양회·동국대 신라문화연구소.

4) 홍희유, 1989, 『조선중세수공업사연구』, 지양사, 127쪽 ; 권병탁, 1979, 「고려후기
도자기소의 경영형태」, 『전통도자기의 생산과 수요』, 영남대출판부 ; 송성안, 1985,
「고려전기 자기수공업」, 『慶大史論』 8 ; 이희관, 2005, 「고려시대의 도자소와 그
전개」, 『사학연구』 77.

수취관계와 자기소의 해체 등을 규명하려고 한다.

2. 청자의 제조시기와 자기소

1) 청자의 제조시기

청자의 발생시기는 9세기 전기나 후기, 9세기 후기~10세기 전기, 10세기 전기, 10세기 후기 등 여러 설이 있지만,[5] 최초의 청자생산지가 개경 부근과 경기도 일원의 중부지방이며 그 후 강진 등 남쪽으로 청자요지가 옮겨갔다는 것은 대체로 일치하고 있다. 우선 각 지역의 도자기 발굴상황을 통해 요지를 만든 시기를 살펴보자.

북한의 경우, 황해남도 배천군 원산리 전축요(벽돌가마)에서 고배형 제기가 발굴되었다.[6] 여기에는 순화 3년(임진년, 992)에 태묘 제4실 享器를 장인 왕공탁이 만들었다고 씌어 있다.[7] 당시 고려사회에서는 장인의 신분이 그다지 높지 않았고 피지배층으로까지 성씨가 일반화된 것은 고려중기 이후부터였다는 점을 염두에 둔다면 기명에 보이는 왕공탁은 중국인이었을 것이다. 황해도 원산리 2호 3차 가마에서는 정종(946~949) 무덤에서 나온 접시형 잔대와 똑같은 잔대가 나왔으며, 3호와 4호 가마터는 10세기 밀경의 것으로 판명되었다. 또한 황해남도 봉천군 봉암리 가마는 6도 정도의 경사면에 축조된 전체 길이 44m, 너비 0.85m의 전축요로,[8] 남포직할시 태성리 도자기 가마터와 더불어 10세기 말~11세기 초의 것으로 파악하고 있다.[9]

5) 장남원, 2006, 『고려중기 청자 연구』, 혜안, 37~47쪽 ; 송성안, 1985, 「고려전기 자기수공업」, 『慶大史論』 8.
6) 위치를 비정해 보면 해주목 마봉소(동60리)로 추정된다.
7) 황해남도 배천군 원산리 2호 "淳化三年(992) 壬辰 太廟第四室 享器匠 王公托造"(淳化三年銘 靑磁豆形祭器).
8) 위치를 비정해 보면 해주목 청산소(북90)로 추정된다.
9) 김영진, 2003, 『도자기가마터 발굴보고』, 백산자료원(2002, 사회과학출판사),

남한의 경우, 경기도 시흥시 방산동 청자가마터에서 토기에서 자기로 전환하는 초기 제작상황을 볼 수 있다. 이 가마에서는 청자를 제작한 전축요와 토기를 제작한 지하식요가 공존하고 있다. 이 전축요의 축조시기는 9세기 후반부터 10세기 후반으로 추정하였다.[10]

경기도 용인시 이동면 서리 중덕마을 가마는 맨 아래에 전축요가 있고 그 위에 토축요가 축조되어 있다. 이 가마의 상한연대에 대해서는 9세기 전반에서 11세기 중반 등 여러 견해가 있다.[11] 용인 서리 상반마을에서 발견된 고려 청자 백자 가마터의 연대는 9세기 후반~11세기로 보고 있다. 그리고 여주 북내면 중암리 가마터는 단실요인데, 처음 1~2회는 벽돌, 3~5회는 벽돌과 잡석을 이용하여 축조되어 있다. 이 중 가장 오래된 벽돌가마는 배천군 원산리 가마터다. 가마는 고려 광종연간, 월주요 장인집단의 귀화로 중부지방에서 시작되었다고 한다. 그들은 중국청자의 제작기법을 개경 부근의 도기 장인에게 전수하였고, 이로 인해 시흥 방산동, 배천 원산리, 용인 서리 등지에 벽돌가마가 세워졌다고 보고 있다.[12]

중서부지방 청자요의 운영주체에 대해서는 논란이 많다. 대표적인 견해는 나말여초에 각 지방에서 독립적인 위상을 유지하던 호족이라는 견해다.[13] 그러나 이 시기의 청자 수용은 사적 영리를 위해 몇몇 호족에 의하여

300~301쪽. 강경숙은 봉암 가마터는 10세기 전후의 초기 청자가마, 태성리는 10세기의 것으로 보고 있어 조금 견해를 달리한다. 주3) 참조.

10) 강경숙, 2005, 『한국도자기가마터연구』, 시공아트, 172쪽.

11) 강경숙, 2005, 위의 책, 184쪽.

12) 윤용이, 2007, 「자기란 무엇인가」, 『우리 옛 도자기의 아름다움』, 돌베개, 194~195쪽.

13) 송성안, 1985, 「고려전기 자기수공업」, 『慶大史論』 8, 37~39쪽 ; 이희관·최건, 2001, 「고려초기 청자생산체제의 변동과 그 배경」, 『미술사학연구』 232, 한국미술사학회 ; 이희관, 2000, 「고려 청자사상의 강진요와 부안요」, 『고려청자, 강진으로의 귀향』, 강진청자자료박물관.
송성안은 장보고, 나주 오씨 같은 호족들이 주도하여 요지를 경영했다고 하였다. 따라서 고려전기 수공업소는 호족집안이 소유하던 수공업 집단을 정리·제도화하는 과정에서 이루어졌다고 보았다.
이희관은 「시흥 芳山大窯의 생산집단과 개시시기 문제」에서 "호족들은 국가에 부담

시작될 수 있는 성격의 것이 아니라 국가와 같은 거대권력이 수반되어야 가능하다고 보는 견해도 있다.[14] 후삼국과 고려 건국의 혼란기에 호족이 독자적으로 가마를 만들어 자기를 생산하기란 어려우며, 무엇보다도 호족의 근거지와 가마 분포지가 일치하는 예가 보이지 않는다고 하였다. 그러나 나말여초의 정치상황으로 볼 때 호족에 의해 자기요가 축조되었을 것이다. 특히 장보고나 작제건 등 국제무역에 종사하던 상인들은 중국에서 생산되어 활발히 교류되던 자기에 관심을 가지지 않을 수가 없었을 것이다. 그들은 중국자기를 사들였을 뿐 아니라 직접 월주요 장인들을 끌어들여 자기를 생산했을 것으로 생각된다.[15]

고려왕조 성립 후, 정부는 그들로 하여금 고려 장인에게 자기 제작기술을 가르치게 하였을 것이다. 그러나 중부지방에서 전축요를 만들면서 땔감과 흙의 운반에 어려움을 겪게 되자 그 대안으로 국가는 해상교통이 편리하고 땔감이 풍부한 강진·부안 등 청자 생산에 적합한 지역에 장인을 파견하여 소규모 토축요를 만들게 하여 이를 자기소로 삼고, 국가차원에서 관리하게 하였다.[16]

즉 고려청자는 고려초 중국 월주요 지방의 가마 축조기법에서 영향을

해야 할 장인의 노동력을 수탈하여 청자를 생산하기 시작하였는데, 성종대의 지방관 파견으로 국가의 지방지배력이 상화됨으로써 호족들이 농민의 노동력을 사적으로 징발하는 것이 어려워졌다. 즉 향리직 개혁, 성종 5년의 호구조사, 공장안 작성으로 匠人 지배력이 개인에서 국가의 손으로 넘어감에 따라 중서부 지방의 청자요는 질이 저하되고 드디어는 생산을 계속할 수 없게 되었다"라고 하였다.

14) 이종민, 2002, 『한국의 초기청자연구』, 홍익대 박사학위논문, 186쪽.
15) 강봉룡, 2000, 「해남지역 청자생산의 역사지리적 배경」, 『고려청자, 강진으로의 귀향』, 강진청자자료박물관 ; 한성욱, 2000, 「해남지역 청자의 현황과 성격」, 위의 책, 203쪽.
강봉룡은 장보고를 남도지역의 자기생산과 연결시키기도 하지만 한성욱은 청해진 유적에서 초기청자가 전혀 출토되지 않으므로 장보고가 아닌 영산강 유역의 토착세력에 의한 제작 가능성을 지적하였다.
16) 이희관·최건, 2001, 「고려초기 청자생산체제의 변동과 그 배경」, 『미술사학연구』 232, 33~34쪽.

받아 전축요로 시작되었다. 그러나 전축요는 일정한 규격으로 가공한 耐火
塼을 사용하여 대규모 요를 쌓으므로 정밀한 기술과 많은 인력 등 막대한
시설투자가 필요하다. 또한 고려는 중국의 강남에 비해 춥고 기온차가
심해 겨울이 지나면 가마가 무너져 여러 차례 수리를 해야 했다.[17] 따라서
전축요는 시설규모가 커서 이전이 어려울 뿐만 아니라 지속적으로 막대한
양의 땔나무를 조달하고 대량생산과 수리를 해야 한다는 부담을 안고
있다. 이에 비해 토축요는 내화도가 높은 점토를 재료로 쓰는데, 싸리나무
등을 엮어 아치형 구조물을 설치한 후 그 위에 점토를 쌓아 만든다. 전축요에
비해 요의 내구성이 약하고 규모는 작지만 소규모 인력과 비용으로도
요를 쌓을 수 있었다.[18] 이에 따라 고려초를 지나면서 전축요 기술을 고려
실정에 맞게 개량한 토축요가 일반화되었다.

2) 자기소의 위치비정

고려시대의 요지는 중부지방에서 시작하여 점차 남부지방으로 확산되어
고려전기에는 자기소가 만들어졌으리라 생각된다.[19] 특히 전남 강진군
대구면 사당리와 전북 부안군 보안면 유천리가 비색청자 가마터로 유명하
다. 청자 생산의 경우, 서해안 일대에 주로 퍼져 있던 청자가마가 11세기
후반기부터는 전남 강진과 전북 부안 일대로 집중되기 시작하여 12세기에

---

17) 윤용이, 2007, 『우리 옛 도자기의 아름다움』, 돌베개, 195쪽.
18) 이희관·최건, 2001, 앞의 「고려초기 청자생산체제의 변동과 그 배경」, 33~34쪽.
19) 강경숙, 1989, 『한국도자사』, 일지사, 190쪽~192쪽. 상감청자의 발생시기에 관해서는
    여러 설이 있다. 12세기 초기설을 주장하는 학자로는 최순우·정양모, 12세기 중엽설
    은 윤용이를 들 수 있다. 12세기 초기설의 근거는 문공유의 무덤에서 출토된 청자상감
    보상당초무늬대접인데, 이 대접의 하한은 1159년으로 파악하였다. 12세기 중엽설은
    1157년의 『고려사』 청자기록을 뒷받침하는 사당리 당전부락 청자가마터에서 수습된
    청자기와편과 동일 퇴적층에서 반출된 음각 양각 상감 등의 陶片에 근거하였다.
    이어서 윤용이는 문공유 무덤 출토 대접은 출토품 자체가 확실치 않으며 출토품이라
    하더라도 1159년 당시가 아니고 후장했을 가능성을 제기하였다.

들어와서는 이 두 지역 외에는 생산되지 않았다는 견해20)와 강진 부안의
양자구도가 아니라 지방까지 가마가 확산되면서 여러 가지 생산방식이
공존하는 다원적 체제 속에 있었다는 견해로 나뉜다.21)

고려시대에는 강진과 부안이 가장 중요한 자기소이기는 하지만, 청자가
점차 상용화됨에 따라 수요계층이 다양해지자 질의 분화가 일어났다.22)
이 과정에서 곳곳에 요지가 설치되어 자기요가 전국적으로 산재했다고
판단된다. 예컨대 인천 경서동 청자, 해남 진산리 청자 같은 조질계 청자는
11세기 지방양식으로서 각 지방에 자기요가 설치된 것을 보여준다. 고려중
기의 것으로 강진과 부안 이외의 많은 지역에서 요지가 발견되고 또한
우수한 청자도 발견되는 만큼 이 지역에만 관요적 성격이 강한 자기소가
있었다고는 볼 수 없다. 이미 고려전기에 여러 지역에 자기소가 설치되었을
것이며 그 중에서 가장 중요한 곳이 강진과 부안이라고 생각된다. 이제
요지 발굴자료를 토대로 고려시대의 자기소가 있었던 곳을 유추해보자.

경기도 여주목의 新仍伊所(서15)는 자기소로 보아도 무방할 듯하다. 발굴
자료에 의하면, 신잉이소의 부근으로 추정되는 경기도 여주군 북내면 중암
리는 몇 안 되는 고려의 백자가마터로서 특기할 만하다. 또한 경기도 고양군
에 있는 巾子山(巾子山 아래)은 원당읍 원흥동에 위치하는데 자기소로 추정
되고 있다.23)

---

20) 강경숙, 1989, 위의 책, 195쪽 ; 이희관, 2000, 「고려 청자사상의 강진요와 부안요」,
『고려청자, 강진으로의 귀향』, 강진청자자료박물관. 이희관은 12세기 이후의 청자생
산이 공적 수요를 위한 강진과 사적 수요를 위한 부안 사요의 이원적 체제로 보았다.

21) 이종민, 2004, 「고려시대 청자가마의 구조와 생산방식 고찰」, 『한국상고사학보』
45, 98쪽 ; 장남원, 2006, 『고려중기 청자 연구』, 혜안.

22) 장남원, 2008, 「완도선 인양 철화청자의 특징과 제작시기」, 『해양문화재(1)』, 68쪽.

23) 김덕자, 1991, 「경기도내 향·부곡·소 촌락의 역사지리적 연구」, 『지리교육논집』
26, 서울대 ; 박종기, 2001, 「경기 북부지역 중세 군현치소와 특수촌락변화연구」,
『북악사론』 8, 147쪽, "건자산소는 현 원흥동 3거리에서 1km 정도 떨어진 원흥동
산 88번지 木稀里(나무드머리)에 있는 고려청자 가마터로 추정하며, 고양군에 있는
巴乙串所는 어량소로 추정하고 있다."

충청도 공주목 소속 촌개소와 복수소의 경우, 대전시 중구 구완동 오얏골
에 있는 구완동 도요지²⁴⁾ 1호는 순청자로서 11세기 후반으로 추정되며
2호는 14세기 후반, 구완동 완전리에 있는 3·4호는 상감청자 분청사기가
나와 14세기 후반~15세기 전반의 것으로 추정된다. 이 보문산 지구의
자기소가 촌개소와 복수소 중 하나이며 나머지는 와소로 추정된다.

강진군의 大口所(동남30리, 강진군 대구면)와 七良所(동남15리, 강진군
칠량리)는『世宗實錄地理志』와 발굴자료로 보아 자기소임이 확실하다. 강진
대구면 용운리에는 75기의 가마터가 있으며, 계율리에는 59기가 있다.
사당리는 43기의 가마터가 있는데 특히 이곳 당전마을 가마에서는 청기와
가 다수 발굴되었다.²⁵⁾ 이들의 시기는 대체로 11~13세기까지로 보이는데
보존상태가 좋다.

부안의 경우, 사요로 보는 견해와 자기소로 보는 견해로 나뉜다. 문공유
[미상~1159년(의종 13)]의 묘 출토 청자완의 양식이나 세련된 품격을
유지하면서 쇠퇴기로 접어든 명종 지릉 출토 청자대접의 양식이 모두
부안요지에서 발견된 청자와 유사하므로²⁶⁾ 부안의 요지는 자기소로 볼

24) 윤환, 1999,「조선시대 회덕현과 도자생산」,『大田地方의 陶窯址』, 대전광역시 향토사
    료관, 245쪽.
25) 강경숙, 2005,『한국도자기가마터연구』, 시공아트.
    강진 대구면 사당리 당전부락, 용운리, 칠량면 삼흥리 일대 : 만월대 부근에서 수습된
    청자기와편은 사당리의 것으로 보인다. 12세기 전성기의 청자 제작지는 사당리
    당전부락으로 판단된다.
    강진 용운리 : 갑발을 벽돌같이 일부 이용하면서 진흙으로 축조하였다. 특히 주목할
    점은 9호 청자가마의 퇴적층이 토기가마와 연결되어 있으므로 토기와 자기가 함께
    생산된 지역으로 판단된다.
    강진 칠량면 삼흥리 : 청자가마터 5기, 토기가마터 9기, 불명유구 1기, 기타 등
    모두 16기가 발굴되어 청자·토기·기와 가마터를 동시에 확인할 수 있다.
    강진 계율리 : 강진군 대구면 계율리 25호 가마의 조업시기는 12~13세기로 판단된다.
26) 김영원, 2006,「고려시대 扶安 靑磁의 연구」,『미술사논단』22, 107쪽 ; 구일회,
    2007,「부안군 유천리 고려청자 연구」,『미술사논단』25, 2007, 94쪽.
    구일회는 부안 유천리 자기요는 공식적으로는 소가 아니지만 실제로는 소와 유사하
    게 운영되었으리라고 하였으며, 김영원은 부안 자기요에서 출토된 것이 왕실용

수 있다. 그러나 부안현 동5리에 신덕소가 있었다고 하는데, 그 위치로 보아 자기요가 있던 유천리나 진서리가 신덕소일 가능성은 높아 보이지 않으므로 사찰에 소속된 도요지로 보기도 한다.[27] 그러나 이름이 알려지지 않은 자기소일 가능성이나 혹은 부안현 남27리에 있었다는 고속향[28]에서 생산했을 가능성도 생각해볼 수 있다. 그 위치가 유천리 청자발굴지와 크게 차이가 없기 때문이다.[29]

고창군 陶成所(북25리)[30]와 덕암소는 전북 고창군 아산면 용계리와 반암리 청자가마터로 비정할 수 있는데, 태평 임술 2년(1022년)명 평기와편이 건물지에서 출토되었고 이와 동일계로 판단되는 와편이 가마벽에 섞여 있어 조업시기는 10세기 전반~11세기 전반, 혹은 11세기 후반이나 12세기 초반으로 보기도 한다.[31] 그러나 도성소와 덕암소에서 출토된 자기는 강진에 비해 수준이 떨어지며, 전형적인 비색청자는 보이지 않는다.[32] 따라서 이들 지역의 자기는 중앙의 하부관청이나 지방관청에서 필요한 물자를 담당했으리라 생각된다.

해진군은 조선 태종 9년에 진도와 해남을 합하여 해진군이라고 하였는데 所는 海南에 5개, 진도에 4개가 있었다. 진도의 소는 강소나 염소였으므로[33] 여기서 언급할 필요가 없고, 해남의 소는 熊山 柚山 大上伊 仇良山 德池(舊名 德津)가 있었다고 한다. 그런데 해남군 산이면에는 진산리와 초송리 해안에 약 6km에 걸쳐 가마터가 다수 분포하고 있다. 진산리 주변마을인 초송리,

---

청자라고 보고 소로 비정하였다. 그러나 신덕소가 자기소라는 결론은 유보하였다.

27) 이희관, 2000, 「고려청자사상의 강진요와 부안요」, 『고려청자, 강진으로의 귀향』, 강진청자자료박물관, 68쪽.

28) 『新增東國輿地勝覽』 34, 扶安縣 古蹟.

29) 김종운·한성욱·한성천, 2008, 『부안청자』, 학연문화사, 94·130쪽.

30) 『新增東國輿地勝覽』 36, 高敞縣 古蹟에는 도성부곡으로 나와 있다.

31) 이희관, 2005, 「고려시대의 도자소와 그 전개」, 『사학연구』 77.

32) 이희관, 2005, 위의 논문, 187쪽 ; 이희관·최건, 2001, 앞의 논문.

33) 『世宗實錄地理志』 全羅道 羅州牧 海珍郡, "소가 4이니, 生薑·仇向茶鹽田·浦保鹽田·大材鹽田이다."

구성리까지 합하면 약 100개가 넘는 가마터군[窯址群]이다.[34] 이들 소 중에서 자기소가 있었을 가능성은 있으나 11세기를 지나면서 쇠퇴하였다고 한다.[35] 이곳에서 생산된 청자는 주로 조질청자이나 일부는 질좋은 바탕흙 과 유약을 사용한 우수한 제품도 출토되었다.[36]

황해도 봉천군 봉암리 가마터와 배천리 가마터는 그 위치로 보아 해주목 청산소(북90)와 마봉소(동60)로 비정할 수 있지만, 전축요로서 만든 시기는 10세기와 9세기 후반~11세기 전반 등 여러 견해가 있다. 이는 시흥 방산유 적도 마찬가지다. 경기도 시흥시 방산동 산39-1에 있는 방산유적은 대형 전축요로서 9세기 후반~10세기에 설치되었다고 보고 있다. 이들 요지는 각기 호족들이 관리하다가 고려전기에 소로 편제되었을 것이다.

용인군 이동면 서리 중덕마을의 전축요와 토축요에서도 고려초에서 13세기에 걸쳐 청자가 생산되었으며, 11세기말까지는 고급백자도 생산되 었지만 거리가 떨어져 있어 처인부곡이라고 보기는 어렵다.[37] 그러므로 이곳은 자기소가 아니라 호족이 관리하던 자기요였으리라 판단된다.[38] 따라서 자기요는 고려전기에 와서 국가에 의해 소로 편제된 경우와 아닌 경우, 또한 소로 편제되었다 하더라도 일부는 고려후기까지 지속되지 못한 경우도 있었다고 생각된다.

이상에서 살핀 요지발굴자료 이외에도 기록을 통해 당시의 자기소를

---

34) 강경숙, 1989, 『한국도자사』, 일지사, 245쪽.
35) 한성욱, 2002, 「해남지역 청자의 현황과 성격」, 『해남의 청자요지』(목포대박물관 학술총서89), 해남군·목포대박물관, 204쪽. 강경숙은 12세기 중·후반기에 쇠퇴하였 다고 견해를 달리하고 있어 명확하게 단정짓기는 어렵다(강경숙, 2005, 『한국도자기 가마터연구』, 시공아트).
36) 김종운·한성욱·한성천, 2008, 『부안청자』, 학연문화사, 103쪽.
37) 서성호, 1997, 『고려전기 수공업 연구』, 서울대 박사학위논문 69쪽. 처인부곡은 용인군 남사면 마곡리에 위치하여 서리요지와는 30km 정도 떨어져 있어 처인부곡에 서 자기를 생산했다고 보기는 어렵다고 하였다.
38) 김난옥, 2001, 「9~11세기 용인 서리 백자요와 지방세력」, 『용인서리백자요지의 재조명』, 용인시·용인문화원·용인시사편찬위원회.

좀 더 추정해 볼 수 있다. 우선 의종과 충렬왕대에 청자와를 만든 기록이 있다. 의종은 養怡亭을 지으면서 청자기와로 지붕을 덮었으며39) 충렬왕은 승려 六然을 강화에 파견하여 유리와를 구워내게 하였다.40) 그런데 六然이 유리와를 구울 때 광주(경기도), 의안(경상도 창원)의 흙을 원료로 가져왔다고 한다. 유리와라면 유약을 바른 청기와를 의미한다. 뿐만 아니라 청자타일도 많이 발굴되었는데 자기를 건축자재로도 사용할 정도로 청자 사용이 귀족들에게는 일상화되었음을 보여준다. 그런데 이 기록에서 더욱 주목되는 사실은 유리와를 굽던 장인이 승려였다는 점이다. 그것은 육연이 특정 사찰에 소속된 僧匠이며, 사찰에서도 청자를 구웠을 가능성을 시사하기 때문이다.41) 통도사에 소속된 사령지에 茶所가 있었다는 사실을 본다면42) 사찰 소속의 자기소나 와소도 있었을 가능성이 있다. 또 위에서 광주, 의안(창원)의 흙을 가져다 원료로 쓴 만큼 광주와 의안에도 요지나 자기소가 있었으리라 추정해볼 수 있으나43) 도자기 생산지로서는 흙보다는 땔감이 더욱 중요하므로 단정하기는 어렵다. 승려 육연도 유리와를 생산하기 위해 먼 곳에서 흙을 운반해 왔기 때문이다. 그러나 광주에는 소는 없지만 梨浦部曲이 있고,44) 그 위치가 시흥시 방산동 청자가마터와 가까워 이곳에서 자기가 생산되었으리라 추정해 볼 수 있다[표 2] 참조). 의안에는 동천소와

---

39) 『高麗史』 18, 毅宗 11年 4月 丙申.

40) 『高麗史』 28, 忠烈王 3年 5月 壬辰.

41) 이희관, 2000, 「고려자기사상의 강진요와 부안요」, 『고려청자, 강진으로의 귀향』, 강진청자자료박물관, 67쪽 주15) 참조.

42) 通度寺舍利袈裟事蹟略錄, 『通度寺誌』, 亞細亞文化社, 1979, 26쪽 ; 이정신, 1999, 「고려시대의 차생산과 다소」, 『한국중세사연구』 6.

43) 홍희유, 1989, 『조선중세수공업사연구』, 지양사, 127쪽.
   『新增東國輿地勝覽』 32, 慶尙道 昌原都護府에는 安城所(서30)와 『世宗實錄地理志』에 銅泉所(북15, 『新增東國輿地勝覽』에는 향으로 되어 있음)가 있다. 안성소가 자기소일 가능성은 확실하지 않다.

44) 『新增東國輿地勝覽』 9, 仁川都護府 古蹟, "梨浦部曲 부 남쪽에 있는데 수로로 30리다. 육로로 가려면 安山·廣州·南陽 경계를 지나야 비로소 이르게 되는데 거의 백 리가 된다."

안성소가 있다. 동천소가 동소로 비정되므로 안성소가 자기소였으리라
추정해 볼 수는 있으나 확실하지 않다.

[표 1] 고려시대 자기소[45]

지명	소	현 지명	비고	시기
황해도 해주목	청산소(북90)	황해도 봉천군 봉암리 가마터	전축요	10세기
	마봉소(동60리)	황해도 배천군 원산리 가마터	전축요	9세기후반~ 11세기 전반[46]
경기도 여주목	新仍伊所(서15)	경기도 여주 북내면 중 암리	고려백자가마 터	10세기
고양군	巾子山(巾子山下)	경기도 원당읍 원흥동	자기소로 추정	
충청도 공주목	촌개소 혹은 복수소	대전시 중구 구완동 오 얏골	토축요	1세기후반~12 세기전반
전라도 부안현	申德所(동5)	유천리요·진서리요는 부안읍 남동쪽. 자기소 가능성[47]	토축요	12세기
전라도 강진군	大口所(동남30리)	강진군 대구면 용운리 와 사당리	토축요	9세기후반~11 세기, 12세기
강진군	七良所(동남15리)	강진군 칠량리[48]	소형 토축요	10~11세기
고창군	陶成所(북25리)[49] 덕암소(북29)	고창군 아산면 용계리 고창군 아산면 반암리	토축요	
장흥부	高伊部曲[50]	고흥군 두원면 운대리 석촌마을		
해남군	所5；熊山 柚山大 上伊 仇良山 德池 (舊名德津)	해남군 산이면에 진산 리와 초송리 해안의 약 6km에 걸쳐 가마터 분 포[51]	중형 토축요	10세기말~11 세기전기와 12 세기 중후반 두 견해. 조질자기

---

45) 이종민, 2004, 「고려시대 청자가마의 구조와 생산방식 고찰」, 『한국상고사학보』
   45 일부 참조.
46) 9세기 후반이라면 소라는 명칭의 수공업 단지였으며, 11세기 초에 행정구역인
   소로 편제되었을 것이다.
47) 이희관은 유천리요와 진서리요가 부안 남쪽에 있으므로 고려 때 소로 편제되지
   않았으며 주변에 있던 황화사가 운영한 私窯로 보았다. 그러나 엄밀히 보면 이곳은
   부안의 동남방향이다. 고려 때는 동남쪽을 동쪽 혹은 남쪽으로 임의 표기하므로
   자기소로 편제되었다고 보아도 무방하리라고 본다. 무엇보다도 유천리에서 생산된

[표 2] 요지가 있던 부곡

지명	소	현 지명	비고	시기
용인군	처인부곡[52]	용인군 이동면 서리 중 덕마을	전축요 토축요	고려초~13세기 청자 생산. 11세기말까지 고급백자 생산
인천도호부	梨浦部曲[53]	경기도 시흥시 방산동 산39-1(방산유적)	대형 전축요	9세기후반~10세기
서산군	성연부곡[54]	성연면 오사리	전축요	10~11세기. 녹청자 가마터

것으로 추정되는 제품들이 왕릉이나 왕실 관련 유적에서 나온다는 점이 소로 편재되었을 개연성을 보여준다. 그러나 그 위치로 보아 신덕소가 자기소는 아니라고 판단된다. 이희관, 2000, 「고려청자사상이 강진요와 부인요」, 『고려청사, 강진으로의 귀향』, 강진청자자료박물관, 68쪽 ; 장남원, 2006, 『고려중기 청자 연구』, 혜안, 199쪽 ; 김영원, 2006, 앞의 논문 참조.

48) 윤명철, 2000, 「청자산업과 관련된 고려의 대외항로」, 『청자보물섬 뱃길체험기념 국제학술심포지엄』, 18쪽. 칠량 삼흥리는 초기 고려청자가 생산되던 곳. 그곳에서 가까운 봉황마을은 옹기생산지였는데 주변에 좋은 흙이 많았다고 한다. 땔감 조달을 위해서는 산도 필요한데, 3일 밤낮으로 불을 때야 하므로 대략 900~1000단의 나무가 필요하였다.

49) 서성호, 1997, 『고려전기 수공업 연구』, 서울대 박사학위논문, 57쪽.

50) 국립광주박물관 편, 1991, 『고흥 운대리-국립광주박물관 전남지방 도요지 조사보고』 ; 서성호, 1997, 앞의 논문, 68쪽 ; 이희관, 2005, 「고려시대의 자기소와 그 전개」, 『사학연구』 77, 185.
서성호가 雲岱里窯가 고이부곡에 속해 있었다고 본 데 비해, 이희관은 우대리요가 있는 오늘날의 荳原面은 두원현 영역에 속해 있었다고 하여 이를 부정하였다.

51) 강봉룡, 2000, 「해남지역 청자생산의 역사·지리적 배경」, 『고려청자, 강진으로의 귀향』 ; 한성욱, 2000, 「해남지역 청자의 현황과 성격」, 같은 책.
강봉룡은 화원면 청자단지의 조성 주체를 장보고 세력으로 보았다. 장보고 사후 장인들은 대구면 일대로 이주하였으며 그 일부와 구림리 도기 제작자들이 11~12세기의 산이면 녹청자를 생산했다고 보고 있다. 이에 비해 한성욱은 청해진 유적에서 초기청자가 전혀 출토되지 않으므로 장보고와의 연결 가능성을 부정하고 영산강 유역을 중심으로 한 토착세력의 제작 가능성을 제시하였다.

52) 서성호, 1997, 앞의 논문, 69쪽. 그러나 처인부곡은 용인군 남사면 마곡리에 있어 서리요지와는 30km 정도 떨어져 있으므로 처인부곡에서 자기를 생산했다고 보기는 어렵다고 보았으나 일단 가능성의 측면에서 기록해 둔다.

53) 海岡靑磁美術館, 2001, 『芳山大窯』, 169~173쪽 ; 이종민, 2001, 「시흥 방산동 초기청자 요지 출토품을 통해 본 중부지역 전축요의 운영시기」, 『미술사학연구』 228·229,

위의 표는 청자요지 발굴지역과 소의 위치가 비슷한 곳만 표로 표시한 것이다. 청자요지는 몇년이 지나 땔감이 떨어지면 주변 땔감이 많은 곳으로 이동했다고 판단되므로 대략 유추해 본 것이다. 위의 표에서 보면 소뿐 아니라 부곡지역도 도자기를 생산했으리라 추정되는 곳이 있는데 인천의 이포부곡, 서산군 성연부곡, 장흥부 고이부곡이다. 도자기 생산에 가장 중요한 사람은 장인이므로 국가에서는 입지조건이 우수하다면 부곡이라도 관계없이 이곳에 장인을 이주시키고 주변 부곡민에게 노역을 담당하게 했을 가능성도 있다.55)

요컨대, 나말여초에 중국에서 장인을 초빙하여 중부지방에 요지를 만들었을 때에는 아직 자기소는 없었다. 중부지방의 전축요가 지나치게 큰 규모로 인해 고려의 실정에 맞지 않게 되자 정부는 그동안 기술을 익히게 했던 고려 장인을 땔감 조달과 수송에 편리하여 요지 형성에 적합한 지역으로 보내 자기소를 만들게 하였을 것이다. 이때 가장 적합한 지역으로 거론된 곳이 강진이었다. 강진은 청자 생산에 필요한 흙, 물과 땔감, 그리고 개경까지 운송하기에 편리한 바다가 있었다.56)

그러나 청자의 수요가 늘어남에 따라 강진청자만으로는 부족하게 되어 계속 부안, 공주목의 촌개소나 복수소 등 각지에 자기소가 만들어지게 되었다. 이들 자기소는 국가에 공납하는 외에 중앙의 귀족, 지방관청이나 지방호족, 그리고 농민층의 수요에도 부응하면서 자기 사용은 점점 일상화 되어 갔다. 이에 따라 자기요가 점차 늘어갔는데, 뒤에 새로 만들어진

65~97쪽.

54) 서산문화원·충북대 고고미술사학과 편, 1991, 『서산태안유적(上)』 ; 서성호, 1997, 앞의 논문, 68쪽. 이곳은 출토물이 질이 떨어지는 녹청자 제품이므로 토호세력의 수요에 부응하여 생산했으리라 보고 있다. 하지만 그보다는 지역주민의 수요에 부응하기 위해 만들었다고 보아야 할 것이다.

55) 김난옥, 2001, 「9~11세기 용인 서리 백자요와 지방세력」, 『용인서리백자요지의 재조명』, 169쪽.

56) 장남원, 2008, 「조운과 도자생산, 그리고 유통」, 『미술사연구』 22.

자기요는 사요로만 존재했을 뿐 국가가 관리하는 소로 편재되지는 않았다고 판단된다.

3. 청자의 수취와 유통

고려시대의 자기 생산과정에 대해서는 남아 있는 기록이 없으므로 조선시대의 것으로 추정해 보자. 조선시대 분원의 경우, 흙을 반죽하고 그릇을 만들고 그릇에 무늬를 새기며 가마에 불때기 등으로 장인이 분화되어 있었다. 그리하여 분원을 운영하려면 100명 정도의 수공업자가 있어야 하고 10여 종의 생산공정별 분업이 필수적이었다고 한다.[57] 고려의 자기소도 이 같은 생산체제로 분화되어 흙을 빚어 자기를 만들고 유약을 제조하고 바르기, 불 때는 과정에서의 온도조절 등 중요 작업은 자기장이 담당한다면, 그 외 점토 채취나 땔감 조달은 소민들의 몫으로 분화되어 있었을 것이다.[58]

자기를 생산하기 위해서는 원료와 땔나무 조달이 매우 중요하다. 그중 청자를 만드는 2차 점토(청자 태토)는 우리나라 서해안 남해안 지방과 강 하구에 광범위하게 매장되어 있었다.[59] 도토로 사용할 수 있으려면 질이 섬세하고 찰기가 있어서 성형에 용이하고 그릇이 완성될 때까지 수축 변형이 정도기 적으며 유약이 살 용해되어야 한다. 만일 찰기가 부족하면 강한 점토질을 첨가하고, 점토질이 너무 강하여 수축 변형률이 높다면 내화도가 높은 흙을 알맞게 혼합하면 된다고 한다.[60] 자기 생산에 가장 문제가 되는 것은 땔감 조달이었다. 요지의 땔감이 고갈되었을 경우에는

---

57) 홍희유, 1989, 『조선 중세 수공업사 연구』, 지양사, 21쪽. 조선후기 분원의 인적구성은 권병탁, 1979, 『전통도자기의 생산과 수요』, 영남대출판부, 249~250쪽 참조.

58) 권병탁, 1979, 「고려후기 도자기소의 경영실태」, 앞의 책, 79~80쪽 ; 송성안, 1995, 앞의 논문, 19~22쪽.

59) 이희관·최건, 2001, 앞의 「고려초기 청자생산체제의 변동과 그 배경」, 29쪽.

60) 권병탁, 1979, 앞의 책, 20쪽.

다른 곳에서 운반해야 했다. 조선시대의 경우, 자기를 생산한 지 대략 10년이 지나면 주변의 땔감 조달이 용이한 지역으로 옮겨 다시 자기요를 만들었다고 한다. 고려 때의 자기장도 땔감의 원활한 수급을 위해 요지를 옮겨가며 생산했다고 판단된다.[61]

이렇게 생산된 자기를 수취하는 관원으로는 육요와 제요가 보인다. 『高麗史』祿俸條에는 諸窯直과 六窯直에 쌀 8석 10말씩의 녹봉을 지불하게 하라는 규정이 있어,[62] 고려 때 제요나 육요에 소속된 관원이 각지의 청자와 기와 수취를 관리하였으리라 추정된다. 따라서 자기는 삼사의 명으로 장작감 소속 6요 관원의 주관 아래 所吏를 통해 수합되어 지방군현의 공물과 함께 중앙으로 보내졌다고 볼 수 있을 것이다.

자기·종이·먹 등 수공업 공물은 일반 농가에서 공부로 수취할 수 있는 물품이 아니므로 소에서 생산하는 물품 중 농가에서 생산이 가능한 물품과 불가능한 물품으로 분류해서 국가의 수취현황을 살펴볼 필요가 있다.[63] 각 소에서 생산되는 특산물의 수취방법은 물품에 따라 달랐다고 생각되는데 자기의 경우, 국가가 소단위로 분량을 책정하여 군현을 통해 공납하였을 것이다.[64]

특히 자기는 소에서 생산된 물자만을 수취하여 국가에서 필요한 모든 물품을 조달해야 하는 만큼 정부는 전적으로 瓷器所에 의지하여 필요한 그릇을 수취할 수 밖에 없었다. 그런데 강진 등지에도 많은 조질청자가 출토되는 것으로 보아 소민들은 국가에 공납할 자기 외에 그들의 생계를 유지하기 위해 민간에 판매하는 두 종류의 자기를 만들었을 것이다. 청자에는 孝文·照淸의 인명, 尙藥局·燒錢色의 官司名, 万德·靑龍의 사원명, 御·宮

---

61) 윤용이, 1993, 『한국도자사연구』, 문예출판사, 298쪽.
62) 『高麗史』 80, 志34 食貨3 祿俸 權務官祿.
63) 서성호, 1999, 「고려 수공업소의 몇가지 문제에 대한 검토」, 『한국사론』 41·42, 112쪽.
64) 박종진, 2000, 『고려시기 재정운영과 조세제도』, 서울대출판부, 116쪽.

등의 왕실사용 그릇명 등 다양한 명문이 보이므로,[65] 자기소에서 생산된 물품이 바로 공납관청으로 운송되었음을 보여준다. 이는 다른 공물도 마찬가지였을 것이다. 즉 고려시대 특산물은 소를 통한 생산체계와 왕실과 중앙관사를 중심으로 한 소비체계가 주도면밀하게 연결되어 있었음을 알 수 있다.

강진과 해남에서 생산된 청자는 長興倉의 책임하에 장흥(강진)-영암-해남-무안-부안-長津浦-元山津(홍성)-安興津(태안)-승천포(강화)-벽란도로, 부안요에서 생산된 청자는 부안에서 강진청자와 같은 서해 연안 항로를 따라 항해하였다.[66]

이에 따라 기족들의 주문생산도 이루어지고 있었다. 고려도자 명문에는 作者, 관청명, 사찰명, 천황당 등이 보이지만 특히 눈에 띄는 것이 자기에 써 놓은 시다. 중앙박물관 소장『고려도자명문』에서 보이는 시구에는 술을 마시고 낭만을 즐기는 고려인의 모습이 보인다.[67]

A-1) 푸르고 아름다운 술병에 금꽃을 아로새겼으니 豪家에서 이 병을 사랑했을 것이다 / 옛날 賀知章[68]이 기분좋을 적에 / 늦은 봄 경호에서 이병을 안고 가서 흠뻑 취했으리라[69]

  2) 어느 곳인들 술잊기 어렵구나 / 靑門[70]에 이별도 많네 / 옷깃을 여미며 눈물을 닦고 / 말을 재촉하며 피리소리 늘는다 / 구름낀 나무있는

---

65) 정양모, 1992, 「고려도자명문의 성격」, 『고려도자명문』(국립중앙박물관소장품도록 제8집).

66) 김종운·한성욱·한성천, 2008, 『부안청자』, 학연문화사, 110쪽.

67) 국립중앙박물관, 1992, 『고려도자명문』(국립중앙박물관소장품도록 제8집).

68) 唐代의 풍류시인. 秘書監을 지냈다. 이백의 천부적인 시적 재능을 알아보고 '謫仙人'이라 칭송하였다. 이백과 하지장은 모두 술을 좋아하였는데 杜甫는 「飮中八仙歌」를 지어 하지장이 그 중 첫 번째라고 하였다.

69) 靑瓷陽刻蓮唐草文象嵌詩銘瓢形甁, "細鏤金花碧玉壺 豪家應是喜提壺 須知賀老乘淸興 抱向春深醉鏡湖."

70) 都城門. 중국 한나라 때 장안의 동남방 문이 청색이었다고 한다.

파릉(灞埈)[71]언덕 / 인간세상의 오랜 즐거움이라네 / 이때 술한잔 없다면 / 떠나고 머무는 심정을 무엇으로 달랠 것인가[72]

1)은 12세기의 표주박형 상감청자에 새겨진 시구, 2)는 13세기 국화문 상감청자 병에 새겨진 시구다. 멋진 풍류를 노래하는 시가 새겨진 청자는 고려 귀족층의 여유로운 생활을 보여주는 것으로 술에 대한 찬가가 많다. 이제 아름다운 청자는 필요한 물자를 담는 그릇이 아니라 고려의 고급문화로 자리매김했던 것이다. 이는 시를 새긴 청자를 요청한 귀족들의 주문생산이었음을 짐작하게 한다.

그러면 어떤 단계를 거쳐 운송되었는지 살펴보자. 자기는 깨지기 쉬운 물자의 특성상 전부 배로 운반했으리라 생각되므로 자기소는 주로 강이나 해안 가까이에 존재했을 것이다. 다음은 태안 청자운반선 출토 고려목간의 내용이다.

> B-1) A형 목간 : 앞면 耽津亦在京隊正仁守了付沙器八十, 뒷면 卽□載船□
> (수결)
> 탐진이 서울에 있는 대정 인수에게 사기80을 보낸다. 곧‥배‥에 싣는다.
> 2) B형 목간 : □□□□在京安永戶付沙器一裏
> …가 서울에 있는 安永戶에게 사기(도자기) 한 꾸러미를 보낸다.
> 3) C형 목간 : 崔大卿宅上, 뒷면 묵흔 없음
> 柳將命宅上沙器□, 뒷면 묵흔 없음

태안 대섬[竹島] 해저 출토 도자기는 강진 가까이 있는 영암 장흥창으로 운반되어 보관되다가 쌀과 함께 조운선에 실려 2~3월경 해로를 통해

---

71) 渭河의 지류. 산서성의 강 이름.
72) 靑瓷象嵌菊花文詩銘瓶, "何處難忘酒 靑門送別多 斂襟收涕淚 促馬聽笙歌 煙樹灞埈岸 風塵長樂坡 此時無一盞 爭奈去留何."

개경으로 운송되던 도중 태안에서 침몰된 것으로 추정된다. 그리고 태안 대섬 출토 청자의 제작산지는 강진 용운리 10-2호 요지 청자와 연관성이 깊다고 보고 있다.[73]

그런데 3)에서 崔大卿宅上, 柳將命宅上 같은 宅이 붙은 경우 최대경과 유장명은 화물의 직접 수취자였을 것이다. 그러나 1)에서 대정이라는 정9품 무반은 그 직책으로 보아 최종 수취자가 아니고 해당 화물을 서울에서 관청에 납부하거나 판매하는 등의 일을 맡아본 중간 수취자일 가능성이 있다.[74] 즉 강진에서 중방 장군방 대정방 등에 필요한 도자기를 공납하였는데 이를 대정이 관리했다고 보아야 할 것이다.

그런데 이에 대한 반론으로서 崔大卿·安永戶는 원래 탐진의 토호로 서울에 거주했으리라고 추정하는 견해도 있다.[75] 즉 대구소는 지역의 세력집단인 탐진 최씨와 정안 임씨 등에 의해 움직였다고 보았다. 저자는 감무가 없던 탐진지역은 국가의 직접통제보다는 지방세력에 의해 그 산업적 특권을 유지하면서 운영되었을 가능성이 높다고 보고 있다. 그러나 강진 자기소의 경우, 우수한 도자기 생산으로 인해 국가의 관심이 집중되는 지역이므로 토착세력이 중앙세력과 연결되어 있다 하더라도 그들 마음대로 운용하기는 어려웠으리라 판단된다.

소에서 공장이 생산한 현물을 수취한다는 것은 곧 현물생산에 필요한 원료와 기술 및 역을 한꺼번에 수취함을 의미한다. 국가는 이들에게 대가를 지불하지 않고 필요한 만큼의 물품을 공납하도록 강요하였기 때문에 불만이 생길 여지가 많았다. 이에 공장은 자신의 생계를 꾸리기 위해 국가에 공납하는 자기 외에도 사적으로 은밀히 자기를 생산하여 판매하였을 것이다. 다음 기록은 자기상에 관한 것이다.

---

73) 윤용이, 2009, 「고려청자의 생산과 소비, 항로」, 『청자보물섬 뱃길체험기념 국제학술 심포지엄』.
74) 최연식, 2009, 「태안 청자운반선 출토 고려목간의 현황과 내용」, 위의 책.
75) 한성욱, 2009, 「강진청자의 생산과 유통」, 위의 책, 120~121쪽.

C-1) 은천옹주 임씨는 商人 임신의 딸이요 丹陽大君의 婢다. 沙器 파는 것을 생업으로 하였는데 왕이 그를 보고는 가까이하여 총애하였다. 충혜왕 3년에 왕이 장차 和妃를 맞아들이려 할 때 임씨가 질투하였으므로 은천옹주로 봉하여 그 마음을 위로하였다.76)

2) 거꾸러진 보리이삭 그대로 두고
가지 생긴 삼도 내버려두었네
청자와 백미를 가득 싣고서
북풍에 오는 배만 기다리고 있구나77)

3) 놋쇠와 구리는 우리나라의 산물이 아니니 이제부터는 구리나 쇠로 만든 그릇의 사용을 금지하고 오로지 자기와 목기만 사용하게 함으로써 습속을 개혁하십시오.78)

충혜왕은 적극적인 상업활동을 전개하여 궁핍한 왕실재정을 보완하려 한 인물이었다.79) 사기 파는 상인의 딸이 충혜왕의 총애까지 받게 되었다는 것은 임신으로 대표되는 상인세력과 국왕의 밀접한 관계를 짐작케 해주는데,80) 임신은 자기를 매매하여 큰 부를 소유한 인물로 추정할 수 있다. 2)는 제주도민이 육지에서 올 쌀과 청자를 기다리는 모습을 기록한 시다. 육지 상인이 배를 타고 먼 제주까지 청자를 팔러갔다는 것은 청자가 일상화되었음을 보여주는 좋은 예다.81)

---

76) 『高麗史』 89, 列傳 后妃 忠惠王, "銀川翁主林氏 商人信之女 丹陽大君之婢也 賣沙器爲業 王見而幸之有寵 三年王將納和妃 林氏妬之 乃封爲銀川翁主 以慰其意."

77) 李齊賢, 『益齋亂藁』 4, 詩, "從敎龏麥倒離披 亦任丘麻生兩歧 滿載靑瓷兼白米 北風船子望來時."

78) 『高麗史』 85, 刑法2 禁令 恭讓王 3年 3月 房士良 상소, "鍮銅本土不産之物也 願自今禁銅鐵器 專用瓷木 以革習俗."

79) 전병무, 1993, 「고려 충혜왕의 상업활동과 재정정책」, 『역사와현실』 10.

80) 전병무, 1993, 위의 논문, 236쪽.

81) 장남원, 2006, 「생산유적출토 청자의 양식」, 『고려중기 청자 연구』, 혜안, 215쪽. 장남원에 의하면 지역편차가 있기는 하지만 접시 주발 등의 일상품이 40%에 달한다고 한다.

자기가 일상화됨에 따라 국가는 구리나 쇠로 만든 그릇이 아닌 자기와 목기를 사용하도록 유도하였다. 자기의 생산과 판매를 통해 부를 축적할 수 있게 됨에 따라 자기요는 권력층의 관심대상이 되었다. 특히 국가가 장악하고 있는 자기소가 해체되면서 자기소의 장인들은 권세가나 사원, 궁원은 물론이고 혹은 임신 같은 부유한 상인들에게 예속되었을 것이다. 즉 충선왕 원년(1309)에 국왕이 개경 민가까지 다 기와로 지붕을 잇게 하면서 私窯를 금지하지 말라고 했다는 기록이 있는데,[82] 이미 이 시기에 와요뿐 아니라 상당수의 자기소도 사요로 전환되었으리라[83] 생각된다.

4. 자기소의 해체

소민의 유리현상은 이미 예종대부터 나온다. 다음 기록을 보자.

D-1) 예종 3년 2월에 判하기를 "동, 철, 자기, 종이, 먹 등 잡소는 별공으로 받는 물품을 지나치게 많이 거두어 장인들이 고통을 견디지 못하여 도피하니 해당 관청은 각 소에서 바치는 別常貢物의 다소를 다시 정하여 아뢰어 재가를 받도록 하라" 하였다.[84]

　2) 또 "다양한 工匠을 보내라"고 말씀하신 일에 대헤서는 우리나라에는 예로부터 공장이 적은데다가 기근과 질병으로 인하여 많이 죽었으며, 더욱이 귀국의 兵馬가 크고 작은 城堡를 지나가면서 재해를 당하고 쫓겨난 자가 적지 않습니다. 이로부터 점차 흩어져 본거지에 정착하여 본업에 전념하는 자가 없습니다.[85]

---

82) 『高麗史』 33, 忠宣王 元年 8月 辛亥.
83) 손영종·조희승, 1990, 『조선수공업사』, 백산자료원, 345쪽.
84) 『高麗史』 78, 食貨1 貢賦 睿宗 3年 2月.
85) 李奎報, 『東文選』 61, 書 送撒里打官人書, "又稱諸般工匠遣送事 我國工匠 自昔欠少 又因飢饉疾疫 亦多物故 加以貴國兵馬 經由大小城堡 以罹害被驅者不少 自此耗散 而莫有 地著專業者."

3) (水站別監 崔有恒이 아뢰기를) 신이 관할하는 水站의 船軍은 겨우
조운을 마치고 비로소 농삿일을 돌보는데, 만약 또 나무를 운수한다면
어느 겨를에 농사에 힘쓰겠습니까.[86]

위 기록에서 가장 힘든 소로 거론한 곳이 동·철·자기·종이·먹이다. 구리
와 철은 조선시대의 경우, 농민들이 농한기인 겨울에 해당 광산에 가서
부역하는 형태로 채취하였는데 주거와 양식조달의 열악한 환경에서 채굴하
는 것이 매우 큰 고역이었다.[87] 광산에서의 채굴은 근대에 이르기까지도
가장 힘들고 고된 작업이었다. 그런데 이 광산 다음으로 거론된 것이 자기다.
이는 자기의 생산과정이 매우 어려운 작업임을 보여주는 것으로, 그 중
가장 힘든 일이 땔감 조달이었다. 3)은 조선초기 기와생산에 필요한 땔감을
조달하는 선군의 기록이다.

선군에게 땔감을 조달시키는 일은 수참별감도 우려할 정도로 원성이
높았다. 그러므로 자기소는 좋은 흙을 캐오고 땔감을 조달하는 소민의
부담이 더욱 커서, 이를 피해 도주하는 자는 장인보다 오히려 소민이 더
많았으리라 생각된다. 그리고 해마다 정기적으로 바치는 상공보다 필요할
때마다 요구하는 별공이 더욱 빈번하였다. 특히 일상생활에서 사치스러운
문화를 향유하는 귀족들 때문에 국가에서 필요로 하는 양보다 더 많은
고급청자를 자기소에 요구했다.

국가의 과도한 공물요구로 인한 민의 피폐뿐 아니라 몽골과의 전쟁기부
터 원 간섭기에 이르는 기간 동안 지속된 소의 해체로 인해 자기 생산은
중대한 난관에 봉착하였다. 몽골이 침략하여 전 국토가 유린되니 정부는
강화로 천도하고 농민들은 농토를 버리고 산성이나 해도로 숨게 되었는데,

---

86) 『太宗實錄』 27, 14年 5月 26日 戊戌, "臣所管水站船軍 纔畢漕運 始治田畝 若又輸木
何暇務農."
87) 류승주, 1993, 「15세기 鐵場官·都會官制와 採訪使制下의 국영광업실태」, 『조선후기광
업사연구』, 고려대출판부.

이 틈을 타서 소의 주민들도 흩어졌다. 이는 2)의 원나라 살리타이의 工匠 요구에 대해 공장이 흩어져 보내줄 수 없다고 답변한 이규보의 편지를 통해서도 알 수 있다. 이때는 1232년(고종 19) 4월으로서 고려가 몽골의 1차 침입에서 패배한 후 계속 항쟁하기 위해 강화천도가 거론되던 시기였다.

원 간섭기에 들어서자 고려는 원의 요구로 일본정벌에 필요한 선박을 만들어야 했다. 특히 부안의 경우, 30,500명을 동원하여 변산과 나주 천관산 나무까지 베어 배를 만들게 하였는데, 그 수량은 무려 900척이었다.[88] 또한 충렬왕 5~8년에는 대대적인 궁궐 신축공사가 있었다. 이 같은 사정으로 부안은 더 이상 도자기를 생산하기 어려울 정도로 땔감이 부족해졌는데, 이는 부안뿐 아니리 깅진 등 다른 도요지도 마찬가지였을 것이다.[89] 그럼에도 자기는 여전히 고려민의 일상적인 생필품이었다.[90]

위와 같은 벌목 이외에도 농업생산력이 발달하면서 柴地가 농사를 지을 수 있는 농토로 바뀌게 되자 땔감은 날이 갈수록 부족해져 갔다. 여기에 왜구의 빈번한 침입으로 강진을 비롯한 해안지방은 사람이 살 수 없게 되어 자기장은 각지로 흩어졌다. 그러나 국가주도의 자기소는 무너졌지만 그 과정에서 민간의 자기생산은 더욱 활성화되어 각지로 흩어진 장인들이 각기 독립적으로 자기를 생산하게 되었다.[91]

---

88) 『高麗史』27, 世家 元宗 15年 6月 辛酉.

89) 이희관, 2000, 앞의 논문, 78쪽.

90) 李鐘玟, 2004,「高麗時代 寺址出土 磁器의 器種과 性格」,『丹蒙文化硏究』8, 115~119쪽. 10세기에는 완, 11세기에는 접시가 최대 생산품목인데 고려중기에는 접시, 발, 완, 잔의 순서로 바뀌었다고 하였다. 즉 고려초기에는 차를 음용하기 위한 도구로 청자를 주로 사용했으나 고려중기에는 음식을 먹기 위한 생활용기가 중요 품목으로 바뀌었으며 13세기 후반 원간섭기에는 청자의 기종이 급격히 감소하고 생산품은 주로 대접·접시·잔에 집중하여 음식용기 중심으로 단순화되었다고 하였다.

91) 강경숙, 1989,『한국도자사』, 일지사, 168쪽~190쪽, "말기의 주요 가마터로는 서울 우이동 도봉동 일대, 경기도 광주군 퇴촌면 도수리, 초월면 학동리, 충남 공주군 의당면 가산리와 중흥리, 광주 충효동, 전남 나주군 문평면 운봉리 전북 부안군 보안면 우동리, 경남 산청군 신등면 장천리와 진양군 수곡면 효자리, 사천군 곤양면 송전리, 경북 고령군 성산면 기산동, 월성군 현곡면 남사리, 상주군 화동면 어산리

E. 司饔이 매년 사람들을 각 도에 파견하여 궁중에서 쓸 옹기의 제조를 감독하게 하는데, … 한 도에서 실어가는 것이 소 80~90마리에 이르니 가는 곳마다 소란스럽게 하면서도 막상 수도에 도착하여 바치는 것은 백분의 일에 불과하고 나머지는 개인이 가지니 그 폐단이 막심합니다.[92]

이 기록은 공양왕 원년 12월 조준의 상소문인데 이때는 이성계 일파가 고려왕조를 무너뜨릴 계획을 세우던 단계였다. 그러므로 위의 내용은 고려 왕조의 부패상을 과장되게 표현한 것이리라 판단된다. 여기에서 관원들을 각 도로 파견하여 그 감독하에 옹기를 굽는다는 것은, 국가가 각 도의 주요 요지에 관원을 파견해서 도자기 생산을 관리함을 보여준다. 즉 사기를 수취하는 것은 지방관이 아닌 사용원 소속 관원으로 고려의 소체제에서 관공장체제로의 개편을 시사한다. 1죽은 10개, 1바리는 10죽이다. 1바리는 100개이므로[93] 고려말에 각 도에서 8,000~ 9,000개의 도자기를 중앙에 보냈음을 알 수 있다.

조선왕조 성립 후 소가 완전히 해체되자 국가의 수공업 지배방식은 둘로 나뉘게 된다. 하나는 원료나 단순작업으로 생산되는 물품을 군현의 공납으로 충당하는 방식이다. 반면에 숙련된 기술과 일정한 품질이 요구되는 자기 등의 수공업 제품은 직접 중앙에서 생산하는 방식으로 해결하고자 했다. 이에 따라 국가는 관공장제를 확대 재편하고 이를 통해 왕실수요품이나 관수용품의 상당 부분을 충당하는 관영 수공업체제의 개편을 시도하였는데,[94] 이에 우수한 자기를 생산하기 위해 광주에 분원을 설치했던 것이다.

등을 들 수 있다."

92) 『高麗史』118, 列傳 趙浚, "司饔每歲遣人於諸道, 監造內用甕器 … 而一道馱載 至八九十牛 所過騷然 及至京都 進獻者 皆百分之一 餘皆私之 弊莫甚焉."

93) 바리는 말이나 소의 등에 실은 짐을 세는 단위다.

94) 이해옥, 1999, 「조선전기 수공업체제의 정비」, 『역사와 현실』 33.

5. 맺음말

청자가마는 나말여초 중국 월주요 지방의 가마 축조기법에서 영향을
받아 중부지방에서 전축요로 시작되었다. 그러나 전축요는 일정한 규격으
로 가공한 耐火博을 사용하여 대규모 요를 쌓으므로 정밀한 기술과 많은
인력 등 막대한 시설투자가 필요하다. 이에 고려 장인들은 전축요에 비해
요의 내구성이 약하고 규모는 작으나 소규모 인력과 비용으로 요를 쌓을
수 있는 토축요를 만들었는데 그 중심지역은 강진과 부안이었다.

고려시대의 요지는 많이 발굴되었지만 자기소로 밝힐 수 있는 지역은
황해도 해주의 청산소, 경기도 여주목의 신잉이소, 고양군의 건자산소,
공주목의 촌개소와 복수소, 부안현의 신덕소, 강진군의 대구소와 칠량소,
고창군의 도성소 등 극히 일부분에 불과하다. 따라서 소로 편제되지 않은
많은 자기요가 존재하였을 것이고, 이곳은 사원이나 지방에서 필요로 하는
물자를 생산하였을 것이다.

정부가 각 소에서 생산되는 특산물을 수취하는 방법은 물품에 따라
조금씩 달랐으리라고 보이는데, 자기의 경우 물자의 특성상 전적으로 瓷器
所에 의지하여 수취였을 것이다. 국가는 이들에게 대가를 지불하지 않고
필요한 만큼의 물품을 공납하도록 강요하였기 때문에 공장은 자신의 생계를
꾸려기기 위해 국가에 공납하는 자기 외에 사적으로 은밀히 자기를 생산하
여 판매하였다고 판단된다.

국가에서 필요한 물자를 직접 생산케 하는 소체제는 몽골의 침입과
원 간섭기에 들어서면서 점차 해체되었다. 특히 부안의 경우, 몽골이 고려를
항복시킨 후 일본정벌을 준비하면서 인부 30,500명을 동원하여 900여
척의 배를 만들게 했을 뿐 아니라 충렬왕 5~8년에는 대대적인 궁궐 신축공
사가 있었다. 이 때문에 부안은 더 이상 도요지로서 기능을 할 수 없을
정도로 땔감이 부족해지게 되었다. 특히 고려말에 가서 왜구의 빈번한

침입으로 강진을 비롯한 해안은 사람이 살 수 없게 됨에 따라 자기소는 무너지고 자기장은 각지로 흩어졌다. 그러나 국가주도의 자기소는 무너졌지만 민간의 자기수요가 늘어나면서 자기생산은 더욱 활성화되어, 내륙으로 흩어진 장인들은 각기 독립적으로 소규모 사요를 경영하게 되었다.

조선왕조 성립 후 소가 완전히 해체되자 국가의 수공업 지배방식은 둘로 나뉜다. 원료나 단순작업으로 생산되는 물품을 군현의 공납으로 충당하는 방식과, 숙련된 기술과 일정한 품질이 요구되는 자기 등의 수공업 제품을 직접 국가가 주도해서 생산하게 하는 방식이다. 이에 따라 국가는 관공장제를 확대 재편하면서 우수한 자기를 생산하기 위해 광주에 분원을 설치하였다.

【제2부】
특수농작물

제1장 차의 생산과 茶所

1. 머리말

우리나라에서 차는 이미 신라시대부터 지배층이 마셨으며 고려시대에 들어와서는 민간에도 널리 전파되었다. 차의 역사가 가장 오래된 나라는 중국이다. 중국에서는 周나라 시대(B.C. 771~122)부터 차를 마셨다고 하며 漢代(B.C. 200~A.D. 200)에는 차나무 재배와 차 제조가 본격적으로 시작되었다고 한다. 唐代부터 전차가 쓰였는데, 이는 잎을 쪄서 절구에 찧은 다음 틀에 넣어 일정한 형태로 만든 것이다.

우리나라에 차가 들어온 것은 신라 선덕여왕(632~647)대이며, 생산이 활발해진 것은 興德王 때 大廉이 당에서 茶種을 가져다가 지리산에 심은 이후부터였다.[1] 차는 특히 불교의 발달과 더불어 사원에서 주로 애용되었는데,[2] 고려시대에 들어와서 지배계층에서는 차 마시는 것이 생활의 일부가 되었다. 차의 생활화와 더불어 남쪽지방을 중심으로 차의 재배가 성행하여 고려시대에는 농민층에게 공물로 납부하게 하거나 茶所를 두어 전문적으로 차를 생산하도록 하였다.

---

1) 『三國史記』 新羅本紀10, 興德王 3年 12月, "興德王三年 入唐廻使大廉持茶種子來 王使植地理山 茶自善德王時有之 至於此盛焉."
2) 『三國遺事』 2, 景德王·忠談師·表訓大德 ; 『三國遺事』 3, 臺山五萬眞身.

茶道에 대해 씌어진 책은 많으나[3] 고려시대 차에 관한 논문은 극히 소략한 편이며[4] 차의 생산과 수취 실태에 관해서는 전무한 실정이다. 여기에서는 고려시대의 茶所를 중심으로 차의 생산과정과 수취구조를 검토하는 한편, 농가의 구체적인 차생산 현황을 살펴보고자 한다. 아울러 茶文化를 통한 고려지배층의 풍습도 살펴보고자 한다.

2. 차의 종류와 재배

차나무의 종류는 다양하다. 중국이나 인도에서 재배되는 小葉種은 矮性이어서 자연상태로 두어도 2~3m밖에 자라지 않지만 인도의 아샘지방 대엽종은 그대로 두면 15m 내외로 자라는데, 우리나라에 처음 전래된 것은 당나라에서 가져온 소엽종이었다고 한다.

차나무의 재배에 알맞은 기후조건은 연평균 기온이 14°C 이상, 강우량이 1,400mm 이상이어야 한다. 차나무는 어떤 토양에서도 잘 자라지만 표토가 깊고 부식이 충분하며 하층에 자갈이 있어 배수가 잘되면서도 보수력이 강한 산중턱의 경사지가 적당하다. 따라서 차는 습기가 많고 찌는 듯이 무더우면서도 시원한 바람이 불어 무더위를 잘 걷어주는 곳, 안개가 자욱하며 아침햇살은 잘 받되 낮에는 그림자가 지는 계곡을 낀 산비탈에서 잘 자라므로 우리나라에서 차를 생산하기 위한 최적지는 지리산 부근이라고 한다.

차나무의 관리를 보면, 대체로 연 4회 김매기를 한다. 그리고 손으로

---

3) 이기윤, 1989, 『다도』, 대원사 ; 諸岡存·家入一雄 共著, 李明培 譯, 1991, 『朝鮮의 茶와 禪』, 保林社 ; 고세연, 1993, 『茶의 美學』, 艸衣 ; 박희준, 1994, 『차한잔』, 신어림 ; 김종태, 1995, 『차이야기』, 오름시스템(주) ; 김종태, 1996, 『茶의 科學과 文化』, 保林社.

4) 文一平, 1982, 「茶故事」, 『湖岩全集(2) 문화·풍속편』, 民俗苑 ; 全完吉, 1987, 「高麗時代의 茶文化論」, 『民族文化研究』 20.

잎을 따는 차나무는 剪枝하여 균일한 새눈이 많이 나오게 해야 하는데, 다수확을 위해서 1번차 또는 2번차 잎따기 후에 전지를 한다. 가위로 잎따기를 하는 차나무는 전지가 필요없으나 나무가 고르지 못할 때는 전지를 한다. 차나무는 다른 작물에 비해 많은 거름이 필요한데 한꺼번에 주지 말고 생육상태에 따라 적절히 나누어 주어야 하므로 여느 작물과 마찬가지로 세심한 주의와 정성을 요한다.

차의 수확 횟수는 생육상태와 경영방법에 따라 다르다. 따뜻한 곳에서는 3~4회, 추운 곳에서는 1~2회로 하되 나무상태에 따라 결정한다. 어린 잎을 따면 품질은 좋으나 수확량이 적고, 오래 둔 잎을 따면 수확량은 많으나 품질이 나쁘다. 따라서 잎따기는 보통 한 눈에서 4~5장의 잎이 피었을 때가 가장 알맞다.

採茶는 특히 시기가 중요하다. 너무 일찍 따면 향기가 온전하지 못하고 신묘한 맛이 없어진다. 穀雨節(양력 4월 20일경) 5일 전에 따는 것이 가장 좋고 곡우 지나서 닷새가 그 다음이고, 다시 5일이 지나면 그 다음이고, 이후 늦어질수록 좋지 못하다. 보라색이 도는 잎[紫葉]이 가장 좋고 광택이 있는 篠葉이 가장 나쁘다. 밤새 구름이 끼지 않고 이슬이 내린 이후 딴 것이 가장 좋고 낮에 딴 것은 그 다음이요, 가랑비가 내릴 때 딴 것은 좋지 못하다. 山谷間에서 자라는 차나무의 잎이 상품이고 대니무밭에서 나는 차나무가 그 다음이고, 돌자갈밭에서 나는 것은 또 그 다음이요 무른 모래땅에 자라는 것이 가장 좋지 않다고 한다. 이같이 차를 키워 찻잎을 따는 데도 계절과 날씨, 그리고 심는 장소가 중요하므로 시기를 놓치지 말고 많은 주의를 기울여야 함을 알 수 있다.

茶經에는 찻잎을 따는 계절에 따라 첫째가 茶, 둘째가 檟, 셋째가 蔎, 넷째가 茗, 다섯째는 荈이라 했다. 봄이 되어서 찻잎이 돋아나기 시작할 때 딴 차는 모양이 새의 혓바닥처럼 생겼다고 해서 작설차라 부르며, 가장 상품에 속한다. 어린 잎을 따서 절구에 찧어 떡을 만들기도 하는데, 이것을

불에 구워 음료수로 만들어 마시는 차를 茗 또는 荈이라 부른다. 고려시대에는
찻잎을 따서 시루에 넣어 찌고 다시 이것을 절구로 찧어서 덩어리로 만들어
團茶라 불렀는데, 이 단차를 갈아서 가루로 만든 말차를 마셨다고 한다.

위의 내용은 대체로 차의 재배에 관한 일반론인데, 이 같은 실정은 고려시
대에도 마찬가지였을 것이다. 요컨대 차는 1년에 3~4차례 수확하는데
그 시기를 잘 맞추어야 上品을 수확할 수 있으며 1년에 4차례 정도의
김매기를 해야 한다. 차는 벼농사와 마찬가지로 많은 인력과 정성을 들여야
제대로 거두어들일 수 있으므로 차 재배가 상당한 노력과 주의를 요하는
농업임을 알 수 있다.

3. 고려사회의 茶文化

고려는 불교국가였던 만큼 사원을 비롯하여 왕실, 개인에 이르기까지
차 마시는 습관이 일반화되었을 뿐 아니라 거리에는 茶店도 번성했다.
다음 기록을 보자.

> A-1) 교를 내리기를, "茶店·酒店 등 여러 상점에서 물건을 매매할 때에는
> 그 전대로 돈을 사용하고, 그 외 백성들이 사사로이 물건을 매매할
> 때에는 돈 아닌 토산품으로 돈 대신 사용하게 하라" 하였다.[5]
> 2) 왕이 玄化寺에 행차하니 東院·西院의 승려들이 각기 茶亭을 차려놓고
> 왕을 영접했는데 서로 경쟁적으로 화려하고 사치스럽게 장식하였다.[6]
> 3) 왕이 귀법사에 갔다가 그 길로 현화사에 갔는데, 羂嶺 茶院까지 말
> 달려 가니, 호종하던 신하들이 아무도 따라잡지 못하였다.[7]
> 4) <茶店晝睡>

---

5) 『高麗史節要』 2, 穆宗 5年 7月 ; 『高麗史』 79, 貨幣.
6) 『高麗史』 18, 毅宗 13年 3月 乙亥, "幸玄化寺 東西兩院僧 各設茶亭迎駕 競尙華侈."
7) 『高麗史』 18, 毅宗 21年 7月 丁酉, "幸歸法寺 逐御玄化寺 馳馬羂嶺茶院 從臣皆莫及."

몸을 던져 평상에 누워 문득 이몸 잊었더니
한낮 베개위에 바람부니 잠이 절로 깨누나
꿈속의 이몸이 머물 곳이 없으랴
천지가 모두 하나의 숙소인 것을
텅빈 누각에서 꿈을 깨니 정히 오후 네시일새
흐릿한 두 눈으로 멀리 봉우리를 보네
누가 알리, 隱者의 한가한 멋을
한자리 봄잠이 千鍾에 맞먹느니[8]

우리나라에서 언제부터 차 마시는 茶房이 있었는지 알 수 없으나 경주 昌林寺址[9] 出土 瓦當에 새겨진 茶淵院이란 銘文을 보면 이미 신라시대에 차 마시는 전문적인 장소가 있었음을 알 수 있다.[10] 고려시대에는 차 마시는 장소로서 茶店·茶亭·茶院이 기록에 보인다.

고려는 成宗대에 처음 화폐를 주조하였으나 화폐가 제대로 유통되지 않자 穆宗은 동전의 사용을 활성화시키기 위해 茶店·酒店은 반드시 돈을 사용하도록 규정하였다. 이는 당시 보편화된 주점·다점을 토대로 고려사회 전체에 화폐를 사용하게 하여 상업적인 조세기반을 확보하려는 시도였다.

4)에서 12세기 明宗대의 文人이었던 林椿은 다점의 누각에서 낮잠을 자고 있다. 이곳이 외래인이 숙박할 수 있는 방으로 사용된 곳이었는지, 또는 손님이 차를 마시는 평상인데 남의 눈을 의식하지 않고 함부로 잠들었는지는 분명하지 않으나, 고려시대의 다점이 주점과 나란히 언급되고 있는 것으로 보아 수도 개경과 같은 번화가에는 다점이 주점처럼 많았고 주로

---

8) 林椿,「茶店晝睡」,『東文選』19, 七言絶句, "頹然臥楊便忘形 午枕風來睡自醒 夢裡此身無 處着 乾坤都是一長亭 虛樓罷夢正高春 兩眼空濛看遠峰 誰識幽人閑氣味 一軒春睡敵千 鍾."

9) 『新增東國輿地勝覽』21, 慶州府. 경주 금오산(남산) 기슭에 있었던 사찰. 신라 명필가 金生(711~791)이 昌林寺碑를 쓴 것으로 보아 791년(원성왕 7) 이전에 창건된 사찰임을 알 수 있다.

10) 金奎鉉, 1979,「茶와 茶禮」,『서울六百年史(3)』.

사람들을 만나거나 쉬는 장소로 애용된 것 같다. 다점은 차를 마실 뿐만 아니라 차를 매매하는 장소이기도 하였다. 이곳은 부유한 귀족들만 드나드는 곳이 아니라 누구든지 왕래가 가능했던 것으로 보인다.

　『東文選』에 보이는 임춘의 시 <茶店晝睡>가 『西河集』에는 <李郎中惟誼茶店晝睡>로 되어 있다. 임춘은 낭중 벼슬을 하고 있는 李惟誼의 찻집에서 낮잠을 즐긴 것으로 보이는데 관리가 다점을 경영하고 있다는 사실이 상당히 특기할 만하다. 고려시대에는 사원에서 상업적인 이윤을 추구하여 기와, 술, 파 등을 매매하였으며, 또 관청에서 주식점을 설치한 것을 볼 때 정5품 郎中의 직위를 가진 관리라 하더라도 다점 경영을 하는 것이 그리 문제될 일은 아니었던 것 같다.[11] 고려시대는 다점 외에도 차를 파는 상인들이 많았으며 심지어는 나쁜 차를 속여 파는 경우도 있었다.[12] 이같이 다점은 차도 매매하고 차도 마시고 심지어는 잠도 잘 수 있는 여러 기능을 겸비하였던 것으로 보인다.

　다음, 茶亭은 사원에 설치된 차 마시는 장소로서, 원래 음다풍속이 가장 성행했던 곳이 사원이었던 만큼 차 마시는 공간이 따로 있었던 것으로 보인다. 그런데 A-2)에서 玄化寺에 의종이 이어하자 승려들이 각기 다정을 화려하게 차려놓고 국왕을 기다린 것으로 보아 현화사에는 여러 개의 다정이 있었던 것 같다. 현화사는 顯宗이 양친인 安宗과 獻貞王后의 명복을 빌기 위하여 창립한 사찰로서 절의 규모가 지극히 크고 화려했다. 또한 현화사는 현종 대부터 미륵보살회, 미타불회 등 국가차원의 행사가 빈번하게 실시되었으므로 다정뿐 아니라 많은 휴양시설이 설치되어 있었던 것 같다. 이 같은 다정은 비단 현화사뿐 아니라 興王寺 등 대부분의 사찰에도 모두 있었으리라 생각된다.

---

11) 全完吉, 1987, 앞의 논문, 199쪽.
12) 李奎報, 『東國李相國集』 13, 古律詩, "孫玉堂得之 李史館允甫王史館崇 金內翰轍吳史館柱卿見和 復次韻答之.".

茶院은 전문적인 숙박시설이었을 것이다. '원'이란 원칙적으로 국가가 경영하는 숙박시설이다.[13] 獺嶺은 황해도 長湍 洛山寺洞에 있는데 『新增東國興地勝覽』에 의하면 "의종이 일찍이 승려 覺倪와 獺嶺에서 시를 짓고 놀면서 돌아올 줄을 모르니 호위하는 장졸들이 모두 피곤하였으므로 정중부 등이 비로소 반역할 마음이 생겼다"[14]고 하여 獺嶺 茶院이 개경 근교에 관리들을 위한 숙박시설로서 차도 마시고 잠도 잘 수 있는 구실을 하였으며, 국왕이 밤을 지새며 즐길 정도로 풍광도 뛰어난 곳이었던 것으로 보인다.

이와 같이 차와 관련된 다양한 기능을 가진 시설이 설치되었다는 것은 고려시대에 차를 마시는 것이 일상적이었음을 보여준다. 이외에도 문인이나 승려가 고요하고 맑은 마음으로 향기로운 차를 마시는 일상을 노래한 시들이 많이 남아 있어 고려시대의 음다풍속의 편린을 엿볼 수 있다. 茶店, 茶亭, 茶院의 존재로 추정컨대 고려시대에서 차는 국가에 공납하는 양보다 민간에서의 사용 양이 더욱 많았으리라 생각된다.

4. 차의 종류와 생산지역

차에는 團茶·葉茶가 있는데 고려시대에는 주로 단차가 많이 사용되었다. 團茶는 찻잎을 따서 시루에 넣어 찌고 다시 이깃을 절구로 찧어서 일정한 형태로 만들어 말린 것이다. 신라나 고려, 조선시대까지는 주로 덩이차를 만들어 저장해 두었다가 가루를 내기 전에 불에 약간 쪼여 나무망치로 덩어리를 부순 다음 맷돌로 갈아 사용했다. 차의 종류를 보자.

B-1) 개경의 80세 이상의 남녀와 중환자 및 장애인에게 술과 음식, 차와

---

13) 崔冲, 「奉先弘慶寺碣記」, 『朝鮮金石總覽(上)』, 260~262쪽 ; 權近, 『陽村集』13, 德方院記, 廣灘院記 ; 이병희, 1998, 「고려시기 원의 조성과 기능」, 『청람사학』1 참조.
14) 『新增東國興地勝覽』12, 長湍都護府 山川.

布를 차등있게 하사하였다.[15]

2) (崔承老) (성종) 8년에 죽으니 … 布 1,000필, 麵 300석, 粳米 500석, 乳香 100兩, 腦原茶 200角, 大茶 10斤을 부의하였다.[16]

3) 청연각에 친히 雙角龍茶를 내리다.[17]

4) 雲峰의 老珪禪師가 早芽茶를 보여주므로 내가 孺茶라 이름짓고, 시를 청하기에 짓다.[18]

5) <차를 實周主事[19]에게 보내며>
   바다고을에서는 이른봄 햇차가 나오는데
   대바구니에 캐고 캔 露芽가 새롭다네
   제봉하여 儀曹에 부치면서 묻나니
   중국의 龍丹과 비교하면 어느 것이 참맛인가.
   황금가루 날리는 옥빛 차 한 잔
   난초 향유를 섞지 않아도 저절로 기묘한데
   감람을 여리게 탄 담담한 맛
   그대여 번거롭다 마시고 다보 지어서 세상에 알렸으면[20]

고려시대 차의 종류로는 茶·大茶·腦原茶·雙角龍茶·早芽茶(孺茶)·香茶·露芽茶 등이 있었다. 서긍은 『高麗圖經』에서 "土産茶는 쓰고 떫어 입에 넣을 수 없고 오직 중국의 蠟茶와 龍鳳賜團[21]을 귀히 여긴다"[22]라고 하였다.

---

15) 『高麗史』 4, 顯宗 13年 9月 己巳, "賜京城男女年八十以上 及篤癈疾者 酒食茶布有差."

16) 『高麗史』 93, 列傳 崔承老, "八年卒 諡文貞 年六十三 王慟悼 下敎 褒其勳德 贈太師 賻布一千匹 麵三百碩 粳米五百碩 乳香一百兩 腦原茶二百角 大茶一十斤."

17) 郭輿, 『東文選』 19, 七言絶句 淸讌閣 親賜雙角龍茶[郭輿], "淸讌閣親賜 雙角龍茶."

18) 李奎報, 『東國李相國前集』 13, 古律詩, "雲峯住老珪禪師得早芽茶示之 余目爲孺茶 師請詩 爲賦之."

19) 명나라 禮部主事.

20) 李崇仁, 『陶隱文集』 3(『高麗名賢集』 4), 茶呈實周主事, "海上鄕茶占早春 筠籠采采露芽新 題封寄與儀曹問 內樣龍丹味孰眞 黃金霏屑玉精糜 不雜蘭膏也自奇 撤攪細和玄酒淡 煩公作譜使人知."

21) 용봉사단은 북원 황제가 내린 용봉차. 宋 仁宗 때부터 좋은 차의 질을 확보하기 위해 궁중의 北苑에서 제조하였다(한국고전종합DB 참조).

서긍이 고려에 와서 마신 차는 早芽茶나 腦原茶가 아닌 감람을 넣은 일반적인 茶였던 것 같다. 감람을 조금 넣으면 담담한 맛이 나지만 많이 넣으면 쓰고 떫다고 한다.

그러나 고려 사람들이 남긴 시에 의하면 고려에도 수준높은 향기로운 차가 많이 생산되었다. 그 중에서 특히 뇌원다는 고려의 名茶로서 주로 신하들 喪禮 때의 賻儀와 거란에 보내는 예물23)로 쓰였다. 최승로가 성종이 몸소 맷돌에 차를 가는 것을 근심하는 기사24)나 뇌원다의 용량단위가 角인 것으로 보건대, 고려시대의 차는 주로 잎을 띄워 마시기보다 덩어리인 단차로 만들어 두었다가 갈아서 말차로서 마셨음을 알 수 있다.

이 중 국왕이 마셨다는 쌍삭용차, 국왕이 하사하는 차인 뇌원다, 이른 봄에 따는 조아차가 유명했던 것으로 보인다. 노아차 역시 이른 시기에 만들어지고 그 모습이 용봉단차 같은 덩이차 형태로 되어 있다고 한 것으로 보아 작설차와 비슷했던 것 같다. 그리고 노아차가 난초향유를 타지 않아도 난초향이 난다고 한 것은 고려시대 사람들이 난초향유를 섞어 마시는 호사를 부렸음을 보여준다. 고려시대에서 차는 욕심 없고 정결한 삶의 모습을 상징하므로 국왕은 특별히 80세 이상의 노인들에게 하사하였다. 이 외에 그냥 차라고 불리는 중급품이나 하급품은 주로 서민들이 복용했으리라 보인다.

차의 생산시는 [표]에서 보는 바와 같이 경상도·전라도 전역에 걸쳐 있으며 특히 지리산 부근이 유명하다. 그 외에도 통도사에 소속된 사령지에 다소가 있었음이 나타난다.

C-1) 寺之四方山川裨補25) ; 북쪽 冬乙山의 茶村은 차를 만들어 사찰에 공납하

22) 『高麗圖經』 32, 器皿 茶俎.
23) 『高麗史』 6, 靖宗 4年 7月 甲寅.
24) 『高麗史』 93, 列傳 崔承老.
25) 通度寺舍利袈裟事蹟略錄, 『通度寺誌』, 亞細亞文化社, 1979, 26쪽, "北冬乙山茶村 乃造茶

는 소다. 사찰에 공납하기 위한 茶 다리던 부뚜막과 茶泉은 지금도
아직 없어지지 않아 후에 사람들은 이를 茶所村이라 하였다. … 북쪽의
茶村은 坪郊인데 이는 居火郡(언양)의 경계에 있다.

　2) <孫翰長이 다시 화답하기에 운을 차하여 기증하다>[26]

　　雲峰의 독특한 향취 맡아보니

　　남방에서 마시던 맛 완연하구나

　　따라서 花溪에서 차 따던 일 논하네

　3) 上供하는 차가 本郡(함양)에서는 생산되지 않는데 정부는 해마다
백성들에게 이를 부과하였다. 이에 백성들은 값을 치르고 전라도에서
사오는데, 대략 쌀 한 말에 차 한 홉이다. 내가 처음 이 고을에 부임하여
그 폐단을 알고는 이것을 백성들에게 부과하지 않고 官에서 자체로
여기저기서 구걸하여 납부했었다. 그런데 일찍이 三國史를 열람해보
니 신라 때에 당나라에서 茶種을 얻어와 명하여 지리산에 심게 했다는
말이 있었다. 아, 우리 군이 바로 이 산 밑에 있는데 어찌 신라 때
남긴 종자가 없겠는가. 그래서 매양 父老들을 만나 찾아보게 한 결과
과연 嚴川寺 북쪽 竹林 속에서 두어 떨기 茶種을 발견하게 되었으므로
나는 매우 기뻐하면서 그것을 茶園으로 만들게 하였다.[27]

　　조선시대 기록이기는 하지만, 『世宗實錄地理志』와 『新增東國輿地勝覽』
을 참조한 [표]에 의하면 차를 土貢으로 바치는 지역은 경상도의 密陽·蔚山·
晋州·咸陽·山陰·固城·河東·鎭海이며, 전라도는 古阜·沃溝·扶安·井邑·羅州
·靈岩·高敞·靈光·茂長·南平·務安·興德·長城·長興·潭陽·康津·淳昌·順天·
茂珍(光州)·樂安·高興·寶城·光陽·求禮·珍原·同福 등으로 전라도는 거의 전

　　貢寺之所也 貢寺茶因茶泉 至今猶存不泯 後人以爲茶所村也 … 北茶村坪郊乃居火郡之境
　　也."

26) 李奎報, 『東國李相國集』 13, 古律詩 孫翰長復和 次韻寄之.

27) 金宗直, 『佔畢齋集』 10, 茶園二首, "上供茶 不産本郡 每歲賦之於民 民持價買諸全羅道
率米一斗得茶一合 余初到郡 知其弊 不責諸民 而官自求丐以納焉 嘗閱三國史 見新羅時得
茶種於唐 命蒔智異山云云 噫郡在此山之下 豈無羅時遺種也 每遇父老訪之 果得數叢於嚴
川寺北竹林中 余喜甚令建園其地."

역에서 차를 공납함을 알 수 있다. 그 중에서 다소로 기록되고 있는 지역은 茂長의 龍山·梓亦, 長興의 饒狼·守太·七百乳·井山·雲膏·丁火·昌居·熊帖·加佐·居開·加乙坪·香餘·安則谷 그리고 同福縣의 瓦村(瓦旨茶貢里)이다. 그러나 이 중 茶생산지라는 기록이 보이는 곳은 언양, 화개, 함양 그리고 두륜산 정도다.

화개는 『世宗實錄地理志』 151, 全羅道 求禮縣條에 의하면, "越境은 慶尙道 晉州 任內의 花開의 땅이 昆南(昆陽)·河東·岳陽으로 150리를 넘어서 현의 동쪽에 들어와 있다"고 하여 원래 구례에 가까운 지리산 기슭에 있는 곳이다. 이곳의 지형은 지리산을 중심으로 해서 동은 晉州와 昆南, 북은 咸陽과 山陰(산청), 서는 求禮, 남은 光陽이 있다. 우리나라에서 지리산이 최적의 茶생산지임을 알 수 있다.

C-1)에 의하면 통도사에는 차를 공납하는 소가 있었다. 통도사 사령 내에는 몇 개 촌락이 존재했는데 통도사는 冬乙山의 茶所民을 寺領內에 집단적으로 거주하게 하여 茶를 제조 공납케 했다.[28] 그리고 화개에는 雙磎寺·華嚴寺가 있는데, 화엄사는 신라 경덕왕 때 승려 연기가 창립한 이후 고려, 조선시대에 이르기까지 중창을 거듭하며 번성한 사찰이다.

쌍계사는 723년(성덕왕 23) 義湘의 제자인 三法이 창건한 사찰로서, 840년(문성왕 2)에 眞鑑國師가 중국에서 차의 종자를 가져와서 절 주위에 심고 대기람을 중창하였다고 하는데, 임진왜란 때 소실되어 碧巖이 1632년(인조 10)에 중건한 기록이 있을 뿐 고려시대의 실정은 알 수 없다. 大雄殿 등 건축물은 조선시대, 浮屠·石燈 등은 신라시대 것이므로 고려시대에도 변함 없이 번성하였을 것이다. 따라서 불교국가인 고려에서 화엄사나 쌍계사라는 대사찰에 사원에 필수적인 차를 공급하는 茶所가 있었으리라는 것은 충분히 예측 가능하다.

[표]의 밀양도호부에는 嚴光寺가 있는데 이곳에서 작설차가 생산된다고

---

28) 武田幸男, 1966, 「高麗時代における通度寺の寺領支配」, 『東洋史研究』 25-1, 84쪽 참조.

한다. 또한 C-3)에서 조선 성종 때 김종직은 함양군수로 있으면서(1471년) 嚴川寺 북쪽 죽림에서 차의 종자를 발견하여 차생산을 독려해서 공납했다고 하며, 해남현 두륜산에는 대둔사가 있다. 이와 같이 寺院과 茶는 밀접한 연관을 가지고 있어서 고려시대에는 상당수의 茶所가 사원에 소속되어 있었으리라 추정된다.

『高麗史』57, 地理志 晉州牧條에 의하면 "花開·薩川 兩 部曲이 있는데 그 長은 머리를 삭발하고 僧首라 칭하였다"고 한다. 화개부곡은 쌍계사나 화엄사 등 주변 사찰의 예속하에 있었으므로 화개부곡의 장리들은 머리를 삭발하고 승수라고 불렸을 것이다. 이 화개부곡은 차를 생산하는 지역일 가능성이 높다. 지리산 부근에서 차를 생산하는 지역은 소뿐 아니라 부곡에서도 충분히 가능하다.[29] 또한 薩川部曲도 화개부곡과 인접해 있어 이 역시 주변에 있는 사원의 통제하에 있었을 것이다.[30] 이와 같은 상황으로 미루어 鄕의 경우도 사원에 예속된 것이 있었으리라 생각되지만 정확한 실태는 모호하다.[31]

---

29) 朴宗基, 1990, 「高麗의 收取體制와 部曲制」, 『高麗時代 部曲制研究』, 서울대출판부, 148쪽.

30) 李相瑄, 1998, 「寺院의 土地支配」, 『高麗時代 寺院의 社會經濟 研究』, 성신여대출판부, 99쪽. 氏는 화개가 쌍계사의 통제 하에 있다고 말하였으나 당시 지리산 주변에 많은 사찰이 있었던 만큼 그럴 개연성은 있으나 어느 사찰 소속인지는 단정적으로 말할 수는 없다고 생각된다.

31) 李相瑄, 1998, 위의 논문, 93쪽. 氏는 『韓國金石遺文』戊戌銘 銅鐘條에서 泰和 7年에 조성된 資福寺 鉾子에 새겨진 銘文을 통해 자복사가 京畿道 陽根郡의 奉日鄕에 위치하고 있으므로 봉일향이 자복사에 예속되었으리라고 추정하였다. 그러나 사원이 그곳에 있었다는 사실만으로 봉일향이 예속되었다고 보기는 어렵다고 생각한다.

5. 차의 수취구조와 경영형태

1) 차의 수취구조

차 재배는 벼농사와 마찬가지로 많은 노역이 필요하다. 1년에 4차례 김매기를 해야 하고 다른 작물에 비해 많은 시비량을 필요로 한데 생육상태에 따라 적절히 나누어 주어야 하며, 採茶의 경우에도 시기에 맞추어 5차례 정도 나누어 따야 하는 등 세심한 주의가 요구된다. 농민들은 차 이외에도 그들이 양식으로 쓸 곡물도 심어야 했으므로 이중노역으로 인한 농민의 고통이 심하였다. 다음 기록을 보자.

D-1) <孫翰長이 다시 화답하기에 운을 차하여 기증하다>
　　雲峰의 독특한 향취 맡아보니
　　남방에서 마시던 맛 완연하구나
　　따라서 花溪에서 차 따던 일 논하네
　　관에서 감독하여 老弱까지도 징발하였네
　　험준한 산중에서 간신히 손으로 따서
　　머나먼 서울로 등짐져 날랐네
　　이는 백성의 애끓는 膏血이니
　　수많은 사람들의 피땀으로 바야흐로 이루어졌네 …
　　산림과 들판 불살라 차의 貢納 금지한다면
　　남녘 백성들 휴식이 이로부터 시작되리[32]
　2) <雲峰에 있는 老珪禪師가 早芽茶를 얻어 보여주므로 내가 孺茶라 이름붙이니, 시를 청하기에 짓다>[33]
　　시냇가 차나무는 봄싹을 먼저 틔우니

---

32) 李奎報, 『東國李相國集』 13, 古律詩 古律詩 孫翰長復和次韻寄之, "品此雲峯未嗅香 宛如南國曾嘗味 因論花溪採茶時 官督家丁無老稚 瘴嶺千重眩手收 玉京萬里頳肩致 此是蒼生膏與肉 饞割萬人方得至 … 焚山燎野禁稅茶 唱作南民息肩始."

33) 위의 책, "雲峯住老珪禪師得早芽茶示之 余目爲孺茶 師請詩爲賦之 故敎溪茗先春萌 抽出金芽殘雪裏 南人曾不怕髠裁 冒險衝深捫葛藟 辛勤採摘焙成團 要趁頭番獻天子."

잔설 속에서 황금잎을 따네
남방 사람들 맹수도 두려워하지 않아
험난함을 무릅쓰고 칡넝쿨도 휘어잡는다네
간신히 잎을 따서 단차로 만들어
남보다 먼저 임금님께 드리려 하네.

3) <養茶>[34]
해마다 차나무는 새로운 가지를 내미는데
그늘에 키우노라 울을 엮어 신중히 보호하네
육우는 다경에서 빛깔과 맛을 논하였는데
관청에서는 어린 찻잎만 바치라고 하네
봄바람이 불지 않아도 싹은 먼저 솟아오르고
곡우가 돌아오니 잎이 절반은 피어나네

농경이 발달한 오늘날에도 차나무 식재는 3월경 묘목을 차밭에 옮겨심은 뒤 보통 3~4년 정도 지나야 찻잎 수확이 가능하다고 한다.[35] 그러므로 몇 년 동안 아무런 수확 없이 관리비용만 투여되기 때문에 가난한 농가에서는 재배가 어렵다. 고려시대에도 차나무 식재단계에서는 중앙이나 지방관청 혹은 사원의 지원 없이는 영세한 농민이 수익을 위해 차나무를 재배하기는 어려웠을 것이다. 따라서 茶는 중앙 혹은 지방관청이나 사원의 지시하에 집단적으로 재배하게 되었으며 이것이 다소의 경영형태로 고착되었으리라 여겨진다.

李奎報의 詩는 차를 생산하던 농민의 실상을 보여준다. 즉 官에서 감독을 보내어 젊은 층은 물론이고 노인과 어린아이까지 강제로 징발하여 차를 따도록 하고 서울까지 운반하게 하였다고 한다. 국가의 茶所 주민에 대한 수탈은 노인·어린이까지 징발하는 형태로, 일반 군현민에 비해 매우 가혹했

---

34) 金時習, 『梅月堂詩集』12, "年年茶樹長新技 陰陽編籬謹護持 陸羽經中論色味 官家権處取
　　 槍旗 春風未展芽先抽 穀雨初回葉半披."
35) 김종태, 1995, 앞의 책, 52쪽.

다. 이 점은 鐵, 銀, 紙所 등 다른 소도 마찬가지였다. 이규보가 살았던 시기는 12세기 후반 무신정권기인데, 이 시기에 소와 부곡에서 농민항쟁이 빈번하게 일어나게 된 것도 이 같은 노동력 수탈이 중요한 요인 중의 하나였다.

2)의 이규보의 시는 아직 눈이 남아 있는 추운 날씨에 주민들이 산속을 헤매며 맹수의 위협까지 받으면서 차를 따는 고된 생활을 보여주고 있다. 여기에서는 산속에서 자생하는 차나무에서 차를 따고 있는 모습이라고 생각된다. 조선 세조 때의 김시습의 시에서는 "해마다 차나무는 새로운 가지를 내미는데, 그늘에 키우느라 울을 엮어 신중히 보호하네"라고 하여 농부들이 조심스럽게 차나무를 키우는 모습을 보여주고 있다. 그러나 고려시대에는 자생하는 차나무에서 잎을 따기도 했지만 대체적으로는 차나무를 직접 키워 차를 생산하는 것이 일반적이었을 것이다.

그런데 같은 시대의 인물인 김시습의 시에서는 차를 키우는 모습이 나오는 데 비해, 앞서 C-3)의 김종직의 경우는 함양의 차밭이 폐허가 되어 차를 심은 흔적조차 찾을 수 없었다고 하였다.[36] 김종직의 행장을 보면 1471(성종 2)~1476년 사이에 함양군수를 역임한 것으로 보이며, 김시습의 시 <養茶>는 1460~1465년 사이에 전라도를 유람하던 시기에 쓴 시로 판단된다. 김종직의 글에 의하면 차가 함양에서는 생산되지 않는데 백성들에게 공납하게 하니 백성들은 전라도에 가서 쌀 한 말에 차 한 홉의 가격으로 사온다고 하였다. 여기에서 전라도지역만 여전히 차가 생산되고 있었음을 알 수 있다.

조선전기에는 고려에 비해 생산량이 크게 줄어들었으며, 민간에서 차를 상용하던 습성도 차차 사라져 차 시장은 전반적으로 위축되었다. 불교 탄압으로 사원이 황폐화되면서 차 재배는 부진을 면치 못하였다. 이에

---

36) 김시습의 생몰연대는 1435(세종 17)~1493(성종 24)년이며, 김종직은 1431(세종 13)~1492(성종 23)년이다.

비해 인삼 재배가 활성화되었으며 민간에서는 차 대신 숭늉을 마셨다고
한다.

우리나라의 인삼은 일찍부터 그 명성이 이웃나라에 알려져 고려시대에도
생산되었지만 주로 자연산을 채취하여 수확이 많을 수는 없었고, 고려말·조
선시대에 들어서면서 山地에 養種하는 재배술에서 시작되었으리라 생각된
다. 산삼 또는 자연삼으로서 채취되던 인삼이 蔘圃에서 재배되기 시작한
것은 17세기에 들어서였는데,[37] 이로 인해 생산량이 늘어나면서 인삼차가
발달하였다. 그러므로 인삼의 생산이 확대되면서 차생산이 줄어든 것이
아니고 차생산량이 줄면서 자연스레 인삼이 그 역할을 대신하게 된 것
같다.

이어 고려시대 貢賦의 수취내역을 살펴보자. 공물의 품목은『高麗史』
食貨志에 米·租·黃金·白銀·布·白赤銅·鐵·소금·絲綿·油蜜 등이 보인다. 이
외에『高麗史』에서 산견되는 단편적 자료 중에서 貢으로 인정되는 물품으로
는 紬布·細紵布·細麻布·雪綿子·綾·羅·黃麻布·細布·馬·酒肉·生麻·栗·栢·柴
炭·昆布·藿·海苔 등이 나타나는데[38] 여기에 차는 보이지 않는다. 그리고
지방특산물을 생산하여 공납했던 소 중에도 다소는 보이지 않는다. 그러나
<通度寺事蹟略錄>에서 다소가 나타나고『世宗實錄地理志』에도 다소의
존재가 보인다. 또한 중앙에 보내는 공물에는 茶가 나타나지 않지만 국왕이
관리나 70세 이상의 노인에게 차를 사여하고, 혹은 賻儀로 차를 빈번하게
하사하고 있어 차가 공납되었다는 사실은 부인할 수 없다.

차의 공납은 상공이 주현의 공물에 포함시켜 중앙에 보냈다면 별공은
국가의 요구에 따라 개별적으로 직접 공납하였다고 판단된다. 위의 기록
1)에서 찻잎을 서울까지 직접 운반하는 것을 보면 공납한 차는 상공이
아닌 별공이었다. 다음 기록은 상공과 별공의 좋은 예다.

37) 姜萬吉, 1973,「開城商人과 人蔘栽培」,『朝鮮後期 商業資本의 發達』, 고려대출판부.
38) 姜晋哲, 1980,「農民의 負擔」,『高麗土地制度史硏究』, 고려대출판부.

E-1) 嘉林縣人이 達魯花赤에게 고하여 말하기를, "현의 촌락은 元成殿, 貞和院, 將軍房, 忽赤, 巡軍에 분속되어 오직 金所 한 촌만 남아 있는데 지금 鷹房의 迷刺里가 또 탈취하여 가졌습니다. 우리들이 어찌 홀로 부역을 부담할 수 있겠습니까"라고 하였다.39)

2) 내가 孟城의 지방관으로 나가서 도독부의 명령[符]을 받들어 御墨 五千挺을 만들어 바치는데 봄까지 먼저 납부해야 하므로 역마를 타고 공암촌에 가서 백성들을 시켜 松烟 百斛을 채취하게 하고 良工을 모아 몸소 역을 독려하여 두 달 만에 끝냈다.40)

E-1)에서 嘉林縣人은 그 지역에 소속된 촌락들이 중앙의 권력기관으로 넘어감에 따라 그들만의 힘으로는 賦役을 감당하기 어려움을 호소하고 있다. 위의 내용은 국가에 바치는 가림현의 공물에 금소의 공물도 포함되어 있음을 보여준다. 2)의 도독부는 安北大都護府 寧州(지금의 安州)를 가리키며, 임금이 쓰는 御墨의 생산을 명령받은 것으로 보아 도독부의 지시가 아닌 중앙의 명을 받아 도독부가 맹주로 이첩했음을 알 수 있다.

소의 공물은 그 특성이나 시기에 따라 직납과 지방관을 통한 납부 등의 두 가지가 있었다.41) 예컨대 2)는 문맥으로 보아 매해 공물 형식으로 바치던 常貢이 아니라 갑자기 중앙의 지시를 받아 급하게 묵을 생산한 것으로,

---

39) 『高麗史』 89, 后妃 齊國大長公主 忠烈王 4年, "嘉林縣人告達魯花赤曰 縣之村落 分屬元成殿及貞和院將軍房忽赤巡軍 唯金所一村在 今鷹房迷刺里 又奪而有之 我等何以獨供賦役."

40) 李仁老, 『破閑集』 上, "及僕出守孟城 承都督府符 造供御墨五千挺 趁春月首納之 承遽到孔巖村 驅民採松烟百斛 聚良工躬自督役 彌兩月云畢."

41) 소의 공물은 중앙에 직납했다는 기타무라(北村秀人)의 견해에 대해 部曲이나 屬縣도 개별적인 수취단위라고 주장하는 설(朴鍾進)과 세역수취의 기본단위는 州縣이라는 설(朴宗基·金載名)로 나누어져 있으나 소가 개별적인 수취단위가 아니라는 데에는 모두 동의하고 있다. 朴宗基, 1986, 「高麗의 郡縣體系와 界首官制」, 『韓國學論叢』 8 ; 金載名, 1995, 『高麗時代 稅役制度 硏究』, 정신문화연구원 박사학위논문 ; 朴鍾進, 2000, 『고려시기 재정운영과 조세제도』, 서울대출판부 ; 北村秀人, 1969, 「高麗時代の所制度について」, 『朝鮮學報』 50.

아마 왕실이나 정부기관의 수요에 따라 임시로 不時에 공납하는 別貢이었던 것 같다. 별공이 아니라면 해마다 당연히 바쳐야 할 공물을 중앙의 첩을 받아 지방관이 직접 지휘해서 御墨을 생산하지는 않았을 것이다. 이규보의 시에 나타나는 茶 역시 별공으로 본다면, 常貢이 아닌 別貢은 중앙으로의 직송이 일반적이었으리라 판단된다.

2) 차의 경영형태

고려시대의 농업 경영형태는 奴婢, 自家所有農民, 佃戶, 集團勞役 등 다양한 형태로 존재하고 있었다. 이인로가 먹을 만들기 위해 공암촌의 민을 동원하거나, 관청에서 차생산을 위해 노약자까지 동원시킨 것은 집단노역 사례다. 국가의 집단노역 대상은 소민뿐만 아니라 부곡민도 마찬가지였다. 다만 부곡민은 일반 양인과 같이 조세 요역을 담당하고 있었던 데 비해, 소는 신역의 강도가 심하고 항구적이었다는 점이 부곡과 달랐다고 볼 수 있다.

> F. 顯宗十五年春正月 都兵馬使奏 發京畿內 河陰部曲民百餘戶 徙嘉州南屯田所 以充佃作(高麗史節要』3)

위의 기록으로 부곡민은 국가의 강제력에 의해 徙民의 대상이 되었으며 둔전경작에 집단적으로 동원되었음을 알 수 있다. 부곡민은 이렇게 둔전을 경작했으며, 둔전과 같이 二科公田의 범주에 속한 여타의 직속지인 公廨田이나 學田 등의 경영에도 참여하였을 것이다.[42] 이로 보아 집단적으로 농업경영에 동원되는 형태로는 茶所民이나 部曲民이나 크게 다르지 않았으리라 생각되나, 그 실상이 동일했는지의 여부는 앞으로 더 많은 논의가 필요하다.

---

42) 朴宗基, 1990,「高麗의 收取體制와 部曲制」,『高麗時代 部曲制研究』, 서울대출판부, 145쪽.

예컨대 부곡민을 佃作에 동원시키기 위해 강제이주를 실시한 사실은 분명하다. 그러나 강제노역을 통해 생산량의 대부분을 수취하는 형태보다는 佃戶制 경작이 더 가능성 있지 않았나 생각된다. 변경지대의 척박한 토지의 경우, 전호가 투여한 노동력에 비해 생산량은 적을 뿐 아니라 防戍라고 하는 重役까지 부담해야 했다면[43] 이 또한 과중한 노역이었을 것이다.

주목되는 사실로서 철·소금·도자기 등 소의 생산지역에 鄕과 部曲이 존재하는 경우를 다수 찾아볼 수 있는데, 이는 지역적인 여건상 향과 부곡민이 때로 소민의 역을 대신 부담하였음을 알려준다. 이같이 부곡민은 국가직속지의 경작 외에도 그 지역이 전담하던 특정 역이나 때로는 특정 물품의 생산을 위한 역에도 동원되었던 것이다. 이 경우 부곡민과 소의 주민은 국가 수취체계상 특정 역을 부담했다는 점에서 사회경제적으로 동일한 처지였다.[44] 특히 농경에 종사한다는 점에서 茶所와 부곡은 더욱 다를 바가 없었으므로 茶所는 물론이고 화개부곡 등에서도 茶의 집단경영이 행해졌으리라 생각된다. 이와 같이 주민의 노동력을 집단적으로 동원하는 예는 고려전기에는 소, 부곡뿐 아니라 군현민에게도 빈번하게 행해지고 있었다.

> G. 근래 주현의 관원들이 다만 宮院田과 祖家田민을 사람을 시켜 갈고 씨를 뿌리게 할 뿐이고 군인전은 아무리 비옥한 땅이라도 농사짓도록 힘써 장려하지 않는다.[45]

---

43) 安秉佑, 1984,「高麗의 屯田에 관한 一考察」,『韓國史論』10. 둔전의 경영은 기본적으로 두 형태로 이루어지고 있었다. 하나는 군인이나 官奴婢, 경우에 따라서는 농민을 직접 役使시켜 경작하는 방법이고, 다른 하나는 屯田을 屯田軍이라 불리는 농민들에게 分給하여 경작케 하고 거기서 일정액의 생산물을 거두어들이는 방법이었다.

44) 朴宗基, 1990, 앞의「高麗의 收取體制와 部曲制」, 148쪽.

45)『高麗史』79, 食貨2 農桑 睿宗 3年 2月, "近來州縣官 祗以宮院朝家田 令人耕種 其軍人田 雖膏腴之壤 不用心勸家."

궁원전 중에는 일종의 直營制를 취하는 토지가 있었다. 여기에 보이는 궁원전은 본래부터 경작자가 붙어 있는 일반 수조지가 아니라 궁원에서 주변 농민의 요역노동을 사역하여 경영하는 토지였다. 이 토지의 경영에는 중간에 지방관리가 개재되어 있는 일종의 직영제 경영이라고 보아도 무방할 것이다. 이러한 경영형태를 취하는 궁원전은 宮院의 私有地로서,[46] 이 사유지를 주현 관원들이 사람을 시켜 갈았다는 것은 주변 농민들을 전호로 삼은 것이 아니고 요역으로 경작하게 했다는 것이다. 이 같은 경영형태는 公廨田, 屯田, 學田, 籍田, 內莊田에서도 보이는데[47] 정도의 차이는 있겠지만 소민의 집단노역과 다를 바가 없다. 이는 인신적 수탈이 일상적인 고대사회의 잔재라고 하겠다. 이 같은 잔재는 사회가 발달하고 부당한 노동력에 대한 민들의 반발의식이 확산되면서 부곡과 소 등으로 축소되었고, 고려말에 가면 부곡이나 소 같은 특수구역도 소멸하게 된 것으로 보인다.

그러면 차생산에서 높은 비중을 차지하고 있는 사원전의 경영형태를 살펴보고자 한다. 사원전 경영에는 直營制와 佃戶制 방식이 채택되고 있었다.

> H-1) 옛날 신라시대에 世達寺(지금의 興敎寺)의 莊舍가 溟州 捺李郡에 있었는데 본사에서 승려 調信을 보내어 知莊으로 삼았다.[48]
>
> 2) 신라시대 이래로 청도군의 절로서 鵲岬寺와 그 이하 중소 사원이 있었다. 후삼국 난리통에 大鵲岬寺·小鵲岬寺·所寶岬寺·天門岬寺·嘉西岬寺 등 다섯 갑사가 모두 없어져서, 다섯 갑사의 기둥만 대작갑사에 모아두었다. … 태조가 삼국을 통일하고 師가 이곳에 절을 짓고 있다는 말을 듣고 五岬의 田地 五百結을 이 절에 귀부하였다.[49]

---

46) 姜晉哲, 1980, 「私田支配의 諸類型」, 『高麗土地制度史硏究』, 一潮閣, 136쪽.
47) 姜晉哲, 1980, 위의 책.
48) 『三國遺事』 3, 塔像4 洛山二大聖 正趣 調信.
49) 『三國遺事』 4, 義解5 寶壤梨木.

위의 내용은 사찰이 많은 토지를 소유하고 있었음을 보여준다. 1)의 기록에서 세달사에서 승려 調信을 知莊으로 파견한 것은 사찰이 직접 토지를 경영하기보다는 농민에게 경작케 하고 그 수확의 반을 획득하는 佃戶制 방식을 관리하기 위해서라고 판단된다. 2)의 청도군 토지는 원래 여러 사원들의 것이었는데, 후삼국의 내란으로 이 사원들이 불타버린 후 운문사가 건립되자 태조 왕건이 하사한 것이었다. 이들 토지의 경영형태는 장생표에 의해 경계가 확립되었다는 것으로 보아 사원이 민전에 대한 수조권뿐만 아니라 사원 소유 토지를 기반으로 한 직영경영도 배제할 수 없다. 그리고 앞서 본 바와 같이 통도사 사령에는 몇 개의 촌락이 존재했는데 차를 공납하는 소노 있었다고 한다.

통도사의 경우나 다른 사찰의 사원경영으로 유추해 보건대, 고려초기부터 사원에 茶所가 있었던 사실은 분명하다. 사원에는 차가 필수적이므로 농민에게 사원 주변의 소유 토지에 차를 경작케 하고 이를 사원이 직접 관리하였을 것이다. 이를 경작하는 농민들은 사원에 예속된 전호로서 특수 농산물인 차를 경작하여 茶所民으로 불렸다. 그 외에도 화개부곡 등의 부곡민도 차를 경작하였는데 이들은 반예속적인 형태로 사원의 토지를 경작하여 차를 공납하였다고 판단된다.

6. 茶所의 해체

고려 때에 다소의 해체에 관한 기록은 나타나지 않는다. 그렇지만 다소도 다른 소와 마찬가지로 비슷한 시기에 무너지기 시작했으리라 판단된다. 즉 12세기 이후부터 전시과제도가 무너지고 토지가 권세가들이나 사원에 예속되는 과정에서 다소 역시 해체의 길을 걷게 되었다. 다음 내용을 보자.

Ⅰ-1) 賊臣의 무리들이 제멋대로 산림과 못을 장악하고 그 稅를 많이 받았기

때문에 國用은 날로 궁핍해지고 백성들의 생활은 갈수록 쪼들리게
되었다.50)

2) 全羅道 臨陂의 屯田은 근래에 권세있는 집안에서 賜給田으로 사칭하고
거의 다 빼앗았으니 마땅히 都評議使에 지시하여 따로 屯田官을 두고
권세가들이 빼앗은 것을 모두 복구하라.51)

3) 屯田法은 防戍軍과 閑人을 사역시켜 공한지를 골라 잘 헤아려 屯種하게
하여 군량을 수송하는 비용을 덜게 하는 것이다. 그런데 각 호마다
종자를 주어 풍흉에 관계없이 함부로 거두어들이니 백성들이 매우
고통스러워한다. 도평의사로 하여금 각 도에 공문을 보내 각 농가에서
둔전하는 것을 모두 금지시키고 나머지 둔전도 優典에 따라 능력에
맞게 屯種하게 하여 군량을 보충하라.52)

위의 기록은 권세가나 宮院, 寺院이 山澤, 屯田을 탈점하여 국가가 이들에
게 부담시킨 물자를 권세가 개인의 이익을 위해 유용함으로써 국가재정이
악화되는 것을 서술하고 있다. 차의 특수성으로 보아 구릉지대나 산지에
주로 경작되는 茶田의 경우는 주로 사원에 의해 탈취되었을 것이다. 국가에
서는 이에 대한 보완책으로 其人으로 하여금 유휴지를 경작케 했으나
정부의 기인에 대한 무자비하고 대가없는 노동력 수탈 또한 고려사회에서
문제가 된 지 오래였다.

其人에게 토지를 경작하게 한 것은 이미 주변 농민의 徭役이 불가능해졌기
때문이라고 판단된다. 농민의 집단경작을 통한 노동력 수탈은 田柴科體制가
무너지고 農莊制社會로 이행하는 과정에서 田主와 佃戶의 순수한 경제적인

---

50) 『高麗史』78, 食貨1 貢賦 恭愍王 5年 6月, "賊臣之黨 擅占山澤 重收其稅 國用日乏
民生益凋."
51) 『高麗史』82, 兵2 屯田, "(恭愍王) 5年 6月 敎曰 全羅臨陂屯田 近來權勢之家 稱爲賜給
奪店殆盡 仰都評議使 別置屯田官 諸家占奪 一皆復舊."
52) 『高麗史』82, 兵2 屯田 辛禑 元年 2月, "下旨 屯田之法 役以戍兵閑民 擇其曠地 量宜屯種
以省漕輓之費 令戶給種子 不論豐歉 收入無法 民甚苦之 仰都評議使 行移各道 家戶屯田
一皆禁止 其餘屯田 亦從優典 量力屯種 以補糧餉."

계약으로 병작반수가 시행됨으로써 불가능해졌다. 이에 其人이 그 부족함을 메꾸게 되었던 것이다. 그러나 其人 投入은 일시적 조처로서 항구적인 방책이 아니며, 또한 노예와 다름없는 고역으로 도망가는 기인이 줄을 이어 제대로 실시될 수 없었다.[53] 이에 따라 정부는 농민들에게 경작시키는 방법으로 전환하였다.

3)은 우왕대에 방수군·한인 등 屯田耕作者가 부족해지자 각 개별가호에 種子를 지급하여 경작케 하는 이른바 家戶屯田의 형태가 실시되어 민에 대한 수탈이 가중되므로 이를 금지한다는 내용이다. 이러한 사실은 전반적으로 고려후기 둔전에 대한 경영이 점차 변동하고 있음을 말해준다. 즉, 이 시기 둔전경영은 현실적으로 군현제 주민에 의하여 이루어지고 있었던 것이다.

요컨대 13세기 이후 屯田耕作者가 부족해져 정역 부담층인 기인이나 일반 군현민을 役事시키고 있었던 사실은 이 무렵 둔전경영이 크게 변화하고 있음을 알려준다. 이상과 같이 고려말 屯田·公廨田 계열의 토지는 고려전기 군인이나 부곡민 등에 의한 직영제적인 경영방식에서 크게 이탈하게 되었다. 이는 所도 마찬가지여서 所民 대신 군현민을 징발하여 鹽戶[54]나 銀戶[55]로 삼는 실정이 나타나고 있다. 이 과정에서 茶所도 해체된 것으로 보인다. 차의 경영이 집단적이었던 만큼 丁들은 유리이산하거나 사원 등에 예속됨으로써 국가에 공납하는 茶所는 해체되어 가고 있었던 것이다.

이 밖에도 다소가 해체된 데는 몽골과의 전쟁 과정에서 海島, 山城 등으로 피신한 농민들이 생활에 도움이 되는 곡물 위주로 생산하면서 차생산이 날로 축소된 것도 한 원인이 되었을 것이다. 즉 차를 심던 산지에도 농산물의 재배가 가능해지면서 차생산은 줄어들게 되었다고 판단된다. 또한 몽골과

---

53) 『高麗史』 75, 選擧3 其人 忠肅王 5年. 其人에 대해서는 金成俊, 1959, 「其人의 性格에 대한 考察」, 『歷史學報』 11 참조.
54) 『高麗史』 79, 食貨2 鹽法 忠宣王 元年 2月.
55) 『高麗史』 79, 食貨2 貨幣 恭愍王 5年 9月.

의 강화 이후 몽골의 공물요구로 농민생활이 어려워지면서 차생산은 더욱 줄어들게 되었으며, 우수한 품질의 차는 일부 전라도 지역에서만 명맥을 유지하게 되었다.

고려후기에 와서 소가 해체되자 茶所民도 유리하여 茶의 생산이 줄어들었고 또 조선시대에는 불교가 탄압을 받으면서 사원의 위세도 약화되어 직영으로 이루어지던 차밭도 황폐해졌다. 茶所가 해체된 조선시대에 와서도 정부는 남도의 주민에게 여전히 차의 공납을 요구하였다. 조선 성종대의 김종직이 咸陽의 지방관으로 있으면서 엄천사 북쪽 竹林에서 차의 종자를 발견하여 이를 토대로 다원을 만들어 중앙에 공납하였다. 이 사실은 고려왕조가 무너진 지 80여 년도 지나지 않았는데 사원이 황폐하고 차생산이 쇠락하였음을 여실히 보여준다고 하겠다.

7. 맺음말

차는 신라시대부터 우리나라에 들어와 고려시대에는 민간에까지 넓게 전파되었다. 특히 고려는 불교국가였던 만큼, 사원을 비롯해서 왕실, 개인에 이르기까지 차 마시는 습성이 일반화되었는데, 예컨대 차를 마시고 매매하고 숙식도 가능한 茶店, 茶亭, 茶院이 발달한 것이 좋은 예다. 차는 團茶와 葉茶가 있는데, 고려시대는 주로 단차가 많이 사용되었으며, 차의 종류로는 茶, 大茶, 雙角龍茶, 香茶, 雀舌茶, 腦原茶가 있었다. 특히 腦原茶와 雙角龍茶, 香茶는 고급차로서 왕실이나 지배층에서 주로 사용하였으며, 승려들은 작설차를 선호하였다.

차는 남쪽지방인 전라남북도, 경상남도 전역에서 생산되었고, 지리산을 중심으로 花開, 咸陽과 언양, 밀양 등지에서 특히 생산이 활발하였다. 차재배는 묘목을 차밭에 옮겨심은 뒤 3~4년 정도 지나야 찻잎 수확이 가능하므로 중앙과 지방관 혹은 사원의 지원이 필수적이었다. 따라서 차는 중앙의 지시로 집단적으로 경작하게 되었는데 이것이 다소의 경영형태로 고착되었으리라 판단된다. 그리고 사원에도 이에 예속된 소가 있어서 필요한 차와 기와 등을 자체적으로 조달해서 사용했다. 차는 1년에 4차례의 김매기를 하고 비료도 적절히 나누어 주어야 하며, 採茶의 경우에도 시기에 맞추어 5차례 정도 나누어 따야 하는 등, 벼농사와 마찬가지로 많은 노역이 필요한 작물이었다.

고려시대에는 차생산이 활발하여 忠宣王의 즉위교서에서 국왕은 "조정에서 근무하는 양반들은 남에게 뇌물을 받을 수 없고 심지어는 茶, 藥, 종이, 먹도 받을 수 없다"고 하여 차를 받는 것은 뇌물에도 들어가지 않을 정도로 차가 보편적이었음을 보여준다. 그러므로 민간에서 차생산에 따른 이윤이 보장되었다면 우수상품을 생산하기 위한 노력이 경주되었을 것인데, 국가나 사원에 의한 수탈이 극심하여 농민은 우수한 품질보다는 물량 채우기에 급급하거나 차생산을 기피하는 상황이 초래되었다. 차의 유통이 줄어들면서 음다습성이 점차 줄고, 다소민의 이탈로 인한 소의 해체로 차생산이 활발하지 않게 되면서 조선시대에 와서는 겨우 그 명맥만 유지하게 되었다.

차는 고려시대에는 활발히 생산되어 중국에 무역품으로도 사용되었지만 과다한 노동력 수탈이 농민의 생산이윤을 꺾어 品질향상은 크게 이루어지지 못한 것 같다. 이규보 등 많은 문장가들이 차의 맛과 향기를 노래하고 있지만 이는 일부 지역에 한정된 것일 뿐 전반적인 수준은 아니었다. 다소의 해체는 고려후기에 들어서서 다른 소들의 해체와 더불어 시작되었다. 더욱이 조선시대에 들어와서는 사원 탄압이 진행되면서 사원에 예속된 차밭도 황폐해지기 시작했다. 차생산은 조선시대 이후에도 계속되었지만, 소규모였고 또 일부층에게만 애용되었을 뿐 크게 활성화되지 못하고 일부 지역의 특산물로서만 존재하였다.

[표] 차의 생산지와 茶所

지명	所	土貢	비고
慶尙道 密陽都護府		雀舌茶	嚴光寺 : 府 東. 雀舌茶 생산
蔚山郡		雀舌茶	
晉州牧	部曲2 : 花開谷, 薩川谷	雀舌茶	雙溪寺 : 有州西 花開谷 : 州西지리산(頭流山)
咸陽郡		雀舌茶	
山陰縣		雀舌茶	
固城縣		雀舌茶	
河東縣		土産 ; 雀舌茶	
鎭海縣		雀舌茶	
全羅道 古阜郡	所2 : 德林 禿邊	藥材 ; 雀舌茶	
沃溝縣		茶(土宜)	
扶安縣		茶	
井邑縣		茶	부곡1 : 답곡
羅州牧	所1 : 水墮	雀舌茶	
靈岩郡	冬栢 馬峯 神葛 귀인	雀舌茶	
高敞縣	所2 : 陶城, 德巖	雀舌茶	
靈光郡		茶	
茂長縣	龍山 梓亦(『世宗實錄地理志』에 茶所)	雀舌茶	
南平縣	所1 ; 雲谷	雀舌茶	
務安郡		雀舌茶	
興德縣		雀舌茶	
長城縣		雀舌茶	
長興都護府 (茶所13)	饒狼(南35) 守太 七百乳 井山(東10) 雲膏(혹은 雲高(北20) 丁火(東5) 昌居(北20) 熊帖(東15) 加佐(北30) 居開(北20) 加乙坪(東31) 香余(北20) 安則谷	茶	
潭陽都護府		茶	
康津縣	所8 : 山計 山深 大谷 大口 七良 種玉 舊溪 富元	雀舌茶	大口 七良은 자기소
淳昌郡	所5 : 置等 柳等村 甘勿吐 芿佐 古道巖 弓津	茶	
順天都護府	所3 : 上伊沙 豆仍只 豆坪	茶	
茂珍郡 (光州)		茶	
樂安郡	加用 品魚 草川 開寧	茶	加用(一名 浦龍倉)

高興縣	所1 : 楡谷	茶	본래 장흥부의 猫部曲(古伊部曲) 忠烈王 11年 高興縣
寶城郡	所7 : 浦谷 功愼 神同串 房高城 酢桃 彌力 金谷	藥材 ; 茶	
光陽郡	所12 : 蚊峴 奴乙道 骨若 車衣浦 仇良浦 孔村 多沙川 大谷 實岾 烏頂 知巖川 熊陰	藥材 ; 茶	
求禮縣	古屬所 : 南田 放光	雀舌茶	
珍原縣		茶	羅州任內 明宗 2年 監務 설치
同福縣	瓦村(北20, 今稱瓦旨茶貢里)		

제2장 생강의 재배와 薑所

1. 머리말

고려시대에서 특이한 소 중의 하나가 薑所다. 생강은 특수한 지역에서 생산되는 것이 아니며 전문가 외에는 경작이 힘들 정도로 어려운 농산물도 아니다. 생강이 다른 농작물과 차이가 있다면 식품, 양념, 향신료로 쓰이지만 그 외 약용으로 쓰이는 경우가 많으며 저장이 어렵다는 점이다. 그러므로 강소는 생산도 물론 중요하지만 저장에 각별히 신경을 썼던 농작물이다. 오늘날도 감기에 걸리면 병원 가고 약을 먹기보다는 대추·파와 함께 생강을 잘 달여먹으면 낫는 경우가 많다. 고려시대에 생강은 주요한 약재이자 식품으로서 주로 전주 이남의 따뜻한 지방에서만 생산되는 농작물이었다.[1] 그러므로 국가에서는 기온이 따뜻하여 생강생산에 적합한 전라도지역을 배정하여 강소로 편제하고 필요한 양을 안정적으로 수취했으리라 생각된다. 여기에서는 강소나 생강이 생산되는 지역을 살펴보고 생강의 생산과 공납과정을 유추하여 강소의 존재형태를 복원해 보고자 한다.

---

1) 지금은 충청남도 태안반도에서 주로 생산하고 있다. 황하영, 1993, 「태안반도의 생강재배에 관한 지리학적 연구」, 공주대 교육대학원 석사학위논문.

2. 생강의 용도

생강의 용도 중 가장 중요한 것이 약재로 쓰인다는 점이다. 생강은 소화불량, 감기 등의 질병에 효험이 있으며 풍증치료, 입냄새의 제거 및 해독작용 등 다양한 효능이 있을 뿐 아니라 음식을 조리하거나 과자를 만들고 김치를 담글 때에도 사용되는 중요한 식품이었다.[2]

A-1) 생강과 계피를 섞어 말린 육포, 소금에 절인 생선, 뜸 잘 들인 밥, 좋은 술을 스승에게 바쳐 束脩[3]의 禮를 행하려고 오는 사람이 있거든 너는 짖지 말라.[4]

2) 司賓이 嬪을 인도하여 들어와 동쪽 섬돌[阼階] 아래에 북향하여 서게 하면, 司饌 한 사람은 대추와 밤을 담은 쟁반을 받들고, 한 사람은 腶脩 쟁반을 받들고 따른다.[5]

3) <검교 공조참의 이계기가 세자 책봉을 축하하는 시를 지어 올리다> … 인삼·茯苓은 원기를 보양하고 / 생강·계피는 독을 다스리는 데 효험이 있네.[6]

4) 世子가 僚屬들에게 생강을 하사하고 아울러 手書를 내렸다. "내가 『논어』에서 공자의 음식에 대한 절도를 기재한 것을 보니 '생강으로 만든 음식을 계속해서 먹었다'고 하였다. 이는 배를 채우기 위해서가 아니라 오직 정신을 맑게히고 입 냄새를 제거하기 위해서였다."[7]

5) <창랑자[8]가 마른생강과 시를 보내왔기에 이에 차운하여 답하다>

2) 『山林經濟』 2, 治膳.
3) 제자가 되려고 스승을 처음 뵐 때 드리는 예물.
4) 『東國李相國集』 20, 雜著 命班獒文.
5) 『世宗實錄』 36, 9年(1427 丁未) 4月 26日 甲申 嬪朝見儀, "司賓引嬪入 立於阼階下北面 司饌一人 奉棗栗盤 一人 奉腶脩盤以從."
6) 『成宗實錄』 151, 14年(1483 癸卯) 2月 11日 甲戌, "蔘苓養元氣 薑桂治毒良."
7) 『中宗實錄』 103, 39年(1544 甲辰) 5月 15日 壬子, "世子賜生薑于僚屬 仍下手書曰 予觀論語 記夫子飮食之節 有曰 不撤薑食 此非爲口腹 但爲通神明 去穢惡故然也."
8) 최명길(1586~1647) : 조선중기의 문신. 인조반정에 참여한 공신으로 병자호란 때 강화론을 내세웠다.

생강은 귀중한 약
약효가 어쩌면 그렇게도 대단한지
톡 쏘는 매운 맛 굳센 쇠의 성질이며
따뜻한 기운 진실로 양기를 함축했네
말린 생강은 묘한 이치 들어 있나니
風症을 낫게 하고 위와 장을 편케 하네 …
한 번 달여 먹자 허리와 다리도 거뜬
번거롭게 부축받지 않아도 되겠구나9)

오늘날 오징어포, 魚脯나 肉脯처럼 고려시대에도 술안주나 반찬의 재료로 말린 고기가 일상적으로 사용되었던 것 같다. 특히 스승을 뵐 때 드리는 예물 혹은 민간의 혼례식에 필수적인 식품인 단수는 생강·계피를 발라 만든 육포로서 왕실에서도 세자빈이나 부마를 맞이할 때 사용되었다. 위의 기사에서 보는 바와 같이 생강은 독을 다스리고, 중풍과 위장, 관절염에도 효력이 있을 뿐만 아니라 입냄새 제거와 머리를 맑게 하는 데도 사용되는 중요한 약품이었다. 특히 말린생강은 풍증을 다스리고, 속을 따뜻하게 하여 胃寒·곽란·복통·설사 등을 멎게 한다고 하였다.

이같이 유용한 생강이지만 그다지 많이 생산된 것 같지는 않다. 생강은 열대성 식물이므로 고려시대에는 주로 전주 이남의 따뜻한 지방에서만 자라며 보관이 어려워 많은 양을 생산하지 못하니 국가에서 특별히 내리는 하사품이나 뇌물로 사용될 정도였다. 조선전기에도 생강을 선물받고 기뻐할 정도로 중요한 식품이자 약품으로 인식되었다. 이에 정부는 생강의 안정적 공급을 위해 강소를 설정한 것으로 판단된다. 다음 기록을 보자.

B-1) 현종 9년 8월에 명하기를 "을묘년 이래로 북쪽 변방에서 전사한

---

9) 『谿谷先生集』25, 五言古詩 滄浪子寄乾薑有詩次韻以訓(張維 : 1587(선조 20)~1638(인조 16) 때 문신), "薑兮藥之珍 功用一何長 味辣稟剛金 氣煖含眞陽 乾釀有妙理 愈風安胃腸 … 一餌腰脚健 不煩人扶將."

　　장병들의 부모 처자에게 차, 생강, 옷감을 차등 있게 주라" 하였다.[10]
　2) (박제검)의 아들 보광은 나이 어리고 경박한 사람으로서 처음 權務에
　　임명되자 방자하게 행동했다. 그가 길에서 李紹膺의 처와 마주쳤는데
　　그의 여종이 생강 가진 것을 보고 요구하였으나 주지 않으므로 보광이
　　때리고 욕하였다.[11]
　3) 사헌부에서 상소하여 靑原君 沈悰의 죄를 청하였다. 심종이 지난해
　　가을, 어가를 따라 南幸하였을 때에 芳幹이 몰래 보낸 생강을 받고도
　　임금에게 아뢰지 않았기 때문이다.[12]

　전몰자 장병의 부모 처자에 내린 하사품에 차·布物과 더불어 생강이
포함되어 있다는 사실과 다른 사람의 생강을 강제로 빼앗으려 했다는
것은 생강이 차와 옷감에 비견될 정도로 중요한 물품이었음을 알 수 있다.
　3)의 기록은 생강이 뇌물로도 쓰였음을 보여준다. 그러나 태조 이성계의
둘째 딸 경선공주의 부마였던 심종이 생강 한 상자를 선물받았다고 죄를
얽어맨 것은 정치적 사안임을 알 수 있다. 당시 제2차 왕자의 난을 일으켰던
방간은 전주에 유배되어 있었다. 1413년 (태종 13) 9월 태종이 講武행차로
임실에 갔을 때 심온이 몰래 방간의 측근을 만났다가 생강 한 상자를
받았다고 한다. 이것은 생강이 문제가 아니라 방간이 준 생강이기에 문제가
된 것이었다. 태종은 국왕 몰래 생강을 받은 것을 내세워 생상을 받은
지 무려 3년이 지난 태종 16년 11월에 귀양보냈다.[13] 결국 심종은 1418년(태
종 18) 3월에 유배지인 토산에서 죽었다.[14] 그의 유배는 생강을 받음으로써

---

10) 『高麗史』 81, 兵1 兵制 五軍 顯宗 9年 8月, "自乙卯年以來 北鄙戰亡將卒父母妻子 賜茶薑布
　　物有差."
11) 『高麗史』 100, 列傳 朴齊儉, "其子葆光 年少輕薄 初補權務氣驕 道遇李紹膺妻 見從婢有持
　　薑者 求之不與 葆光歐辱之."
12) 『太宗實錄』 27, 14年(1414) 4月 19日 壬戌, "司憲府疏請靑原君沈悰罪 悰於去年秋 扈駕南
　　幸時 潛受芳幹所遺之薑 不以上聞故也."
13) 太宗 16年 丙申(1416) 11月 9日 丙申과 11月 22日 己酉.
14) 太宗 18年 戊戌(1418) 3月 15日 乙丑.

시작되었지만, 죽게 된 것은 1418년 세종이 왕세자가 되자 외척의 발호를 두려워한 태종의 의도였을 가능성이 크다. 이어서 그의 형이자 世宗妃 소헌왕후의 아버지인 심온도 죽임을 당하였다. 이처럼 생강은 핑계에 불과하였지만 어떻든 뇌물로 여겨질 만큼 귀한 농작물로 대접받았음을 알 수 있다.

이처럼 귀한 농작물이었던 만큼 우리나라에서는 예전부터 생강을 오래 보존하기 위해 말리는 다양한 방법을 강구해왔다. 생강은 薑과 乾薑, 백강이 있다. 껍질이 있는 채 말린 것은 乾生薑, 껍질을 벗겼으나 經釀(삭히는 일)하지 않아 빛깔이 흰 것을 白薑이라 한다. 乾薑은 『證類本草』15)에 의하면 30일 동안 물에 담갔다가 껍질을 제거하고 흐르는 물 속에 6일간을 두었다가 다시 긁어 껍질을 제거해서 볕에 말린다. 그리고 항아리 속에 넣어 20일간을 삭히면 만들어진다고 하였다. 민간[俗方]에서는 쌀뜨물에 하룻밤을 담가두었다가 竹刀로 긁어 껍질을 제거하고 또 하룻밤을 담갔다가 건져 볕에 말린다. 그리고 하룻밤을 또 담갔다가 쌀가루를 발라 볕에 말려 건강을 만든다고 하였다.16) 이같이 전근대사회에서는 식품과 약재로 사용되는 생강을 매우 중시하여 다양한 방법으로 보존하여 사용했음을 알 수 있다.

3. 생강의 재배환경과 저장조건

원래 생강은 다년생 식물이므로 생육의 조건만 갖추면 수년에 걸쳐 자라지만 우리나라의 경우는 겨울의 낮은 온도로 인해 일년생처럼 해마다 심어야 한다.17) 재배조건도 까다로워 아무 지역에서나 잘 자라지는 않고

---

15) 송나라 當愼微가 기록한 '經史證類備急本草'의 약칭으로 총 31권이다. 11세기 말에 저술되었으며 1,558종의 약물과 3,000여 종의 처방을 수록하고 있다. 조선시대에는 본초 교과서로 사용되었으며, 허준의 『동의보감』에 자주 인용되었다.

16) 洪萬選, 『山林經濟』 4, 治藥 乾薑, "乾薑은 비, 위의 寒濕을 치료한다고 한다."

17) 황하영, 1993, 「태안반도의 생강재배에 관한 지리학적 연구」, 공주대 교육대학원

고려시대에는 전라도 나주·전주 부근에서 주로 생산되었으나 오늘날에는 기온이 높아져 충청도 태안·서산지방에서 잘 자라는데, 환경에 따라 수확량의 차이가 많다.

생강은 고온성 작물이므로 발아하려면 기온이 18℃ 이상이어야 하고, 생육온도는 낮에는 25~30℃, 밤에는 22℃가 유지되어야 하며, 15℃ 이하에서는 자라지 못하는 까다로운 식물이다.[18] 생강은 주로 뿌리줄기를 꺾꽂이하여 번식시킨다. 생강은 영양번식을 하나 각종 병해충, 바이러스의 전염률이 높으며 품종 분화가 어렵고 재배지역의 확대가 어렵다. 우리나라에서의 재배기간은 보통 노지재배는 4월 하순부터 10월 하순, 즉 첫서리가 오기 시작하는 10월 25일(서산지방 기준)까지이며[19] 서리가 온 후에는 생육이 정지된다.[20]

생강은 습기가 많은 환경을 좋아하지만 너무 습기가 많아도 괴경이 부실하고 각종 병이 생기게 되므로, 생강 재배지로는 부식질이 많은 비옥한 양토 또는 사질양토로서 배수가 잘 되는 곳이 좋다.

생강을 저장하는 데 적당한 온·습도는 12~16℃, 90~95%로서, 10℃ 이하에서는 凍害를 입어 부패하고 20℃ 이상에서는 토양중의 미생물에 의해 부패하기 쉽다. 특히 저온 후에 고온이 되는 경우나 고온에서 오래둔 뒤 저온을 만나면 더욱 잘 부패한다. 이 같은 지장의 어려움으로 인해 생강이 귀하였으므로, 약재로도 꼭 필요한 생강의 안정적인 보급을 위해 강소가 설치되었던 것이다. 강소민은 농사와 병행하여 생강을 재배했으리라 생각되는데 국가에서는 생강을 강소민의 집단노동력으로 생산하여 병충해에 약하고 썩기 쉬운 생강을 토굴이나 움을 만들어 보관하게 하였을

석사학위논문, 9쪽.

18) 이우승, 1978, 『생강재배』. 송원문화사.

19) 洪萬選, 『山林經濟』, "노지 상태에서 자라면서 성장하는 속도가 빠른 시기는 7월부터 8월경이며, 줄기가 많이 늘어나는 시기는 8월부터 9월이다."

20) 이우승, 1978, 앞의 책 ; 황하영, 1993, 앞의 논문, 12쪽.

것이다.[21] 생강의 재배과정을 살펴보자.

C-1) 생강은 비옥한 땅을 깊이 갈고 심는 것이 좋다. 『居家必用』・『四時纂要』
에는 "흰 모래땅이 좋은데, 7~8차례, 5~6치 정도의 깊이로 갈고서,
자갈을 긁어 없애고 조금씩 정제된 거름을 섞어서 심으며, 흙을 2~3치
가량 두텁게 덮어준다" 했다. 3월에 심는다. 누에똥・두엄・재거름・쇠똥
따위로 덮어주며, 두둑 너비는 3尺으로 해야 물 주기가 편리하다.
싹이 나거든 늙은 생강은 따버리고, 이엉을 만들어 볕을 가려준다.[22]

2) 밭은 작토층이 깊어야 수량이 많이 나오므로 씨생강을 심기 10일
전에 퇴비와 비료를 고루 뿌린 다음 15cm 이상 깊게 경운작업을
하고 심기 전에 토양 살충제를 뿌리고 흙과 잘 섞은 후 생강을 심는다.
생강은 영양번식 작물로 씨생강이 불규칙하고 크기가 고르지 않는
등 작물의 고유 특성상 기계화 재배가 어렵다. 또한 다른 작물과
달리 심을 때 적당한 간격으로 일일이 호미로 심을 구멍을 파고 하나씩
점파해야 하므로 번거롭고 시간도 많이 걸린다.[23]

C-1)은 조선 숙종대의 실학자 홍만선(1643~1715)의 『山林經濟』에 있는
생강재배에 관한 내용이며 2)는 최근의 것이다. 종강선택의 요령이나 심는
과정은 토양 살충제를 제외하고는 고려시대나 조선시대, 그리고 지금까지
근본적으로 달라진 것 같지 않다. 생강재배는 기계화 작업이 어렵기 때문이
다. 즉 생강종자(종강)는 외관이 싱싱하고 터짐이 없으며, 육색이 선홍색을
나타내는 건전한 것을 선택하며 저장중 발아한 것, 수분이 과다한 것 또는
병에 걸린 것을 사용해서는 안 된다. 종강 쪽은 20~30g 정도의 크기로
눈이 2~3개 정도 되도록 자른다고 한다. 그리고 비옥한 땅을 깊이 갈아

---

21) 이정신, 1999, 「高麗時代 茶의 生産과 茶所」, 『韓國中世史硏究』 6 참조. 茶所에서의
차 재배가 집단노역으로 이루어졌다면 비슷한 농산물인 생강 역시 집단노역에
의거했을 가능성이 크다.
22) 『山林經濟』 1, 治圃 薑.
23) 이우승, 1978, 앞의 책, 이랑만들기.

호미로 일일이 구멍을 파고 하나씩 심어야 한다고 하였다.

오늘날에도 생강은 번거롭고 까다로운 작물이다. 또한 다른 작물에 비해 씨생강(종강)이 많이 소요되는 작물로, 100kg을 심으면 약 1000kg를 수확하는 10배 미만의 수익만 올린다고 한다.[24] 여기에 노동력과 저장시설 비용까지 감안한다면 생강은 비쌀 수밖에 없는 상품이었다.

고려시대 생강의 저장법으로는 토굴저장과 움저장을 들 수 있다. 저장굴은 사람의 왕래가 적고 배수가 잘되는 음지가 좋다. 토굴은 대개 온도 13°C, 습도 90% 이상을 유지하고 있어 특별한 환경 조정장치가 필요없는 가장 경제적인 저장장소지만 인위적인 저장관리가 어려워 부패율이 5개월 내에 10~50%로 상당히 높다.[25]

움저장은 지하수위가 비교적 높고 따뜻한 지방에서 단기간 저장할 때 쓰이며 저장량은 200~300kg 정도가 알맞다. 저장방법은 지표면 바닥에 왕겨를 깔고 그 위에 생강을 흙이 붙은 그대로 두고 그 위에 적토나 모래 또는 흙으로 생강이 보이지 않을 정도로 덮어준 다음 다시 여러 층을 쌓아 적당한 높이가 되면 짚으로 둘러싸고 그 위에 다시 흙으로 덮는다. 저장 후 부패를 방지하기 위해서는 수확한 후 바로 저장하기보다는 가능하면 온도 25°C에 습도 93%의 실내에 3일 정도 두어 수확할 때 생긴 상처를 아물게 한 다음 저장하여야 한다.

씨생강은 병원균에 감염되면 부패하여 싹트지 못하고 주변에 병을 옮기

---

24) 생강 수확량이 적은 것은 오늘날도 마찬가지라고 한다. 대체로 뿌린 양으로 비교해 볼 때 노지의 경우 6배 정도의 수익을 올리는데, 다른 농작물에 비하면 수확량이 훨씬 적다(서산생강연구회 회장 박병철 씨에 의하면 10배 정도라고 한다). 예컨대 벼는 120~150배 정도의 수익을 올려 5kg의 씨앗을 뿌리면 750kg을 수확할 수 있다. 그럼에도 불구하고 현재 생강값이 저렴한 것은 중국산 생강의 무차별적인 수입 때문이라고 한다.

25) 이우승, 1978, 위의 책, "생강은 수확 후 저장하면 수확할 때의 상처로 호흡작용이 활발해지고 그로 인하여 온도가 높아져 싹을 틔우게 된다. 뿌리내림 및 부패의 원인이 되므로 저장 직후 4~5일 동안 환기해 주며 가능하면 서로 닿지 않게 해준다."

는 전염원으로 작용하는데 주로 6월 중·하순부터의 고온다습한 시기에 널리 퍼져나간다. 9월 이후 기온이 내려가고 건조한 기후가 되더라도 균이 없어지지 않고 끝까지 잔해로 남아 이듬해 전염원이 된다. 다른 작물과 달리 영양체로 번식하기 때문에 종자로 번식하는 작물에 비해 병이 다음 세대로 전염되는 것이 매우 쉽다. 더욱이 토양병일 경우 병이 걸리지 않은 씨생강이라 할지라도 오염된 토양을 제거하기 어렵기 때문에 쉽게 전염된다고 한다.[26] 이로써 생강은 다른 작물에 비해 키우고 저장하는 데 공력이 매우 많이 드는 작물임을 알 수 있다.

4. 생강의 수취구조와 경영형태

『史記』에 의하면 1,000畦의 생강농사에서 얻어지는 富는 1,000호의 왕후와 같다고 하여 이미 漢代에 생강의 경제적 가치가 매우 높았음을 보여주고 있다. 따라서 우리나라의 경우, 생강에 관한 최초의 기록이 고려 현종 9년(1018)이지만 이미 삼국 이전에 전래되었을 것이다. 『高麗史』 지리지에 의하면, 오늘날 전라도 보성지역인 백제의 두힐현을 신라 경덕왕대에 薑原으로 고쳤다고 하는데[27] 명칭이 강원인 것으로 보아 생강 생산지로 추정된다. 그러나 신라가 생강을 특수작물로서 국가가 별도로 관리하였다는 증거는 없다. 그런데 고려에서는 귀하면서도 까다로운 식품이자 약품으로 인식되어 강소라는 특수집단을 선정하여 생강을 재배하고 보존하게 하였다. 강소의 수취형태에 대해서는 전혀 기록이 나타나지 않는다. 같은 농작물로 분류할 수 있는 차를 통해 생강의 수취구조를 유추해보기로 한다.

D. <孫翰長이 다시 화답하기에 운을 차하여 기증하다>

---

26) 이우승, 1978, 앞의 책.

27) 『高麗史』 57, 地理 寶城郡, "荳原縣 本百濟豆縣 新羅景德王 改名薑原 爲分嶺郡領縣."

花溪에서 차 따던 일 논하네
관에서 감독하여 老弱까지도 징발하였네
험준한 산중에서 간신히 따모아
머나먼 서울로 등짐져 날랐네[28]

고려시대 공물은 黃金, 白銀, 布, 白赤銅, 鐵, 소금, 絲, 綿, 油蜜 등이
있다. 이 밖에 『高麗史』에서 산견되는 단편적 자료들에서 貢으로 인정되는
다양한 물품 중 생강은 보이지 않는다. 이것은 생강이 공물보다는 약재로
더 중시되었기 때문에 누락되었으리라 추정된다. 그러면 생강은 어떻게
공납되었을까.

"험준한 산속에서 간신히 따모아 머나먼 서울로 등짐져 날랐다"고 하는
위의 기록으로 보건대, 차를 재배하는 농민들이 바로 서울까지 직송했으므
로 이 경우 별공으로 판단된다. 고려시대의 특산물 공납에는 상공과 별공이
있었다. 상공은 지방관을 통한 공납이 원칙이고 별공은 중앙으로의 직납이
일반적이라고 생각되는데 생강도 마찬가지 형태로 공납했을 것이다.

고려시대 전국 각지에서 수납한 세곡은 2월에 조운을 시작하여 가까운
곳은 4월까지, 먼 곳은 5월까지 조운을 마치도록 하였다.[29] 각 조창에서는
그해 연말까지 수납한 세공을 다음해 2월 조운시까지 보관하였으므로[30]
지방관을 거쳐 중앙에 도달하는 데 걸리는 시간이 최소한 3개월이라고
볼 수 있다. 그러므로 부패가 빨리 진행되는 어물이나 조금만 잘못 보관해도
집단부패하는 생강의 경우는 오랜 기간 운송되도록 방치할 수가 없어
중앙으로 직송하였을 것이다. 그러나 말린 건강이나 백강은 보관이 용이하
였기 때문에 공물에 포함되고, 생강의 경우는 별공으로 따로 보냈을 것이다.
특히 식품보다 의약품으로 더욱 중시된 생강은 국가에서 일정량의 수확을

---

28) 李奎報, 『東國李相國集』 13, 古律詩.
29) 『高麗史』 79, 食貨2 漕運.
30) 최완기, 1981, 「고려조의 세곡운송」, 『한국사연구』 34, 43쪽.

항상 확보해 두어야 하므로 강소가 필수적이었다.

고려시대 농업경영은 奴婢, 自家所有農民, 佃戶, 集團勞役에 의한 경작 등 다양한 형태로 이루어지고 있었다. 다소의 경우, 소민의 집단경작이 이루어졌는데[31] 생강 역시 마찬가지였을 것이다. 그러나 국가의 집단노역은 소뿐만 아니라 부곡에서도 마찬가지로 행해졌다[32]. 부곡민도 일반 양인처럼 조세 요역을 담당하고 있었던 데 비해, 소는 신역의 강도가 심하므로 항구적으로 노역에 종사한 금·은 등 광산물 생산지의 경우 조세 요역을 면제받았으리라 판단된다.[33] 그러나 강소의 경우, 농산물이므로 조세 요역을 면제받았다고 보기는 어렵다. 따라서 중앙에 공납하는 소의 개별적 특성에 따라 면세 면역이 달랐으리라 생각된다.

이에 집단적으로 농업경영에 동원되는 형태는 薑所民이든 部曲民이든 크게 다르지 않았다. 주목되는 사실로서 철·소금·도자기 등 소의 전담 생산지역이었던 곳에 鄕과 部曲이 존재하였던 경우를 다수 찾아볼 수 있는데, 그것은 지역적인 여건상 향과 부곡인이 때로는 소의 주민이 부담한 역을 대신 부담하였음을 알려주는 것이다. 이같이 부곡민은 국가직속지의 경작 외에도 그 지역이 전담하였던 특정의 역이나 때로는 특정 물품의 생산을 위한 역에도 동원되었던 것이다. 이 경우 부곡민과 소의 주민은 국가 수취체계상 특정의 역을 부담했다는 점에서 사회경제적으로 동일한 처지였다.[34] 특히 농경이 주업무인 薑所, 茶所와 부곡은 더더욱 다를 바가

---

31) 李貞信, 1999,「고려시대 茶생산과 茶所」,『한국중세사연구』6.

32)『高麗史節要』3, 顯宗 15年 春正月, "都兵馬使奏 發京畿內 河陰部曲民百餘戶 徙嘉州南屯田所 以充佃作."

33) 기타무라(北村秀人, 앞의 논문)는 소민이 조세 요역을 면제받는다고 주장했으나 박종기는『高麗史』기사(80, 食貨 恩免之制 肅宗 5年 2月, "免州府郡縣部曲雜所 今年稅布半")로 보아 조세 요역이 면제되지 않는다고 보았다. 그러나 철소 자기소 같은 경우는 당연히 조세 요역이 면제되었으리라 생각된다.

34) 朴宗基, 1990,「高麗의 收取體制와 部曲制」,『高麗時代 部曲制研究』, 서울대출판부, 148쪽.

없었다.

오늘날의 경우, 생강재배시 소요 노동력은 10a당 파종시 6~7명, 제초시 7~8명, 병충해 방제시 2명, 퇴비 및 배토시 2명, 수확시 15~16명으로 총 32~35명 정도가 필요하다고 한다.[35] 고려시대의 경우, 농경기술이 부족하므로 더 많은 인원이 모여 집단적으로 재배하였을 것이다. 그러나 국가에서 임의로 설정한 것이 아니라면 생강이 특별히 집단적으로 재배할 필요성이 있었으리라 생각되지는 않는다. 힘든 노역 때문이라기보다는 생강이 병충해에 취약하고 보관이 어려운 만큼, 따뜻하여 생강재배가 잘 되는 곳을 국가에서 강소로 편제하여 보관까지 책임지게 하였던 것이다. 그리므로 소가 아니더라도 생강재배나 보관기술을 가진 농민 중에는 개별적으로 재배하여 수익을 올리는 경우도 있었으리라 판단된다.

5. 생강의 생산지

다음은 고려시대의 생강생산지에 관한 기록이다.

E-1) 荳原縣은 원래 백제의 두힐현인데 신라 경덕왕은 薑原으로 고쳐서 부령군(나주)이 관할 현으로 만들었다. 고려 때 지금 명칭으로 고치고 그대로 소속시켰다가 후에 본 군에 소속시켰으며 인종 21년에 감무를 설치하였다.[36]

2) 所四 生薑 仇向茶鹽田 浦保鹽田 大材鹽田[37]

전라도 나주목 보성군의 두원현과 나주목 해진군의 생강소는 생강 생산

---

35) 이우승, 1978, 앞의 책, 174쪽.

36) 『高麗史』 57, 地理 寶城郡, "荳原縣 本百濟豆縣 新羅景德王 改名薑原 爲分嶺郡領縣 高麗更今名 仍屬後來屬 仁宗二十一年 置監務."

37) 『世宗實錄地理志』 全羅道 羅州牧 海珍郡.

지라고 판단된다. 해진군은 조선 태종 9년에 진도군과 해남현을 합하여 海珍郡이라 하였다. 『世宗實錄地理志』의 전주목, 남원도호부에는 생강이 공물로, 화순, 능성 보성, 무진, 담양도호부, 광양현, 곡성현, 장수, 임실, 순창에서는 약재로 나온다. 『新增東國輿地勝覽』에서는 경상도 진주목, 전라도 전주부, 익산, 고부, 만경, 장성, 금구, 정읍, 옥구, 태인, 나주목, 영암군, 영광군, 장흥도호부, 남원도호부, 임실현, 순천도호부, 광양현, 동복현 등지에서 생강이 토산으로 기재되어 있다. 『世宗實錄地理志』에 비해 『新增東國輿地勝覽』에서는 생강산지로 전라도를 중심으로 보다 광범하게 기재되어 있다. 이는 생강의 생산이 점차 경상도 진주지역으로 확산되고 있음을 볼 수 있다. 특히 김제·만경·익산 지역에서 생산되었다는 것은 생강이 조금씩 전주 이북까지 생산범위를 넓히고 있음을 보여준다.

이는 『世宗實錄地理志』에서 『東國輿地勝覽』이 편찬될 시기에 이르는 동안 농업기술의 발달로 점차 생산할 수 있는 범위가 확대되었다고 볼 수 있을 것이다. 오늘날에는 서산 등지가 생강생산의 중심지인 데 비해 고려·조선전기는 전주·남원을 경계로 한 남쪽지역에서 생산이 활발하였다. 따라서 강소는 전라도 일부지역에만 존재했으리라 판단된다.

다음 [표]는 『世宗實錄地理志』와 『新增東國輿地勝覽』에 모두 수록된 생강 생산지다. 『高麗史』에 보이는 전라도 보성군을 제외하고 『世宗實錄地理志』는 12곳, 『新增東國輿地勝覽』은 19곳으로서 조선초기에 비해 중기 이후에 가서 생강의 생산량이 1.6배 정도 늘었다고 볼 수 있다. [표]에서 전남은 나주목 보성군 낙안군 광양현이며 나머지 3곳도 모두 전주 아래쪽에 위치하고 있다. 이 중 전주부와 나주목은 생강, 임실현은 건강을 공납하였으며, 약재로서 남원은 생강, 보성군 낙안군 광양은 건강을 공납하였다. 약재보다는 식품으로 쓰이는 비율이 높을 것이므로 전주부와 나주목이 가장 많이 공납했을 것이다.

[표] 생강의 생산지

지역	所(세지)	土産·土貢	비고
전주목	陽良 : 전북 완주군 봉동읍38) 豆毛 : 완주군 이서면 이성리	薑(토공)	우양촌 철소(신증33) 세지(邑人業之)
나주목	水墮(서25리) : 나주시 다시면 동곡리 수다곡마을	薑(토공)	신증35, 세지
보성군 두원현 (낙안군)	加用(남30), 品魚(동29), 草川(동50), 開 寧(동10)	乾薑(약재)	고려사,39) 세지 장흥도 호부,40) 신증40
나주목 해진군	生薑, 仇向茶鹽田, 浦保鹽田, 大材鹽田		세지
남원도호부	所火尺41) 申內河42) 豆加(남60) 金城(동 15) 龍峯(동20) 熊陰(남50) 岐於淺(남30) 陽川(남8) 置等保 興福 南田(유곡 북6) 放光(구례 북10), 置等保, 興福	薑(약재)	신증39 : 南田所 (구례 군 논곡리) 放光所(구례 군 광의면 방광리) 세지 : 置等保 興福 龍峯(남원군 주천면)
임실현	醉仁部曲(서10)	乾薑(약재)	신증39, 세지
광양현	大谷(동15), 玉谷(동30), 孔村(동65), 多 沙川(동65), 蚊縣(동60), 孔乙道(동46), 車衣浦(동46)43), 仇良浦(동45), 奴乙道, 實峴, 鳥頂, 知巖川, 骨若, 蚊峴(동60), 熊陰44)	乾薑(약재)	신증40, 세지

※ 신증 : 『新增東國輿地勝覽』, 세지 : 『世宗實錄地理志』

고려후기에 와서 강소는 소의 소멸과 함께 자연스럽게 없어진 것으로 보인다. 즉 농업기술의 발달로 생강의 생산과 보관이 보다 용이해져서 특별히 강소를 두지 않더라도 생강 확보에 큰 문제가 없었기 때문일 것이다.

38) 이곳이 생강재배로 유명하다. 이우승, 1978, 「재배적지 선정」, 앞의 책. 그러나 이곳에 철소가 있었다는 것이 『新增東國輿地勝覽』 33, 全羅道 全州府 古蹟에서 보인다.

39) 『高麗史』 57, 地理 寶城郡, "荳原縣 本百濟豆肹縣 新羅景德王改名薑原爲分嶺郡領縣 高麗更今名仍屬後來屬 仁宗二十一年 置監務."

40) 『世宗實錄地理志』 全羅道 長興都護府, "荳原 本百濟豆肹縣 新羅改薑原縣 爲樂安郡領縣 高麗改荳原縣 因之 後來屬."

41) 『新增東國輿地勝覽』 39, 南原都護府 古蹟 조에 "省火帖所 부 남쪽 50리"로 나와 있다.

42) 『新增東國輿地勝覽』에 "申內洞所 부 남쪽 17리"로 나와 있다.

43) 『新增東國輿地勝覽』 40에 "孔乙道所·車衣浦所는 현 동쪽 46리, 玉谷所 현 동쪽 30리"로 나와 있다.

44) 남원에 보이는 웅음소와 같다.

6. 맺음말

고려시대의 특산물 생산지 중 가장 특이한 것이 강소다. 생강은 경작하기 힘들고 어려운 농산물은 아니다. 다른 농작물과 차이가 있다면 생강이 식품, 양념, 향신료로 쓰이지만 그 외 약용으로 쓰이는 경우가 많으며 저장이 어렵다는 점에 있다. 생강은 생산도 물론 중요하지만 저장에 각별히 신경을 썼던 농작물이다. 그러므로 국가에서는 기온이 따뜻하여 생강생산에 적합한 전라도지역을 배정하여 강소로 편제하고 안정적으로 필요한 양을 수취했을 것이다. 생강은 오늘날에도 번거롭고 까다로운 작물이다. 일반 작물의 경우, 하나의 씨앗으로 생산할 수 있는 양이 20~200배임에 비해 생강은 씨생강(종강)이 많이 소요되는 작물로서 10배 정도의 수익밖에 올리지 못한다. 여기에 저장시설까지 감안한다면 생강은 비쌀 수밖에 없는 상품이었다.

전라도 나주목 보성군의 강원과 해진군의 생강소는 생강생산지라고 판단된다. 『新增東國輿地勝覽』에서 생강 산지가, 경상도의 진주목과 전라도의 전역인 데 비해 『世宗實錄地理志』에는 전주목, 나주목, 보성군, 낙안군, 남원도호부, 임실현, 광양현의 7곳에 불과하다. 이는 생강의 생산과 저장법이 까다로워 많이 수확하지 못하다가 『新增東國輿地勝覽』이 편찬될 즈음에는 농업기술의 발달로 생산되는 범위가 확대되었다고 볼 수 있을 것이다.

강소에서는 생강생산이 집단노역으로 이루어졌으나 사실 생강은 개별적으로도 충분히 경작이 가능한 작물이었다. 다만 병충해에 취약하여 보관이 어려운 만큼, 정부는 생강재배가 잘 되며 보관이 용이한 곳을 소로 편성하여, 생강재배와 보관기술이 뛰어난 농경민에게 생강의 생산과 보관을 맡겨서 일정량을 중앙에 공납하게 하였을 것이다.

고려후기에 와서 농업기술의 발달로 생강의 생산과 보관이 보다 용이해지면서 강소는 다른 소의 소멸과 함께 자연스럽게 없어진 것으로 보인다.

【제3부】

해산물

제1장 어업실태와 어량소

1. 머리말

수산물은 인류가 존재한 이래 가장 쉽게 접할 수 있는 양식이다. 더구나 수산물 중 해조류는 움직임이 적고 해안 가까이에 상존하는 까닭에 쉽게 채취가 가능하여 일찍이 김해의 조개무지 같은 유물이 발견되었으며, 삼국시대에 들어와서도 각기 바다를 끼고 있어 어업이 활발하였다.[1] 이 같은 사정은 신라에 이어 고려시대에도 마찬가지였다. 고려시대 주민은 농업이 주산업이었지만 강이나 바다를 끼고 있는 마을에서는 어업도 무척 활발하였으리라 판단된다. 여기에서는 고려시대의 어업실태를 밝히고 이와 더불어 어민의 수취상황과 어량소의 존재형태를 살펴보고자 한다.

현재까지 알려져 있는 所는 金所·銀所·銅所·鐵所의 광산물과 絲所·紬所·瓦所·瓷器所·紙所·墨所·炭所의 수공업 제품과 茶所·薑所의 농산물, 鹽所·藿所·魚梁所의 해산물로 구분될 수 있다. 그러나 향 부곡과 달리 지방특산물을 생산하여 국가에 납부하는 所는 국가에 특산물을 공납한다는 원칙은 같으나 각기 개별적인 所에서 생산되는 물자의 특성에 따라 수취형태는 달랐으리라 판단된다.

---

1) 朴九秉, 1964, 「韓國漁業技術史」, 『韓國文化史大系-科學·技術史』, 고려대 민족문화연구소, 89~98쪽.

본고에서 다루고자 하는 것은 어량소다. 어량이란 대나 기타 재료를 이용하여 만든 발을 설치한 定置漁具인데 여기서는 고기를 잡는 모든 행위, 즉 수산업을 통칭하는 것으로 판단되므로 어량소는 고기잡는 장소라는 의미도 있다. 특히 신선도가 중시되는 물고기나 조개 등의 해산물은 미역이나 소금과는 달리 보관이 용이하지 않다. 빠른 운송이 요구되는 해산물이 어떤 형태로 공납되었으며 또한 어량소의 분포와 어민의 생활은 어떠했는지 등을 규명함으로써 고려시대 어업의 존재형태를 살펴보고자 한다. 고려시대의 수산업에 관해서는 관련 자료가 미비하여 주로『世宗實錄地理志』나『新增東國輿地勝覽』을 통해 파악할 수밖에 없지만, 이를 통해 대략 추정해볼 수 있을 것이다.

2. 漁業실태와 수취구조

1) 고려시대의 어업

오늘날처럼 공해가 문제되지 않았던 전근대사회에서 어류는 분포가 다양하고 공급도 무한하여 바닷가나 강가에 살고 있다면 필요에 따라 언제든 얻을 수 있는 중요한 양식이었다. 이미 삼국정립기에 고구려는 北東·北西, 백제는 西南, 신라는 東南해안을 분점하여 어업 생산활동이 활발하였으며[2] 이는 남북국시대에 들어와서도 마찬가지였다. 신라는 어물

---

2) 『三國史記』1, 新羅本紀 脫解王條에 王이 처음에는 釣漁業을 생업으로 삼아 그의 養母를 봉양했다는 기록이 보이며,『三國遺事』1, 延烏郞 細烏女條에는 신라 阿達羅王 즉위 4년(157)에 延烏가 東海濱에서 海藻類를 채취했다고 한다. 그리고 고구려에서는 釣漁業이 일반적이었으리라 추정되는데 태조왕 7년(59)에는 왕이 孤岸淵에 가서 붉은 날개가 달린 흰고기를 낚았으며, 대무신왕 11년에는 연못에 잉어 양식을 한 기록이 보인다(『三國史記』14, 15). 또한 백제는 蓋鹵王 18년에 북위에 錦布와 海物을 바쳤으며, 法王은 불교를 혹신하여 漁獵道具를 불태우게 했다고 한다(『三國史記』25, 27).

이 주요 수출품으로 나오며,3) 발해도 당나라와의 무역에 昆布·鯔魚(숭어)·海豹皮·乾文魚 등을 거래하였다고 한다.4) 이 같은 어업의 발달은 고려시대로 이어졌다. 고려시대의 어업실태에 관해서는 다음 기사가 전해진다.

A-1) 어부는 썰물이 질 때에 섬에 닻을 내려 고기를 잡는다. 그러나 그물을 잘 만들지 못해 어망을 성긴 천으로 만들어 고기를 걸러낼 뿐이어서 힘은 많이 들지만 수확은 적다. 굴이나 조개 같은 패류는 조수가 빠져도 이동하지 못하므로 힘껏 포획해도 그 자원은 다함이 없다.5)

2) 내가 덕이 없어 이러한 가뭄을 초래하였고 재변이 거듭되는 것이다. 상식국으로 하여금 鷹鶻軍을 헤산하게 하고 또 어살을 치고 고기잡는 것을 금지하도록 하라.6)

고려시대 어업의 실태는『高麗圖經』에서 추정할 수 있다. 우선 해변에서 쉽게 잡을 수 있는 것으로서 굴·조개 같은 어패류가 있으며, 고기를 잡을 때는 강에서는 주로 낚시를 하거나 작살로 잡은 데 비해, 바다에서는 배를 타고 투망을 하거나 어량을 설치하였다. A-1)은 연안에서 투망하는 모습을 보여 준다.

『新增東國輿地勝覽』45, 江原道 高城郡 風俗條를 보면, "삼을 심어서는 길쌈을 하지 않고 노끈을 꼬아 그물을 만들어 고기잡는 것으로써 생업을 삼는다"고 하였다. 당시 사람들은 어망을 삼베실[麻絲]로 만들었음을 알

---

3) 이를 추정할 수 있는 사료로는 특수한 해산물이기는 하지만『三國史記』新羅 聖德王 22년(722)에 海豹皮를 당에 바쳤으며 동왕 29년에 해표피 10장, 33년에 16장을 바쳤다는 기록이 있는데, 이로 보아 해표피가 대당 무역의 중요 수출품이었음을 알 수 있다.

4) 韓致奫,『海東繹史』33, 交聘志2 朝貢2.

5)『高麗圖經』23, 雜俗2 漁, "海人 每至潮落 邜舟島嶼而捕魚 然不善結網 但以疏布漉之 用力多而見功寡 唯蠣蛤之屬 潮落不能去 人掇拾盡力取之 不竭也."

6)『高麗史』6, 世家 靖宗 9年 5月 丁卯, "寡人不德 致此旱乾 屢有災變 宜令尚食局 放鷹鶻軍 又禁遏浦魚."

수 있다. 거칠고 성긴 베를 사용하거나 노끈을 꼬아 그물을 만들어 사용한
것은 서긍이 말한 것처럼 제망술이 유치해서가 아니라 잡고자 하는 물고기
의 크기에 따라 어망이 다르기 때문이라고 판단된다. 따라서 서긍이 본
것은 큰 고기를 잡기 위해 만든 성긴 그물이었을 것이다.

고려의 경우, 어획도구가 미비하고 배의 크기가 작아 주로 연안지대에서
만 고기를 잡았기 때문에 어획량이 미비했다고 볼 수도 있으나 오늘날과
달리 인구가 적고 오염이 없던 시절이므로 다소 많이 잡히지 않았을까
생각된다. 그러나 일기예보가 발달하지 않았던 그 시절에는 바다 가운데로
나아가 풍랑을 만나면 최악의 경우 목숨이 위태로운 지경에 처하는 일이
빈번했다. 어부의 어획량은 그때그때 고기떼의 움직임이나 자연조건에
전적으로 매달려 있으므로 그들이 안정적인 풍족함을 누리지는 못했으리라
판단된다. 그러나 어량을 설치하여 고기를 잡는 것은 상당히 안정적인
수확을 가능하게 하였을 것이다.

어량이란 대나 기타 재료로 만든 발을 설치한 정치어구다. 하천에 설치하
여 상류에서 내려오는 어류나 새우류 같은 것을 잡는 원시적인 것도 있고,
해면에 설치하여 여러 수산물을 잡는 것도 있는데 그 형태는 조류를 가로막
아 발을 방사형으로 설치하고 좌우의 발이 한곳에 모이는 곳에 원형 또는
사각형의 함정을 설치한 것이었다.[7] 고려사회에서 어량소까지 설치한 것으
로 보아 후자를 가리킨다고 생각된다. 어량을 설치하면 배타고 바다에
나가 그물로 고기를 잡는 것보다 위험은 적으면서 수확은 더 많았으리라
짐작된다. 어량의 성행으로 주민들은 육류보다 생선을 즐겼던 것으로 보인
다.

B-1) 고려에 양과 돼지가 있지만 왕공이나 귀인이 아니면 먹지 못하며,
　　　가난한 백성들은 해산물을 많이 먹는다. 미꾸라지, 전복, 조개, 진주

---

7) 朴九秉, 1994, 「수산업」, 『한국사 24』, 국사편찬위원회.

조개, 왕새우, 무명조개[文蛤], 대게, 굴, 거북이 다리부터 海藻, 다시마에 이르기까지 귀천없이 즐기지만 냄새가 비리고 맛이 짜므로 오래 먹으면 싫증난다.[8]

2) 이제부터는 유밀과의 사용을 금지하고 나무열매로 대신하되 작은 잔치에는 세 그릇, 보통 잔치에는 다섯 그릇, 큰 잔치에는 아홉 그릇을 넘지 못하며 반찬도 세 가지를 넘지 못한다. 만일 부득이하게 더할 경우에는 말린고기나 젓갈을 번갈아 놓게 하여 이것을 定式으로 삼는다.[9]

위의 기록에서 보는 바와 같이 고려시대는 해산물에 비해 양과 돼지 등 육류식품이 훨씬 귀했으며 생선 종류는 일반 백성들도 쉽게 접할 수 있는 식품이었다. 그러나 생선과 해조류는 강이나 바다 등 한정된 지역에서만 생산되고 쉽게 부패하였으므로 특히 여름에는 선도를 유지하며 운송하는 데 큰 어려움이 있었을 것이다. 부패를 방지하기 위하여 가장 많이 취하는 방법은 말리는 것[脯]과 소금에 절이는 것[醢]이었다. 따라서 바닷가 가까이 사는 사람들이 아니라면 대부분 말리거나 절인 해산물을 섭취했으리라 짐작된다. 그러므로 어량소 주민의 역할은 해산물의 포획과 운송뿐 아니라 가공 또한 주요한 임무였을 것이다.

2)는 무신집권기에 명종이 지배층의 사치스러움을 경계하기 위해 식탁의 반찬 가짓수까지 정한 것을 보여주고 있는데, 여기에 말린 고기와 젓갈이 등장하는 것으로 보아 고려시대에 일찍이 식품 가공기술이 발달했음을 알 수 있다. 그러나 지배층에게는 절이거나 말린 식품이 맛있다거나 귀한 식품은 아니었던 것 같다. 서긍의 말처럼 지나치게 짠 것은 소금에 너무 많이 절여져서 제 맛을 잃어버린 탓으로 여겨진다. 그러나 비린 냄새가

8)『高麗圖經』23, 雜俗, "國俗有羊豕 非王公貴人不食 細民多食海品 故有 鮐 鰒 蚌 珠母 蝦王 文蛤 紫蟹 蠣房 龜脚 以至海藻 昆布 貴賤通嗜 多勝食氣 然而臭腥味鹹 久亦可厭也."
9)『高麗史』85, 刑法2 禁令 明宗 22年 5月, "制曰 … 自今禁用油密果 代以木實 小不過三器 中不過五器 大不過九器 饌亦不過三品 若不得已而加之 則脯醢交進 以爲定式."

난다는 것은 아무리 절였다 하더라도 빠른 운송체계가 미흡했던 당시에는 오랜 시간이 경과할 수밖에 없어 신선하지 못함을 나타내는 것이다. 일국의 사신으로 간 서긍이 이같이 오래된 해산물을 접했던 것으로 보아 육지에서 생활하는 사람들 대다수가 짜고 비린 어물을 먹지 않을 수 없었을 것이다. 그러나 국왕을 위시한 왕실이나 고위 관리에게는 다른 방법이 강구되었다. 즉 얼음을 넣어 보관하게 하는 것이다.

> C-1) 십분 꽃다운 술은 내 입맛을 돋우고
>   한 조각 맑은 얼음 손이 어는 듯 차네.…
>   해마다 천금 같은 귀한 술 보내주고
>   얼음이며 별식까지 곁들어서 보냈다네.[10]
> 2) 밤중에 술깨어 찬 얼음 깨무니
>   온갖 맛좋은 음식 여기에 당하랴
>   이런 맛 한평생 나혼자만 즐기는가 했더니
>   늙은 중이 나보다 일찍 알았구나.[11]
> 3) <西京留守 慶宰臣이 얼린 고기[凍魚]를 보내다>
>   朝天石 아래 玉鱗魚를
>   천리를 날아와 우리집에 보내왔네.[12]
> 4) 모든 사람들에게 얼음 저장하는 것을 허락하였다.[13]

우리나라에서 얼음을 사용한 유래는 이미 부여 때부터 나타난다. 부여에서는 여름에 시체방부용으로 얼음을 사용했다고 하는데[14] 이로 미루어

---

10) 李奎報, 『東國李相國後集』 10, 古律詩 6월 28일에 수상 최시중이 보내 온 술과 얼음에 대해 사례하다, "十分芳酒霑唇滑 一段淸水凍手寒 … 年年送與千金酒 副以寒羞及別羞."
11) 李奎報, 『東國李相國前集』 14, 古律詩 술 취한 중이 밤에 일어나 얼음 깨무는 것을 조롱하다, "酒醒中夜嚼寒氷 百品珍羞敵未能 此味平生疑獨享 老髡先我飽嘗曾."
12) 李齊賢, 『益齋亂藁』 3, 西京留守慶宰臣寄凍魚, "朝天石下玉鱗魚 千里飛來入我廬."
13) 『高麗史』 31, 忠烈王 23年 6月 癸未, "許人皆得藏氷."
14) 『三國志』 魏志 東夷傳 夫餘.

부패하기 쉬운 식품을 보관할 때에도 얼음을 사용했으리라 추정할 수
있다. 『三國史記』에 의하면 신라 智證王 6년(505)에 처음으로 얼음을 보관하
도록 명하였으며15) 氷庫典이라는 관아를 설치하여 採氷과 藏氷에 관한
사무를 담당하게 하였다고 한다. 또한 『新唐書』 東夷傳 新羅條에 "夏以食置氷
産"이라고 하여 여름철에는 얼음 위에 식품을 얹어두어 부패를 방지했음을
알 수 있다. 이로 보아 경주 석빙고는 어패류의 선도 유지에도 사용되었을
것이다. 주로 왕실 등 진골 귀족층을 위해 사용되었을 것이지만 고려시대에
이르러서는 좀 더 보편화되었다.

고려시대 얼음에 관한 기록은 靖宗 때 왕에게 얼음을 바치는 내용이
있다.16) 뒤이어 문종조에는 왕이 명하기를 "매년 6월부터 立秋에 이르는
기간에 얼음을 나누어주되, 퇴직한 宰相에게는 3일에 한 차례 주고 左右僕射,
6尙書, 卿, 監, 大將軍 이상은 7일에 한 차례 주도록" 지시한 기록17)이
나온다. 그러나 李穡의 『牧隱詩藁』에는 국왕이 얼음을 적게 하사한 데
대해 실망한 내용이 보인다.18) 이색은 겨울이 따뜻해서 凌陰(氷庫)이 비어
많이 하사받지 못했다고 하였지만, 왕실이나 재상급의 고위층 관리가 아니
면 귀한 얼음19)을 많이 사용할 수는 없었으리라는 것은 충분히 짐작할
수 있다.

C-1)에서 음력 6월 28일에 李奎報에게 얼음을 보내온 崔侍中은 최우다.
당시 무신정권 하에서의 최우는 국왕보다 더 강력한 실세였으므로 그가

---

15) 『三國史記』 4, 新羅 智證王 6年(505) 11月.
16) 『高麗史』 6, 靖宗 2年 4月 壬子, "壬子 以立夏節 進氷."
17) 『高麗史節要』, 4, 文宗 3年 6月, "每歲自六月至入秋 頒氷于諸致仕輔臣 三日一次 左右僕射 六尙書 卿 監 大將軍以上 七日一次 以爲永制."
18) 『牧隱詩藁』 17, 偶念頒氷(『高麗名賢集』, 成均館大學校 大同文化硏究所, 1986, 484쪽).
19) 『高麗史』 6, 靖宗 2年 4月 壬子條에 의하면 "태양이 북륙에 있을 때 얼음을 떠서 저장하고 태양이 서륙에 있을 때 얼음을 내어 쓰는데, 반드시 羔[염소]를 잡아 제사를 지낸 다음에 氷庫를 연다"고 하여 얼음을 매우 귀중하게 여겼음을 알 수 있다.

원할 때는 언제든 얼음을 상용했으리라 보이지만 2)의 승려들이 얼음을 사용한 것은 상당히 의외로 여겨진다. 여기에서 사원경제의 규모를 짐작할 수 있는데, 이로 미루어 큰 사찰은 그들 소유의 석빙고가 있었음을 알 수 있다. 그런데 李齊賢에게 西京留守 慶宰臣이 凍魚를 보내왔다고 한다. 동어가 얼린 고기를 의미한다면, 서경에도 氷庫가 있어 고기를 얼리는 저장소가 있었음을 보여주는 것이다.

平壤屬志 公署條에 보면 내빙고·외빙고가 있었다고 하는데,20) 이것이 고려시대부터 존재하고 있었는지 여부는 알 수 없다. 그러나 충렬왕대에 모든 사람들에게 얼음의 저장을 허용했다는 기록을 보면, 이것이 농민층에게까지 허용했으리라고는 생각되지 않지만 얼음이 상당히 보편화되고 있었음을 보여준다. 이와 같이 고려시대에는 왕실 그리고 일부 지배층이나 사원을 중심으로 식품의 부패를 방지하기 위해 얼음이 광범위하게 사용되고 있었음을 알 수 있다.

2) 魚梁所의 수취구조

고려왕조는 전국 군현에 국가가 필요로 하는 물품을 안정적으로 확보하기 위해 소를 설치하였는데, 어량소 역시 마찬가지였을 것이다. 자주 인용되는 사료지만 다시 한번 살펴보기로 한다.

> D. 前朝에 五道兩界의 驛子 津尺 部曲人은 모두 바로 太祖 때에 명을 어긴
>   사람들이므로 모두 賤役을 담당하게 했다.21)

---

20) 「平壤屬志」,『邑誌』14, 平安道1(亞細亞文化社). 이는 조선시대 私撰邑誌로서 1730년(英祖 6)에 尹游가 편찬·간행한 것을 1837년(憲宗 3)에 重刊한 평양부 읍지다. 그러므로 조선시대의 실정을 기록해 놓은 것이므로 고려시대까지 소급 추정하는 것은 무리라고 판단되나 어떤 형태든 氷庫는 존재했으리라 판단된다.

21) 『太祖實錄』1, 元年 8月 己巳, "前朝五道兩界 驛子津尺部曲之人 皆是太祖時逆命者 俱當賤役."

所가 성립된 것이 고려시대임은 익히 아는 사실이다.[22) D에서 部曲人이나 驛子·津尺이 태조 왕건이 고려왕조를 세울 때 끝까지 저항했던 세력으로서 후삼국 통일전쟁 과정에서 반고려적인 호족세력을 재편하면서 생겼다고 하는데, 여기에 所는 보이지 않는다. 물론 부곡제의 일환으로 소가 포함되어 있으리라 추정할 수도 있으나 所가 국가가 필요로 하는 특산물이 생산되는 지역에 설정되어야 한다면 국왕의 명을 어기거나 고려에 반역했다고 하더라도 특산물이 생산되지 않는 지역에는 무리하게 설정할 수는 없었을 것이다. 그러므로 고려왕조는 국가가 필요로 하는 공물이 생산되는 곳에 소를 설치하였다고 생각된다.

그러나 특산물을 생산하는 지역에 불과했던 소의 규모가 점차 커지면서 고려중기에는 향 부곡과 같이 군현제로 편입되었다. 소민에 대한 수취가 강화됨에 따라 주민들은 소로 지정되는 데 대한 거부 움직임을 보이게 되고, 이제 소로의 재편은 군현에 대한 형벌로 바뀌게 되었다.[23) 그러나 어량소의 경우는 형벌의 의미보다는 국가의 신선한 어류 확보책의 비중이 더 컸으리라 생각된다. 그러면 어량소민들은 어물을 어떤 형태로 공납하였을지 살펴보자.

E-1) 制하여 이제부터는 여러 州縣에서 생선포는 공물로 비치지 말게 하였다.[24)

2) 銅, 鐵, 瓷器, 紙, 墨 등의 雜所는 別貢을 징수하는 것이 너무 지나쳐서 匠人 등이 괴로워서 도피하니 所司는 각 所의 別貢과 常貢의 많고 적음을 작정하여 아뢰어라.[25)

---

22) 『新增東國輿地勝覽』 7, 京畿道 驪州牧 古蹟 登神莊.

23) 所民은 초기 성립 당시에 신분이 양인으로 추정된다고 하더라도 노역 부담이 가혹하여 천인에 가까웠으므로 조선시대의 身良役賤과 비슷한 계층으로 보아야 한다는 것이 대체적인 견해다. 朴宗基, 1990, 「高麗 部曲制 成員의 身分」, 앞의 책, 74쪽 ; 金炫榮, 1986, 앞의 논문, 123쪽 참조.

24) 『高麗史』 8, 世家 文宗 21年 2月 庚午, "制曰 自今諸州縣 勿貢魚脯."

3) 耽羅國王子 殊雲那가 그의 아들 陪戎校尉 古物 등을 보내어 牛黃, 牛角, 牛皮, 螺肉, 榧子, 海藻, 龜甲 等의 물자를 바치니 王이 王子에게 中虎將軍을 내리고 아울러 公服, 銀帶, 彩段, 藥物 등을 하사하였다.[26]

4) 사신을 元나라에 보내어 海菜, 乾脯 등의 물자를 皇太后에게 바쳤다.[27]

5) 崔沆이 敎定別監 공문으로써 淸州의 雪綿子, 安東의 眞絲, 慶山府의 黃麻布, 海陽의 白紵布 등 모든 別貢과 金州, 洪州, 等處의 魚梁船稅를 면제하게 하고 또 諸道의 敎定收獲員을 불러들이고 그 직무를 按察使에게 위임하여 민심을 수습하였다.[28]

어량소의 수취구조에 관한 내용은 찾아볼 수 없으나 농민이나 所民의 일반적인 수취형태는 위의 기록에서 확인된다. 光宗대에 이르러 고려정부는 각 지방의 세공을 정하였는데[29] 이때 벌써 소는 각 군현에서 특산물을 생산하는 집단으로 존재하였을 것이다. 소가 군현제의 일환으로『고려사』에 나타나는 것은 2)의 예종대부터다.

고려가 각 所에서 거두어들인 歲貢額을 所의 특수성을 감안하여 주현과 별도로 수취하였는지 아니면 州縣의 貢賦에 같이 포함되었는지 여부에 대해서는 異論이 있다. 기타무라(北村秀人)는 고려시대의 所가 실제 행정적으로는 군현의 下部機構로서 각 군현에 소속되어 있었지만 본래는 중앙정부에 직결되어 공부의 부과 역시 중앙에서 직접 수취하였다고 하였다.[30] 이에 비해 朴宗基 등 일련의 학자들은 중앙정부가 소에서 생산된 물품을

---

25)『高麗史』78, 食貨1 貢賦 睿宗 3年 2月, "銅鐵瓷器紙墨雜所 別貢物色 徵求過極 匠人艱苦而 逃避 仰所司 以其各所 別常貢物多少 酌定奏裁."

26)『高麗史』7, 文宗 7年 2月 丁丑, "耽羅國王子 殊雲那 遣其子陪戎校尉 古物等 來獻 牛黃 牛角 牛皮 螺肉 榧子 海藻 龜甲等物 王授王子中虎將軍 賜 公服 銀帶 彩段 藥物."

27)『高麗史』32, 世家 忠宣王 2年 12月 甲寅, "遣使如元 獻海菜乾脯等物于皇太后."

28)『高麗史』129, 崔忠獻 附 沆, "又以敎定別監牒 蠲淸州雪綿 安東繭絲 京山黃麻布 海陽白紵布 諸別貢及 金洪州等處 魚梁船稅 又徵還諸道敎定收獲員 委其任於按察使 以收人望."

29)『高麗史』78, 食貨1 田制 貢賦, "光宗卽位年 命元甫式會 元尹信康 定州縣歲貢."

30) 北村秀人, 앞의 논문, 45~46쪽.

일괄적으로 수납하여 이를 필요로 하는 각 기관에 직접 배분하는 것이 아니라 중앙정부가 행정적으로는 직접 수납하는 형식을 취하면서도 실제로는 개별 군현과 중앙의 각 기관을 연결시켜 해당 군현으로 하여금 중앙의 각 기관에 직납케 하였다고 하였다.[31]

고려정부가 각 소에서 생산되는 특산물을 전부 중앙에서 바로 거두어들인다는 것은 필수적인 일도 아니고 또 그렇게까지 할 필요도 없었으리라는 것은 추정 가능하다. 예컨데 어량소의 경우, 현종이 아들을 낳았다는 이유로 연경궁주에게 어량을 하사하였는데 이것이 어량소라고 단정할 수는 없지만 이들은 당연히 연경궁에 어물을 납부하였을 것이다.

그러나 5)의 기록에 의하면 교정수획원은 특산물을 거두어들이는 역할을 담당했는데 최항이 민심을 안정시키기 위해 이 일을 안찰사에게 위임했다고 한다. 안찰사제는 고려 예종대에 성립하였으나 이것이 중앙관사와 주현 사이의 중간 행정기구로서 제 기능을 발휘한 것은 고려 후기에 이르러서다. 원래 안찰사의 임무 중에 수령과 더불어 수집한 貢賦를 개경으로 輸納하는 역할도 포함되어 있으므로[32] 이는 부당한 조처는 아니다. 그러나 지방관이 아닌 안찰사에게 관리를 맡긴 것은 국가가 필요로 하는 물자를 확보하는 데 안찰사에 대한 중앙의 직접통제가 지방관보다 원활하였기 때문인데 고려후기로 갈수록 안찰사가 조세징수에 관여하는 경우가 많았다. 그럼에도 조세징수의 직접적인 책임은 수령에게 있었다.[33]

고려시대의 所는 鄕 部曲과 달리 국가가 필요로 하는 특산물을 생산하므로 국가의 통제가 상시로 이루어졌다는 것은 충분히 예측할 수 있다. 소의 공물 또한 州縣 지방관을 통해 이루어졌으리라 판단되지만, 어량소의 경우는 빠른 수송이 해산물의 신선도를 결정한다는 점에서, 어떤 형태든 중앙의

---

31) 朴宗基, 1990, 「高麗의 收取體制와 部曲制」, 앞의 책, 158쪽 ; 徐明嬉, 1990, 앞의 논문, 11쪽.
32) 邊太燮, 1974, 「高麗按察使考」, 『高麗政治制度史硏究』, 一潮閣.
33) 박종진, 2003, 「고려시기 안찰사의 기능과 위상」, 『동방학지』 122, 236~237쪽.

통제가 있었으리라 생각한다.

탐라국에서 고려에 보낸 공물 중 해산물로 螺肉(소라), 海藻, 龜甲(거북등 껍질)이 보이며, 고려가 원에 보낸 공물로 海菜가 있다. 소라는 말려 가공한 식품으로 보이며, 그 외의 것도 운송에 별 무리가 없는 해산물임을 알 수 있다. 위의 기록에 보이는 품목 이외에 『高麗史』에 산발적으로 나타나는 단편적 자료 중에서 貢으로 인정되는 물품들 가운데 해산물에 관한 것으로 는 昆布(다시마), 藿(미역), 海苔(김) 등이 발견된다.34) 그리고 세종 7년에 撰進된 『慶尙道地理志』慶州道 慶州府의 土産貢物 중 해산물은 魚膠(부레풀), 乾蛤(마른 백합), 大口魚(대구), 全鮑(마른 전복), 沙魚(상어)가 보이는데 이 중에서 말린 생선이 아닌 것으로 추정되는 것은 대구와 상어 정도다.

이것으로 판단하건대 고려시대 각 군현에서 거두어들이는 공물에서 해산물은 주로 가공식품이 대다수이며, 그 외의 어물은 오랜 기간 보관이 용이하지 않아 공물로 거둘 수는 없었다. 이 같은 상황은 조선시대도 마찬가 지였다.

『經國大典』에 의하면, 조선시대에는 어물의 보관이 어려우므로 특별히 필요한 물자를 제외하고는 곡물로 바꾼다고 한다.35) 고려사회도 마찬가지 였으리라 보이는데 5)에서 최항이 "淸州의 雪綿子, 安東의 眞絲 등 모든 別貢과 金州, 洪州 等處의 魚梁船稅를 면제하게 하라"고 하여, 雪綿子, 眞絲, 黃麻布, 白紵布를 특산물로 거두면서 魚梁船稅는 따로 취급하는 것은 이를 특산물이 아닌 米나 布로 대신했음을 짐작하게 한다. 조선전기에 선세를 생선과 미역으로 받은 기록이 나타나긴 하나36) 이것이 일상적인 것은

---

34) 姜晉哲, 1980, 「農民의 負擔」, 『高麗土地制度史硏究』, 고려대출판부, 269쪽.

35) 『經國大典』 2, 魚鹽條에 의하면, 여러 도의 여러 邑·浦의 魚箭에서 나오는 어물은 薦新 進上上貢 외에는 곡물로 바꾼다. 매년 곡물로 바꾸어 군자에 보낸 수는 관찰사가 기록을 갖추어 왕에게 보고한다고 하였다.

36) 『世宗實錄』 117, 29年 9月 23日 壬子 李先齊 上書文, "又道內舊所付籍 公私鹽稅 及民間船 隻 收稅魚藿亦多矣."

아니었을 것이다.

1)의 문종대에 흥왕사 완공을 기념해서 살생을 금지한다는 명목으로 생선포의 공납을 금지시키는데, 이는 역으로 여태까지 생선포가 공물로 바쳐졌음을 보여준다. 따라서 해산물 중에서도 오랫동안 보관이 용이한 脯나 乾제품 그리고 미역 등은 지속적으로 공납의 대상이 되었음을 알 수 있다.

어량은 원래 하천에 설치되었던 漁具였다. 漁具를 대별하면 運用漁具와 固定漁具로 나누어지는데, 운용어구는 일단 수확을 거두면 자유로이 위치를 변경할 수 있는 것이다. 고정어구는 한 번 고정시키면 상당한 기간 동안 그 위치를 변경하지 않고 어로활동을 계속하는 것인데 이를 특히 정치어구라 한다. 하천어량은 이 정치어구에 속한다. 그러나 고려시대 어량의 상당수가 바다에 면한 지역이어서 주로 바다에 어량을 설치한 것으로 판단된다. 바다에 어량을 설치하는 것은 하천에 설치하는 것보다 많은 비용과 노동력을 필요로 하였다. 이것이 어민이 어량을 개별적으로 설치하지 못하고 국가의 지원하에 집단적으로 설치하여 소로 편제된 된 이유였다. 고려시대 기록에는 나오지 않지만 『朝鮮王朝實錄』을 통해 이 같은 사실을 유추할 수 있다.

F-1) 王이 戶曹에 傳旨를 내리기를, 私占魚梁은 이미 금령이 내려져 있는데 大小人民이 종전과 같이 사사로이 점유하여 梁主라 칭하고 사람을 모아 함께 어량을 설치하고는 고기를 잡아서 그 이익을 독점하여 불균등하게 분배하므로 폐단이 많다.[37]

2) 上黨府院君 韓明澮가 아뢰기를, "各道의 魚箭을 국가가 빈민에게 지급하였으나 힘이 미약하여 스스로 설치하지 못하니 인근의 豪民이 함께 설치하여 그 이익을 나눕니다"고 하였다.[38]

---

37) 『世宗實錄』 30, 7年 11月 丁酉, "傳旨戶曹 私占魚梁 已有禁令 大小人民 仍前私占 稱爲梁主 募人同力作梁 及其得漁 專取其利 分與不均 作弊多端."

3) 대체로 魚箭이라는 것은 功役이 매우 많이 들어 빈민이 할 수 있는 것이 못 된다. 豪强者가 권세가에 청탁하여 그 이익을 독점한다.[39]

조선시대의 사료이긴 하지만 빈민과 호민이 협력해서 어량을 설치했다는 것은 어량 설치가 한 개인이 할 수 있는 것이 아니라 상당수의 인원이 소요되는 것이었음을 보여준다. 또한 어업의 규모가 커서 빈민은 물자와 노동력 부족으로 魚箭 경영이 불가능했다. 조선전기의 어업 경영형태로 판단하건대 고려 때 어량소를 설치했다는 사실은 고려의 어업경영 규모 역시 한두 사람이 쉽게 설치할 수 있는 소규모가 아니었으므로 국가가 관여하여 설치한 것이라고 판단된다.

다음 표는 어량소를 추정하여 도표로 만든 것이다. 조선전기의 자료밖에 남아 있지 않아 소가 누락된 것도 있을 것이라 생각되지만 일단 소가 남아 있는 곳의 어량만 정리하였는데, 『世宗實錄地理志』를 주내용으로 하고, 『新增東國輿地勝覽』도 참조하였다. 『世宗實錄地理志』에 의하면 어량 수가 가장 많은 도는 충청도이며(136개) 이어 황해도(127), 전라도(50), 경기도(34), 경상도(7), 함길도(2개) 순이다. 이로 보아 국가나 왕실의 필요성을 염두에 두고 수도 개경에 가까운 지역에 더 많은 어량소를 설치한 것으로 보인다.

고기를 잡는 데는 어량뿐 아니라 고기떼가 먼 곳에서 와서 한군데로 모여드는 길이 있는데 그 길목에다 배를 대고 그물을 쳐서 잡는 漁隧, 넓은 바다 한복판 고기떼가 모이는 곳에 크고 작은 어선으로 물을 따라 그물을 치는 漁場, 지형적으로 고기잡이에 알맞은 곳에 宗船(母船)을 띄우고 宗船 좌우에 여러 배가 날개처럼 벌여 고기를 잡는 漁椋(漁基) 등이 있다.[40]

---

38) 『成宗實錄』189, 17년 3月 乙亥, "上黨府院君 韓明澮啓 各道魚箭 國家許貧民給之 然力徵不能自結 傍近豪民結之 而分其利."

39) 『中宗實錄』8, 4年 5月 壬寅, "夫魚箭 功役甚大 非貧民所能爲也 豪强者 請托於權門 獨專其利."

구체적인 어량소재지는 京畿道의 水原都護府(2개), 南陽都護府(2), 安山郡 (5), 富平都護府(1), 江華都護府(2), 仁川郡(19), 金浦縣(1), 通津縣(2)이며, 忠淸 道는 稷山縣(1), 牙山縣(3), 舒川郡(17), 藍浦縣(3), 庇仁縣(15), 洪州牧(33), 泰安縣(46), 瑞山郡(10), 海美縣(1), 唐津縣(1), 保寧縣(5), 結城縣(1)이며, 慶尙 道는 慶州府(1), 晉州牧(2), 河東縣(3), 漆原縣(1)이며 全羅道는 扶安縣(2), 靈光 郡(13), 茂長縣(34), 樂安郡(1)이며, 황해도는 海州牧(4), 瓮津縣(26), 長淵縣(2), 康翎縣(84), 延安都護府(2), 豊川郡(7), 殷栗郡(1), 長連縣(1)이고, 함길도는 安邊都護府 端川郡에 있다.

이 중에서 한 지역에 어량이 10개 이상인 지역만 선정해서 살펴보면, 경기도이 인천군(19), 충청도의 서천군(17) 비인현(15) 홍주목(33) 태안현 (46) 서산군(10), 전라도의 영광군(13) 무장현(34), 황해도의 옹진현(26) 강령 현(84)이다. 그런데 [표]의 어량소가 설치된 것으로 추정되는 지역으로서 어량의 수가 10개 이상이 되는 지역은 서천군 홍주목, 태안군, 서산군과 강령현의 다섯 곳 정도다.

예컨대 靈光郡은 所는 보이지 않으나 어량이 大西湖 望雲島를 중심으로 13개가 있었다고 하며 波市田에는 매년 봄에 京外의 商船이 사방에서 모여들 어 그물을 던져 조기를 포획하여 판매하였다고 한다.[41] 그리고 黃海道 延安都護府는 고려 때 魚鹽의 利가 많아 주민들이 魚鹽으로 생계를 이어갔으 므로 鹽州로까지 불렸다고 함에도 魚梁은 불과 2개밖에 보이지 않으며 所도 없다.[42] 海州牧은 어량이 4곳이다. 이곳에서는 주로 靑魚가 난다고 하면서도, 土産은 延平坪에서 생산되는 조기(石首魚)로서 봄과 여름에 여러 지방의 고깃배가 모두 이곳에 모여 그물로 잡았다고 한다. 또한 咸吉道의 文川郡은 대구·고등어·연어가 주로 많이 잡혔다고 하면서도 어량은 보이지

---

40) 丁若鏞, 『經世遺表』 14, 均役事目追議 魚稅.
41) 『新增東國輿地勝覽』 36, 靈光郡 山川 大西湖 波市田 望雲島. 망운도는 古望雲鄕이라고 했는데 古跡條에 望雲部曲으로 나온다. 『世宗實錄地理志』에도 望雲鄕으로 되어 있다.
42) 『新增東國輿地勝覽』 43, 黃海道 延安都護府 山川.

않는다. 이로 보아 어류가 많이 생산되면서도 어량소가 설치되지 않은 지역도 상당수 있었을 것이다.

요컨대 중앙정부는 여러 어량 중 특별히 소로 설정된 어량은 국가의 관할하에 각 기관에 분배하여 각자 거두어들이게 하거나 정부에서 필요로 하는 물품은 所吏를 통해 직접 수납하였으며[43] 그 외의 魚梁은 米나 布로 대신하여 거두었으리라 추정된다. 앞서 본 바와 같이 고려시대에 주로 서해안지방에 많은 어량소를 설치한 것은 이것이 빠른 운송을 요하는 특수물자이므로 주로 개경 가까운 서해안에서 공물을 운반하기 위해서이며 그 밖에 수도에서 멀리 떨어진 어량소의 경우에는 그 생산물을 각기 물자가 소요되는 기관에 직접 납부하게 하거나 米나 布로써 대신 납부하게 했을 것이다.

고려왕조에서 司宰寺는 어량 천택의 일을 맡아 해산물을 관장하던 기관이며 司膳署는 왕실에 음식을 조달하는 일을 담당한 기관이다. 이같이 특수한 공물을 국가는 중앙의 각 관청으로 바로 납부하도록 했던 것으로 보인다. 그리하여 사선서를 위시하여 왕실소속 궁원이나 관청에 일부 어량소를 소속시키고, 나머지는 사재시로 하여금 거두어들이게 하였다. 특히 소민들은 司膳署에는 건어물뿐 아니라 싱싱한 생선을 매일 바쳐야 했을 것이다.

조선시대의 경우, 太祖 3년에는 도평의사사에서 어염을 모두 사재감에 소속시킬 것을 청하고 있으며,[44] 太宗 20년에 의정부에서 才人 禾尺의 신공과 어량세, 선세 중에서 국용의 어물 외에는 모두 저화로 수납할 것을 上言하고 있다.[45] 또한 세종대에는 다음과 같은 기록이 보인다.

---

43) 『高麗史』 80, 食貨3 賑恤 恩免之制에 의하면 "以封王太后 諸州郡縣進奉長吏從卒等 各田丁稅布 全放"이라고 하였는데 토산물을 바치는 進奉長吏의 역할에서 所吏의 임무를 유추할 수 있으리라 생각된다.

44) 『太祖實錄』 5, 3年 1月 18日 戊午.

45) 『太宗實錄』 20, 10年 11月 2日 甲子.

G-1) 한성부에서 아뢰기를, "청컨대 지금부터는 10리의 民戶를 다 點考하고 人丁이 경작하는 토지의 多少를 아울러 조사하여 부역을 고르게 하십시오. 또한 진상하는 生鮮干도 수효를 정하게 하며, 別賜伴黨·功臣伴黨·吏胥·皁隷에게도 4丁 이상의 戶에는 일률적으로 모두 부역을 시키고, 吏胥·皁隷에게 명하여 前에 받은 지시대로 시행하도록 할 것입니다. 生鮮干은 加乙頭에 19명, 西江에 4명, 禿音浦에 12명씩 差定하십시오" 라고 하였다.[46]

2) 司甕房에서 청하기를, "한강으로부터 通津에 이르는 물가의 각 고을의 양인 및 公賤奴子 1백 호를 生鮮干으로 정하여 3번으로 나누며, 잡역을 면제케 하고 날마다 생선을 바쳐 內膳을 공급하게 하고, 司宰監으로 하여금 糾擧히게 하십시오" 하였다.[47]

조선시대에 가서는 生鮮干이 있었다. 생선간은 말 그대로 생선을 진상하는 자들로서, 한성부 10리 이내의 한강수변에 거주하는 민호를 차정하였다. 조선시대에는 어량소가 없는 대신 수도 서울에 가까운 어촌에서 漁夫의 일정 수를 생선간으로 정하여 매일 싱싱한 어물을 바치게 하였던 것이다.

고려시대에도 조선시대의 生鮮干과 같이 쉽게 부패하는 특수물자는 개경 가까운 곳에 어량소를 정하여 공급하였다고 판단된다. 즉 고려 成宗 14년에는 王京 開州가 開城府로 바뀌어 國都를 관할하는 새로운 관서기 설치되었는데 개성부에는 개경뿐 아니라 그 관하에 赤縣 6縣과 畿縣 7縣을 두었다. 개경은 임진강과 예성강을 사이에 두고 있고 서해와 가까이에 있는 수도이므로 정주·강음·장단·임진 등 개경에 소속된 속현의 상당수가 강이나 바다를 끼고 있었다.

이로써 추측컨대 적현·기현에 속한 어민들이나 해주 등 개경 가까운

---

46) 『世宗實錄』 14, 3年 11月 丁亥, "漢城府啓 … 請自今十里民戶 番皆點考 並驗人丁所耕多少 以均差科 其進上生鮮干 亦令定數 別賜伴倘 功臣伴倘 吏胥 皁隷 四丁以上戶 一皆差役 命吏胥皁隷 依前受教施行 生鮮干則加乙頭十九名 西江四名 禿音浦十二名式差定."

47) 『世宗實錄』 92, 23年 3月 丁未, "司甕房請 自漢江至通津 水邊各官 良人及公賤奴子一百戶 定爲生鮮干 分三番 除雜役 日進鮮味 以供內膳 令司宰監糾擧."

바닷가의 어량소민들이 왕실에 직접 공물을 바치고 잡역을 면제받는 조선시대의 생선간과 같은 역할을 담당했으리라 생각한다. 대신 개경에서 멀리 떨어진 바닷가에 사는 어민들은 대다수가 어량선세를 냈으리라 추정된다. E-5)에 의하면 최이가 죽은 직후 최항이 정치적 실권을 잡아 교정별감직에 오르자 민심을 수습하기 위하여 교정별감 공문을 내어 금주·홍주 등지의 어량선세를 면제하였다고 한다.

[표]에서도 보는 바와 같이 洪州는 魚梁所가 많이 있었으리라 추정되지만 金州에는 어량소가 보이지 않는다. 그러므로 이는 어량소에 한정시키기보다는 어량 전반에 대한 수취로 파악하는 것이 타당하리라 판단된다. 이로 보아 漁民이나 어량소민들은 각 소에서 특수물자를 생산하여 공납하는 여러 所民과는 달리, 布로써 어량선세를 내었으며 이것이 몽골침입기에는 권력의 유지와 민심 수습을 위하여 면제해주어야 할 정도로 과중했음을 알 수 있다. 여기에서 교정수획원은 국가에 직납하는 소민들의 별공을 거두어들이는 역할을 담당했는데, 최항정권기에 들어서면서 안찰사에게 위임하였던 것이다.

3. 魚梁所의 소유형태

고려왕조가 금, 은, 철, 비단처럼 해산물을 많이 필요로 하지 않음에도 전국 곳곳에 어량소를 설치한 까닭은 이곳에서 많은 경제적 이익이 산출되었기 때문으로 판단된다. 고려시대에 들어서서 주로 호족이 소유하던 특산물 생산구역을 소로 편제하였는데, 어량소의 경우도 예외는 아니었다. 그리고는 국가의 관리하에 두고 편의에 따라 하사하기도 하고 회수하기도 하였다.

H-1) 궁인 김씨가 아들을 낳으니 왕은 이름을 歆이라고 하고 아울러 延慶院

에 金銀器, 匹段, 田莊, 奴婢, 鹽盆, 魚梁을 하사하였다.[48]

2) 中書門下省에서 아뢰기를, "制旨에는 景昌院 소속 田柴를 興王寺에 이속시키고 경창원에서 관리하던 魚梁, 선박, 노비는 전부 국가에 환원하도록 하였습니다. 원래 궁원에 대하여 先王들이 田民을 넉넉히 내려주는 것은 이를 자손 만대에 전함으로써 모자람이 없도록 하자는 것입니다. 지금 왕실의 집안이 번창하여 그 궁원들에게 주기에도 오히려 부족할 지경인데 하물며 한 궁원의 전시를 회수하여 불교사원에 주어서야 되겠습니까? 불교를 소중히 여기는 것은 좋으나 국가의 근본을 잊어서는 안 되니 토지, 인구, 어량, 선박들을 종전대로 돌려주시기 바랍니다" 하였다.[49]

3) 禮曹參議 李先齊기 上書하기를 … 고려 때에는 鹽盆의 자리수[坐數]와 魚梁網所 藿田의 結卜이 모두 周官六翼에 실려 있는데, 왕자가 開福한 날에는 반드시 염분이나 어량을 주었으며, 그 寺社에도 혹 藿田을 주기도 하였습니다.[50]

현종대의 궁인 김씨는 金殷傅의 딸이다. 거란이 고려를 침입하자 현종은 수도를 버리고 남으로 피신하였는데 피신하던 도중에 공주에 들렀을 때 공주절도사였던 김은부가 왕을 극진히 접대하였다. 이에 현종은 나주까지 피신했다가 거란이 물러간 후 다시 공주에 들렀는데 이때 김은부는 그의 두 딸을 바쳤다. 김은부의 딸은 궁인으로 들어가서 아들을 낳아 延慶院主가 되었고, 2년 후 다시 아들을 낳자 延慶宮主로 옹립되었으며 그의 두 아들이 왕위를 잇게 되자(德宗·靖宗) 元城太后가 되었다. 이같이 왕자가 태어났을

---

48) 『高麗史』 4, 世家 顯宗 7年 5月 乙巳, "宮人金氏生子 賜名欽 仍賜延慶院 金銀器匹段田莊奴婢鹽盆魚梁."

49) 『高麗史』 8, 世家 文宗 12年 7月 己卯, "中書門下省奏 伏准制旨 以景昌院所屬田柴 移屬興王寺 其魚梁舟楫奴婢 悉令還官 夫宮院 先王所以優賜田民 貽厥子孫 傳於萬世 無有匱乏者也 今宗枝彌繁 若欲各賜宮院 猶恐不足 況收一宮田柴 屬于佛寺 歸重三寶 雖云美矣 有國家之本 不可忘也 請田民魚梁舟楫 仍舊還賜."

50) 『世宗實錄』 117, 29年 9月 壬子, "前朝之時 鹽盆坐數 魚梁網所 藿田結卜 皆載于周官六翼 王子開福之辰 必賜鹽盆魚梁 其議寺社 或賜藿田."

때 魚梁·鹽盆을 하사하는 것이 궁인 김씨만의 예가 아니었다는 사실은 3)을 통해서도 알 수 있다.

H-1), 2)에서 국왕이 어량을 하사하거나 경창원 소속 어량 선박 등을 국가에 바치게 하였는데, 이는 일반 어량이 아니라 국가에 대한 예속성이 강한 어량소였음은 3)의 어량망소를 통해 추정할 수 있다. 그러나 국가가 이들에게 하사한 것은 소유권이 아닌 수조권이었다. 따라서 경창원 소속 토지를 흥왕사에 이속시키라는 기록은 그 토지가 수조지였으므로 가능하다고 판단된다. 그렇다면 노비를 제외한 어량과 선박 또한 이곳에서 어량세나 선세를 받을 권한의 이양으로 보아야 할 것 같다. 그러나 수조권도 권력기관이나 권력자가 지니고 있으면서 수탈을 자행한다면 어민에게는 큰 위협이 될 수밖에 없었으며, 이것이 고려후기로 가면서 권세가의 어량탈취와 발맞추어 점차 소유권으로 변질되어 갔다. 고려사회에서 과중한 농수산물 수탈은 항상 불만의 대상었는데, 이는 후기로 갈수록 더욱 심각한 양상을 보이게 되었다. 다음 내용을 보자.

I -1) 밭과 언덕에는 뽕나무와 삼을 심으라고 권하는 일이 드물며 혹 땅에서 해산물, 소금, 좋은 재목이 나는 것이 있거나 혹은 재물을 쌓은 것이 있으면 모두 빼앗기게 되고 만일 주저하는 자가 있으면 곧 다른 일로 트집을 잡혀 엄하게 매질을 당하고 목숨을 잃게 된다.[51]

2) (유석은) 다시 등용되어 동북면 병마사가 되었다. 이보다 앞서 어떤 병마사가 있었는데 江瑤柱[52]를 최이에게 바치기 시작하여 드디어 상례가 되었다. 강요주는 海物로서 龍津縣에서 산출되었는데 포획이

51) 『高麗史節要』 4, 文宗 10年 9月, "田原罕桑麻之勸 惑地有魚鹽梓漆 惑家有畜産貲財 皆被侵奪 若有恡之者 卽假事嚴加枷杖 傷其性命."

52) 江瑤柱 : 가리비. 바닷조개의 일종. 길이 5cm, 폭 3.5cm 정도의 살조개. 전라도·충청도에서 날씨가 추울 때에 海口의 潮水머리 개흙바닥에 물이 줄어들고 진흙이 드러난 곳에서 잡히며, 그 맛이 특별하여 진상하였다. 『成宗實錄』 212, 19年 閏1月 5日 庚午, "忠淸道觀察使金礪石獻 海蛤百箇 其名江瑤柱 産於庇仁內浦等處."

매우 어려웠다. 이로 인해 마을 주민 50여 호가 본업을 잃게 되어 거의 다 도망쳐 흩어졌다. 유석이 이를 철저히 금지시켰으므로 유망한 사람들이 모두 돌아왔다.[53]

3) 다루가치[達魯花赤]가 中書省 牒으로 동계 및 경상도에 가서 蜃樓脂를 구하였다. 신루지는 고래기름을 말한다.[54]

4) 元나라가 任惟幹과 回回阿室迷里를 보내어 耽羅에 가서 진주를 채집하게 했다.[55]

5) 원나라 황제에게 특별히 진상할 새우, 조개 등의 해산물을 도진승 신훤이 연간 정해진 액수 이외에 제멋대로 수량을 늘려 이전의 액수와 함께 공안에 기재하였기 때문에 백성들에게 큰 피해를 끼쳤다.[56]

위의 내용에서 보는 바와 같이 고려는 귀족사회의 전성기라 할 수 있는 문종대부터 지방관의 수탈이 문제시되고 있다. 당시에는 주로 지방관과 토호들이 해산물, 소금, 나무에 이르기까지 수탈의 대상으로 삼아 백성들이 고통을 겪고 있었다. 이를 근절하기 위해 국왕이 사자를 파견하여 조사하게 하자 해당 관청에서는 백성과 아전들이 영접하기 괴롭다는 구실로 사신의 행차를 막으려 한 것으로 보아 이미 구조적 부조리가 중앙정부 내에까지 침투했음을 알 수 있다.

이 같은 비리 중 어량이 눈에 띄게 수탈대상으로 떠오르게 된 것은 몽골간섭기에 들어서서였다. 즉 다루가치가 元 中書省의 첩으로 신루지를 구하였다거나 원이 탐라에서 진주를 구하는 등 민폐가 거듭되었는데 이를

---

53) 『高麗史』 121, 列傳 良吏 庾碩, "復起爲東北面兵馬使 先是有一兵馬使 始以江瑤柱餽怡 遂爲常例 江瑤柱海物 出龍津縣 捕之甚艱 邑民五十餘戶 因之失業 逃散幾盡 碩一禁絶之 流亡盡還."

54) 『高麗史』 27, 元宗 14年 12月 癸酉, "達魯花赤以中書省牒 往東界及慶尙道 求蜃樓脂 蜃樓脂鯨魚油也."

55) 『高麗史』 28, 忠烈王 2年 閏2月 丁酉, "元遣任惟幹及回回阿室迷里 來採珠于耽羅."

56) 『高麗史』 84, 志38 刑法1 職制 忠肅王 5年 5月, "帝所別進海産 若蝦蛤等物 都津丞申烜 於年例外 擅加其數 並其舊額 載之貢案 大爲民害."

틈타 충숙왕대의 신훤은 자신의 치부를 위해 정해진 액수보다 더 많은
해산물을 거두고 있다.

고려전기에는 국가에 직접 예속된 어량소가 지배층이나 소속 관청에
의해 침탈을 당했다면, 고려후기에는 어량 전체가 수탈대상이 되었다.
그러나 이같이 부패한 상황에서도 아직까지는 권세가가 어량 자체를 빼앗으
려고는 하지 않았던지 어량의 소유권에 대한 논의는 보이지 않는다. 그런데
공민왕대의 기록은, 이제 어량이 권세가들에 의한 수탈의 대상에서 소유권
탈취의 대상으로 바뀌고 있음을 보여준다.

> J-1) 역적의 무리들이 제멋대로 산택을 장악하여 거듭 세를 거두었으므로
> 국용은 날로 부족하고 백성들의 생활은 더욱 궁핍하게 되었다. 지금부
> 터 山林은 繕工寺가 관할하고 강과 못은 司宰寺의 관할하에 두어
> 금지령을 완화하고 세금을 가볍게 하라.[57]
>
> 2) 藝文館提學 李先齊가 上書하기를 … 셋째, 帝王의 理財의 道는 한두
> 가지가 아닌데 그 중 魚鹽이 최고입니다. 禹貢 이래로 지금까지 대대로
> 모두 사용하고 있습니다. 前朝에 역시 古制를 사용하여 그 이익을
> 취하였는데 이제 式目都監形止案을 보니 各邑의 鹽盆坐數와 魚梁網所
> 그리고 蘆田의 結卜이 모두 누락됨이 없었는데 고려말에 이르러서는
> 權豪들이 占奪하였습니다.[58]

위의 기록에서 나타나는 바와 같이 고려후기로 갈수록 어량에 대한
권세가의 침탈이 심해지고 있다. 몽골이 고려를 침략한 30여 년간 정부는
몽골에 대해 적극적인 전술을 펴지 못하고 수도를 강화도로 옮기면서

---

57)『高麗史』78, 食貨1 貢賦 恭愍王 5年 6月, "賊臣之黨 擅占山澤 重收其稅 國用日乏
民生益凋 自今山林屬繕工 澤梁屬司宰 弛禁輕稅."
58)『文宗實錄』4, 文宗 卽位年 10月 庚辰, "藝文館提學 李先齊上書 … 其三曰 帝王理財之道
非一途 而魚鹽爲最 自禹貢以來 以至于今 歷代皆用之 前朝亦用古制 而取其利 今觀式目都
監形止案 各邑鹽盆坐數 魚梁網所 蘆田結卜 俱載無遺 至于季世 權豪占奪."

백성들에게는 산성이나 해도로 피신하게 했다. 전쟁으로 인해 농사를 짓지 못하게 된 백성들은 스스로 생계대책을 강구하지 않으면 안 되었다. 그들은 산에서 화전을 일구고 바다에서는 어업으로 생계를 유지하였으리라 판단되는데, 이 과정에서 어업기술을 더욱 발달시켰을 것이다.

『東國李相國集』에 의하면 尹承解가 珍島縣令으로 부임했을 때 그곳 주민들이 魚鹽을 믿고 농사에 힘쓰지 않아 농업을 독려하였다는 기사가 나온다.59) 이는 진도지방에 한정된 것이 아니라 다른 도서지방에서도 마찬가지였을 것이다. 이렇게 어업의 발달로 많은 이익을 남기게 되자 일부 어민들이 배의 필요성을 느껴 어선 조달에 주력하였고, 이는 권세가이 주목을 끌게되었다.

중앙의 정치권력이 지방에 미치지 못하는 틈을 타서 권세가들은 토지탈점과 마찬가지로 어량탈점에도 적극 나서게 되었다. 위의 기록은 이미 몽골간섭기에 들어서면서 권세가들에 의해 농장설치와 마찬가지로 어량을 점유했음을 나타낸다. 이에 공민왕은 산림에 대한 조처와 더불어 어량을 사재시에 소속시켰다. 공민왕의 이 같은 조처는 기철 일파 등 부원세력을 제거한 직후 시행한 것으로, 부원세력이 중심이 된 권문세가들이 어량을 독점하고 있었음을 보여준다.

2)는 조선시대 기록이지만 이를 통해 고려시대의 이량이 말기에 이르러서는 鹽盆·藿田과 더불어 권세가의 탈점대상이었음을 말해주며, 공민왕의 정책이 실패하였음을 보여준다. 이 외에도 어량소가 해체하게 된 결정적 이유는 왜구의 침입으로 인한 어량소의 피폐였는데 이는 나중에 설명하도록 하겠다.

---

59)『東國李相國集』35, 碑銘·墓誌 登仕郎 檢校尚書 戶部侍郎 行尚書都官員外郎 賜紫金魚袋 尹公 墓誌銘.

4. 어민의 생활

고려초기 어민의 생활은 농민에 비해 특별히 궁핍했던 것 같지는 않다. 금, 은, 철이나 비단에 비해 보관상의 어려움 때문에 수탈하는 수량이 한정적이었다고 여겨지기 때문이다.

K-1) 바늘낚시 하나가 쟁기와 호미 대신하니
　　　그대 집 풍년은 오직 고기잡이에 있네.
　　　천이랑 농사에도 먹고살기 어려운데
　　　바닷가집 살림살이 언제나 묵은 양식 남았다오[60]

　2) 또한 (진도) 백성들이 어염만을 믿고 농사에 힘쓰지 않았는데, 공이 독려하여 농토로 돌아가게 하니 처음에는 백성들이 꺼리는 기색을 보였지만 수입을 얻게 된 뒤에는 도리어 즐거이 따랐으므로 비록 흉년이 들어도 생활이 궁핍하지 않았다.[61]

　3) (蔚州는) 원래 땅이 기름지고 또 물고기와 소금이 많이 나기 때문에 백성 중에 그 자리에서 부자가 된 자가 여러 집이 있었다. 이로 인해 軍國의 비용이 여기서 많게는 수천 금에 이르렀고 해산물을 바치는 것 또한 적지 않았다.[62]

　4) 외로운 島嶼 위를 오가면서
　　　타향에 기식하고 아침저녁을 보낸다.
　　　아낙네들은 키가 작아 행색이 흡사 자라와 같고
　　　백성들이 곤궁하니 그 모습이 원숭이 방불하구나.[63]

60)『東國李相國集』14, 古律詩 漁父四首, "一隻針鉤當未鋤 豊年但卜海饒魚 農耕千畝猶艱食 沙戶尋常有宿儲."
61)『東國李相國集』35, 碑銘 墓誌 登仕郎 檢校尙書 行尙書都官院外郞 賜紫金魚袋 尹公(承解) 墓誌銘, "又民恃魚鹽 不甚力農 公督令歸畝 始也民有憚色 及得其入 然後顧樂趨之 雖歲儉 不匱."
62)『新增東國輿地勝覽』22, 蔚山郡 古蹟 古邑城, "素號沃饒 且利魚鹽 故民之坐致富者比屋皆 然 因而軍國之需 多至累千 海錯之貢 亦不爲少矣."
63)『新增東國輿地勝覽』20, 保寧縣 山川 高欒島, "去來孤嶼上 旅食度晨昏 婦矮行如鱉 民窮貌似猿."

5) 어촌 장터는 문여는 것 이르고

　　떠났던 배 포구에 들어가느라 바쁘다.[64]

6) 이따금씩 갈대꽃 사이에 두고 웃으면서 말하는 소리 들려오고 탁주를 물고기와 새우로 바꾼다.[65]

고려시대는 농경이 생계유지의 가장 중요한 산업이 되어 어업은 부수적 위치로 전락하였지만 바다를 통한 이익도 만만치 않았다. K-1)은 이규보가 어촌의 모습을 그린 것으로, 흉년에 농민들이 굶주릴 때에도 어민은 여유분의 양식이 남아 있다고 노래하였다. 낚시로써 생계가 이루어지고 있다고 한 것은 낚시로 대표되는 고기잡이를 의미한다. 2)나 3)에서의 기록 또한 농업보다 어염으로 많은 부를 축적할 수 있었음을 보여준다. 그리고 그들의 어업활동이 국가나 권세가들에 의해 억압당한 흔적도 보이지 않는다. 특히 울주는 어업을 통해 부를 이룬 사람들이 많았다고 하는데 이는 興海郡·泰安郡도 마찬가지였다.[66]

그러나 어업은 농업과는 달리 수확량을 예측할 수가 없어, 조세 부과에 어려움이 있었으므로 국가에서는 중농정책에 더욱 주력했던 것으로 보인다. 실제로 진도나 울주의 경우와는 달리 농토가 전혀 없이 어업에만 주력하는 고만도와 같은 도서지방 주민들은 상당히 생활하기 힘들었던 것으로 보인다. 이는 외딴 섬이라는 특수성으로 인해 주민들이 어량을 설치할 자본과 기술이 없어서 어업이 영세성을 벗어나지 못했음을 의미한다. 고만도는 보령현 서쪽 22리에 있는 섬으로 중국사신이 왕래하면서 정박하는 장소로 사용되었으며,[67] 일찍이 忠肅王代의 문필가 최해가 이 고을로 좌천된 적이 있었는데, 이것은 그때 씌어진 시다.

---

64) 『益齋亂藁』 10, 松都八景 西江風雪, "漁市開門早 征帆入浦忙."
65) 『益齋亂藁』 10, 瀟湘八景 漁村落照, "時聞笑語隔蘆花 白酒換魚蝦."
66) 『新增東國輿地勝覽』 19·22, 興海郡, 泰安郡 참조.
67) 『高麗史節要』 5, 文宗 31年 8月 ;『新增東國輿地勝覽』 20, 海義縣 古跡條.

위의 기록으로 보아서는 어염이 생산된다고 하더라도 이곳이 어량소가 설치된 곳이라고 보기는 어렵다. 고려시대의 어량소는 전체 어량 중 일부분만 소에 소속되어 있었을 것이다.[68] 일반적으로 수공업 기술수준이 낮고 원료 산지가 편재되어 있어서 양질의 수공업품을 안정적으로 확보하기가 어려웠던 당시 상황하에서 국가는 중앙정부나 왕실에서 필요로 하는 물품을 생산하는 데 적합한 조건을 갖춘 지역을 소라는 특수생산집단으로 편성하였다.[69]

따라서 어량소의 경우에도 초기에는 잡히는 양이 일정하지 않고 유통이 발달하지 않아 왕실과 국가기관 등에 일정량을 지속적으로 공납하기 어렵다고 판단하여 소를 설치하였을 것이다. 그런데 일정량의 어물을 확보하게 되자 어민들은 일부 어량소민을 제외하고는 대부분 국가에 일정액의 어량세를 지불하고 나머지는 자유로이 처분하여 생계를 이어갔다고 생각된다. 어민들은 필요한 물자를 구하기 위해 주로 물물교환을 했다. 특히 어촌장터는 배가 돌아오는 새벽에 주로 열렸음을 보여준다.

그러나 어업이 발달하여 교역을 통한 이익이 증대됨에 따라 권세가들은 토지겸병에 발맞추어 어량소에도 손길을 뻗치기 시작했다. 이미 무신집권기부터 농업생산에 기반을 두고 있던 沿海州郡의 농민들 중에서도 점차 어염을 전업으로 하는 자들이 늘어나고 있음을 2)에서 볼 수 있는데, 이는 진도민에 한정된 것만은 아니라고 판단된다. 특히 대몽항쟁기에 들어서면서 정부는 수도를 강화도로 옮기고 백성들에게는 산성이나 해도로 옮겨 몽골의 공격을 피하도록 하였다. 더욱이 몽골이 물을 두려워한다고 하여 해도로의 이주가 해를 거듭할수록 더욱 장려되었다. 이에 피난을 갔던 농민들이 경작지가 부족하자 바다로 눈을 돌렸고 그들은 어염을 통해

---

68) 權寧國, 1985, 「14세기 權鹽制의 成立과 運用」, 『韓國史論』 13, 서울대. 씨는 鹽所의 경우도 전체 鹽田 중 일부분만이 鹽所로 지칭되어 운용된 것으로 파악하였다.
69) 朴宗基, 1984, 「高麗 部曲制의 構造와 性格」, 『韓國史論』 10.

생계를 이어갈 방책을 강구하였다. 이 과정에서 어업 발달이 촉진되었고 어업을 통한 이윤이 확보되자 권세가들이 어량이나 어선 확보를 통해 어업에도 뛰어들게 되었던 것이다.

후기 자료이기는 하지만 조선 성종 17년(1486) 3월 上黨府院君 韓明澮의 啓에는 "각 도 魚箭을 국가가 빈민에게 주었으나 힘이 미약하여 스스로 설치하지 못하니 인근의 호민이 이를 설치하여 이익을 나눈다"고 하였다.[70] 어전은 어량을 말한다.[71] 이는 고려전기의 영세한 가족경영에서 점차 대규모 경영으로 바뀌었음을 의미한다. 권세가들은 많은 자금과 노동력이 소요되는 대규모 어량이 필요해짐에 함에 따라 자연스레 어업산업에 뛰이들게 되었으리라 생각된다. 원래 어량이 잘 구비되어 있던 소는 물론이고 그 밖에 해산물 획득이 용이한 바닷가에는 권세가들에 의해 어량이 새로 설치되기도 하였다. 이와 더불어 권세가들은 어선에도 관심을 기울였다. 어선과 관련하여 먼저 주목되는 것은 선세에 대한 기록이다.

선세에 대한 기록으로는, 몽골침략기 최항이 정치적 실권을 잡자 민심을 무마하기 위해 어량선세를 면제해 주었다는 것이 보이고, 충혜왕이 배를 가지고 있지 않은 자라도 선세를 과중하게 징수하여 선세로 받은 재물과 비단이 거만에 달하였으며, 그것을 운반하는 도중에 소와 말이 쓰러져 죽었으며 연해주군의 백성들이 도주했다고 한다.[72] 이로 보아 고려후기의 어업발달은 사적으로 선박을 소유한 사람들이 늘어나는 계기를 가져와 무신정권 이후부터 국가가 선세에 관심을 가지게 되었다고 보인다.

고려시대 부곡제가 탈점이나 과중한 수탈 등으로 해체될 수밖에 없었던 사정은 부곡제의 구조적 특성과 밀접하게 관련되어 있다. 특히 소의 경우, 각 지방의 군현에 포함되어 공납하거나, 국가기관이나 특정기관에 직접

---

70) 『成宗實錄』 189, 17年 3月 30日 乙亥.
71) 박구병, 1994, 「수산업」, 『한국사 24』, 국사편찬위원회. 漁梁 또는 魚梁이라는 명칭은 조선 성종 때부터 漁箭 또는 魚箭이라는 이름으로 바뀌었다고 한다.
72) 『高麗史』 79, 科斂 忠惠王 4年 3月.

공납하기도 하였으므로 해당 기관의 침탈을 받기에 구조적으로 용이한
곳이었다.[73]

고려후기의 어민은, 농민들이 권세가의 토지겸병으로 유리되거나 농장
의 전호가 된 것과 마찬가지로 어량이나 배를 소유하고 있지 못하는 한
어량이나 배의 소유주에게 예속될 수밖에 없었다. 이리하여 어량소가 권세
가의 소유영역으로 확대되어 감에 따라 국가의 조세수입은 감소하고 어민들
은 권세가의 지배를 받게 되었다.

그러나 이것이 어민에 대한 수탈을 강화시켜 이들이 생활이 더욱 곤궁해
졌다는 것을 의미하지는 않는다. 어민은 고려후기의 전호와 마찬가지로
권세가에게 많은 수취를 당한 반면, 국가에 대해서는 이상 더 부담을 지지
않아도 되었기 때문이다.[74] 이로 인해 국가의 조세수입이 감소되자 忠惠王
은 閔渙으로 하여금 惡少까지 동원해서 山稅와 海稅 등을 강제로 거두게
하는 등 비상수단을 강구했다.[75]

5. 魚梁所의 해체

고려후기에 들어와 상대적인 생산력의 열세와 그 결과로 나타난 주민의
이탈현상 등으로 부곡지역의 토지가 중앙의 권귀들에 의해 사유화되고
있는데,[76] 소 지역 역시 그러한 흐름에서 무관하지 않았을 것이다. 특히
소는 군현의 공물에 포함된 경우도 있었지만 국가기관이나 특정기관의
수취와 직접 연결되어 있는 경우도 많았다. 이에 따라 어량소 또한 생산물
수취를 전담하던 해당기관의 침탈을 받기에 용이한 곳이었다. 그리하여

---

73) 朴宗基, 1990, 「部曲制의 變質」, 『高麗時代 部曲制硏究』, 서울대출판부, 187쪽.
74) 『高麗史』89, 列傳 齊國大長公主, "嘉林縣人告達魯花赤曰 縣之村落 分屬元成殿及貞和院
   將軍房忽赤巡軍 唯金所一村在 今鷹房迷刺里 又奪而有之 我等何以獨供賦役."
75) 『高麗史節要』25, 忠惠王 4年 9月.
76) 朴宗基, 1981, 「13세기 초엽의 村落과 部曲」, 『韓國史硏究』33, 56~62쪽.

어량소는 국가의 과중한 수탈과 권세가의 탈점으로 인해 해체되는 추세였다.

그런데 고려말기, 특히 공민왕대부터 홍건적과 왜구의 침입이 빈번해졌다. 특히 왜구는 해안지방을 침입하여 약탈을 자행했으므로 해안 가까이에 사는 주민들이 큰 피해를 입게 되었다 이제 막 원 간섭을 벗어난 고려로서는 국력이 회복되지 못하여 왜구의 침입에 적절하게 대처할 수가 없었다. 이에 따라 바닷가 가까이 있던 자기소 등은 모두 내륙으로 옮겨갔으나 어량소·염소 등은 바닷가를 벗어날 수 없었다. 다음 기록을 보자.

> L-1) 압록강 이남은 대개가 산지인 반면 비옥한 토지는 바닷가에 있는데, 비옥한 들 수천 리가 왜적에게 함락되어 갈대만 무성하니 국가는 이미 魚鹽·牧畜의 이익을 잃고 또한 沃野·良田의 수입을 잃었습니다.[77]
> 2) 西海道 觀察使 趙云仡이 떠나면서 글을 올려 아뢰기를, … 나라의 경계가 西海에서 楊廣·全羅道를 거쳐 慶尙道에 이르기까지 바닷길이 거의 2천여 리나 되는데 바다 가운데 살 만한 섬은 大靑, 小靑, 喬桐, 江華, 珍島, 絶影, 南海, 巨濟 등 큰 섬이 20여 개고 작은 섬은 이루 헤아릴 수 없습니다. 모두 비옥한 땅과 魚鹽의 利가 있었으나 이제 황폐하여 쓰이지 않으니 탄식하지 않을 수 없습니다.[78]

고려후기에 들어와서 권세가의 비호 아래 발달하던 어업은 고려말에 이르러 왜구의 빈번한 침입으로 붕괴되기 시작하였다. 이미 고종 10년(1223)부터 시작된 왜구의 침입이 본격화된 것은 1350년(충정왕 2)부터인데, 공민왕대에 매년 수차례 침입하였으며 우왕대에는 한 해에 무려 54차례나

---

77) 『高麗史』 118, 列傳 趙浚, "自鴨綠以南 大抵皆山肥膏之田 在於濱海 沃野數千里 陷于倭奴 蒹葭際天 國家旣失 魚鹽畜牧之利 又失沃野良田之入."

78) 『高麗史節要』 33, 昌王 卽位年 9月, "西海道觀察使 趙云仡將行上書曰 … 國界自西海 歷楊廣全羅道 至于慶尙 海道幾二千餘里 有水中可居之洲曰 大靑 小靑 喬桐 江華 珍島 絶影 南海 巨濟 等 大島二十 小島不可勝數 皆有沃壤魚鹽之利 今廢而不資 爲可嘆已."

침입할 정도로 극심했다.[79] 왜구들은 처음에는 남해안을 중점적으로 공격하였으나 나중에는 강화도, 교동도 등 서해연안까지 공격하여 고려왕조를 크게 위협하였다.

고려왕조는 연안지역의 군사력을 증강시키고, 烽燧網을 정비하기 위해 內陸要地에 山城을 수축했을 뿐 아니라 일부 島嶼에 대해서는 空島案을 마련하였으며,[80] 화약까지 제조하여 사용하였다. 고려정부의 노력과 일본 국내정세의 변동[81]으로 왜구는 물러갔지만 그동안 바닷가에서 살던 주민은 육지로 이주하여 살 길을 찾지 않으면 안 되었으며 정부의 조운도 육로로 변경되었다. 또 왜구로 인해 해안 가까이에 있는 도요지는 육지로 이전되었지만, 어량소는 그 생산관계의 특수성으로 인해 해안에서 벗어날 수가 없었으므로 완전히 무너졌다.

은소·철소 붕괴의 가장 큰 요인이 정부의 지나친 공납요구에 의한 소민의 유망이었다면, 염소, 어량소는 왜구의 침입으로 인한 거주지 이전이 몰락을 가속화시켰다. 이에 정부는 일반민을 동원하여 물품을 생산하는 체제로 전환시켰으니,[82] 이는 소의 붕괴를 기정사실화한 것이다. 우왕 14년 5월에 위화도 회군으로 정권을 장악한 이성계 등 무장세력과 정도전으로 대표되는 사대부들은 군인들을 회유하는 수단으로 어량을 군인장교들에게 나누어주어 어업을 활성화시키고자 하였다. 이는 조선왕조 성립 후에도 계속되어 태조는 고려말에 왜구 격퇴에 큰 역할을 한 騎船軍에게 복무의 노고를 생각하여 어염의 이익을 보장해주는 시책을 실시하였다.[83]

그러나 조선왕조체제가 정비되면서 어염의 이익은 없어지고 그 역만

---

79) 閔賢九, 1983, 「朝鮮初期 軍事制度의 政治的 社會的 基盤」, 『朝鮮初期의 軍事制度와 政治』, 韓國研究院, 47쪽.

80) 申奭鎬, 1959, 「여말선초의 왜구와 그 대책」, 『국사상의 제문제』 3.

81) 이영, 2007, 『잊혀진 전쟁, 왜구』, 에피스테메.

82) 『高麗史』 79, 食貨2 貨幣 恭愍王 5年 9月, "凡産銀之所 復其居民 令採納官." 이는 銀所에 한정된 것이 아니라 所의 전반적인 상황을 설명한 것일 것이다.

83) 『太祖實錄』 1, 元年 7月 28日 丁未.

부과되었으며,[84] 어염은 차츰 권세가의 수중으로 넘어가게 되었다. 이 같은 상황은 앞서 세종대의 기록으로도 짐작할 수 있다. 즉 세종은 豪民이 어량을 설치하여 이익을 독점하고 있는 데 대해 魚梁私占 금지령을 내리고 있다. 그러나 어전의 규모가 커짐에 따라 많은 자본과 인원을 동원할 수 있는 세력가나 부호가 아니면 어량을 제대로 운영할 수 없다는 점에서 국가의 고민이 있었으며 이것이 조선시대까지 계속되고 있었다.

한편 정부는 한강 주변에 거주하는 어부로서 해산물을 진상하는 生鮮干을 두어 정부나 왕실의 수요에 충당하였다. 생선간에 대한 기록은 세종대에 처음 나타나지만 성립시기는 고려의 處干에 기원을 두고 있다. 처간은 특정 기관에 예속되어 정역을 바치던 자인데, 처간제는 원 지배가 시작된 시기에 성립된 것으로 보인다.[85] 조선초기에도 특정 물자를 납부하거나 특정 기관에 예속되어 정역을 바친 자를 간이라고 불러 鹽干·鐵干·生鮮干· 生鷹干 등의 이름이 보이는데, 그들에게는 역에 대한 대가로서 잡역을 면제해주었다. 그리하여 왕실이 필요로 하는 해산물은 生鮮干[86]을 통해 조달하고, 그 외는 국가와 지배층의 이해관계가 크게 대립하지 않는 한 권세가의 소유로 넘어가는 것을 정부가 그대로 방치하는 이중구조를 형성하고 있었다.

6. 맺음말

수산물은 농경을 시작하기 이전부터 인류가 가장 쉽게 접할 수 있었던 양식이다. 그러다 농경이 시작되면서 농업의 부수적인 위치로 전락하였으

---

84) 『定宗實錄』 1, 元年 正月 7日 戊寅.

85) 徐明禧, 1990, 「고려시대 철소에 대한 연구」, 『한국사연구』 69, 29~30쪽.

86) 생선간은 세종대 이후부터는 해조류를 공납하는 海尺으로 통합된 것으로 판단된다(졸고, 다음 장의 미역생산 실태와 곽소 참조).

나, 어업은 여전히 국가의 중요한 자원이었다. 고려왕조는 국가가 필요로 하는 특산물을 지속적으로 확보하기 위해 소라는 특수 공물을 납부하는 지역을 만들었는데, 어량도 예외가 될 수 없었다.

그러나 바다나 강에 어량이 설치되어 있는 전 지역에 소가 설치된 것은 아니고 대체로 개경에 가까우면서도 어량이 풍부한 일부 지역만 선정되었다. 어량소민들은 신선도 유지를 위해 왕실이나 소가 소속된 기관에 어물을 직납했을 것이다. 그리고 일부 개경에서 거리가 먼 어량소나 소에 편입되지 않은 어민들은 米나 布로 납부하였다. 그러므로 대다수 어민들은 일정한 조세만 바치면 자유롭게 잡은 어획물을 매매하면서 살 수 있었던 것으로 보인다.

고려 문인들의 시 가운데 어촌을 노래한 시는 많이 보이지만, 전부 그들의 느낌을 서정적으로 노래한 것밖에 보이지 않아 어민의 실상을 파악하기에는 어려움이 많다. 금소나 은소 등이 국가의 강력한 수탈체제를 이기지 못하여 고향을 떠나 유리했다면, 어량도 비슷한 상황이었으리라 추정된다. 그러나 철·은 등이 국내 수요나 외국과의 무역에 필수적인 물자였다는 점을 염두에 둔다면, 어량소는 이보다는 견디기 어렵지 않았으리라 생각된다.

고려후기에 가서 어업이 발달하면서 토지겸병과 마찬가지로 권세가들은 어량의 설치를 통한 사유화와 배의 확보에 주의를 기울였다. 이에 따라 어량소도 권세가의 손길을 피할 수 없었고, 국가는 이들의 조세 포탈로 인해 재정적으로 더 힘든 상황에 직면하였다. 공민왕은 원의 지배를 벗어나면서 모든 어량을 司宰寺에 전속시키겠다고 표명하였으나, 원나라 세력이 온존하는 상황에서 附元勢力인 권세가들의 반발로 인해 田民辨整都監의 실패와 더불어 어량의 국가소유 역시 실패하였다. 이와 더불어 어량소를 해체시킨 또 하나의 사건은 왜구의 지속적인 침입이었다. 왜구의 침입으로 해안지대가 사람이 살 수 없는 황폐한 지역으로 변모하면서 고기잡이와 소금 등 바다를 통해 생계를 유지하던 주민들은 육지로 이주하지 않을 수 없었고, 이로 인해 해산물의 조달은 물론 조운조차 불가능해졌다.

禑王 말년에 이르러 겨우 왜구의 침입이 소강 상태를 보이자 위화도 회군으로 실권을 장악한 이성계는 어업을 장려하고 군인들을 회유하기 위해 그들에게 우선적으로 어량을 제공하였다. 그러나 고려후기에 대규모로 어량을 설치하여 많은 이윤을 획득한 권력층이 조선왕조 성립 후 다시 어량 확보에 힘을 기울이면서 정부의 군인우선책은 제대로 시행될 수가 없었다. 지배층의 어량 확보를 국가가 저지하지 못한 결정적인 이유는 어량의 규모가 커짐에 따라 많은 자본과 인원을 동원할 수 있는 세력가가 아니면 어량을 운영할 수 없었기 때문이다. 이에 왕실과 정부는 국가기 필요로 하는 해산물은 生鮮干을 두어 공납하게 하였다. 그리하여 어량소는 이러한 시대적 상황과 맞물려 점차 사라지게 되었다.

[표] 어량의 분포

地名	所	土産	魚梁	기타
충청도 洪州牧 屬縣 高丘縣	玉賜金(南27), 上田(南74), 高伊山(高丘縣 西48), 明海(新平縣 北114), 烏史(南34), 馬餘(北15)	高丘縣 토산 큰새우, 홍어, 숭어	33개. 청어, 갈치, 망어, 조기, 가물치, 준어, 광어 등	新平, 高丘, 興陽은 모두 바다와 인접
舒川郡	林述 北114(林述所在郡 北14里 今稱獐項村)	민어, 참치, 대합조개, 굴	17개. 홍어, 상어, 숭어, 錢魚, 민어, 오징어 등	鹽所2 鹽盆21
瑞山郡	安眠(南100) 禾邊(南30) 葦浦(南15)	土貢 숭어, 민어, 홍어, 상어, 큰새우	청어, 조기, 상어, 큰새우	鹽所1 鹽井2 鹽盆3
泰安郡	吳山(南25) 梁骨(南13)	土貢 숭어, 민어, 상어, 홍어 등 土産 김, 海靑, 낙지, 전복	46개 청어, 갈치, 전어, 상어, 민어, 조기, 망어	鹽盆11 鹽井16
沔川郡	桃村(北20)	굴, 조기, 전복, 조개, 새우, 김, 등(新增)		鹽所3 鹽盆18
保寧縣	巾子山(北20)		5. 청어, 가물치, 상어 등	鹽所3 鹽盆18
海美縣	寺谷(東1)		1. 민어, 전어, 광어 등	
庇仁縣			15	
경상도 南海縣	亏山	生鮑, 미역, 은구어, 해삼		鹽所3 (有鹽倉)
泗川縣	觀海谷(北10)	미역, 청어, 우무, 細毛, 해삼 등		
昌原都護府	安城(西30)	土貢 모래무지(沙魚), 乾蛤 土産 미역, 우무, 細毛 등		鹽所3 (有鹽倉)
固城縣	遊息 模島(慶地)—亡所6	土貢 모래무지, 乾蛤, 미역 등		鹽所 2 : 縣北
전라도 萬頃縣	泥波山(西15里)	土貢 상어 土産 청어, 조기		
扶安縣	魚梁所2 有猬島(주로 청어)	土貢 상어, 물개 가죽, 고니(天鵝)		
靈岩郡	冬栢(동15) 馬峯(해남 남60) 神葛(해남 동20) 貴人(영암 남90)	土貢 숭어, 전복, 粉藿, 土産 김		鹽所3
順天都護府	上伊沙(西20) 豆仍只(南60) 月谷(在 富有縣 東) 豆坪·調海·調水(在麗水縣)	土貢 粉藿, 상어, 전복, 홍합, 붉은큰새우 土産 은어, 조기	어량 成生浦, 掘浦, 龍頭浦, 東山浦, 馬頭浦	

海南縣(高麗 때 靈岩 任內)	熊山, 枏山, 大上伊, 仇良山, 德池(德津)	土貢 전복, 홍합		
濟州牧		전복, 引鮑, 條鮑, 玉頭魚(옥돔), 昆布 등		
황해도 海州牧	靑山(北90) 長峯(東60) 黃菴(西45 ; 어량소로 추정됨)	土貢 숭어, 魚膠, 곤쟁이 젓, 청각, 황각 土産 조기(州南 延平坪), 銀口魚	어량4 (주로 靑魚)	鹽所4 鹽盆33
豊川都護府(高麗때 豊州)	古立(在海邊)	청어	어량7 (주로 청어)	鹽所4 鹽盆16
康翎縣	廣川(東5)	청어	어량84 (주로 청어)	鹽所8 鹽盆29

제2장 미역의 생산실태와 곽소

1. 머리말

수산물은 인류가 존재한 이래 가장 쉽게 접할 수 있는 양식이었다. 더구나 수산물 중 해조류는 물고기에 비해 채취가 쉬워 고대부터 식용으로 사용되었다. 그 중에서 미역은 신진대사를 활발하게 하고 산후조리, 변비치료, 비만예방, 철분·칼슘 보충에도 탁월한 효능을 가지고 있었다. 『高麗圖經』에서는 "미꾸라지, 전복, … 해조 다시마[昆布] 등은 귀천없이 즐겨먹는다"고 했으며[1] 『高麗史』에는 "충선왕 2년(1310)에 海菜를 원나라 황태후에게 바쳤다."는 기록도 있다.

이같이 일상적인 식품으로 애용된 미역은 우리나라 전 연안에 분포하나, 한·난류의 영향을 강하게 받는 지역에는 분포하지 않는다고 한다. 그리고 주로 저조선[2] 부근 바위에 서식하나 남부지방은 더 깊은 곳에, 북부지방에서는 더 얕은 곳에 서식하는 경향이 있다. 미역은 겨울에서 봄에 걸쳐 주로 채취하는데, 이때 딴 것이 가장 맛이 좋으며 우리나라, 중국, 일본 등에서만 식용으로 이용된다. 우리나라는 삼면이 바다로 둘러싸여 있어 곳곳에서 채취가 가능했던 만큼, 조선후기 기록에 국가에서 구걸하는 아이

---

1) 『高麗圖經』 23, 漁.
2) 간조 때의 바다와 육지의 경계선.

에게 진휼청에서 쌀·간장·미역을 주도록 규정되어 있을 정도로 미역은 일반 백성들도 상용할 수 있는 양식이었다.[3]

따라서 고려정부가 곽소를 운용한 것은 미역의 수요를 안정적으로 확보하기 위해서라기보다는 품질이 우수한 미역을 공급받기 위해서라고 생각된다. 오늘날 미역을 더욱 값싸게 구입할 수 있게 된 것은 1970년대 이후 양식이 발달한 이후부터고,[4] 자연산 미역은 지금은 상당히 귀하고 값도 비싸다.[5]

고려시대의 곽소에 대한 연구는 울산지방 호족과 관련해서 쓴 구산우의 논문이 유일하다.[6] 곽소의 위치나 생산실태, 수취구조는 거의 자료가 없으므로 단지 개별 소를 분석하는 과정에서 試論으로 시도해 보려고 한다.

2. 미역의 종류와 생산지역

곽이라면 미역을 말하지만, 곽소의 주민은 미역을 위시한 모든 해조류를 채취하여 공납했으리라 판단된다.[7] 『世宗實錄地理志』에 나오는 수산물

---

3) 『國朝寶鑑』71, 正祖 7年 11月 節目, "구걸하는 아이를 留養하는 일은 다음과 같다. … 양식의 지급은 진휼청의 규정을 참조하여 10세에서 7세까지는 하루에 1인당 쌀 7홉과 장 1홉과 미역 2立을, 6세에서 4세까지는 하루에 1인당 쌀 5홉과 장 1홉과 미역 1입을 지급하되, 해당 관청의 庫直으로 하여금 주관하여 궤향을 마련하게 한다."

4) 강종호, 2001, 「미역양식업 가격안정지지제도개선을 위한 정책방향」(한국해양수산개발원보고서).

5) 김창민, 2002, 「평등이념과 개인의 전략 ; 흑산도의 바위미역채취에 관한 민속지」, 『지방사와 지방문화』, 역사문화학회 194쪽. 바위미역은 해안의 바위에 뿌리를 두고 자라는 자연산 미역을 일컫는다. 양식미역에 비해 맛이 좋고 국을 끓인 뒤 여러 번 데워도 미역 고유의 향과 씹히는 맛이 변하지 않는다. 1999년의 경우 양식미역은 한 뭇(20줄)에 2~3만 원, 바위미역은 15~20만 원 정도였다(위의 책, 197쪽).

6) 구산우, 1992, 「羅末麗初의 蔚山地域과 朴允雄」, 『한국문화연구』 5.

7) 박구병, 1964, 「한국어업기술사」, 『한국민족문화사대계』, 고려대 민족문화연구소, 106쪽.

중 해조류의 종류는 우모·곤포·해조·황각·세모·곽 등 19종류가 보이는데
그 중 미역과로는 곽·사곽·분곽·상곽·조곽의 다섯 가지가 포함되어 있다.8)
藿은 미역, 絲藿은 물미역(애기다시마), 粉藿과 常藿은 褐藻類 미역目 미역科
에 속하는 해조류로 보이나 그 종류는 밝히기 어렵다.9) 早藿은 일찍 채취하
여 말린 미역으로 추정된다. 다음 기록을 보자.

A-1) 가난한 백성은 해산물을 많이 먹는다. 미꾸라지, 전복, 조개, 진주
조개, 왕새우, 무명조개, 대게, 굴, 거북이다리가 있고, 海藻 昆布(다시
마)도 귀천없이 즐겨 먹는데, 구미는 돋구어주지만 냄새가 비리고
맛이 짜므로 오래 먹으면 싫증난다.10)

2) 耽羅國王子 殊雲那가 그의 아들 陪戎校尉·古物 등을 보내와서 牛黃·牛
角·牛皮·螺肉·榧子·海藻·龜甲 등의 물자를 바쳤다.11)

3) 사신을 元나라에 보내어 海菜와 乾脯 등의 물자를 皇太后에게 바쳤다.12)

『高麗史』와 『高麗圖經』에서 海藻, 昆布,13) 海菜14)가 보인다. 인종대에
사신으로 왔던 서긍의 눈에 비친 고려사람들이 일상적으로 해조를 먹고

---

8) 丁若鏞, 『經世遺表』 藿稅, "藿은 海帶(미역)이고 苔는 海苔인데, 혹 甘藿·甘苔라 일컫기도
한다. 태는 종류가 많은데 紫苔(海衣 : 김)·靑苔가 있으며, 이와 비슷한 것이 5~6종
있다."

9) 박구병, 1994, 「수산업」, 『한국사 24』, 390~391쪽.

10) 『高麗圖經』 23, 雜俗 魚, "細民多食海品 故有 鰌 鰒 蚌 珠母 蝦王 文蛤 紫蟹 蠣房
龜脚 以至海藻 昆布 貴賤通嗜 多勝食氣 然而臭腥味鹹 久亦可厭也."

11) 『高麗史』 7, 文宗 7年 2月 丁丑, "耽羅國王子 殊雲那 遣其子陪戎校尉 古物等 來獻
牛黃 牛角 牛皮 螺肉 榧子 海藻 龜甲等物."

12) 『高麗史』 33, 世家 忠宣王 2年 12月 甲寅, "遣使如元 獻海菜乾脯等物 于皇太后."

13) 다시마로 생각되는데, 다시마 명칭으로는 多絲亇 塔士麻도 보인다. 박구병은 곤포를
곰포와 혼돈한 것으로 추정하고 있다(박구병, 1964, 「한국어업기술사」, 앞의 책,
107쪽 참조).

14) 痰을 줄이고 단단한 것을 부드럽게 하며 뭉친 것을 풀어주고 소변을 통하게 하고
12종류의 水腫을 치료하는 데 효능이 있는 약재. 한방에서 미역은 海菜나 甘藿,
紫菜, 海帶 등으로 불린다(두산백과사전).

있었음을 알 수 있다. 해조는 미역, 김 다시마 등을 포함한 용어이며[15] 그 중 가장 큰 비중을 차지한 것이 미역이었다. 전근대사회에서 어패류는 바닷가 주변 백성들에게는 쉽게 채취할 수 있는 영양가 있는 식품이었으며 특히 해조류는 더욱 친숙했을 것이다. 또 이것은 말리거나 가루로 만드는 방식으로 장기보관이 가능하기도 했다. 그러나 어민들은 해조류만 채취했다기보다는 틈틈이 물고기도 잡았다고 생각되므로 곽소로 따로 설정된 지역은 품질이 우수한 경우에 한해서였을 것이다. 2), 3)의 기록에서처럼 탐라가 고려에, 고려가 원에 보내는 것이나 왕실에서 사용된 해조류는 최상의 품질을 필요로 했을 것이기 때문이다.

그러므로 미역을 위시한 해조류의 최상품을 지속적으로 생산할 수 있는 몇몇 지역만 곽소를 제정했을 뿐 미역이 생산되는 전역에 소가 설정되지는 않았을 것이다. 우선 미역이 생산된 지역을 『世宗實錄地理志』와 『新增東國輿地勝覽』을 통해 살펴보자.[16]

---

15) 바다에서 나는 조류를 통틀어 이르는 말. 갈조류(톳·미역·다시마·대황·모자반 등)와 홍조류(우뭇가사리·김·카라니긴 등)의 경우 바다에서 생육하지만 녹조류(파래·청각·청태 등)의 경우는 13.8%만이 해양에서, 나머지는 담수에서 서식한다(두산백과사전).

16) 『世宗實錄地理志』에 나오는 곽전 분포지는 다음과 같다.
　　경상도 : 울산(미역) 흥해(미역) 동래(미역·早藿) 장기(미역) 영일(미역) 청하(미역) 잉해(미역) 영덕(미역·早藿) 김해(미역) 고성(미역) 거제(미역) 칠원현(미역) 진해(粉藿) 진주(미역) 창원(미역) 곤남(미역) 사천(미역) 하동(미역) 고흥(분곽)
　　경상도 진주·창원·곤남·사천·하동과 함경도 전역은 토산조에, 나머지는 토공조에 나온다.
　　전라도 : 무안현 순창군 임실현 장수현 곡성현 광양현 海珍郡(분곽·상곽) 영암군(분곽) 강진(상곽) 광양(미역) 장흥도호부(분곽·상곽) 고흥(분곽) 순천도호부(분곽) 낙안군(粉藿) 제주목(昆布) 정의현(곽·곤포)·대정현(곽·곤포)
　　강원도 : 강릉(곽) 삼척(곽) 양양(상곽) 평해(상곽) 울진(곽) 간성(곽) 고성(곽) 통천(상곽) 흡곡(상곽)
　　충청도 : 태안군(토산-해의)
　　『新增東國輿地勝覽』에 의하면 다음과 같다.
　　경상도 : 경주 울산 흥해 동래 장기 영일 기장 영해 영덕 진주 곤양 남해 사천

[표 1] 각지에서 공납되는 해조류

	『世宗實錄地理志』 해조류	『新增東國輿地勝覽』 해조류
경기	黃角[17]	
충청	細毛(참가사리), 黃角, 海衣(김)	細毛4 黃角4 海衣9 靑角[18]1
경상	藿 海衣 靑角 早藿 甘苔[19] 海毛 粉藿 海藻	藿18 海衣11 靑角2 加士里3 絲藿3 烏海藻3 昆布1 塔士麻1
전라	粉藿 常藿 昆布 藿 甘苔 加士里 海毛 海角 海衣 莓山伊 早藿 黃角	藿12 甘苔11 牛毛8 加士里1 海衣13 黃角10
황해	靑角 黃角 海藻 絲藿	
강원	藿 常藿 昆布 海藻	藿8 海衣6 細毛2 牛毛1
평안		
함경도	多絲亇(다시마) 藿 昆布 海帶 牛毛(우무) 細毛	塔士麻9(다시마) 藿16 昆布10

　고려시대의 미역생산지는 『世宗實錄地理志』에 기재된 내용과 크게 다르지 않으리라고 생각한다. 예컨대 『新增東國輿地勝覽』과 『世宗實錄地理志』를 비교해 보면 몇몇 지역이 누락되거나 달라졌지만 크게 바뀌지 않았기 때문이다. 즉, 우리나라의 경우 바닷가 지역이면 거의 미역이 생산된다고 보아도 무방하다.

　곽소로 설정된 지역이 어디인지 알 수 없지만 울산이 가장 유력하다. 그런데 울산에 소는 보이지 않고 凡西[20]와 甲火[21]부곡만 보인다. 고려정부뿐 아니라 각 지역의 토호, 그리고 사원에서도 미역의 생산지역에 관심을 기울였다는 것은 다음 기록에서 볼 수 있다.

　　하동 김해 거제 고성 웅천
　　전라도 : 나주 영암 장흥 진도 강진 해남 제주 정의 대정 순천 보성 광양 흥양
　　강원도 : 전부 토공조. 강릉(곽) 삼척(곽) 양양(상곽) 평해(상곽) 울진(곽) 간성(곽) 고성(곽) 통천(상곽)
　　황해도 : 장련 해주 옹진 강령 은율
17) 청각의 하나. 청각과 같으나 빛깔이 누렇다.
18) 바닷가에서 자라는 綠藻類의 한 속. 바위가 많은 해안을 따라 깊은 물웅덩이에서 흔히 발견된다.
19) 갈조식물, 다시마목 미역과의 여러해살이 해조(두산백과사전).
20) 『新增東國輿地勝覽』 22, 慶尙道 蔚山郡 古蹟, "凡西部曲 고을 서쪽 25리에 있다."
21) 『世宗實錄地理志』 慶尙道 慶州府 蔚山郡, "部曲— 甲火."

B-1) 박윤웅은 鶴城의 吏다. 고려 태조가 남정할 때 큰 공을 세워 佐命功臣
平章事가 되었으며 興麗伯에 봉해져 農所의 采地와 柳浦의 藿巖을
折受받았다.22)

2) 禮曹參議 李先齊가 상서하기를, … 고려 때에는 鹽盆 자리 수[坐數]와
魚梁網所·곽전의 結卜이 모두 『周官六翼』에 실려 있고, 왕자가 開福한
날에는 반드시 염분이나 어량을 주었고, 共議寺社에도 혹 곽전을
주기도 하였습니다.23)

박윤웅은 고려건국기에 큰 공을 세웠으므로 河曲(울산시 범서읍 굴화리),
東津(경주시 감포읍 나정리), 虞風(양산군 웅산면 용당리) 등 현을 합하여
興禮府를 설치하였다고 하였다.24) 여기서는 우선 박윤웅과 왕건이 만났을
시기를 추정해 보자. 930년(태조 13) 정월 고려가 후백제와의 고창군 전투에
서 승리했을때 永安(예천)·河曲·直明(안동)·松生(靑松) 등 30여 군 현이 차례
로 와서 항복했다고 하는데, 이 시기에 박윤웅이 주변의 호족들에게 항복을
권유했을 가능성이 있다. 혹은 경순왕의 고려 귀순에 경상도 지방의 호족들
이 반발하였을 때 이들을 무마하여 고려로 편입시키는 데 박윤웅이 중요한
역할을 했을 가능성도 있지만 어느 것도 확실하지는 않다. 어떻든 그가
개국공신이 되어 태조로부터 곽전을 하사받을 수 있었던 것은 울산의
토호였기 때문에 가능했을 것이다.

태조가 최승로에게 염분을 하사한 적이 있고25) 현종대에는 김은부의
딸이 왕자를 낳았다고 하여 염분·어량 등을 하사한 기록이 있으나26) 곽전을
하사한 것은 사원을 제외하면 박윤웅이 유일하다. 박윤웅이 녹읍으로 받았

---

22) 『椽曹龜鑑』 2, 觀感錄. 현재 울산시 강동면 구류리 판지부락 해안에 高麗元勳 興麗伯
諡莊武朴允雄 采巖碑가 있다.

23) 『世宗實錄』 117, 29年(1447 丁卯) 9月 23日 壬子, "前朝之時 鹽盆坐數 魚梁網所 藿田結卜
皆載于周官六翼 王子開福之辰 必賜鹽盆魚梁 共議寺社 或賜藿田."

24) 『高麗史』 57, 地理 蔚州.

25) 『高麗史』 93, 列傳 崔承老.

26) 『高麗史』 4, 世家 顯宗 7年 5月 乙巳.

던27) 곽암이 있는 울산 유포는 미역 생산에 필요한 천혜의 자연조건을 갖추고 있어 인위적으로 미역을 양식하지 않아도 일정 이상의 생산량을 산출한다고 한다. 그런데 고려시대의 녹읍은 태조가 고려를 세웠을 때부터 태조 23년(940)에 군현 개편과 더불어 역분전이 시행되면서 소멸되었다.28) 이후 곽암의 일부가 곽소로 편제되었으리라 보기도 한다.29)

후삼국을 통일한 후 태조는 녹읍 대신 역분전을 주어 호족의 불만을 무마시키려 했을 것이다. 그러나 녹읍 폐지가 지역의 호족세력을 약화시키려는 의도에서 이루어진 만큼, 구류리 일대의 해안 전체를 받았던 박윤웅의 녹읍도 역분전 명목으로 그 중 미역 생산이 풍부한 열두 바위만 지정받아 미역의 일부를 수취하는 수조권으로 축소되고, 나머지는 소로 편제되었을 가능성이 있다.30) 그러나 울산지역에 소가 보이지 않아 확실하지 않다.

곽전에 관심이 많았던 곳은 사원이었다. 생선이나 고기를 기피할 수밖에 없는 사찰의 특성상 콩과 더불어 미역을 많이 먹었으리라 생각되므로 곽소를 소유한 사찰도 있었을 것이다. 그리고 최씨집권기에 최항이 민심을 끌어들이기 위해 어량선세를 면제한 것은 그 이전에 어량선세가 있었음을 보여준다. 여기에는 곽세가 보이지 않지만 미역을 따는 데에 배가 필수적인 만큼 미역을 따 얻은 수익이 선세에 포함되어 있었다고 보아야 할 것이다.

---

27) 구산우, 1992, 「羅末麗初의 蔚山地域과 朴允雄」, 『한국문화연구』 5, 20쪽.
28) 오치훈, 2012, 「고려 태조대 녹읍의 역사적 성격」, 『한국사연구』 156.
29) 구산우, 1992, 위의 논문. 구산우는 태조 이후 어느 시기에 울산 곽암도 소로 편제되었다고 하였다. 그러나 소로 편제된 기록은 없다.
30) 구산우, 1992, 위의 논문, 41쪽. 울산 곽전은 조선시대에도 서로 소유하려고 쟁탈전을 벌일 정도로 품질이 우수하기로 유명하였다(『肅宗實錄』 15, 10年 3月 17日 癸未 첫 번째 기사, 6月 18日 壬子).

3. 미역의 생산과 수취

1) 미역의 생산실태

고려시대 주민이 가장 애용하고 친근한 식품[31]인 미역 관련 사료가 가장 많이 남아 있는 지역은 울산이다.[32] 박윤웅이 녹읍으로 받았던 곽암은 미역 생산에 필요한 천혜의 자연조건을 갖추고 있어 여기에서 채취된 미역은 맛이 뛰어나 다른 지역의 미역보다 높은 가격으로 판매되었다고 한다.[33] 이 경우 미역 생산에 필요한 노동은 수확시기를 전후해 바위에 낀 해초와 찌꺼기를 제거하는 일 외에 특별한 노동은 필요없었다.[34] 따라서 농사나 다른 소의 노동량에 비해 곽소 주민은 큰 어려움이 없었다고 판단된다. 그러나 미역은 일정 기간만 채취할 수 있으므로 나머지 시간에 곽소민들은 고기잡이나 소금생산 같은 다른 생업을 찾아야 했을 것이다. 미역은 근해의 바다로 진출해 채취해야 하는 만큼 어민 개개인이 단독으로 채취하기 힘들며, 주민들이 공동 채취작업을 해야 했다. 따라서 미역은 공동노동 공동분배를 했을 가능성이 크며, 국가에 바치는 공물 역시 공동으로 공납했을 것이다.

국가는 집단노동을 필요로 하는 특수지역을 소로 설정하였는데, 곽소도 예외는 아니었다고 판단된다. 그 중 상당수는 섬에서 수취했을 가능성이

---

31) 미역에 관한 시로 이색의 다음과 같은 시가 있다.『牧隱詩藁』9, 詩 강릉 최상이 미역을 보내준 데 대하여 받들어 사례하다, "미역을 해마다 보내주어 / 산재에서 날마다 먹으니 / 처음엔 흐린 눈이 맑아짐을 알았고 / 점차 詩想이 윤택해진 게 기뻐라 / 외딴섬에 봄빛은 멀기만 하고 / 거센 바람에 파도는 드높아서 / 미역 따기란 쉬운 일이 아닐 터이니 / 조용히 씹노라니 마음이 아득해지네."

32)『世宗實錄地理志』慶尙道 慶州府 蔚山郡.

33)『經世遺表』14, 均役事目追議1 嶺南, "미역은 50條를 1束으로 하고, 50속이 1同(2천 500조)이 되는데, 한 동의 값을 7냥 반으로 계산한다. 울산미역은 맛이 매우 좋아 값이 현저히 다르므로 1동 값을 10냥으로 계산한다."

34) 구산우, 1992, 위의 논문, 38쪽.

높다. 당시 섬주민은 향 소 부곡민과 같은 대우를 받고 있었다.

> C-1) 여러 섬의 주민들은 그들 선조의 죄 때문에 바다 가운데서 생장하고
> 있는데 토지에서는 먹을 것이 나지 않아 생계가 매우 어렵습니다.
> 또한 光祿寺에서 시도 때도 없이 물품을 거두어들이므로 그들은 날이
> 갈수록 곤궁하게 되었습니다. 바라건대 주·군의 사례에 따라 그들의
> 공역을 공평하게 해주시기를 바랍니다.[35]
> 2) 나주 외양에 있는 흑산도·紅衣島·可佳島·太師島와 진도 외양의 滿載島
> ·發賣島·萌骨島·東荒島·西荒島와 영암에서 멀리 떨어진 추자도 등은
> 모두 海藿이 산출된다.[36]

광록시는 외국사신을 접대하는 관청이다. 국가는 필요한 물자를 지방관
을 통해 거두면서 중앙의 주요 기관에 직납하게 했다. 이에 따라 광록시는
외국사신을 접대한다는 명분을 핑계삼아 많은 물자를 수취하였다. 섬에서
수취하는 것이라면 어량과 더불어 해조류일 가능성이 많다. 섬지역이 소와
더불어 국가의 수탈대상이었음을 보여준다.

2)는 조선후기의 기록이지만 미역이 섬의 주민에게 가장 일상적으로
생산할 수 있는 물품임을 보여준다. 그러나 고려시대에는 섬에 소가 설정되
었다는 기록이 없다. 섬은 교통이 불편하므로 정부는 죄지은 관료들의
귀양처로 이용하였고, 또한 토지가 척박하여 생산량이 많지 않아 주민들의
생활은 어려웠다. 따라서 섬 주민들은 군현민이 아닌 향 소 부곡의 주민과
마찬가지의 처지에 있었으므로 정부는 굳이 향 소 부곡으로 설정할 필요성
을 느끼지 못하였다.[37] 그러므로 섬 주민에게서 공물을 징발하는 것은
따로 소로 설정하지 않더라도 그다지 문제가 되지 않았다고 판단된다.

---

35) 『高麗史』 93, 列傳 崔承老.
36) 『經世遺表』 14, 均役事目追議1 湖南.
37) 김일우, 1998, 「고려시대 탐라의 지방편제 시기와 그 단위의 형태」, 『한국사학보』
5, 고려사학회.

미역은 전적으로 하늘에 의존해야 하는 만큼 비바람이나 기온의 영향을 많이 받았고[38] 바닷가 주민이 할 수 있는 일이란 단지 시기에 맞추어 채취하는 것뿐이었다. 전근대사회에서 미역을 채취하는 모습은 기록이 없으나 오늘날 자연산 돌미역의 채취관행을 보면 그 대략을 추정할 수 있다.

수산물 중 주변 주민들과 함께 공동으로 작업해야 하는 것은 배를 타고 가서 연안의 암벽과 淺海의 바위에서 자생하는 해조류와 패류 등을 채취하는 일이다.[39] 이 채취어업에서 주요한 생산물은 미역과 톳, 돌김, 다시마, 해삼, 멍게, 전복 등인데, 공동채취·공동분배라는 공동 경영방식이 유리하다고 한다. 따라서 국가에서는 곽소를 설정해서 소민들이 공동작업으로 미역을 채취하여 능률을 올리도록 한 것으로 보인다. 예컨대, 미역은 바다에서 수확한 즉시 말리지 않으면 색이 변하거나 썩어버린다. 또한 햇볕에 말리면 미역이 익어버리므로 통풍이 잘되는 그늘에서 말려야 한다. 이는 일손이 많이 가는 작업으로, 채취하고 말리는 데에 여러 사람의 도움이 필요하며 더욱이 그날 안으로 말리는 작업을 마무리해야 하므로[40] 공동작업은 필수적이라고 할 수 있다.

미역은 물속 3~4길(약 5미터) 깊이의 바다에서 자라는데, 서식에 적합한 수심은 5~40m다. 미역은 남부에서는 깊은 곳, 북부에서는 얕은 곳에 서식하는데, 미역의 생육 수온은 5~20℃가 적당하다. 미역채취는 주로 음력 2월말에서 3월 사이, 그리고 음력 4월에서 5월 사이에 이루어지며 올각은 부드럽고 맛이 진하나 늦각은 거칠다.[41] 해안 바위에 뿌리를 두고 자라는

---

38) 丁若鏞,『經世遺表』, 嶺南, "海帶[미역]는 … 만약 여름과 가을 즈음 잎이 활짝 펴졌을 때 알맞게 베어 말리면 풍년이 들었다고 하지만, 만약 바람과 비가 때 아니게 일어나 풍파가 돌에 부딪치면 연약한 잎이 부서진다. 그리고 장마비가 여러 날 오고 무더위가 가시지 않으면 미역은 흉년이 된다."

39) 권삼문, 2001,『동해안 어촌의 민속학적 이해』, 민속원, 16쪽.

40) 김창민, 2002,「평등이념과 개인의 전략」,『지방사와 지방문화』, 203쪽.

41) 권삼문, 2001, 앞의 책, 52쪽.

바위미역은 6~8월 중순에 채취하는데, 작업은 썰물 때 2시간 정도만 할수 있다. 주로 여자가 미역을 베며, 남자는 배를 젓고 베어놓은 미역을 배에 싣는 역할을 한다고 한다.[42]

미역과 다시마 등을 비롯한 해조류의 서식지가 되는 수중바위로 이루어진 지역을 짬이라고 한다. 미역짬에서 보다 많은 미역을 생산하기 위해 잡초를 제거하는 짬매기(미역씻기)를 하는데, 짬매는 시기는 입동을 전후한 보름 동안이라고 한다. 짬을 매고 나면 양력 11월말에서 12월초까지 미역물 (황물)이 들어와 4주 정도 머무르는데 씨앗이 바위 표면에 붙으면 싹이 나온다고 한다. 또한 계속 미역밭을 늘리기 위해 투석하는데 투석시기는 4~7월경이라고 한다.[43] 그러므로 미역생산은 자연환경이 가장 중요하며, 어민은 시기를 놓치지 말아야 제대로 수확할 수 있음을 알 수 있다.

2) 미역 수취구조의 변화

고려시대에 곽소가 있었다고 추정할 수 있는 것은 『新增東國輿地勝覽』 7, 驪州牧 登神莊條가 유일하다.[44] 그 외 곽소 관련 자료가 보이지 않는 것으로 보아 곽소는 일부 해안지역에서만 설치되었을 것이다. 조선 세종대의 기록에 의하면 제주도에서 미역이 많이 생산되었다고 하나 제주도에 소가 설치된 기록은 없다. 앞서 보는 바와 같이 미역은 2~8월까지 채취된다. 그러므로 물미역일 경우 직접 공납했겠지만, 미역의 특성상 물미역보다는 마른 미역이 보관도 용이하고 맛도 좋다. 따라서 특수한 경우를 제외하고는 주로 마른미역을 공납했을 것이다.

『高麗史』에 산발적으로 나타나는 단편적 자료에서 貢으로 인정되는 물품들 중 해산물로는 昆布(다시마), 藿(미역), 海苔(김) 등이 발견된다.[45] 고려시

---

42) 김창민, 2002, 앞의 논문, 200~201쪽.
43) 권삼문, 2001, 앞의 책, 47~48쪽.
44) 『新增東國輿地勝覽』 7, 京畿道 驪州牧 古蹟 登神莊.

대 각 군현에서 거두어들이는 공물 중 해산물은 주로 가공식품인데 이는
오랜 기간 보관이 용이하기 때문이다. 또한 우리나라는 일조시간이 길어
건조품 제조에 좋은 조건을 구비하고 있어서 가공식품이 발달되었으리라
추정된다. 고려정부는 미역 등 각 소에서 생산되는 특산물을 사용원이나
지방관아 등 물자가 필요한 곳으로 분산 공납하였다. 그러나 고려후기에
들면서 곽전도 지배층의 수탈대상이 되었다.

> D-1) 혹은 지역에서 물고기·소금·가래나무·옻나무나 민가에 저축한 재물
> 이 있으면 모두 빼앗고 만일 주저하는 자가 있으면 곧 다른 일로
> 드집잡아 엄하게 매질하여 목숨을 잃게 되니 아무리 억울하고 원통하
> 여도 하소연할 곳이 없다[46]
>
> 2) 예조참의 이선제가 상서하기를, 신이 지난 을축년에 강원도 관찰사가
> 되었을 때 … 또 道內 문서에 올라 있는 公私鹽稅와 민간 배에서
> 세금으로 거둔 생선과 미역도 또한 많이 있었는데, 이르는 곳마다
> 다투어 매매를 원했습니다.[47]
>
> 3) 藝文館提學 李先齊가 上書하기를 … 이제 式目都監形止案을 보니 各邑
> 의 鹽盆坐數와 魚梁網所 그리고 藿田의 結卜이 모두 누락됨이 없었는데
> 고려말에 이르러 權豪들이 占奪하였습니다.[48]
>
> 4) 을사년 4월 갑술 叢石亭에 도착하였다. … 나는 雲山과 더불어 맨발로
> 기슭을 내려가 병석 위에 앉아 하인을 시켜 石決明·소라·홍합·미역
> 등을 따오게 하였다.[49]

---

45) 姜晉哲, 1980,「農民의 負擔」,『高麗土地制度史研究』, 고려대출판부, 269쪽.

46)『高麗史節要』4, 文宗 10年 9月, "或地有魚鹽梓漆 或家有畜産貨財 皆被侵奪 若有吝吝者
卽假事嚴加枷杖傷其性命 懷冤抱痛 無所告陳."

47)『世宗實錄』117, 29年 9月 23日 壬子, "又道內舊所付籍 公私鹽稅 及民間船隻收稅 魚藿亦
多矣 所至爭求貿易."

48)『文宗實錄』4, 卽位年 10月 庚辰, "藝文館提學 李先齊上書 … 今觀式目都監形止案
各邑鹽盆坐數 魚梁網所 藿田結卜 俱載無遺 至于季世 權豪占奪."

49)『續東文選』21, 錄 遊金剛山記 南孝溫.

이미 고려 문종대에 특산물에 대한 관원들의 무자비한 수취를 볼 수 있는데 여기에 생선·소금이 포함되어 있는 것으로 보아 미역 역시 마찬가지였을 것이다. 이 같은 행태는 원 간섭기에도 계속되었다.50) 2)로 보아 조선전기에는 선세를 생선과 미역으로 낸 경우도 있었음을 알 수 있는데 이는 고려시대도 마찬가지였을 것이다. 곽소민 또한 공납 후 남은 물자를 매매하여 생계를 유지했으며, 국가도 수취한 물자가 필요 이상 많을 경우에는 개경 시전을 통해 매매했으리라 판단된다. 그런데 고려말에 이르러서는 곽전에 대한 소유권 탈취현상이 일어났는데, 이는 어량침탈과 마찬가지 형태로 이루어졌으리라 생각된다.51)

남효온은 세조·성종대의 문신으로 생육신 중 한 사람이었다. 4)는 남효온의 금강산 기행의 일부인데, 비록 양반층이기는 하나 하인을 시켜 함부로 미역과 조개류를 채취해 오도록 하였다. 바다에서 생산되는 물자는 토지소유관계가 명확한 육지와 달리 소유권이 불투명하여 잡는 사람이 주인이었다. 그러므로 국가가 보호하지 않는 한 배를 소유하거나 많은 노복을 거느린 권력자에게 빼앗기는 것은 일상적인 일이었다.

소 해체의 실상에 관해 상세한 내용을 전해주는 것이 3)의 문종 즉위년 이선제 상서문이다. 고려후기에 가면 곽전도 권세가의 침탈대상이 되었음을 알 수 있는데, 특히 미역은 말려서 오랫동안 보관을 할 수가 있어 상할 염려가 없었다. 미역바위의 경우, 미역을 따려면 배가 필수적이고 여러 사람이 공동작업을 해야 했던 만큼 어민이 개별적으로 채취하기 어려웠다. 그러므로 권세들이 자금과 노동력을 동원하여 어선을 확보하고 이를 통해 자연스럽게 곽전의 이익에 관여할 수 있었다.

이에 국가에서는 선세에 관심을 기울였다. 선세에 대해서는 몽골침입기

---

50) 『高麗史節要』 25, 忠惠王 4年 9月, "時閔渙 分遣惡少諸道 馳驛誅求 或收山海稅 或徵巫匠 業中貢布 民不堪苦."

51) 이정신, 1998, 「고려시대의 어업실태와 어량소」, 『한국사학보』 3·4.

에 최항이 민심을 무마하기 위해 어량선세를 면제해주었다는 기록이 나오며, 충혜왕대에도 배를 가지고 있지 않은 자에게도 선세를 과중하게 징수하였다고 한다.[52] 곽소민은 미역채취에 필수적인 배를 소유하고 있지 못하는한, 배의 소유주에게 예속될 수밖에 없었다. 이리하여 곽전이 권세가의소유영역으로 바뀜에 따라 국가의 조세수입이 감소하고 곽소민은 이제국가가 아닌 권세가의 지배를 받게 되었다.

그런데 고려말기, 특히 공민왕대부터 왜구의 침입이 빈번해지자 해안가까이에 사는 주민들은 큰 피해를 입었다. 이에 따라 바닷가 가까이 자리잡고 있던 자기소의 장인 등은 모두 내륙으로 옮겨갔으나 곽소는 바닷가를벗어날 수 없었으므로 어량소·염소의 붕괴와 더불어 자연히 해체되었다.이에 정부는 일반 민을 동원하여 물품을 생산하는 체제로 전환시켰으니[53]이는 소의 붕괴를 기정사실화한 것이다. 조선시대에 가서는 생선간·염간과더불어 해척이 나온다. 미역은 따기가 크게 까다롭지 않았던 만큼 자연스럽게 생선간이나 해척이 맡아 공납했을 것이다. 그런데 생선간은 세종대에만기록이 나오며,[54] 해척은 세종대부터 순조대까지 나온다. 조선초기 생선간

---

52) 『高麗史』 79, 科斂 忠惠王 4年 3月.
53) 『高麗史』 79, 食貨2 貨幣 恭愍王 5年 9月.
54) 『世宗實錄』 14, 3年(1421) 11月 28日 丁亥, "漢城府에서 아뢰기를, '進上하는 생선간에게도 또한 수효를 정하게 하며 … 생선간은 加乙頭에 19명, 西江에 4명, 禿音浦에 12명씩 差定할 것입니다.'라고 하였다."
  『世宗實錄』 42, 10年(1428) 12月 6日 癸未, "사옹방의 생선간인 金浦 사람 吾乙麿大 등 7명이 고기를 잡으려다가 익사하니, 명하여 船軍의 예에 의하여 부의를 내리고 復戶하게 하였다."
  『世宗實錄』 92, 23年(1441) 3月 10日 丁未, "司甕房에서 청하기를, '한강부터 通津에 이르는 물가의 각 고을 양인과 公賤奴子 1백 호를 생선간으로 정하고, 세 번으로 나누어 잡역을 없애게 하고는 날마다 생선을 잡아 바쳐 內膳을 공급하게 하고, 사재감으로 하여금 糾擧하게 하소서.' 하니, 그대로 따랐다."
  『世宗實錄』 117, 29年(1447) 9月 19日 戊申, "의정부에서 예조의 呈文에 의거하여 아뢰기를, '사옹방에 속한 생선간은 두 장정이 있는 富饒한 사람으로 택하되, 전날수효대로 1백 20호를 정하고, 奉足은 주지 말며, 경작하는 바의 貢賦 이외의 모든잡역은 일체 감면하게 하소서.' 하니, 그대로 따랐다."

은 사옹방에 생선을 바치는 사람이었다면, 해척55)은 지방의 어부를 지칭하
는 말로 이들은 물고기를 잡거나 미역을 채취하면서 세금을 바쳤다. 그러나
이미 단종 원년에 해척이 내수사에 소속된 기록이 있는 것으로 보아56)
생선간은 없어지고 대신 내수사에 소속된 해척과 그렇지 않은 해척으로
나뉘어 존재했으리라 판단된다.

4. 맺음말

해조류는 다른 수산물에 비해 채취가 쉬워 일상적인 식품으로 애용되었
다. 우리나라는 삼면이 바다로 둘러싸여 있어 곳곳에서 미역채취가 가능했
던 만큼 일반 백성들도 쉽게 먹을 수 있었다. 따라서 고려정부가 곽소를
운용하여 미역을 공급하게 한 것은 안정적인 수요 확보보다는 품질이
우수한 미역을 공급받기 위해서였다고 생각된다.

---

55) 『世宗實錄』65, 16年(1434) 9月 12日 丙戌, "이전에 本宮에 속한 함길도 매사냥꾼[鷹人]
과 해척의 무리가 매우 많으므로, 임금이 감하고자 하여 본도 감사에게 마련하기를
명하였다."
『景宗實錄』5, 1年(1721) 11月 3日 庚寅, "경상도 加德鎭 海尺 이석벽 등 18명이
익사하였다."
『英祖實錄』77, 28年(1752) 8月 29日 丁巳, "임금이 北評事 남태회를 소견하여 北路의
凶荒에 대해 물었다. 남태회가 말하기를, '또 북관의 海民을 均廳에 소속시킨 뒤
오직 布로 세금을 바치게 했는데, 해척들은 물고기나 미역을 채취하여 德源이나
元山에서 판매합니다.' 하였다."
『正祖實錄』24, 11年(1787) 7月 25日 庚寅, "原春道 관찰사 김재찬이 장계하기를,
'울산에 사는 해척 등 14명이 몰래 울릉도에 들어가 魚鰒·香竹을 채취하였는데,
삼척 포구에서 잡혔습니다'."
56) 『端宗實錄』9, 1年(1453) 11月 11日 癸亥, "의정부에서 戶曹의 呈文에 의거하여 아뢰기
를, '수양대군의 식실봉 5백 호를 한 州에 정한다면 閑民을 얻을 수 없을 것이니,
청컨대 여러 도에 나누어 정하여, … 그러나 함길도는 방어가 가장 긴요한데 正軍과
次正軍의 결원수도 심히 많으니, 마땅히 내수사에 소속된 해척 및 鷹師의 各戶에서
누락된 자손과 挾戶를 색출하여 充定하소서'."

곽전과 관련해서는, 울산 호족 박윤웅이 개국공신이 되어 태조로부터 특별히 곽전을 하사받았다는 기록이 나온다. 박윤웅은 울주의 토호로서 이전부터 곽암을 소유하고 있었는데 이제 울주가 고려에 편입되자 태조가 이를 인정해준 것이라고 볼 수 있다. 고려전기에는 곽소의 곽전을 국가가 관리하였으나, 후기에 가면 자금과 노동력을 동원할 수 있는 권세가의 수탈대상이 되었다.

그런데 고려말기, 특히 공민왕대부터 왜구의 침입이 빈번해지자 해안 가까이에 사는 주민들은 큰 피해를 입게 되었다. 이에 따라 바닷가 가까이 자리잡고 있던 자기소의 장인 등은 모두 내륙으로 옮겨갔으나 곽소는 바닷가를 벗어날 수 없었으므로 어량소·염소의 붕괴와 더불어 자연히 해체되었다. 이에 정부는 일반 민을 동원하여 물품을 생산하는 체제로 전환시켰으니 이는 소의 붕괴를 기정사실화한 것이다.

조선시대에 가서는 생선간·염간과 더불어 해척이 나온다. 미역은 따기가 크게 까다롭지 않았던 만큼 조선초기에는 자연스럽게 생선간과 해척이 미역을 공납했을 것이다. 그런데 생선간은 세종대에만 기록이 나오며, 해척은 세종대부터 조선후기까지 존재하였다. 조선초기 생선간이 사옹방에서 필요로 하는 생선을 바치는 사람이었다면, 해척은 지방 어부를 지칭하는 말로서 이들은 물고기를 잡거나 미역을 채취하면서 세금을 바쳤다. 그러나 세종 이후부터 생선간은 없어지고 해척으로 통일되었다.

[표 2] 미역생산지

地名	所	土産	魚梁
경상도 진주목	伐大(서40), 水曲(서30), 火谷(동30), 大谷(동30), 水大谷(남40), 葛谷(동20)	미역	
南海縣	亐山	미역	
泗川縣	觀海谷(북10)	미역	
昌原都護府	安城(서30)	土産-미역, 우무	
固城縣	遊息 模島	土貢-미역, 우무	곽소로 추정
전라도 康津郡57)	大谷(동30), 山計(북20), 山計(북20), 山深(서북35), 種玉(남50), 舊溪(남17), 富元(남15)	토공-상곽	
광양현	大谷(동15), 玉谷(동30), 孔村(동65), 多沙川(동65), 蚊峴(동60), 孔乙道(동46), 車衣浦(동46), 仇良浦(동45), 奴乙道, 實岾, 烏頂, 知巖川, 熊陰骨若	토공-미역	
靈岩郡	冬栢(동15), 馬峯 (해남 남60, 해남군 마산면), 神葛(해남 동20)58)	土貢-粉藿 土産-김	
順天都護府	上伊沙(西20) 豆仍只(南60) 月谷(在 富有縣 東) 豆坪(在 麗水縣) 調海(在 麗水縣) 調水(在 麗水縣)	土貢-粉藿	어량-成生浦, 掘浦, 龍頭浦, 東山浦, 馬頭浦
樂安郡	加用(남33), 品漁(동-29), 草川(동50), 開寧(동10)	토공-粉藿	

---

57) 大口所(동남30)와 七陽所(동남15)는 자기소다.
58) 『新增東國輿地勝覽』에는 부곡으로 되어 있다.

제3장 소금의 생산구조와 염소

1. 머리말

소금은 우리의 식생활에서 생존하기 위해 반드시 필요한 식품이다. 우리 나라는 이미 고대부터 소금에 관한 기록이 나온다.『三國志』魏志 東夷傳 東沃沮條에 고구려가 옥저민에게 貂·布·魚·鹽·海草類를 천 리나 되는 먼 거리에서 져나르게 했다는 기사가 보이며『三國史記』미천왕조에는 "왕이 젊었을 때 소금장사를 하였다"고 하여 고구려가 옥저를 굴복시켜 소금을 공납하게 했으며 이미 삼국시대에 소금파는 상인이 존재했음을 보여준다. 『三國史記』첨해왕 7년에 석우로가 왜국사신을 접대하면서 조롱하기를, "조만간에 너희 왕을 鹽奴로 삼고 왕비를 밥짓는 여자로 만들겠다"[1]고 했다는 기록은 전쟁포로 등 최하층이 주로 소금을 생산했음[2]을 보여준다. 고려시대에 들어서서는 일반인들의 소금생산 외에 정부는 따로 염소를 두어 왕실이나 국가기관에 소금을 안정적으로 공급하였는데, 국왕은 필요에 따라 궁인이나 관원에게 염분을 하사함으로써 점차 염분의 사유화가 진행되었다.

---

1)『三國史記』45, 列傳 昔于老, "七年 癸酉 倭國使臣葛那古在館 于老主之 與客戱言 早晚以汝 王爲鹽奴 王妃爲爨婦."
2) 박남수, 1996,『신라수공업사』, 신서원. 41쪽.

고려는 충선왕 때에 이르러 각염제를 시행하였다. 각염법의 시행은
12~13세기 소금생산의 발전을 배경으로 한 것으로, 대몽항쟁을 전후해
海島를 중심으로 한 연해지방에는 농토로부터 이탈된 농민들과 피난민들에
의해 새로운 소금산지가 개발되고 있었다. 충선왕은 국가재정을 확충시키
고 원을 배경으로 한 권세가들의 세력을 약화시키기 위해 각염제를 시행하
였던 것이다.

고려시대 염업에 관한 연구성과 중 대표적인 내용을 살펴보면, 기타무라
(北村秀人)는 소 전반을 서술하는 과정에서 언급하고 있다. 그는 염업의
중심을 염소제로 파악하고 염소의 염호가 생산한 소금은 중앙에서 직접
수취하였다고 하였다.[3] 孫弘烈은 고려 전기와 중기는 도염원하에서 배급원
리에 중점을 둔 염법이며, 후기는 각염법 실시를 계기로 징세원리에 중점을
둔 염법으로 보았는데, 이는 홍종필도 같은 견해다.[4]

권영국은 전매제 이전은 국가가 염호로부터 일정한 염세를 징수하는
염세제이며, 염소제가 보충적으로 시행되었다고 보아 염소의 비중을 낮게
파악하였다. 이어서 12세기 이후 염소제가 붕괴하고 궁원 사원 권세가의
염분 탈점으로 염세수입이 감소되자 충선왕이 각염제를 시행하였다고
보았다. 그러나 전국의 모든 염분을 민부에 소속시켜 민부로 하여금 일원적
으로 관리하게 하였으나 염분의 소유관계는 변동이 없고 다만 염분의
생산과 유통과정만을 민부가 관리하였다는 견해를 제시하였다.[5] 강순길은
염을 생산하는 데 자연조건이 우수한 연해촌락을 다른 일반 촌락과 구분하
여 관행적으로 염소라고 불렀으며, 염소가 생산량의 대부분을 차지하였다
고 보았다. 또한 고려후기 각염제는 생산과 판매 모두를 국가가 장악했으며
대신 염호민에게는 반대급부로서 일정량의 곡식을 지급하였다고 하였다.[6]

3) 北村秀人, 1975, 「高麗時代の所について」, 『朝鮮學報』 50.
4) 孫弘烈, 1978, 「고려시대의 염업제도」, 『청대사림』 3 ; 홍종필, 1985, 「高麗後期 鹽業考」,
   『白山學報』 30·31합.
5) 權寧國, 1985, 「14世紀 権鹽制의 成立과 運用」, 『韓國史論』 13.

그 외 민속학적 관점에서 우리나라 전통 자염업의 생산과정을 상술한 유승훈의 저서가 있으며,[7] 조선시대 소금생산과 징세제에 대해서는 많은 연구업적이 있다.[8]

고려시대 염업에 대한 견해 중 기본적인 것은 고려전기에 염세제와 염소제가 시행되었으며 그 비중에 대해서는 두 가지 견해로 나뉘어진다. 후기에 가서 각염법의 시행 과정에서 개인소유 염분을 국가가 빼앗았는지 여부 역시 각기 다른 견해를 보이고 있다.

이 같은 연구성과를 토대로, 필자는 우선 각염법 시행 이전 고려사회 소금의 생산구조와 소유형태를 살펴보고자 한다. 그리고 충선왕의 각염법 시행목적과 분배과정이 어떻게 변화되어 갔는지 조선전기 사료와 선학의 연구성과를 토대로 보완하려고 한다.

2. 소금의 생산과 소유

1) 소금의 생산구조와 공납

고려시대의 소는 왕실이나 국가기관에서 필요로 하는 물품의 높은 품질과 안정적인 공급을 확보하기 위해 설치된 것으로 판단되므로, 염소에서 고려사회가 필요로 하는 소금 전체를 생산했다고 보이지는 않는다. 일부 지역만을 선정해서 소로 비정했다고 보는 것이 사소나 주소, 그리고 탄소 등 여러 소의 경우를 보아도 상식이라고 판단되기 때문이다. 즉 전매제

6) 姜順吉, 1985, 「忠宣王의 鹽法改革과 鹽戶」, 『韓國史硏究』 48.
7) 유승훈, 2008, 『우리나라 제염업과 소금민속』, 민속원.
8) 유승원, 1979, 「조선초기의 염간」, 『한국학보』 17 ; 이찬희, 1984, 「조선전기 염간에 대한 연구」, 『남도영박사화갑기념 사학논총』 ; 강만길, 1984, 「鳴旨島 官營製鹽場」, 『조선시대 상공업사연구』, 고려대출판부 ; 金昊鍾, 1988, 『조선후기 염업사연구』, 경북대 박사학위논문 ; 신지현, 1994, 「염법」, 『한국사 24』, 국사편찬위원회 ; 이욱, 2002, 『조선후기 어염정책 연구』, 고려대 박사학위논문.

이전에는 국가가 염호로부터 일정한 염세를 징수하는 徵稅制가 행해졌으며,
왕실이나 국가기관에서 우수한 품질을 안정적으로 확보하기 위해 염소라는
특수 생산집단도 함께 편성하였다.9) 그러나 전체 소금생산에서 염소가
차지하는 비중은 속단하기 어렵다. 우선 소금의 생산과정을 살펴보자.

소금 만드는 방법에는 해수직자법과 염전식 제염법이 있다. 해수직자법
은 바닷물을 길러다가 바로 끓이는 방법으로 동해안에서 주로 소금을
생산하는 형태이며, 염전식 제염법은 염전에 해수를 끌어들여 여기서 鹹水
를 채취한 다음 이 함수를 鹽釜에 넣고 끓이는 방법으로 주로 서해안에서
사용되었다.10) 해수직자법에서 소금을 생산하는 데 가장 중요한 것은 땔감
으로, 서해안이 아닌 동해안에서도 소금을 생산할 수 있었던 것은 땔감조달
이 쉬웠기 때문이다. 소금생산에 대한 기록은 매우 소략하지만 남아 있는
몇몇 사료를 살펴보기로 하자.

A-1) ＜鹽戶＞
　　우리나라는 염세가 가장 엄격해
　　해마다 농민보다 더 많이 부과하네
　　나도 관동으로 나온 이후
　　바닷가에 가서 직접 독려했네 …
　　늙은이가 아들 손자 거느리고
　　잠시도 쉬지 못하네
　　차가운 바닷물 길러내느라고
　　짐이 무거워 어깨며 등이 벌겋네.
　　매서운 열기, 타는 연기, 그을음에
　　굽고 끓이느라 얼굴이 검어진다.

---

9) 權寧國, 1985, 「14世紀 權鹽制의 成立과 運用」, 『韓國史論』 13, 7쪽.
10) 『世宗實錄』 117, 29年(1447 丁卯) 9月 23日 壬子, "用釜鐵而煎 經日夜而出素者 東海之鹽也
　　塗泥爲釜 或一日而再成醎者 西南之鹽也 西南勞役稍歇 功倍於東海矣" ; 신지현, 1994,
　　「염법」, 『한국사 24』, 376~377쪽 참조.

문앞의 열 수레 땔나무가
하루저녁을 견디지 못하네.
종일 바닷물 百斛을 다려도
소금 한 섬을 채우지 못하네
만약 기한에 맞추어 바치지 못하면
독한 아전이 와서 노하여 꾸짖네.[11]

2) 이에 비로소 군, 현에 명령하여 일부 백성들을 뽑아서 鹽戶로 삼았다.
또 염창을 설치하여 운영하게 하니 백성들이 이를 아주 고통으로
여겼다.

　　양광도 염분 126, 염호 231, 경상도 염분 174, 염호 195,

　　진라도 염분 126, 염호 220, 평양도 염분 98, 염호 122,

　　강릉도 염분 43, 염호 75, 서해도 염분 49, 염호 49

　　였는데 여러 도에서 해마다 소금값으로 布 4만 필이 납입되었다(계
　　염분 516, 염호 892).[12]

　고려시대 소금을 생산하는 주민의 모습을 보여주는 것은 고려 충선왕~충
혜왕 때에 활동한 文人 安軸(1287, 충렬왕 13~1348, 충목왕 4)의 詩다.
안축은 충혜왕 즉위년에 강원도 존무로 외직에 나간 적이 있는데 이때
소금을 만드는 주민들의 고달픈 일상을 보고 시로 그려내었다.[13] 염호가
百斛을 다려도 1석을 채우지 못한다는 내용에서 소금물과 소금의 비율이
100 : 1 정도였으며,[14] 바닷물을 바로 끓여 소금을 생산하는 海水直煮法이었

---

11) 조동일, 1983, 「중세후기문학 제1기」, 『한국문학통사 2』, 지식산업사, 214~215쪽,
　　"本國法最嚴 歲課蹳稼穡 自我出關東 傍海親督役 … 老翁率子孫 寸刻不休息 冽寒汲滄溟
　　負重肩背赤 酷烈燒烟煤 熏煮眉目黑 門前十車柴 不能供一夕 日煎百斛水 未能盈一石
　　若不及期程 毒吏來怒責."
12) 『高麗史』 79, 食貨2 鹽法, "於是始令郡縣發民爲塩戶 又令營置塩倉 民甚苦之 楊廣道塩盆
　　一百二十六塩戶二百三十一 慶尙道塩盆一百七十四塩戶一百九十五 全羅道塩盆一百二
　　十六塩戶二百二十 平壤道塩盆九十八塩戶一百二十二 江陵道塩盆四十三塩戶七十五 西
　　海道塩盆塩戶幷四十九 諸道塩價布歲入四萬匹."
13) 김동욱, 1988, 『근재 안축과 그 시가의 연구』, 성균관대 박사학위논문.

다. 그러나 이는 동해안의 경우이므로 서해안이나 남해안의 염전식에서는 이보다 훨씬 많은 소금을 생산할 수 있었을 것이다.[15] 그리고 소금생산은 염호 개개인의 소규모 생산형태로서 염호가 생산한 소금을 지방관을 통해 국가가 수취하는 형태였음을 보여준다. 그러나 이것은 일반 염호의 소금생산 형태이며 염소에서의 생산구조는 달랐을 것이다. 즉 염소는 집단적인 노역이 필요한 염전식 제염법으로 서해안을 중심으로 설치되었으리라 생각된다. 충혜왕대라면 이미 소금전매제가 시행되고 있던 시기다. 아전이 생산을 감시하는 것은 각염법 시행 이후 국가가 생산물을 독점하여 다른 곳으로 빼돌리지 못하게 하는 과정에서 일어난 현상이었을 것이다.

2)는 고려 충선왕대 국가가 조사한 염분의 규모를 보여주는데 염분이 가장 많은 지역이 경상도-양광도-전라도순이며, 염호의 경우 양광도-전라도-경상도순이다. 경상도의 경우 조수간만의 차이가 심한 양광도나 전라도에 비해 염분이 많이 필요함은 타당하다고 생각된다. 경상도가 더 많은 소금을 생산한다면 그것은 양광도나 전라도보다 넓은 영역을 보유하고 있으며, 또 남해안에 많은 섬이 있었기 때문일 것이다.

그리고 염분 하나에 염호 1~2가구가 소금을 생산했음을 보여주는데 자세히 보면 경상도와 평안도, 서해도가 1가구당 1염분을 책임지는 소규모의 염분을, 전라도와 양광도는 염분 하나에 2가구 정도가 담당하고 있다. 전체적으로는 염분대 염호의 비율은 1 : 1.64 정도다. 고려 때 염호는 장정 남자뿐 아니라 집안의 모든 사람들이 소금생산에 매달렸으리라 추정되

---

14) 유승훈, 2008, 앞의 책, 60쪽. 度支部의 『朝鮮鹽業調査報告』(1908년)에 의하면 해수직자법은 보통 일출에서 일몰까지 3일간 끓이는 과정을 거치면 바닷물의 염도가 짙어져 소금이 결정되는데, 함경남도에서는 염도 4도의 바닷물 15석을 끓이면 1석의 소금을 얻을 수 있었다고 한다. 고려시대와 크게 차이가 난다.

15) 유승훈, 2008, 위의 책, 146쪽. 시대적 차이가 커서 바로 비교하기는 어렵지만 한말 명지염전에서는 함수 150석에서 소금 45석을 생산하였다. 염부 1개에 7석의 함수를 넣어 5~6시간을 끓였다고 한다(統監府, 1907, 「鹽業調査」, 『財務週報』 15호, 부록 38~39쪽 참조).

는데 최소한 한 가구 5명 중 일할 수 있는 남자는 많아야 2~3명 정도였을 것이다. 안축의 시도 아들 손자 거느리고 소금을 생산한 만큼 최소한 3명이 소금생산에 종사했음을 보여준다. 이를 전체적인 비율로 보면 염분 하나에 5명 정도가 생산을 담당했을 것이다.

조선시대에도 염분 하나에 염한 5명이 2개 조로 나누어 생산을 담당했다는 것으로 보아[16] 염분의 규모는 고려나 조선이 비슷했으리라 생각된다. 조선초기는 염장에 여러 염분이 존재했으며, 소금을 효율적으로 생산하기 위해 소[牛]를 기본적으로 소유하고 있는 집단생산체제였다[17]고 하는데, 이 같은 생산체제는 고려시대의 염소 모습과 크게 다르지 않았으리라 판단된다. 고려시대 염소 또한 鹽所吏의 지시 하에 염소민이 집단적으로 소금을 생산하였을 것이다. 규모가 큰 염전을 운영하기 위해서는 초기 투자가 필요하다. 조선후기의 경우, 재력을 가진 물주들이 자본을 투자하여 염전을 조성하고 제염도구를 갖추었다고 하는데[18] 고려시대는 물주 대신 국가가 이를 담당하여 설치해주었으므로 국가는 이들에게 그 대가로서 상공, 별공의 명목을 붙여 많은 소금을 수취하였다고 생각된다.

2) 염분의 소유형태와 각염법의 시행

'谷城 大安寺 寂忍禪師塔碑」[경문왕 12(872)]에 대안사가 염분 43결[19]을 보유하고 있는 것으로 보아[20] 신라시대에 이미 많은 사찰들이 염분 등의 소금생산시설을 소유하고 있었다고 추정된다. 이는 고려 때에도 계속되어

---

16) 『世宗實錄』 77, 19年(1437 丁巳) 6月 24日 壬午, "戶曹啓 來七月望前 分遣敬差官于八道 審定鹽場魚梁 鹽場則每一盆一番 定鹽漢五名 分二番役使."

17) 고광민 외, 2006, 『조선시대 소금생산방식』, 신서원.

18) 김호종, 1988, 「조선후기의 염업경영실태」, 『역사교육논집』 12.

19) 염분의 단위는 坐이며 결은 염전의 단위다. 잘못 씌어진 것인지 혹은 관행적으로 혼동해서 쓰고 있었는지 잘 알 수 없다.

20) 「谷城 大安寺 寂忍禪師塔碑」, 『朝鮮金石總覽』, 119~120쪽.

이미 고려초부터 국왕이 염분을 왕실이나 개인에게 나누어주어 염분의
사유화 조짐이 나타나고 있었다.

> B-1) (최승로) 12세 때 태조가 불러 논어를 암송케 하고는 가상하게 여겨
>   염분을 하사하였다.[21]
>   2) 궁인 김씨가 아들을 낳으니 이름을 欽이라 하고 이어서 연경궁에
>   금은기·필단·田庄·노비·염분·어량을 내렸다.[22]
>   3) 참지정사 최이가 油香寶로서 보성군 임내 南陽縣(고흥군 남양면)의
>   鹽田 7庫, 山田 3庫와 아울러 3結 70卜, 昇平郡(순천도호부) 吐叱村의
>   염전 6庫를 수선사에 시납하였다.[23]

고려시대에는 국왕이나 권력자가 사원뿐 아니라 궁원 혹은 개인에게도
염전과 염분을 하사한 기록이 나타난다. 태조는 최승로가 12세때 왕 앞에서
논어를 암송하였다고 하여 염분을 하사하였고, 현종은 궁인 김씨가 아들을
낳았다고 하여 어량과 더불어 염분을 하사했다. 어린 최승로에게 염분을
하사한 것은 대단한 특혜였을 것이다. 태조는 외가세력이 미약한 장남
혜종의 권력기반이 항상 걱정이었다. 그리하여 그가 죽은 후 武將인 왕식렴
과 함께 경주출신의 문신 최승로에게 後嗣를 부탁하는 의미로 염분을
하사했으리라 생각된다.

현종대의 궁인 김씨는 김은부의 딸이다. 공주절도사였던 김은부는 현종
이 거란침입을 피해 남쪽으로 피신하면서 어려움을 겪고 있을 때 극진히
접대하였고, 현종은 그 보답으로 그의 두 딸을 비로 맞아들였다. 이미
현종에게는 원정과 원화 두 왕비가 있었으나 김은부의 딸 궁인 김씨가
낳은 흠(덕종)이 그의 첫 아들이었으므로 연경원을 설치하고 토지·노비·

---

21) 『高麗史』93, 列傳 崔承老, "年十二 太祖召見 使讀論語 甚嘉之 賜鹽盆."
22) 『高麗史』4, 顯宗 7年 5月.
23) 「國師當時大衆及維持費」, 『曹溪山松廣寺史庫』(아세아문화사, 1977).

어량·염분을 하사하여 생활기반으로 삼게 하였다. 이후 현종 9년 7월에 다시 정종을 낳자 연경원을 연경궁으로 바꾸고 뒤이어 왕비로 삼았다. 현종은 첫 아들을 낳은 기쁨에 어량·염분·토지 등을 하사한 것으로 보이는 데, 이는 특수한 경우가 아니었다. 『世宗實錄』 이선제 상소문에 의하면 고려 때는 왕자가 태어나면 반드시 어량과 염분을 하사했다고 한다.[24] 염분의 사유화가 진행될 수 밖에 없었음을 보여준다. 그러나 국왕이 하사한 염분이 어느 지역에 있는지, 수조권인지 소유권인지 명확하지 않다. 일반적으로 해수직자법으로 생산하는 동해안보다는 염전식 자염법을 써서 소금을 생산하는 서해안의 수확량이 2배나 되므로 서해안의 염분을 수조권 형대로 수지 않았을까 생각된다.[25]

3)에서는 고려전기에 국왕이 염분을 하사했던 것에 비해 최이는 수선사에 염전을 기증하고 있다. 최이가 시납한 염전 7庫는 소금을 저장하는 7개의 작은 창고를 의미하는데, 충선왕대의 각염제 하에서는 염창이 소금을 수집하고 판매하는 기능을 했으며, 조선시대에는 염창에 염간이 소속되어 있었다.[26] 그러나 1庫에 저장된 소금의 양은 알 수 없다. 『世宗實錄地理志』 승평군의 염창에서는 봄·가을에 바치는 소금이 409섬, 옥구현은 305섬 등 지역마다 각기 다르기 때문이다.

최이가 수선사에 시납한 염전은 보성군의 속현 님양현과 승평군 토질촌에 있었다고 하였다. 승평군과 진도군에 있던 염전[27]은 염소였을 가능성이 높다. 전라도 승평군은 조선시대의 순천도호부로서, 여기에 소속된 소는 上伊沙(서20 ; 승주군 상사면)·豆仍只(남60)·月谷(순천시 주암면 광천리)·豆

---

24) 『世宗實錄』 117, 29年 9月 23日 壬子 李先齊 상소.

25) 權寧國, 1985, 앞의 논문 ; 이정신, 1998, 「고려시대의 어업실태와 魚梁所」, 『韓國史學報』 3·4合, 62~63쪽.

26) 『世宗實錄地理志』 全羅道 順天都護府 鹽倉, "읍성 안에 있다. 公私鹽干이 아울러 50명이며, 봄·가을에 바치는 소금이 4백 9석이다."

27) 『世宗實錄地理志』 全羅道 昇平郡·寶城郡.

坪(여수시)·調海(여수시)·調水(여수시)가 있으며, 보성군의 소는 蒲谷(남20 ; 보성군 봉산리)·功愼·神同串·房高城·酢桃(보성군 남양면)·彌力(북15 ; 보성군 미력면 미력리)·金谷(동10 ; 보성군 초당리)이 있었기 때문이다.

사원도 염분을 소유하고 있었지만[28] 상당수는 수조권만 가지고 있었다고 생각된다.[29] 그러므로 후일 충선왕대에 사찰이나 궁원의 염분을 국가기관에 소속시킬 수 있었던 것은 염분의 수조권은 궁원이나 사원에 있으나 소유권이 국가에 있었기 때문이라고 판단된다. 최이의 경우에도 그 시기에 일시적으로 염전 13庫의 소금을 주었을 뿐 지속적으로 수선사가 염전을 소유하게 한 것 같지는 않다.

소금 공납은 1년에 두 차례 생산이 이루어지므로[30] 貢鹽의 납부시기도 봄·가을 두 차례[31]였다. 소금은 군현의 공물과 마찬가지로 수령의 책임 아래 중앙으로 운반되어 정해진 중앙관청에 납부되었다. 이때 소금의 상당수는 도염원에 수납되었을 것이다. 소금 수납에 관한 내용은 충선왕대의 기록을 통해 유추할 수 있다.

> C-1) 충렬왕 24년 정월에 충선왕이 즉위하면서 下敎하기를 "염세는 예로부터 천하의 공용인데 지금 여러 宮院과 寺社, 그리고 勢要家가 모두 다투어 차지하고 그 세를 바치지 않아 국용이 부족하니 有司는 끝까지 추궁하여 혁파하도록 하라."[32]
>
> 2) 충선왕 원년 2월에 왕이 명하기를 "… 우리 나라에서는 여러 궁원, 사사 및 권세가가 사사로이 염분을 설치하여 그 이익을 독점하고 있으니 국용은 무엇으로 충족시킬 수 있겠는가? 지금 內庫 常積倉

---

28) 『高麗史』 79, 食貨 鹽法 忠宣王 元年 2月.

29) 權寧國, 1985, 앞의 논문, 14쪽.

30) 『世宗實錄』 109, 27年 8月 戊辰.

31) 權寧國, 1985, 앞의 논문, 28쪽.

32) 『高麗史』 79, 食貨 鹽法 忠烈王 24年 正月, "忠宣王卽位敎曰 塩稅自古天下公用 今諸宮院寺社與勢要之家 皆爭據執 不納其稅 國用不足 有司窮推除罷."

都鹽院 安國社 및 여러 궁원, 중앙과 지방의 寺社가 소유한 염분은
전부 관청에 들여놓게 하라."33)

　각염법을 시행하기 이전의 고려는 소금생산자의 자유로운 생산을 인정하
여 일정액의 염세만을 징수하였고, 염소민 또한 일반 염호보다 무거운
공물로서 소금을 납부하고 나머지는 자유로이 처분했을 것이다.34) 위의
글은 고려 후기에 들어서면서 토지와 마찬가지로 염분이 권세가의 탈점대상
이 되면서 국가에서 거두어들이던 세공이 점차 부족하게 되었음을 보여준
다. 2)의 內庫 常積倉 都鹽院 등 각 관청은 소요되는 소금을 개별적으로
거두어들였음을 알 수 있는데, 다른 특산물도 마찬가지 형태로 거두어들였
을 것이다.

　고려시대에 염분은 국가소유가 가장 많았다. 그러나 최승로, 연경궁의
예에서 보는 바와 같이 국왕이 비록 염분의 수조권만 주었지만 고려후기에
들어서면서 점차 염분은 수조권자가 소유하는 형태로 변질되었다. 특히
몽골과의 전쟁을 통해 국가의 직접 통제하에 있던 소가 해체되면서 국가가
통제할 수 있는 염분은 더욱 줄어들었다. 이에 충선왕은 염분을 모두 국가의
소유로 하여 소금전매를 통해 국가재정을 확충하고 왕권을 위협하는 권세가
들을 압박하려 하였던 것이다.

　內庫는 왕실에서 사용하는 물자를 저장하는 창고로서 이미 태조 때부터
나타난다.35) 이때 내고는 왕실창고라는 단순한 의미이며, 내고가 공식적
관아로서 관원을 둔 것은 문종 때였다.36) 고려전기에는 布帛, 茶, 香, 衣襨,
銀, 銀瓶이 보이나 충렬왕대에는 다양한 특산물뿐 아니라37) 토지까지 소유

33) 『高麗史』 79, 食貨 鹽法 忠宣王 元年 2月, "傳旨曰 … 本國諸宮院寺社 及權勢之家
　　私置塩盆 以專其利 國用何由可贍 今將內庫常積倉都塩院安國社及諸宮院 內外寺社 所有
　　塩盆 盡行入官."
34) 權寧國, 1996, 「염업」, 『한국사 19』, 국사편찬위원회, 363쪽.
35) 『高麗史』 1, 太祖 元年 8月 辛亥.
36) 『高麗史』 77, 百官 內庫.

하여 왕실재정의 핵심이 되었다. 이곳 물품은 주로 국왕이 여러 궁원이나
궁인들에게 내려주거나 사원에 시납되기도 했으며, 충혜왕대에는 내고의
물자로 원과 무역하기도 하였다.38) 常積倉은 1308년(충선왕 즉위년)에 설치
된 왕실의 출납창고로서 곡물과 소금을 보유하였다.39) 내고와 상적창은
모두 왕실창고지만 내고가 왕실 전용인 데 비해 충선왕은 국왕 전용창고로
서 상적창을 따로 만들었던 것 같다. 도염원은 소금 생산시설(염분)을 관리하
고 염세징수와 소금판매 등 소금에 관한 업무를 관장하던 기관으로,40)
『高麗史』 병지에 내도염원이 나온다.41) 도염원은 생산과 소비가 확대됨에
따라 내도염원과 외도염원으로 나뉘었는데, 내도염원이 왕실에 소요되는
소금을 관장했다면 외도염원은 국가가 필요로 하는 소금을 관장했다고
생각된다. 도염원이라는 관청이 있었다는 것은 이미 이전부터 국가에서
소금을 관리하였음을 보여준다.42)

그러다가 충선왕 원년(1309) 각염법이 시행되면서 內庫 常積倉 都鹽院
安國社 및 궁원들, 중앙과 지방의 寺社들에서 가지고 있는 염분이 전부
국가에 소속되었다. 상적창은 충선왕 즉위년(1308)에 설치된 왕실의 출납창
고인데, 만든 즉시 이 같은 명이 있었다. 이로 보아 충선왕은 왕실전용
창고인 내고뿐 아니라 자신의 창고인 상적창도 공평히 대한다는 과시효과를
노려 여러 궁원이나 사원의 염분을 국가소유로 만드는 데 따른 반발을
최소화하기 위해서였다. 아직 설치된 지 얼마되지 않아 상적창 소유의
염분은 얼마 되지 않았을 것이다. 충선왕이 이들이 거두어들이던 소금을

---

37) 『高麗史』 79, 食貨 科斂 忠烈王 15年 3月, "又牒郡縣 戶斂銀紵皮幣油蜜 至於竹木花果
　　悉皆徵納 輸之內庫."
38) 『高麗史』 36, 忠惠王 後4年 3月 辛未.
39) 『高麗史』 77, 百官 常積倉, "忠烈王三十四年 忠宣王始置之 使一人正五品 副使一人正六品
　　丞一人正七品."
40) 『高麗史』 77, 百官 都鹽院, "文宗定 錄事二人丙科權務 吏屬 記事二人 忠宣王 倂於民部."
41) 『高麗史』 83, 兵3 監水軍 內都鹽院－散職將相 2명.
42) 박종진, 1983, 「충선왕대의 재정개혁책과 그 성격」, 『한국사론』 9, 81쪽.

모두 민부가 관장케 하여 국가재정을 안정시키고자 한 것은 한편으로는 왕실재정구조의 축소와 정부기구의 확대개편이라는 중요한 의미가 있었다고 판단된다.[43]

C-1)에서 보는 바와 같이 충선왕은 권세가가 염분을 소유하고 있는 사실에 불만을 가진 것이 아니라 염세를 포탈하는 것에 대해 불만을 토로하고 있다. 그러므로 충선왕은 염세만 제대로 거두어졌다면 소유주가 누구든 크게 관심이 없었다고 볼 수 있다. 그런데 염분을 소유한 사원, 궁원, 그리고 권세가들이 탈세를 거듭하며 국왕의 염세독촉에 전혀 귀를 기울이지 않았다. 염분의 사유화는 몽골과의 전쟁기인 고종대를 기점으로, 원 간섭기에 들어서면서 더욱 광범위해져 국가는 크게 재정적 어려움을 겪게 되었다. 이 어려움을 벗어나기 위해 충선왕이 원의 전매를 본따 소금전매제를 생각하게 되었던 것이다.

여기에 충선왕은 소금 수취기관을 민부로 일원화해서 이곳에서 각 관청이나 백성들에게 소금을 나누어주게 하였다. 그러나 이 과정에서 충선왕은 개인소유 염분은 거론하지 않고 중앙의 각 기관과 궁원, 그리고 사원에 공납하는 소금만을 국가소유로 만들었다고 판단된다. 개인의 사유재산 보호가 확고한 고려사회에서 개인소유 염분을 국가가 이유없이 빼앗을 수는 없었기 때문일 것이다. 대신 충선왕은 유통을 국가가 상악하는 형태로 권세가의 소금판매에 제제를 가하고자 하였다.

3) 염소와 염소민

그러면 염소는 어디에 있으며 염소민의 생산구조는 어떠했는지 살펴보자. [표]에 의하면, 조선초기의 염분 수는 고려후기에 비해 2배 이상 증가하고 있다.

---

43) 안병우, 2002, 『고려전기의 재정구조』, 서울대출판부, 43쪽.

D-1) [표] 고려후기와 조선초기의 소금생산 비교[44]

고려후기			조선초기		
도명	염분 수	염호	도명	염분 수	염소[45]
양광도	126	231	경기도	1	89
			충청도	147	44
경상도	174	195	경상도		39
전라도	126	220	전라도	143	60
평양도	98	122	황해도	246	40
강릉도	43	75	강원도	320	
서해도	49	49	평안도	298	32
			함길도	207	
계	616	892	계	1,362	304

2) 『世宗實錄地理志』 全羅道

순천도호부 : 公私鹽干이 아울러 50명이며, 봄·가을에 바치는 소금이
    409석이다.

옥구현 : 公私鹽干이 모두 37명인데, 봄·가을에 바치는 소금은 305섬이다.

부안현 : 公私鹽干이 모두 113명인데, 봄·가을에 바치는 소금이 1127석
    정도다.

나주목 : 염간이 259명인데, 봄·가을에 공납하는 소금이 2,590석이다.

영암군 : 鹽干이 38명인데, 봄·가을에 바치는 소금은 370석이다.

---

44) 『高麗史』 78, 食貨2 鹽法 ; 『世宗實錄地理志』 ; 신지현, 1994, 앞의 논문, 373쪽 참조.
    소금생산지(『世宗實錄地理志』)
    경기도 : 수원도호부 남양도호부 안산군 양성현 부평도호부 강화도호부 인천군
    김포현 교동현 통진현
    충청도 : 직산현 서천군 홍주목 서산군 홍주목 당진현 보령현
    경상도 : 경주부 울산군 흥해군 동래현 기장현 장기현 영일현 청하현 영해도호부
    영덕현 진주목 김해도호부 창원도호부 곤남군 고성현 거제현 사천현 하동현 칠원현
    진해현
    전라도 : 만경현 옥구현 부안현 나주목 영암군 해진군 영광군 무장현 함평현 광양현
    순천도호부 장흥도호부 낙안군
    황해도 : 안악군 해주목 옹진현 장연현 강령현 연안도호부 풍천군 은율현 장련현
    평안도 : 평양부 증산현 함종현 삼화현 용강현 안주목 숙천도호부 영유현 정주목
    용천군 철산군 곽산군 수천군 선천군
45) 조선초기의 염소는 고려시대에서 보이는 염소가 아니라 소금이 생산되는 장소를
    의미한다.

영광군 : 염간이 1,129명인데, 봄·가을에 바치는 소금이 1,290석이다.

광양현 : 염간이 34명인데, 봄·가을에 바치는 소금이 214석이다.

위의 [표]에서 보는 바와 같이 고려시대에 비해 조선전기에는 염분이 2배 이상 늘었다. 고려후기 충정왕대부터 시작된 왜구의 침입이 우왕대에 이르러 거의 사라지게 되자 주민들이 바닷가로 이주하면서 염전개발이 더욱 활성화되었던 것 같다. 그러나 이 같은 큰 차이는 소금생산의 발전에 따른 염분 수의 증가와 몽골간섭기라는 특수한 상황에서 국가관리가 미치지 않는 많은 염분이 존재하였던 때문이라고 보기도 하지만[46] 이보다는 충선 왕이 각염법을 시행하는 과정에서 개인소유 염분은 제외시킨 데서 연유한 탓으로 판단된다. 조선시대에 들어서서 소금생산지는 전국적으로 분포하여 특별히 어느 한 곳만을 주목할 수 없을 정도였다.

조선 세종대에 式干은 10石, 私干은 4석을 국가에 공납한다고 하는데[47] 전라도지역의 경우, 약 9석 정도를 공납하는 것으로 보아 대다수가 식간이며 사간의 수는 많지 않았다고 판단된다. 특히 나주목은 전부 식간이며, 사간이 가장 많은 지역은 광양군이다. 그런데 영광군의 경우, 염간이 1,129명인데 봄·가을에 바치는 소금이 1,290석이라 하여 염간의 인원이 다른 지역보다 약 10배나 된다. 추정컨대 이는『世宗實錄地理志』편찬자이 잘못일 것이다. 1,129명이 아니라 129명이 1,290석을 공납했다고 보아야 할 것이다. 그렇다면 광양군 또한 전부 식간이었을 것이다.

식간은 관정의 제염을 전담하는 염간이며 사간은 사염인이었다. 조선전기 염호는 공염의 생산이라는 특정한 역을 부담하고 있었기 때문에 일반민

---

46) 權寧國, 1985, 앞의 논문, 22쪽.

47)『世宗實錄』5, 1年(1419) 10月 24日 乙未에는 24석,『世宗實錄』36, 9年 4月 24日 기록에는 염간의 공염이 20석이라 하였으며,『世宗實錄』109, 27年 8月 27日 戊辰 이계전 상소에는 1년 세공이 式干이 10석, 私干이 4석이라고 하였다.『成宗實錄』 183, 16年(1485) 9月 16日 甲子 윤호 상소문에는 세공이 식간 8석, 사간이 4석으로 공납액수가 더욱 줄어들고 있다.

이 부담하는 田稅·徭役 등의 부담은 면제되었던 것으로 보인다.[48] 따라서 전적으로 소금생산에만 주력하는 고려시대의 염소민 또한 일반민에 부과되는 전세나 요역은 지지 않았으리라 추정된다.

앞서 2)의 충선왕 원년 2월 기사에서 소금 2석의 가격이 포 1필이었다고 한다. 그렇다면 국가가 소금을 전매해서 포 4만 필을 거두어들였다는 것은 8만 석의 소금을 염호로부터 국가가 수취하였다고 볼 수 있다. 당시 염호가 892호이므로 염호는 매년 90석의 소금을 국가에 공납해야 했다. 한 가구가 90석을 공납하는 것은 지나치게 많아 보인다.[49] 이를 염분으로 계산해 보면 염분 하나에 약 130석의 소금을 공납해야 한다. 염분 하나에 소속된 인원은 5명 정도로 파악되므로 1인당 소금공납은 약 26석 정도였을 것이다. 조선시대와 비교한다 하더라도 고려시대 염소민이 아닌 일반 염호에 대한 이 정도의 수취는 지나치게 부담스러워 보이므로 상식적으로 이해가 가지 않는다.[50] 염소와 소금생산지를 살펴보자.

E-1) (윤승해는) 얼마 후 진도현령이 되었다. … 백성들이 魚鹽을 믿고 농사에 힘쓰지 않았는데, 공이 독려하여 농사로 돌아가게 되었다. 처음에는 백성들이 싫어하는 기색이 있었지만, 수입을 얻게 된 뒤에는 즐겁게 따르니 비록 흉년이 든 해라도 모자라지 않았다.[51]

2) 해진군 所四, 生薑 仇向茶鹽田 浦保鹽田 大村鹽田[52]

---

48) 權寧國, 1996, 「염업」, 『한국사 19』, 국사편찬위원회, 375쪽.

49) 강순길, 1985, 「충선왕의 염법개혁과 염호」, 『한국사연구』 48, 80쪽. 씨는 고려시대 염호가 매년 90석의 소금을 공납한 것을 인정하고 있다.

50) 權寧國, 1994, 앞의 논문, 27쪽 ; 강순길, 1985, 1985, 앞의 논문, 83쪽. 모두 조선 세종대의 기록을 토대로 염호의 소금공납에 대한 대가로 반대급부가 있었으리라 추정하고 있으나 이는 국가에 소속된 특수 工匠을 제외한 다른 일반 수공업 생산자에게 그 같은 전례가 없었다는 점에서 수긍되지 않는다(『世宗實錄』 77, 19年 5月 庚寅 ; 109, 27年 8月 戊辰).

51) 『東國李相國集』 35, 尹承解 墓誌銘, "俄出爲珍島縣令 … 又民恃魚鹽 不甚力農 公督令歸畝 始也民有憚色 及得其入 然後顧樂趨之 雖歲儉不匱."

3) 臨城浦 군 동쪽 30리에 있으며 염분이 있다. 所可浦 군 서쪽 15리에
   있으며 염분이 있다.53)

4) 전라도 무장현 염소가 1이다. 【가마가 30인데, 현 북쪽 今音堂浦에
   있다.】 54)

5) 전라도 무장현 산천 黔堂浦 현에서 북으로 35리 떨어져 있다. 高田浦
   현에서 북쪽으로 20리 떨어져 있는데, 염분이 있다. 鹽井 검당포에
   있는데 바다로 2리 남짓 들어갔다. 그 물이 희고 짜서 토착민들이
   조수가 물러가기를 기다려서 다투어 桔橰(물 푸는 기구)를 써서 길어다
   가 다려서 소금을 만드는데, 햇볕에 말리는 데 힘들이지 않고 많은
   이익을 거두는 곳은 오직 검당포뿐이다. 고적 藥水鄕 鹽井을 약수라고
   일컫는다.55)

위의 기록에 의하면 의종 말년 무렵 윤승해가 진도현령으로 갔을 때
진도민이 魚鹽을 믿고 농사에 힘쓰지 않았다고 하므로, 진도는 주민에
의해 염전개발이 이루어졌음을 추정케 한다. 진도민은 이미 의종대에 주변
의 염호가 농민보다 훨씬 윤택한 생활을 하는 것을 보고 염전개발에 뛰어들
었다고 판단된다. 윤승해가 농업생산을 독려한 이유는 농업을 중시하던
전통적인 사고방식을 가지고 있었거나 혹은 국가에 공납할 조세의 부족을
염려한 탓이 아닐까 추정된다. 조선시대에도 이곳 주민들이 어업과 수금에
의존하여 생활한다는 것을 볼 때 윤승해가 지방관을 그만둔 뒤에는 진도민
은 다시 어업과 염전을 주업으로 하는 생산방식으로 돌아간 것 같다. 특히
진도는 삼별초 정부가 주둔했던 곳이다. 배중손 등이 강화도에서 반정부·반
외세를 내세우며 봉기하여 진도로 근거지를 옮겨간 것은 이곳이 개경정부와
멀리 떨어져 있고 해운을 장악해서 조세를 탈취할 수 있다는 이로움 외에도,

52) 『世宗實錄地理志』 全羅道 羅州牧 海珍郡.
53) 『新增東國輿地勝覽』 37, 全羅道 珍島郡 山川.
54) 『世宗實錄地理志』 全羅道 茂長縣.
55) 『新增東國輿地勝覽』 36, 全羅道 茂長縣 山川.

주요 소금생산지라는 점도 고려에 넣지 않았을까 생각된다. 이곳에는 仇向茶鹽田, 浦保鹽田, 大村鹽田 등 염소가 3곳이나 있었다.

고려사회는 명종~고종대를 지나면서 광범위하게 염전개발이 이루어졌다. 특히 고종대에 몽골의 침입으로 상당수 주민들이 해도로 피신했을 때, 그들은 척박하고 좁은 토지를 빌려 농사짓기보다 어염으로 생계유지를 추구하는 것이 훨씬 수월하다고 판단했을 것이다. 전쟁이 끝나 원 간섭기에 들어선 후 권세가들은 어염 수익에 주목하였다. 이에 그들은 어량과 염전 개발에 필요한 비용을 지불함으로써 점차 이를 사유화하였으리라 판단된다.

이 시기, 전라도 무장현 약수향의 주민도 소금생산에 참여했을 것으로 생각된다. 『兜率山禪雲寺創修勝蹟記』에는 6세기 백제의 고승 검단선사가 염정을 관장했다고 기록되어 있어, 사원과 염업의 관련성과 줄포만 자염업의 역사가 오래되었음을 알 수 있다.[56]

그 외 변산반도에 염소가 있었을 가능성이 있다. 조선시대 기록에 의하면, 일찍이 변산반도는 조수간만의 차이가 심해서 소금이 많이 생산되었다고 한다.[57] 『世宗實錄地理志』151, 全羅道 全州府 扶安縣에 의하면, 縣 서쪽에 鹽所가 1개 있고 鹽倉이 있었는데 公私鹽干이 모두 113명이며 국가에 공납하는 소금이 모두 1,127석이었다고 한다. 부안현에 신덕소(동5리)가 있어 염소였을 가능성이 있다. 현재 부안면 동부에 鹽所라는 지명이 확인되고 있는데 현 수공리 일대에 해당하며 특히 회룡은 지금도 염수[소]마을로 불리고 있다.[58] 또한 공사염간 50명이 바치는 소금이 409석인 순천도호부 또한 豆坪, 調海, 調水所가 바닷가인 여수현에 있어 소금생산지였을 가능성은 있으나 명확하지 않다.[59]

---

56) 홍금수, 2006, 「호남지방의 자염업」, 『조선시대 소금생산방식』, 신서원, 144쪽.

57) 李重煥, 『擇里志』卜居總論一山水(乙酉文庫62, 1971), "是爲邊山 … 洞外皆鹽戶漁夫 山中多良田沃疇 居民上山採蔬菜 下山就魚鹽."

58) 홍금수, 2006, 앞의 논문, 148쪽.

59) 『世宗實錄地理志』順天都護府 所三, "上伊沙 豆仍只 豆坪";『新增東國輿地勝覽』40,

조선시대에 들어서면서 제염작업에서 소금굽는 일은 鹽漢戶와 鹽干이 주관하고 船軍이나 公賤은 그 일을 보좌하는 정도였다.[60] 염역에 징발되거나 동원된 인원은 각 군현이나 지역에 따라 각각 다르지만 선군뿐 아니라 各司에서 공납된 노비, 지방 관청 노비, 연해 거주민 중 各色軍戶에 숨고 남은 장정과 죄를 지어 徒役이 부과된 사람 등이 漁鹽 使役에 충원되었다고 한다.[61]

그렇다면 고려시대 염소의 경우는 이 모든 일을 소민이 담당했을 것이다. 소금생산에서 가장 중요한 일인 가마에 불 때는 일은 장인이 하고,[62] 소금물을 긷는다거나 땔감을 마련하는 일은 염소민이 담당하였을 것이다. 힘든 노역이 일상화되었음에도 대다수의 소금을 국가에 빼앗기는 수탈형태는 일반 염호보다 염소민에게 더욱 가혹했을 것이다. 특히 소금전매제가 시행되면서 국가가 생산과 유통을 모두 장악하게 되자 국가 몰래 조금씩 소금을 팔아 생계를 유지하던 염소민은 생계유지도 힘들어져 유랑민이 되었다. 더욱이 계속된 왜구의 침입으로 해안에 살 수 없게 되면서 자기소 등과 마찬가지로 염소도 완전히 해체되었다. 이후 염호는 조선초기에 들어와 염간이라는 신량역천으로 나타난다. 다음 기록을 보자.

F-1) 병조에서 아뢰기를, "東征한 三軍첨절제사와 병마사 이하의 군관과 군인의 전공에 대해 상을 주는 차례는, 접전해서 목을 베었거나 포로를 잡은 자는 1등으로 하여 세 계급을 뛰어 승직시키고, 향리는 本曹에서 왕명에 따라 功牌를 주어 자손에 이르기까지 부역을 면제하고, 驛人·염간·관노는 보충군에 속하는 것을 허락하고, 자원하여 군인이 되어

古蹟, "伊沙所 부 서쪽 20리에 있다. 豆仍只所 부 남쪽 60리에 있다. 月谷所 富有縣 동쪽에 있다. 豆坪所·調海所·調水所는 모두 麗水縣에 있다."
60) 『世宗實錄』 77, 19年 4月 己卯 ; 신지현, 1994, 「염업」, 『한국사 24』, 374쪽.
61) 『世宗實錄』 77, 19年 5月 1日 庚寅.
62) 유승훈, 2008, 앞의 책, 129쪽. 아무리 좋은 함수를 만들어도 불을 잘못 지피면 소금의 질이 떨어지고 생산량도 줄어든다고 한다.

목을 베었거나 포로를 잡은 자는 2등으로 하여 두 계급을 넘어 승직시
키고, 향리·역인·염간·관노는 그 자신에 한하여 身役을 면제하고,
종군하여 공을 세운 자는 3등으로 하여, 한 계급 뛰어 승직시키고,
그 중 창이나 활로 적을 죽인 자는 먼저 승직시키고, 향리·역인·염한·
관노는 2년 동안 신역을 면제하소서" 하니 상왕이 그대로 따랐다.[63]

2) 干尺이라 일컫는 자는 모두 보충군에 붙여 벼슬길에 통하게 하면서
유독 염한만 빠뜨린 것은 事體에 어긋남이 있습니다. 원컨대, 모두
보충군으로 개칭하고 그 屬役한 연월을 상고하여, 그 연월이 많은
자를, 한 도마다 혹 4~5명, 혹 2~3명씩 사람의 많고 적음에 따라
다른 간척 보충군의 예에 의하여 벼슬을 주고, 일은 예전대로 시키십시
오.[64]

F-1)은 세종 원년(1419) 6월 삼군도체찰사 이종무를 따라 대마도를 정벌했
던 군사들에게 상을 내리는 내용이다. 고려후기에 이어 조선시대에 들어서
서도 해안지방을 약탈하는 왜구는 국가의 큰 골칫거리였다. 이 해 5월,
왜선 50여 척이 비인현의 도두음곶[都豆音串]에 침입해 병선을 불태우고
약탈하자 조정에서 이종무로 하여금 병선 227척, 군사 17,285명으로 대마도
를 정벌하게 하여 선박 129척과 家戶 1,940여 호를 소각했으며, 적 114級을
참수하는 등 대승을 거두었다. 이때 대마도에 종군한 사람 중에는 군관과
군인 외에 鄕吏·驛人·鹽干·官奴도 포함되어 있었는데 이들은 모두 수군에
편제되어 종군했다고 생각된다. 수군에 편제되었지만 상을 받을 때는 신분

---

63) 『世宗實錄』5, 1年(1419 己亥) 8月 10日 壬午, "兵曹啓 東征三軍僉節制使 兵馬使以下軍官
軍人等功賞爲第 接戰斬首者 生擒者爲一等 超三級賞職, 鄕吏則本曹奉宣旨 給功牌 至子
孫免役 驛子鹽干官奴則給功牌 許屬補充軍 從自願充軍 搜捕斬首及生擒者爲二等 超二級
賞職 鄕吏驛子鹽干官奴等則免其身役 從征効力者爲三等 超一級賞職 其中槍射殺者爲首
賞職 鄕吏驛子鹽干官奴 限二年除役 上王從之."

64) 『世宗實錄』77, 19年(1437) 5月 1日 庚寅, "稱干尺者 竝屬補充軍 以通仕路 獨遺鹽漢
有違事體 乞幷改稱補充軍 考其屬役年月 以其多者 每一道或四五或二三 隨其人多少 依他
干尺補充軍例受職 役仍其舊."

에 따라 차등 적용을 받았다. 여기에서 염간은 향리·역인·관노와 함께 동등하게 취급받고 있다.

조선초기 염간의 신분은 신량역천 계층으로서 엄밀하게는 양인이다. 그러나 염간이 양인이라고는 해도 힘든 역을 져야 했으므로 양인 내에서의 신분은 낮았다.[65] 고려말기에 소가 해체되면서 염소 또한 사라져 집단노역 형태의 부담은 없어졌다고 할 수 있다.

그러나 이들을 염간이라는 이름으로 개인별로 노역을 부가시켜 고려 때의 염소민과 크게 달라진 모습은 보이지 않는다. 조선왕조는 이들의 불만을 완화시키기 위해 천인종량자가 일정 기간 보충군에서 복무하면 양인이 될 수 있게 하였다. 즉 신량역천 보충군은 訴良者 가운데서 良賤籍이 명백하지 않은 자들을 1415년 사재감의 수군에 입속시켰다가 보충군을 설치한 이후 여기에 입속시켰던 것이다.

3. 각염법의 내용

고려전기의 소금생산체제는 염호에 의한 민영이 기본이며, 일부 염소를 두어 국가에서 필요한 소금을 공납받는 이원적 형태였으리라 판단되나 정화한 비율은 알 수 없나. 즉 염호는 자기소유의 염분으로 생산에 필요한 경비, 예컨대 연료의 조달이나 소금생산에 필요한 생산도구 등을 직접 부담해서 생산하여 일정 양을 국가에 바치고 나머지는 팔아 생계를 유지하였다. 그러나 염소의 경우는 국가가 제반 비용을 부담해서 설치하여 많은 소금을 수취했으리라 생각된다. 고려후기 각염제에 의한 생산체제도 고려전기의 염호가 소금을 생산하던 모습과 크게 다르지 않으나, 다만 유통이 국가의 전매로 이루어지는 점이 다를 뿐이었다.

---

65) 『定宗實錄』1, 1年(1399) 1月 19日 庚寅, "初授騎船格軍之職 慶尙道水軍都節制使請曰 騎船格軍 非鹽干賤者 依射官例賞職 從之."

G-1) 충선왕 원년 2월에 왕이 명을 전하기를 "소금을 쓰려는 자는 모두
義鹽倉에 가서 和買하게 하고 군, 현 거주자는 모두 관할 관청에
布를 바치고 소금을 받도록 하라. 만약 사사로이 염분을 설치하거나
몰래 서로 무역하는 자가 있으면 엄히 治罪하라" 하였다. 이에 처음으
로 군, 현으로 하여금 백성을 징발하여 鹽戶로 삼고 또 營으로 하여금
鹽倉을 설치하게 하니 백성들이 매우 괴로워하였다.[66]

2) (충선왕이) 여러 도의 염분을 모두 민부에 소속시키고 값을 조절하여
소금을 공급하도록 한 것은 국가나 개인에게 다 같이 편리하게 하기
위함이었다. 그런데 지금 염장의 관원이 소금값으로 베는 먼저 징수하
였으나 소금은 백성에게 지급되지 못하는 것이 10에 8~9나 된다.
아직도 소금을 받지 못한 자들을 조사하여 모두 지급하도록 하라"고
하였다.[67]

3) 감찰사가 금령을 발표하기를, "염포를 설치한 것은 본래 국가에서
판매하여 가난한 백성에게까지 혜택을 주고자 한 것이다. 근래 각
염포의 吏屬들이 국법을 두려워하지 않고 오직 사사로운 이익만 추구
하여 홀아비, 과부, 고아, 자식없는 늙은이까지 소금을 살 수 없게
하였으니 이는 매우 잘못된 일이다. 지금부터 판매하는 자는 상세히
규찰하여 철저히 다스리도록 하라"고 하였다.[68]

우선 각염법에 관한 기록을 보자. 각염법은 충렬왕 14년 3월에 시작되었으
며, 18년 7월에는 경상·전라·충청 3도에 염세별감을 각각 파견하였다.[69]
고려시대는 비록 사원이나 권세가가 소유한 염분이라 하더라도 국가에

---

66)『高麗史』79, 食貨 鹽法 忠宣王 元年 2月 傳旨曰, "令用塩者 皆赴義塩倉和買 郡縣人皆從本
管官司 納布受塩 若有私置塩盆 及私相貿易者 嚴行治罪 於是 始令郡縣 發民爲戶 又令營
置倉 民甚苦之."

67)『高麗史』79, 食貨 鹽法 忠肅王 5年 5月 下敎, "(大尉王) 以諸道塩盆 悉屬民部 平價給塩
以利公私 今塩場官 先徵價布 塩不及民者十常八九 其考未受塩者 悉給之."

68)『高麗史』79, 食貨 鹽法 忠肅王 後8年, "監察司牓示禁令 塩鋪之設 本爲和賣 惠及貧民
近者各鋪之吏 不畏公法 惟務徇私 至使鰥寡孤獨 不得貿易 深爲未便 今後和賣者 体察究
理."

69)『高麗史』79, 鹽法 忠烈王.

세금을 내야 하는 것이 원칙이었다. 그러나 기존 염분을 소유하고 있는 권력층의 기피로 제대로 수취할 수 없게 되자 정부는 개별 염호나 염소민에게 과중하게 징수하였다. 이에 홍자번은 염세의 과징으로 인한 염호의 생산기반 약화를 우려하고 있다.[70]

처음 충선왕은 宮院과 寺社, 그리고 勢要家들의 염세의 탈세방지에 주력하였다.[71] 그러나 이에 반발한 염분 소유자들이 기존 관행대로 조세를 기피함으로써 국왕과 대립하게 되었다. 충선왕이 즉위한지 미처 1년이 되지 못해 충렬왕으로 교체된 데에는 염분을 소유한 권세가의 견제도 생각해 볼 수 있다. 그로부터 10년 후, 충렬왕이 죽고 충선왕이 다시 왕위에 올랐다. 원 무종의 즉위를 도와준 공을 인정받은 그는 원에서의 위상이 확고해졌다. 이에 충선왕은 즉위 즉시 사원이나 권세가의 눈치를 보지 않고 과감하게 각염법을 시행하였다.

당시 고려사회에서 가장 심각한 문제는 토지였다. 권세가는 산천을 경계로 삼을 만큼 넓은 토지를 장악했을 뿐 아니라 세금을 포탈하여 국가재정은 극도로 빈곤해졌다. 가난한 농민으로부터의 과중한 수취는 농민을 유랑하게 만들고 권세가나 사원에 투탁하게 만들었다. 그러나 충선왕으로서도 토지개혁은 고려왕실을 떠받치고 있는 권세가의 존재가치를 뒤흔드는 것이어서 그 반발을 감당하기 어려웠다. 이에 충선왕은 토지개혁보다는 상업정책[72]과 소금전매제를 통해 국가재정을 보완하고자 했다.

충선왕은 국가에 소속된 내고, 상적창, 도염원, 그리고 충렬왕 비보사찰인 안국사와 궁원, 각지의 寺社 소유 염분을 국가에 귀속시키게 하였다. 앞서 충선왕은 염세를 포탈하는 대상으로 궁원과 사사, 그리고 권세가를 지목했

---

70)『高麗史』79, 鹽法 忠烈王 22年 6月, "中贊洪子藩上書曰 塩之有稅 已有定額 今於州縣 强行科歛 誠宜禁之."

71)『高麗史』79, 鹽法 忠烈王 24年 正月, "忠宣王位教曰 鹽稅自古天下公用 今諸宮院寺社 與勢要之家 皆爭據執 不納其稅 國用不足 有司窮推除罷."

72) 이강한, 2008, 「고려 충선왕-원 무종의 재정운용 및 '정책공유'」,『동방학지』143.

는데 실제 각염제를 시행하는 과정에서는 권세가가 빠져 있다. 이는 충선왕이 국가기관과 궁원, 사찰의 소금은 수조권만 가진 형태이므로 생산과 유통과정을 장악할 수 있었으나 권세가 소유의 염분은 비록 국왕이라도 함부로 뺏을 수가 없어 유통체계만을 관장하였다.73) 그러나 이후부터는 국가의 허락 없이는 더 이상 염분을 설치하지 못하게 했다.

그런데 유통을 장악하려면 우선 막아야 하는 것이 밀매였다. 이를 방지하고 또 각염법의 정당성을 홍보하기 위한 수단으로 충선왕은 소금값을 낮추었다. 3)에서 값을 조절하여 소금을 공급하게 함으로써 국가와 개인 모두에게 유리하게 하였다는 것은 이전에 비해 가격을 낮춘 것이라고 보아야 한다. 또한 官額이 시중가의 절반이라고 읊은 이색의 시도 있다.74) 대신 정부는 염분을 독점판매하여, 소금을 필요로 하는 자는 의염창에 가서 매매하고 주민들에게는 미리 포를 바치고 가져가게 함으로써 소금유통에 준조세적 성격을 강화시켰다. 즉 고려의 각염법은 국가가 소금생산자에게서 소금을 전부 사들여 오로지 국가만이 판매할 수 있게 한 것이다. 국가가 소금값을 합당한 가격에 산다면야 별 문제가 없겠지만 억지로 가격을 낮추었다면 염분 소유주는 이를 받아들일 수 없었을 것이다. 그러나 개인이 생산한 소금이라도 국가만이 판매할 수 있다는 것은 염분소유자가 할 수 있는 역할이 아무것도 없다는 것이며, 이는 곧 소금의 소유권이 국가에 있다는 것과 마찬가지가 된다.

---

73) 권영국, 1985, 앞의 논문, 23쪽. 씨는 소금생산에는 관여하지 않고 생산된 염만을 관리했다고 보았다.
74) 『牧隱詩藁』 2, 詩 <鹽場을 지나며>에 "沽名倍官額 漁利輸商船(이름을 팔아 관액보다 갑절 비싸고 / 어업으로 얻는 이익은 상선으로 보내지네)"라는 구절이 나온다. 또한 『世宗實錄』 109, 27年 8月 27日 戊辰 이계전 상소에 "경상도 본전염을 배로 낙동강에 수운하여 각 官에 분포하여 파는데, 국가에서 처음에 이 법을 세울 때에 소금값을 지극히 헐하게 정하여 백성을 넉넉하게 하는 뜻이 지극하나, 감사가 그 값이 가볍다 하여 또 1푼(分)을 거두고, 官에서 또 1푼을 거두어 그 값이 국가에서 정한 수의 2배는 된다"고 하여 처음에는 국가에서 정한 소금값이 낮았음을 알 수 있다.

충선왕은 소금값을 은 1근에 66석, 은 1냥에 4석, 布 1필에 2석으로
정하였는데 이 또한 이전의 소금값보다 더 비싸다고는 생각되지 않는다.[75]
비싸게 판매된다면 염분을 소유한 권력층이나 개별 염호들이 은밀하게
매매를 할 수 있기 때문이다. 그리고 선매제로서 소금이 필요한 사람은
중앙은 의염창, 지방은 지역 의염창에 가서 직접 사거나[76] 의염창이 없는
곳은 관할 관청에 먼저 포를 바치고 염점에서 소금을 받게 하여[77] 빠른
시일내에 염전매를 정착시키려 하였다. 이때 염 판매를 담당한 사람은
각 점포의 서리였다.[78] 소금을 받기 위해 먼저 대가를 지불하고도 받지
못한 불만이 제기되었다는 것은 관원들이 값싼 관염을 빼돌려 일이난
현상이라고 생각한다.

이에 정부는 낮춘 소금값 만큼 부족한 재원을 확보하기 위해 염호에
소금생산을 독려하여 强徵하면서 염호민의 유망이 늘어났다.[79] 더욱이
국가가 공급하는 소금을 권세가나 아전이 독점적으로 사서 비축해 두면서
소금 부족현상이 나타나 백성들에게 공급될 소금 액수에 차질이 생기게
되었다. 특히 충정왕 이후부터 왜구의 침범이 시작되면서 바닷가 주민의
내륙이동으로 소금생산량까지 줄어들게 되니 각염법은 이제 생산과 유통

---

75) 조선시대에도 관염이 시중 사염보다 저렴하여 관염 대부분이 토호나 奸吏외 수중에
들어가 일반인이 구매하기 어려웠다고 한다. 『世宗實錄』88, 22年 3月 乙丑 ; 『世宗實錄』
109, 27年 8月 27日 戊辰 ; 권영국, 1998, 「조선초 염업정책과 생산체제」, 『사학연구』
55·56합, 201쪽 참조.

76) 『新增東國輿地勝覽』18, 忠淸道 扶餘縣, "義鹽倉古基 舊收沿海各邑鹽和糴."

77) 『高麗史』77, 外官2 西京留守官, "明宗八年 更定官制 … 倉曹, 員吏亦同上 太倉大官良醞鹽
店迎仙店咸和店 幷屬焉." 서경에 염점이 있는 것으로 보아 개경 등 주요 도시에도
염점이 있어 소금매매를 담당했으리라 생각된다.

78) 『高麗史』79, 食貨2 鹽法 忠肅王 後8年, "監察司示禁令 鋪之設本爲和賣 惠及貧民 近者各鋪
之吏 不畏公法 惟務徇私 至使鰥寡孤獨 不得貿易 深爲未便 今後和賣者 察究理" ; 권영국,
1985, 앞의 논문, 41쪽.

79) 『高麗史』79, 食貨2 鹽法 忠肅王 12年 10月, "十二年 十月 下敎 各處塩戶 人有定數
貢有定額 近年以來 塩戶日損 貢數仍存 內外管塩官 不行察体 以逋戶貢塩加徵戶以充本
數 民甚苦之."

모든 방면에 문제점이 발생하게 되었다.

이에 미리 포를 받고 소금을 분배하던 각염법은 소금이 제대로 지급되지 못하면서 염세가 점차 세금 형태로 고착되고 백성들의 원성의 대상이 되었다. 그러나 고려정부는 각염법을 부족한 재원의 보충수단으로 사용했기 때문에 이를 폐지할 수 없었다. 각염법의 시행은 국가가 유통을 장악함으로서 생산부문에까지 영향을 미쳤다. 이로 인해 이전까지 국가의 통제하에 있던 염소뿐 아니라 일반 염호들까지 그 통제하에 들어가게 되어 고려후기의 소금생산은 결과적으로 고려전기보다 더 큰 규모의 염소 형태로 운영되는 결과가 초래되었다. 이에 염호들은 생산을 기피하고 흩어지게 되었다.[80] 각염제는 조선시대에 들어와 비로소 폐지되고 징세제로 바뀌었다.

5. 맺음말

소금은 인류의 생존에 꼭 필요한 식품이다. 고려시대에는 소금을 전업적으로 생산하는 염소를 두어 왕실이나 국가기관에 안정적으로 공급하였다. 그러나 염소에서 고려사회가 필요한 모든 소금을 생산했던 것은 아니고 바닷가 주민에 의해 생산되어 민간에 유통되는 양이 더욱 많았으리라 생각된다. 국왕은 필요에 따라 관원이나 아들을 낳은 후궁에게 염분을 하사함으로써 이로부터 염분의 사유화가 서서히 진행되었다.

소금을 만드는 방법으로는 해수직자법과 염전식 제염법이 있는데 대체로 동해안은 해수직자법, 서·남해안은 염전식 제염법이 시행되었다. 고려시대의 염소로 명확하게 밝혀진 것은 진도군의 仇向茶鹽田所, 浦保鹽田所, 大村鹽田所가 있으며, 보성군과 승평군의 몇몇 소도 염소로 추정된다. 그 외염전의 상당수는 섬에 존재했던 것으로 보인다. 염소는 국가가 염전·염분을

---

80) 『高麗史』 79, 食貨2 鹽法 恭愍王 11年 10月.

설치하고 鹽所吏의 지시하에 염소민이 집단적으로 소금을 생산하는 형태로 운영되었다. 소금의 생산과 매매를 통한 이익이 많아지면서 권세가들은 점차 염분 소유에 관심을 가지게 되었다.

염소의 주민은 장인과 소민으로 나뉘어져 있었다. 염소의 장인은 염분에 불을 때는 일 등 중요한 일을 맡은 데 비해 소민들은 바닷물을 길러오거나 염전을 갈고 땔감을 조달하는 일을 담당하였다. 고려말 염소가 해체된 후 조선왕조에 들어와서는 염간으로 하여금 소금을 생산하게 했다. 이때 조선정부는 선군에게 가장 힘든 일인 땔감 조달을 맡겨 다른 군인에 비해 선군의 위상은 더욱 낮아졌다.

충선왕 때에 시행한 각염제는 국가의 재정확보와 권세가의 염세 포탈방지를 목표로 하였다. 정부는 모든 염분을 국가에 소속시키고 民部로 하여금 소금의 생산과 유통을 관리하게 한다고 표방하였다. 그러나 중앙관청, 왕실이나 사원 소유의 염분만 민부에 소속시켜 일원화하였을 뿐 개인소유의 염분에서 생산되는 소금은 민부에 팔게 함으로써 국가는 유통권만 장악하였다. 그리고 권세가들의 소금밀매를 방지하기 위해 가격을 낮추었다고 판단된다. 그러나 각염법이 시행된 지 얼마 되지 않아 권세가나 吏屬에 의한 소금 독점현상이 나타나면서 민간에 대한 소금공급은 더욱 어려워졌다. 그리하여 소금의 구매대가로 납부하던 鹽價布가 백성의 부담만 가중시키는 새로운 조세로 변질되었다. 각염제는 조선시대에 들어와 폐지되고 징세제로 바뀌었다.

【제4부】
광산물

제1장 금·은의 채굴과 금소·은소

1. 머리말

금과 은은 독특한 색깔과 광채, 손쉬운 가공법 등의 몇 가지 특징으로 인해 인류의 오랜 역사 속에서 애용되어 장신구나 장식품, 화폐 등 부와 권위의 척도로서 이용되어 왔다. 특히 금은 우리의 문화유산에서 없어서는 안 될 정도로 큰 비중을 차지하여 신라고분에서 출토된 금관과 각종 장신구는 '귀금속 세공술의 총아'라 일컬을 정도로 화려한 '황금문화'를 꽃피웠으며 이는 고려시대로 이어졌다.

이 같은 금과 은의 채굴을 살펴보면, 고려시대의 경우 금은 금광채굴보다는 사금채취가 주였으므로 상당수의 금소는 사금채취가 용이한 강가에 위치하고 있었다. 따라서 사금생산에서는 무엇보다 품질 좋고 채굴조건이 유리한 사금밭을 찾아내는 일이 중요했다. 은 또한 금·동·철과 더불어 오랜 역사를 지니고 있어, 이미 삼국시대부터 은 세공품이 출토되고 있다. 고려시대에도 은은 화폐로서 중요한 기능을 행사했을 뿐 아니라 왕실과 귀족의 장식품, 그리고 조공과 대외무역의 결재수단 등 다방면으로 유통되었다. 따라서 은은 국가재정상 필수품목이므로 고려는 은의 안정적인 확보를 위해 은소를 설치하고 채굴과 제련을 담당하게 했다.

은은 금·동·철과 같은 광산물로서 이들과 비슷한 과정을 거쳐 채굴했으리라 추정되지만, 금이나 철이 사금이나 사철의 생산도 가능했던 데 비해 은과 동은 광산을 통해 채굴할 수밖에 없었다. 그러나 고려시대 은의 채굴과 제련에 관한 기록은 거의 존재하지 않고, 이에 관한 연구도 다만 여러 소를 언급하는 과정에서 등장할 뿐, 은의 생산과 유통에 관한 연구는 전병 무[1]가 유일하다.

따라서 고려시대는 금소·은소 등 특수촌락이 있어 해당 광산물만 전문 적으로 생산하여 공납하였다고 하나 관련자료의 부족으로 그 실상을 잘 알 수 없다. 소에 관한 기존 연구성과와 조선시대 사료를 토대로 금·은의 채굴과 제련, 수취관계 그리고 금소·은소의 존재형태를 추적해 보기로 한다.

2. 금의 채굴과 금소

1) 금생산지와 금소 비정

우선 고려시대 금의 생산지와 금소의 위치를 비정해 보자.

[표 1] 금생산지와 금소

지명	소	현재지명	비고
홍주목	玉賜金所(남27)	홍성군 광천읍 담산리[2]	동원산[3]
	上田所(남74)	충남 청양군 남양면	세지 : 洪州任內上田所 越入(靑陽)縣南村
대흥현	居邊所(세종 : 거질물금 소, 신증 : 거질물소)	충남 예산군 대흥면 동21	동17리에 竹遷川이 있다.
공주목	金生所(덕진현 동7)	대전시 유성구 용산동(충 남 공주군 반포면)	신증
보성군	金谷所(동10)	보성군 초당리	세지, 신증

---

1) 전병무, 1992, 「고려시대 은유통과 은소」,『한국사연구』78.
2) 광천젓갈은 토굴저장법으로 생산한다. 1960년대초 윤명원 씨란 분이 옹암리 인근의 일제 때 금광개발로 파놓은 굴 안에 새우젓 독을 들여놓았다가 나중에 보니 젓맛이

금산군	黃金所(서30)	경북 김천시 황금동	자기소
가림현(조선시대 임천군)	金所	충남 부여군 임천면	『高麗史』 열전 제국대장공주
음성군	금촌부곡(서15)	음성군 맹동면	신증
경상도 예안현	知道保部曲(동9)	안동시 도산면 의일리	『慶尙道續撰地理志』,[4] 신증
안동부	덕산부곡 요촌부곡	동25리 동35리	『慶尙道續撰地理志』, 신증
봉화현	買吐部曲	동14리	『慶尙道續撰地理志』,[5] 신증[6]
강원도 회양도호부 금성현	熊林所	강원도 회양군 동30리	세지153, 회양도호부
안변도호부 翼谷縣	凝川貢所(복령현(안변서 남30) 남15)[7]	함남 인변군 서곡년 성우리	『高麗史』 83, 병지 주현군 동계 세지, 함길도 안변도호부
원주목	금마곡소(주천면 남15)	영월군 주천면 금마리	신증
정선현	皆也項(남60), 入呑(남20), 北坪(북15)소 중 하나	北坪 : 정선군 북평면 북평리	『高麗史節要』 19, 충렬왕 3년 2월

※ 세지 :『世宗實錄地理志』, 신증 :『新增東國輿地勝覽』

홍주목 옥사금소는 금소로 알려져 있는데[8] 사금이 생산된 것으로 보인다. 홍성에는 사금 외에 돌에서 채취하는 石鑛이 도처에 남아 있는데 그 중에서 광천읍 담산리 황보광산은 식민지시대에 금생산지로 유명했다. 홍주목 옥사금소는 홍성군 광천읍 담산리 일대로 추정된다.

1911년부터 채굴을 시작해 1971년까지 계속되어 온 청양군 남양면 구봉

기가 막히게 들어 있었다고 한다.

3)『宣和奉使高麗圖經』37, 海道4 洪州山, "洪州山 又在紫雲苫之東南數百里 州建其下 又東一山産金 盤踞如虎 謂之東源."

4)『慶尙道續撰地理志』禮安縣, "金銀産出處 縣東損良川 産黃金 歲貢五兩."

5)『慶尙道續撰地理志』奉化縣, "買吐部曲南川 産黃金 歲貢七兩."

6)『新增東國輿地勝覽』25, 奉化縣 古蹟, "買吐部曲 本屬安東府 高麗恭讓王三年來屬 在縣東十四里."

7)『高麗史』83, 兵3 州縣郡(동계) ;『新增東國輿地勝覽』49, 安邊都護府 조의 대동지지에는 凝川眞所로 나와 있다.

8) 서성호, 1997,『고려전기 수공업연구』, 서울대 박사학위논문, 53쪽.

광산은 한때 우리나라 금생산량의 60%를 차지할 정도였다. 상전소는 현재 국제사격장인 청양군 남양면 구룡리 일대로 판단된다. 고려시대와 20세기 초의 광산과 바로 연계시키는 것은 무리지만 그곳이 예로부터 금맥이 있는 지형임은 분명하다.

대흥현의 거변소는 『世宗實錄地理志』에 거질물금소로 명명하여 금소임이 확실하다. 그 외 금생소 등 여러 소들이 모두 금을 생산하여 금자를 붙여 소 이름을 지었다고 생각되므로 금소로 보아도 무방하다고 생각된다. 금산군의 황금소는 자기소로 파악하기도 하지만 명칭으로 보건대 금소로 보아야 할 것이다.9)

북계에는 소가 보이지 않고 오직 동계에 안변도호부의 속현인 翼谷縣(안변 남65리)에 응천공소가 있다. 안변의 토산은 금인데, 福寧縣(안변 서남30리) 남쪽 15리의 深川에서 난다고 한다. 응천공소 또한 금소로 추정할 수 있다. 회양도호부는 동30리에 응림소가 있는데, 이곳 보리천변에서 금이 산출된다고 하므로 금소로 볼 수 있을 것이다.10)

음성군 맹동면 상봉리는 지금도 금이 생산된다고 하는데 이로 인한 자연오염 때문에 분쟁이 심하다고 한다.11) 그런데 이곳에 소는 보이지

---

9) 서성호, 1997, 위의 논문, 53쪽.
　　『世宗實錄地理志』 金山郡 조에 "磁器所一 在黃金所 普賢里【中品】 陶器所二 一在郡南 乾川里【中品】 一在黃金所 秋風驛里【下品】"의 사료로 보아 기타무라(北村秀人, 1969, 앞의 논문)는 자기소로 파악하였으나 이를 黃金所 普賢里와 秋風驛里로 보아 황금소의 규모가 현이 될 정도로 컸으며, 또 자기소와 도기소는 고려후기 자기소가 해체된 이후 생긴 것으로 판단되므로 금소일 것이라고 생각한다.

10) 『世宗實錄地理志』 江原道 淮陽都護府 金城縣 土産, "金産任內 歧城北四十五里 菩提津邊" ; 『新增東國輿地勝覽』47, 淮陽都護府 古蹟, "熊林所 부 동쪽 30리에 있다" ; 서성호, 1997, 앞의 논문, 53쪽.

11) 음성군 금왕읍 삼봉리 일대에서 금·은·안티몬 채취사업을 벌이고 있는 대륙광업이 2010년 11월 4일 대전고등법원으로부터 '공사중지 가처분'에 대한 취소 결정을 받아냈다. 이에 따라 대륙광업은 광산개발을 다시 시작할 수 있는 법적 근거를 확보하여 곧바로 공사 재개 준비에 들어갔다. 그러나 광산개발 반대운동을 이끌었던 꽃동네 측은 "있을 수 없는 일로 결사반대한다"며 대법원에 재항고하겠다고 밝혔다.

않고 금촌부곡이 있었다. 사금이 생산된다는 직산현에는 소가 없고 求實鄕 (동남13리)만 있다. 정선현12)에는 皆也項(남60), 入呑(남20), 北坪(북15)의 3소가 있는데, 이 중에 금소·은소가 있었으리라 추정되지만 정확한 비정은 어렵다.

그 외 안동 동11리에 물야탄, 동40리 蓼村灘에서 황금이 산출되었는데,13) 동25리에 덕산부곡, 동35리에 요촌부곡이 있다.14) 물야탄의 금은 덕산부곡에서, 요촌탄의 금은 요촌부곡민이 채취하여 제련·공납하였으리라 판단되는데 이곳에서 황금 6량 5전을 공납하였다고 한다. 봉화현 買吐部曲 남쪽 하천가에서도 황금이 산출되어 매년 7량을 공납하였다고 하는데15) 이곳 사금 역시 매토부곡민이 제련·공납하였을 것이다.

또한 예안현 동5리에 있는 愼良川의 황금을 매년 5량씩 공물로 바쳤는데 이는 동9리에 위치한 지도보 부곡민이 공납한 것으로 보인다.16) 그러나 1년에 7량이나 5량의 황금은 부곡민이 전업적으로 생산하였다고 보기에는 양이 매우 적은데, 국가에서 별공으로 각 군현에 요구한 금의 1/2에 해당하여 당시 금소에서 생산하는 금의 양이 많았다고 보기는 어렵다. 특히 홍주에서는 두 돈을 채취한 것으로 보아 이 정도의 금생산은 일상적이었다고 생각된다.

음성 꽃동네와 주민, 대륙광업은 2001년부터 금왕읍 삼봉리 산43번지 일대(6만 2000m²)에서의 금광개발을 놓고 공사를 강행하려는 대륙광업과 이를 막으려는 꽃동네와 주민들 간에 치열한 법적 공방을 벌여 왔다(『충청일보』).
12) 정선군 화암동굴은 1922~1945년까지 금을 캤던 천포광산 자리라고 한다.
13) 『慶尙道續撰地理誌』安東大都護府.
14) 『新增東國輿地勝覽』25, 禮安縣 古蹟.
15) 『慶尙道續撰地理誌』奉化縣 ; 서성호, 1997, 앞의 논문, 71쪽.
16) 『世宗實錄地理志』慶尙道 安東大都護府 禮安縣 古蹟 宜仁廢縣, "高麗改爲禮安郡 顯宗戊午 屬吉州任內, 恭愍王十八年己酉 陞安德縣屬知道保部曲爲宜仁縣 屬安東任內 恭讓王庚午 始置禮安監務 以宜仁縣屬之" ; 서성호, 1997, 앞의 논문, 71쪽.

2) 금소에서의 생산과 수취

고려는 금광채굴보다는 사금을 주로 채취하였으므로 상당수의 금소는 사금생산에 편리한 강가에 위치하고 있었다. 양광도 홍주목 홍주산 일대의 금채취장은 강변 가까이에 자리잡았으며 강 주변에는 함정 형태의 웅덩이가 많아 그곳의 물로 일어서 금을 생산하였다고 한다.[17]

사금채취에는 淘沙鍊金之法을 사용하였다.[18] 이는 사금모래를 물에 일어 금을 골라내는 방법보다 일보 진전한 방법으로서, 추정컨대 수채를 이용한 사금변별법이었을 것이다. 나무판자나 속을 파낸 통나무 쪽을 가지고 만든 긴 나무수채를 물살이 빠른 곳에 설치한 후, 물의 힘을 이용하여 사금모래를 일면 쉽게 사금을 골라낼 수 있다. 즉 수채 위에 사금모래를 적당히 뿌리면 물살의 힘으로 무거운 사금은 가까이 가라앉고 가벼운 모래알들은 물살을 따라 먼 곳에 가라앉게 되는 것이다. 사금채취장에서의 생산조직은 박토, 사금모래채취, 도금(사금모래 선별)에 따라 진행되었는데,[19] 사금모래의 선별은 숙련된 경험과 기술을 요하므로 여기에 금소 匠人이 투입되고 사금채취는 소민이 맡았을 것이다. 고려시대 금의 수취현황을 살펴보자.

A-1) 三司에서 翼嶺縣(강원도 양양)과 서북면 成州 수전장에서 산출되는 금을 공물대장에 등록할 것을 아뢰었다.[20]

2) 대장군 인공수와 다루가치를 파견하여 홍주에서 금을 채굴하였는데 다만 두 돈[錢]의 금을 얻었을 뿐이다.[21]

3) 國學直講 최양을 파견하여 홍종로를 데리고가서 洪州·稷山·旌善에서 금을 채굴하게 하였는데 백성 11,446명을 동원하여 70일간 금 7냥

17) 최상준, 1994, 『조선기술발전사 3 - 고려편』, 17~18쪽.
18) 『芝峰類說』 19, 服用部 金寶.
19) 리태영, 1991, 『조선광업사』, 공업종합출판사(1998, 백산자료원, 203쪽).
20) 『高麗史』 8, 文宗 17年(1063) 正月 戊申, "三司奏 翼嶺縣 及西北面成州簟田場地 産黃金 請附貢籍."
21) 『高麗史』 28, 忠烈王 2年 7月 癸丑, "遣大將軍印公秀及達魯花赤 採金于洪州 只得二錢."

9푼을 캐었다.[22]

익령현과 成州에는 모두 소가 보이지 않는다. 어떤 지역에서 새로 금이
발견되면 이를 공물대장에 등록하여 공물로 거두어들일 뿐 그 지역 전체를
금소로 만들 수는 없었다고 판단된다. 광산물이 발견될 때마다 그 지역을
해당 소로 만든다면 주민들은 거주하던 지역을 떠나는 등 적극적으로
저항하였을 것이다. 그러므로 일단 고려전기에 소로 비정한 이후부터는
특별한 물자가 생산된다 하더라도 해당 지역을 매번 소로 만들거나 하지는
않고 농민들을 부역으로 차출하여 광물을 채굴했을 것이다.[23] 고려 전
시기를 통하여 군현에서 소로 강등된 경우는 이지은소가 유일한데, 이
역시 은소가 된 시기가 고려전기였기에 가능했을 것이다.

고려정부는 각 군현에서 거두어들이는 별공의 분량을 금 10량, 은 2근,
구리 50근, 철 200근으로 정하였다.[24] 금이 은·동·철에 비해 매우 적게
생산됨을 알 수 있다. 1근이 16량이므로 금의 생산은 대략 은의 1/3 정도였으
리라 추정된다. 충렬왕 2년에는 홍주에서 금을 채굴하여 2돈을 얻었으며,
동왕 3년에는 홍주·직산·정선에서 백성 11,446명을 동원하여 70일간 노역
한 끝에 얻은 수확량이 7냥 9푼이었다. 금은 노역에 비해 수확량이 매우
부진했음을 알 수 있다.

소에 대한 과징의 폐단은 이미 고려 예종대부터 나타나지만[25] 소의
해체는 몽골의 침략으로 상당수 주민들이 산성이나 해도로 피신하고 죽임을
당하는 과정에서 시작하여 충렬왕대에는 상당수의 금소가 해체되었을
것이다. 금소는 아니지만 소의 해체를 유추할 수 있는 기록을 살펴보자.

---

22) 『高麗史』 28, 忠烈王 3年 12月 丁卯, "遣國學直講崔錫率宗老 採金于洪州稷山旌善 役民一
萬一千四百四十六名七十日 纔得金七兩九分."
23) 박종진, 2000, 「조세제도의 구조」, 『고려시기의 재정운영과 조세제도』, 서울대출판부,
117쪽.
24) 『高麗史』 78, 食貨1 租稅 靖宗 7年 正月.
25) 『高麗史』 78, 食貨1 貢賦 睿宗 3年 2月.

B. 충선왕 원년 2월에 왕명을 전하기를 "우리나라에서는 여러 궁원, 寺社 및 권세가가 사사로이 염분을 설치하여 그 이익을 독차지 하고 있으니 국용은 어떻게 충족시킬 수 있겠는가"26)

충선왕 때에 궁원, 사사, 권세가가 사사로이 염분을 가지고 있다고 하지만, 염분의 경우는 고려초기부터 태조가 최승로에게,27) 혹은 현종 때 아들을 낳았다고 하여 궁인 김씨에게 염분을 하사하여28) 이미 사유화의 조짐이 있었다. 이와 비슷한 내용이 충렬왕 24년 충선왕 즉위년 기사에도 나타나므로29) 염소가 해체되고 있었다고 보아도 좋을 것이다.

그 외에도 국가가 소를 군현으로 승격시켜준 경우로서 다인철소, 도내산은소 그리고 이지은소가 보인다. 이 중 다인철소는 몽골군을 막은 공으로,30) 도내산은소31)와 이지은소32)는 이곳 주민이 원에 환관으로 가서 세운 공으로 현이 되었다. 이들 소가 현으로 승격된 것은 외적을 잘 막는다든가 원 황제의 마음에 들도록 환관 역할을 충실히 한 탓도 있지만 또 하나의 요인은 은생산량이 줄어들면서 소의 기능이 약화된 데 기인한 것이 아닐까 한다. 국가차원에서는 소민의 유망으로 인한 소 해체가 가속화되는 상황에서 차라리 명분만 있다면 그 주민들을 군현민으로 승격시켜 수취하는 것이 훨씬 유리하다고 판단했을 것이다. 즉 역을 수취하는 단계를 벗어나 공물을 수취하는 단계로 발전하고 있음을 의미한다.

소가 해체됨에 따라 도내산은소, 이지은소의 工匠들은 은을 전문적으로

---

26)『高麗史』78, 食貨 鹽法, "忠宣王 元年 二月 傳旨曰 本國諸宮院寺社 及權勢之家 私置塩盆 以專其利 國用何由可贍."

27)『高麗史』93, 列傳 崔承老.

28)『高麗史』4, 顯宗 7年 5月 乙巳.

29)『高麗史』78, 食貨 鹽法 忠烈王 24年.

30)『高麗史』56, 地理1 忠州牧.

31)『高麗史』57, 地理2 全羅道 咸悅縣.

32) 崔瀣,『拙藁千百』2, 永州梨旨銀所陞爲縣碑.

제련하는 독립적인 수공업자의 처지로 전화하였다.33) 정부는 소에 부과했던 각종 공물을 군현민에게 잡공의 형태로 부과하였다.34) 기록상 잡공이 처음 보이는 것은 고종대이므로35) 고종 이전에 이미 소가 제 기능을 발휘하지 못했다고 추정된다. 다음 기록을 보자.

C-1) (충선왕 원년(1309) 2월) 이에 처음으로 군현으로 하여금 백성을 징발하여 鹽戶로 삼고 또 鹽倉을 설치하게 하니 백성들이 몹시 괴로워하였다.36)

2) 무릇 은이 산출되는 곳이라면 그곳 주민들의 부역을 면제해 주고 은을 채취하여 관에 납입하게 한다.37)

처음으로 군현민을 염호로 징발했다는 충선왕대의 기록은 이미 14세기 이전에 염소의 기능이 유명무실해졌음을 의미한다. 2)의 경우도 공민왕대에는 주민들에게 은을 채취하게 하고 대신 부역을 면제시켜 주었다고 한다. 따라서 금소도 마찬가지였으리라 추정된다. 이같이 고려는 소가 해체되자 국가에서 필요로 하는 광산물을 주로 농한기의 백성이나 군인을 차출하여 채광·제련하게 하였다. 이에 따라 농민의 부담이 커지자 광산물은 더 이상 개발되지 못하였다. 즉 새로운 광물이 발견되더라도 지방관을 지역농민들의 반발38)로 중앙에 알리지 못하였으며, 다만 그 지역은 일부

---

33) 홍희유, 1989, 『조선상업사』, 과학백과사전종합출판사, 74쪽.

34) 이혜옥은 잡공이 주로 과거 소에서 납공되던 각종 특산품들 대부분이 고려후기의 부곡지역 해체로 인해 군현민에게 부과되었다고 보았다(이혜옥, 1994, 「고려후기 수취체제의 변화」, 『14세기 고려의 정치와 사회』, 민음사, 206~207쪽). 잡공에 대해서는 상요와 함께 공부를 구성하는 세목으로서 개별적인 노동으로 가능한 공물, 고려후기에 부가된 현물세, 穀類·藥材·布類를 제외한 여타 잡다한 물품, 고려후기 국가의 재정적 필요에 따라 調 명목으로 포 외에 부가된 세목 등 다양한 견해가 있다(권영국 외, 1996, 『譯註 高麗史 食貨志』, 한국정신문화연구원, 524쪽 참조).

35) 『高麗史』 80, 食貨3 賑恤 水旱疫癘賑貸之制 高宗 13年 3月.

36) 『高麗史』 79, 食貨2 鹽法, "於是 始令郡縣 發民爲戶 又令置倉 民甚苦之."

37) 『高麗史』 78, 食貨2 貨幣 恭愍王 5年 9月, "凡 産銀之所 復其居民 令採納官."

지역민에 의한 잠채만 성행했으리라 생각된다. 특히 금은 귀중품으로서의 가치가 높은 만큼 고려후기에 가면 금소가 권력기구나 권세가에 의해 점탈당하는 경우도 있었다. 다음 기록을 보자.

> D. 충렬왕 4년 嘉林縣 사람들이 다루가치에게 말하기를 "현의 촌락이 각각 元成殿과 貞和院, 將軍房, 忽赤, 순군에 분속되어 오직 금소 한 촌만이 남아 있는데, 이제 응방 미라리가 또 빼앗으니 우리들이 어떻게 홀로 부역을 부담하겠습니까"라고 하니 다루가치가 말하기를 "비단 너의 현만 그런 것이 아니라 이 같은 경우가 많이 있다."[39]

가림현에 속했던 금소를 응방이 빼앗아 간 것은 권력기구에 소가 분속된 것을 보여주는데, 다루가치는 이것이 가림현의 특수한 사례가 아니라 보편적인 현상이라고 하였다. 수취의 과중으로 인한 소민의 유망으로 소가 해체되기도 했지만, 원 간섭기에 권력기구나 권세가에 의한 금소 탈취로 인해 금소가 국가의 수취대상에서 제외되고 있는 현상은 원에서 온 다루가치도 알고 있을 만큼 일상적이었다.

이같이 고려후기는 금소민의 이탈과 권세가의 금소 장악으로 인해 국가에서 수취할 수 있는 금의 양이 줄어들게 되었다. 이제 권세가는 금을 탈취하는 수취단계에서 금의 생산지역을 장악하는 소유단계로 진입하고 있었다. 그러나 이것이 광산업의 발전으로 계속 진행된 것 같지는 않다. 조선시대에 들어서면서 금은광이 국가관리산업으로 정리되면서 개별적인 채굴은 더욱 통제를 받았기 때문이었다.

---

38) 『世祖實錄』 34, 10年(1464) 8月 5日 丙戌, "遣工曹正郎 辛義卿于江原 咸吉道 宣傳官朴植于慶尙道 採銅 命承政院馳書于觀察使日 採銅軍人量宜抄定 但産銅之處 民慮後弊 多不實告 曲盡搜訪 期於多採."

39) 『高麗史』 89, 列傳 齊國大長公主, "(忠烈王) 四年 嘉林縣人告達魯花赤日 縣之村落 分屬元成殿及貞和院將軍房忽赤巡軍 唯金所一村在 今鷹坊迷剌里又奪而有之 我等何以獨供賦役 達魯花赤日 非獨汝縣 若此者多矣."

3) 조선초기 채굴노동의 실태

고려시대의 채굴실태에 대해서는 기록이 없으므로 조선초기의 것으로 추정해 보자. 조선정부가 금은광의 개발을 시도한 것은 태조 7년(1398)의 일이다. 이 무렵은 斂鐵法과 철장제에 대한 농민들의 불만이 고조될 때였고 정부에 의한 금은광산 개발은 농민에게 또 다른 부역을 강요하게 되었다. 따라서 정부가 금은광산을 개발하기 위해서는 수령과 향리들의 방해와 농민의 피역저항을 회유하면서 추진할 수밖에 없었다. 이에 조선정부는 금은산지를 제보할 경우, 한량인에게는 관직 제수, 향리와 역리에게는 역의 면제, 공사천인에게는 재물을 포상하여 어느 정도 성과를 거둘 수 있었다.[40]

금은광산을 탐사하기 위해 채방사를 파견하기 시작한 것은 태종 1년 (1401)이며, 태종 6년부터는 계속 파견하였다. 특히 조선정부는 금광에 치중하였는데 이는 금이 은에 비해 가치가 높았다는 점, 은은 보유량이 풍부하여 정부가 언제든 채굴할 수 있다는 점, 금광이 거의 砂金鑛인 데 비해 은광은 석광이어서 은의 피역저항이 더 컸기 때문이라고 판단된다.

조선초기의 채방사 활동은 광맥의 부존상태를 점검하는 단기적 시굴작업과 시굴과정을 통해 광맥이 풍부한 것을 확인한 뒤의 장기적 채취작업으로 구분할 수 있다. 특히 금광은 하천이나 연변에 매장된 사금광으로 鑛床이 넓기 때문에 많은 인원이 투입되었다. 예컨대 泰州금광은 31명이지만 단천 안변의 사금광에는 적을 때가 70여 명이고 많을 때는 600~800명에 달하였다. 은광은 산속에서 채굴되던 石鑛으로 광맥이 국한되었기 때문에 안동의 300명이 가장 많았고, 태주는 30명, 김해는 150명이었다.[41] 이들의 채금활동을 살펴보자.

---

40) 류승주, 1993,『조선시대광업사연구』, 고려대출판부, 78~80쪽.
41) 류승주, 1993, 위의 책, 90~92쪽 [표 8] 참조.

E-1) 함길도 採金察訪이 아뢰기를, "이전에 본도에서 금을 생산한 和州·安邊·端川 등을 관에서 공물을 면제한 것은 오로지 금을 캐기 위한 것이었으므로, 매년 봄·가을에 각 40일씩 부역시켜, 1년에 화주 80냥, 안변 66냥, 단천 54냥을 액수로 정하였는데, 채굴은 무척 힘들면서도 소득은 매우 적습니다. 온 고을 백성이 매년 80일이나 노역하여 마침내 廢農에 이르게 되었습니다. 백성들이 매우 괴로워하면서 말하기를, '1년 금 캐는 고역이 10년 공물 납부보다 두 배로 고되니, 차라리 잡물세공으로 환원하고 금 캐는 노역은 없애주길 원한다'고 합니다."42)

2) 함길도 감사가 아뢰기를, "道內의 안변·永興·端川에서는 금을 캘 때 해마다 봄·가을에 백성을 사역하는데, 그 기간은 40일로 한정하였지만, 공물 액수에 미달되면 50~60일까지도 사역시키니, 해마다 봄갈이와 가을걷이의 때를 놓치게 됩니다. 더욱이 道內의 節氣가 봄에는 3월 보름 뒤에야 얼음이 풀리고, 가을에는 8월 보름 전에 서리가 내리므로, 물속에 들어가 금을 채취하는데 손 발에 동상이 걸리게 되어, 그 고통은 더욱 심합니다. 청컨대 歲貢의 3분의 1을 감하여 민폐를 덜게 하소서" 하니, 그대로 따랐다.43)

하천이나 그 연변에서 채취하는 사금은 농번기를 피해 1~2월이나 8~9월에 물속에 들어가 작업하므로 손발에 동상이 걸리기 마련이었고, 더욱이 식량은 물론 간단한 채취도구까지도 부역하는 농민이 손수 마련해야 했다. 조선초기의 이 같은 실정을 통해 고려시대 금소민의 채굴여건을 미루어 짐작할 수 있다.

---

42) 『世宗實錄』29, 7年 乙巳 8月 28日 甲午, "咸吉道採金察訪啓 前此本道産金和州 安邊 端川等 官蠲民貢物 專爲探金 每年春秋各四十日赴役 一年和州八十兩 安邊六十六兩 端川五十四兩 定爲常額 然其採取力艱苦 而所得甚少 一邑之民 每年八十日赴役 以致廢農 民甚苦之日 一年採金之苦 倍於十年貢物之備 寧還雜物之貢 願歇採金之役."

43) 『世宗實錄』32, 8年 丙午 6月 26日 戊子, "咸吉道監司啓 "道內安邊 永興 端川採金 每年春秋役民 各限四十 然貢數不準 或役至五六十日 春耕秋收 每年失時 又況道內節氣 春則三月望後氷解 秋則八月望前降霜 入水採金 手足凍傷 其苦尤甚 請減歲貢三分之一 以弛民弊" 從之."

함길도 채금찰방은 화주·안변·단천의 농민들이 부역으로 1년간 채금하
는 고통은 10년 동안 공물을 납부하는 것보다 배나 고되어, 차라리 잡물세공
을 바치고 금 캐는 노역은 쉬기를 원한다고 하고 있다. 채금노역의 강도가
매우 높아 농민들이 감당하기 어려움을 알 수 있다. 이에 정부는 채금찰방의
건의를 받아들여 채금노역은 다른 고을과 고르게 배정하여, 번갈아 교대하
면서 캐도록 하였다. 즉 화주는 봄에는 본 고을과 定平이, 가을에는 咸興과
預原이 함께 금을 캐며, 안변은 봄에는 본 고을과 龍津이, 가을에는 宜川·文川
·高原이 함께 금을 캐며, 단천은 봄에는 본 고을이, 가을에는 北靑이 금을
캐도록 하였다. 세 고을의 산금지에는 이제 본읍 농민들뿐 아니라 12개
읍민이 봄·가을에 교대로 부역하게 하여 주민들의 노역을 감면하였다.

앞서 『慶尙道續撰地理誌』에 보면, 안동이 매해 바치는 금의 공납액은
5~7냥이며, 고려시대 정종 때 정해진 각 지역의 금의 공납은 10량이었다.
그런데 세종대에는 54~80량으로 수취하는 양이 무려 5배 이상 크게 늘어났
다. 이처럼 많은 양을 수취할 수 있었던 것은 조선시대에 들어와 단천
등 새로운 광산의 개발, 제련기술의 발달로 생산량이 늘어난 것이 중요한
이유겠지만 한편으로는 권세가의 소유였거나 백성들이 개인적으로 채굴하
던 금·은광을 국가의 관리하에 두면서 되면서 수취체제가 정비되었기
때문이라고 볼 수 있다.

3. 은의 채굴과 은소

1) 은생산지와 은소 비정

은은 금과 공반하기 때문에 금 성분이 포함되어 있는 거의 모든 광석에는
은도 들어 있어, 금광에서 금을 채굴할 때에는 금은이 함께 채굴되는 경우가
많다고 한다. 은광은 石鑛이므로 암석의 착굴작업이 불가피하여 채굴도

힘들고 제련작업도 용이하지 않아,[44] 조선 태종대에는 은광을 채굴했다가
갱도가 무너져 압사자와 부상자가 많이 생겼다고 한다.[45]

은제련의 순서는 우선 은광석 가운데 은 성분을 비교적 많이 함유한
광석덩어리를 미리 골라 깨끗이 씻어 가마[爐]에 넣는다. 각 가마는 은의
광물 두 섬을 넣고 밤나무숯 200근을 광물 주위에 쌓는다. 가마 곁에는
한 줄의 벽돌담을 쌓고, 풀무를 담 뒤에 설치하여 두세 사람이 힘을 합쳐
풀무질을 하여 관으로 바람을 불어넣는다. 가마의 숯이 다 타면 긴 쇠스랑으
로 숯을 계속 넣어준다. 바람과 불기가 충분하면 광석은 녹아서 백 근
정도의 덩어리가 되는데, 이때는 은이 납과 융합되어 있어서 아직 서로
분리되지 않는다. 식은 후 꺼내어 다른 가마에 넣는데, 이 가마의 내부는
소나무숯으로 둘러싸고 작은 구멍 하나를 뚫어 불기를 살핀다. 일정한
온도에 이르면 덩어리는 녹고 납은 가마 바닥에 가라앉는다. 끊임없이
태우면 납은 기체가 되어 날아가고 순은이 남게 된다.[46]

따라서 은은 채굴도 힘들지만 제련 또한 특별한 기술을 필요로 하였다.
이는 1637년 명나라 송응성의 저서에서 나온 내용이므로 고려시대 은
제련기술은 이보다 낮은 수준이었을 것이다. 그러면 은소를 살펴보자.

다음 기록 중 상당수는 은소로 기록되어 있으므로 은소로 지칭되지
않은 지명을 유추해 보자. 옥천 酸汁巖鄕(남10리)은 은소촌으로 이름이
바뀌었다고 한 것으로 보아[47] 이곳도 은이 생산되었는데 산집암향 주민들
의 노역으로 은이 채굴되었다고 판단된다. 우왕대에 보이는 은천소[48]를
충북 옥천이라고 추정하여 『新增東國輿地勝覽』 충청도 옥천 고적조에 있는

---

44) 류승주, 1993, 위의 책, 92~93쪽, 97쪽.
45) 『太宗實錄』 23, 12년 1월 14日 己亥.
46) 송응성 저, 최주 주역, 1997, 「제련」, 『천공개물』, 전통문화사, 305~311쪽.
47) 『新增東國輿地勝覽』 15, 忠淸道 沃川郡 古蹟, "酸汁巖鄕 군 남쪽 10리. 지금은 銀所村이라
고 일컫는다."
48) 『高麗史節要』 禑王 10년 8月, "倭 寇永同靑山安邑等縣及銀川所."

은천소를 은소촌으로 추정하는 견해도 있으나49) 확실하지 않다.

[표 2] 은생산지와 은소

지명	소	현재 지명	비고
황해도 곡주(곡산군)	赤谷所(서30)	수덕	『高麗史』 80, 賑恤 災免之制 高宗 33年 5月
수덕(수안군)	亇磨谷所(북15)	곡주	동상
충청도 청주목	楸子銀所	충북 진천군 백곡면 석현리	세지, 신증
	拜音銀所	청주	세지, 신증
청천현	新銀所	괴산군 청천면	신증
청산현	界銀川所(界銀所)	옥천군 청산면	세지, 신증
옥천군	酸汁巖鄕	남10리, 지금은 銀所村이라고 일컫는다	신증 옥천군 고적
전라도 함열현	道乃山銀所 (一名倉山所)	전북 익산시 용안면	충숙왕대 龍安縣으로 승격 『高麗史』, 신증
경상도 영주	梨旨銀所	경북 영천시 신녕면	『高麗史』 57, 지리 졸고천백, 세지 신녕현, 신증27 하양현
固城縣	鴨岾銀所	고성군	『慶尙道地理志』
상주목	銀尺所 鐥銀所(有化寧縣)	경북 상주시 함창읍 경북 상주시 화서면	함창현 西村에 넘어감 ; 세지, 신증28
강원도 정선현	皆也項, 入呑, 北坪 중 하나	皆也項(남60), 入呑(남20), 北坪 (북15, 정선군 북평면 북평리)	금소·은소·철소로 추정 『高麗史』 충렬왕 3년 2월

※ 세지 : 『世宗實錄地理志』, 신증 : 『新增東國輿地勝覽』

경상도지역의 은소로는 상주목, 永州, 고성에서 보인다.50) 그 외 밀양도호부의 경우, 속현인 守山縣(남40리)은 본래 穿山部曲(밀양군 하남면 수산리)으로, 고려 때 지금 이름으로 고쳐 현으로 하였는데 별호가 銀山이므로51) 천산부곡에서 은광석을 캐었으리라 추정하기도 한다.52) 그러나 조선초기에 밀양에서 철을 570근이나 공납하고 있어53) 밀양의 음곡소가 철소일

---

49) 리태영, 1998, 『조선광업사(1)』, 134쪽.

50) 서성호, 1997, 앞의 논문, 53쪽.

51) 『新增東國輿地勝覽』 26, 密陽都護府 古蹟.

52) 리태영, 1998, 앞의 책, 149쪽.

53) 『續慶尙道地理志』 密陽都護府.

가능성도 있다. 칠원현의 속현은 龜山縣으로서, 본래 省法部曲(경남 함안군 칠원면)이다. 이곳은 고려 때 현으로 승격하여 지금 명칭으로 고쳐 熊神縣에 예속시켰다가 뒤에 金州에 이속시켰는데 이 역시 銀山으로 불리므로 은이 생산되었을 가능성이 있다.54)

강원도 정선현에서 발견된 은광은 품질이 좋고 양이 풍부하여『高麗史』 세가와 오행지에 두 번이나 실려 있다. 이곳에서 고려 현종대에 은광이 발견되었다 하고55) 이곳에 皆也項所·入呑所·北坪所(정선군 북평군 북평리) 가 있었다는 것으로 보아 이들 중 하나가 은소였을 가능성이 높다.56) 정선군 은 산이 많고 지하자원이 풍부한 지역이므로 금이나 은, 철소로 추정하는 것은 무리가 없다고 판단된다.

2) 은의 채굴과 수취

소에서 납부해야 하는 공물의 양은 소단위로 정해졌지만 군현의 공물과 함께 납부하였다.57) 그러나 소에도 吏가 있었으므로58) 공물수취의 실질적 인 책임은 그들이 지고 있었을 것이다.59) 소는 물자의 특성에 따라 군현의 공물로서 납부하는 경우도 있고, 별공의 경우 중앙에 직접 공납하는 경우도

---

54)『新增東國興地勝覽』32, 慶尙道 漆原縣 ; 리태영, 1998, 앞의 책, 149쪽.

55)『高麗史』4, 顯宗 13年 5月 乙亥, "溟州上言 銀鑛出旌善縣."

56) 아직도 정선군 신동읍 조동리에는 철광 광산이 있다. 정선군의 화암동굴은 1922~1945 년까지 금을 캤던 천포광산 자리라고 한다. 정선의 광산물에 대해서는『조선광물지』 (昭和 16년, 조선총독부지질조사소 편, 삼성당)나『한국의 광물』(1977, 자원개발연구 소) 에 의하면 금·은·철 등 자원이 많았음을 보여주고 있다.

57) 박종진, 2000, 「조세제도의 구조」,『고려시기 재정운영과 조세제도』, 서울대출판부, 116쪽.

58)『新增東國興地勝覽』7, 京畿 驪州牧 古蹟 登神莊. 그러나 영주 이지은소의 경우 "현으로 승격되면서 읍사와 장리를 두었다"는 자료를 근거로 소는 읍사와 장리가 설치되지 않아 군현 운영에 포함되었다는 견해도 있다(윤경진, 2002, 「고려시기 소의 존재양태 에 대한 시론」,『한국중세사연구』13, 46~47쪽).

59) 안병우, 2002, 「재정구조의 성격」,『고려전기의 재정구조』, 391쪽.

있었다. 그러나 중앙에 직접 공납할 경우에도 각 지방관의 지시하에 납부하
였을 것이다. 은소는 은제련 기술자인 銀匠과 은광석을 캐거나 이를 제련하
는 데 필요한 柴木을 마련하는 은소민으로 분화되어 각자 맡은 일을 담당하
였다.60) 은 수취와 제련에 관한 기록을 보자.

F-1) 왕이 명령하여 서해도의 주, 군들이 전란의 피해를 입었다 하여 그
지방의 요역과 공세를 7년간 면제하고 또 곡주·수덕 두 곳에서 바치던
은을 5년간 면제하였다.61)

2) 고려에서 은이 많이 산출된다고 하니, 工人을 파견하여 근방의 백성들
이 제련하는 것을 도와 官府로 실어 보내게 하였다.62)

곡주에는 赤谷所가, 수덕에는 尒磨谷所가 있었던 것으로 보아 곡주·수덕
의 지방관이 은소민으로부터 은을 공납받아 중앙으로 납부한 것으로 보인
다. 따라서 곡주·수덕의 은 공납 면제는 곡주·수덕에 속해 있던 은소의
공납을 면제시켜준 것이라 볼 수 있다. 정부는 군현민에게는 요역과 특산물
을 7년간, 소는 은공을 5년간 면제시켜주었다. 국가가 상당히 파격적으로
면제시켜준 것 같지만 이 시기는 몽골의 침입으로 상당수 주민이 유리하였
으므로 남은 주민들을 농사나 은 채굴로 유도하기 위해 이 같은 조처를
내렸을 것이다.

원 간섭기에 들어서서 원은 工人을 파견하여 은광 부근의 백성들을
동원하여 제련하게 하였다. 은소민이 유리하여 고려의 은생산이 날로 줄어
들어 원의 기대에 미치지 못했으므로 원이 직접 공인까지 파견해서 은
제련을 독려한 것이다. 원은 2차 일본정벌이 실패로 끝나자 다시 8년 11월에

---

60) 전병무, 1992, 앞의 논문, 74~75쪽.
61) 『高麗史節要』16, 高宗 33年 5月, "制 以西海道州郡被兵 蠲徭貢七年 又減谷州樹德兩所
銀貢五年."
62) 『元史』15, 本紀 世祖 20年(1283, 高麗 忠烈王 9) 4月 癸酉 ; 『高麗史』30, 忠烈王
15年 7月 壬午.

3차 정벌을 계획하였다. 원이 고려에 관원을 파견하면서까지 은 제련을 독려한 것은 전쟁에 필요한 경비를 마련하고 대외무역의 결제수단으로서 많은 은이 필요했기 때문이다.

정부는 산출량, 품질 등을 평가하여 공안을 작성하고[63] 이를 근거로 군현단위로 공물을 수취하였다.[64] 따라서 은의 경우에도 다른 광산물과 같이 각 지역의 은을 지방관이 공납받아 중앙에 납부한 것으로 보인다. 그러나 국가나 국왕의 필요에 따라 걷는 별공의 경우에는 중앙에서 해당 소에 직접 관원을 파견하거나 공첩을 내려 수취하였다. 다음 기록을 보자.

> G-1) 김황원은 (宣宗代에) 右拾遺知制誥가 되었다. 얼마 있지 않아 외직으로 나가 京山府의 수령이 되었다. … 京山에 있은 지 2년 동안 훌륭한 정치를 하였으나 銀을 제대로 공납하지 못해 파면되었다.[65]
>
> 2) 內侍 劉邦義 秦得文 … 또 별공을 제정하여 金·銀·鍮銅으로 만든 器皿이 매우 많았다. 이로 말미암아 총애를 받아 차례를 넘어 관직에 제수되어도 言路를 맡은 자가 모두 왕의 뜻에 아부하여 한 사람도 直諫하는 자가 없었다.[66]
>
> 3) 또 군현에 公牒을 보내 戶마다 銀·紵·皮幣·油蜜을 거두고 竹木·花果에 이르기까지 모두 徵納하여 이를 內庫에 수송하니 勸農使는 6품이 되어 나간 지 몇 년이 못 되어 大官을 超拜하고 혹은 樞府에 올랐다. 이로 말미암아 권농사가 된 자는 다투어 가혹하게 취렴함을 일삼으니 군현은 날로 더욱 凋弊해졌다.[67]

---

63) 전병무, 1992, 앞의 논문, 73쪽 ; 『高麗史』 5, 文宗 17年 正月 戊申, "戊申 三司奏 翼嶺縣 及西北面成州田場地 産黃金 請附貢籍."

64) 이정신, 2007, 「고려시대 기와생산체제와 그 변화」, 『한국사학보』 29, 85~86쪽.

65) 『高麗史』 97, 列傳 金黃元, "擢爲右拾遺知制誥 未幾 出守京山府 … 在京山二年 多惠政 以貢銀品不中罷."

66) 『高麗史』 19, 毅宗 23年 2月 乙卯, "內侍劉邦義秦得文 … 又制別貢 金銀鍮銅器皿山積 由是得幸 不次除官 任言責者 皆阿上意 無一直諫者."

67) 『高麗史』 79, 食貨2 科斂 忠烈王 15年 3月, "又牒郡縣 戶斂銀紵皮幣油蜜 至於竹木花果 悉皆徵納 輸之內庫 勸農使 得六品而往者 不數年閒 超拜大官 或登樞府, 由是爲勸農使者

고려시대 지방관은 각 군현에 할당된 공물을 어떤 수단을 쓰든 그 액수를 채워야 했다. 宣宗대의 김황원은 종6품의 우습유 지제고로 있다가 지방관이 되어 경산으로 간 것으로 보아 그 직책이 知京山府使나 京山副使였던 것 같다.68) 그런데 善政에도 불구하고 은을 제대로 공납하지 못했다고 하여 바로 파면되었다는 것은 지방관이 해야 할 가장 중요한 역할이 공물을 제때에 바치는 것이었음을 다시금 확인시켜 준다. 지방관은 자신의 출세를 위해서는 무슨 수단을 써서라도 중앙의 요구를 충족시켜야만 했다. 이것이 은소 등 광업에 종사하는 주민들에 대한 수탈로 이어졌을 것이다.

그런데 경산부는 현종 9년 옥천군을 편입시키면서 은소도 경산부에 편입되었을 것인데69) 그럼에도 은을 제대로 바치지 못했다는 것은 소민들의 유리로 필요한 은을 생산하지 못했거나 지역 토호세력이 은소를 장악하고 있었기 때문일 수 있다. 경산부에 공부를 포탈할 수 있을 정도로 강력한 토호세력이라면 태조 왕건을 도와 후백제 공격에 앞정섰던 이총언을 들 수 있다. 이총언 집안은 고려 건국후 재경관인과 재지세력으로 분화되어 후자는 호장층을 세습하였는데70) 이들이 국가의 공물을 포탈할 정도로 강력한 세력을 가졌다고는 보이지 않으므로, 은소민의 이탈이 더욱 설득력이 있다고 판단된다.

2)·3)은 상공이 아닌 별공을 나타내는 자료나. 국가재정이 궁핍해지자 국왕은 왕실의 수요에 충당하기 위해 별도로 별공의 명목으로 수취하였다. 여기에서 별공 수취를 잘 이행했다고 하여 내시와 권농사가 승진하고

争以克聚斂爲事 郡縣日益凋弊."

68) 이진한, 2002, 「고려시대 수령직의 제수자격」, 『사총』 55, 37쪽 참조.

69) 나말여초의 전환기에 星州에는 李忩言이라는 대호족이 출현하여 인근의 중소 호족을 거느리고 군림했다. 그가 태조를 도와 후삼국 통일에 공을 세워 940년(태조 23)에 성주는 京山府로 승격되고 고령현에 귀속되었다. 1018년(현종 9) 지경산부사가 파견되어 若木縣·知禮縣·加利縣·花園縣·黃澗縣·八莒縣(칠곡)·金山郡·管城郡·安邑縣·陽山縣·利山縣·大丘郡·河濱縣·仁同縣(수동현) 등이 귀속되었다.

70) 이수건, 1984, 『한국중세사회사연구』, 일조각, 308쪽.

있다. 별공은 常貢과는 달리 국왕이나 국가의 필요에 따라 아무런 기준없이
함부로 수취하였음을 보여준다. 다음은 고려가 원 간섭기에 들어선 이후
국가차원에서 소를 승격시킨 자료다.

> H-1) 충숙왕 8년(1321)에 이 현의 道乃山銀所 사람인 伯顔夫介가 원나라에
>   가 있으면서 고려에 공을 세웠으므로 소를 龍安縣으로 승격시켰
>   다.[71]
> 2) 永州 梨旨銀所는 옛날에는 縣이었는데 중도에 邑人이 國命을 어겨
>   폐하여 籍民시키고 白金을 稅로 내는 銀所로 칭해진 지가 오래다.
>   이제 그 주민 중에서 邢壽와 也先不花가 어려서부터 중국 궁정에서
>   환관이 되어 공을 쌓아 그 공으로 본관을 승격시켜 다시 현으로(1335,
>   충숙왕 복위 4년) 삼았다.[72]
> 3) 대저 은이 산출되는 곳이라면 그곳 주민들의 공부를 면제해주고
>   은을 캐어 관청에 바치게 하며, 나라 사람들이 가지고 있는 은그릇은
>   모두 관청에 바치도록 명하여 은전을 만들어 돌려주고 아울러 5승포를
>   사용케 한다면 국가나 개인이 모두 편리할 것입니다.[73]

고려 숙종대에는 은병을 만들어 유통시킬 정도로 상업과 더불어 은생산
도 활발하였으며, 또한 국제교역에도 은이 고정화폐로 통용되었다. 이같이
교역 발달로 인한 은의 필요성은 은소민으로 하여금 더욱 많은 은을 생산하
도록 독려했을 것이다. 그러나 몽골과의 전쟁 과정에서 주민들이 유리하면
서 많은 은광이 폐쇄되었고 이때 상당수의 은소도 해체되었으리라 판단된
다. 그러나 은소가 완전히 해체된 것이 아님은 위의 기록에서 알 수 있다.
그런데 은소 중 현으로 승격된 사례는 모두 충숙왕대의 일이다. 이미

---

71) 『高麗史』 57, 地理2 全羅道 咸悅縣, "忠肅王八年 縣之道乃山銀所人伯顔夫介 在元有功於
   本國 陞所爲龍安縣."
72) 崔瀣, 『拙藁千百』 2, 永州梨旨銀所陞爲縣碑.
73) 『高麗史』 79, 食貨2 貨幣, "恭愍王 五年 九月 凡産銀之所 復其居民 令採納官 其國人所蓄銀
   器 悉令納官 鑄錢以與之 幷用五升布 則公私便矣."

몽골과의 전쟁기부터 소의 해체가 가속화되어, 국가도 이제 소의 해체를 인정하는 단계에서 적극적으로 해체하는 단계까지 나아가고 있었음을 보여준다. 국가가 이지은소를 현으로 승격시켜준 것은 원 황제의 환관으로서 공을 세운 것이 원인이라고 했지만 이보다는 은 공납이 제대로 이루어지지 않았던 것이 더 큰 이유였을 것이다.[74] 즉 고려후기에 들어서서는 은소민이 유리하여 은 채굴이 부진하자 이상 더 은소로서의 기능을 하지 못하게 된 데서 연유한다고 생각된다.

충렬왕 9년의 은병은 순은 가격과 1 : 2.5이며, 충숙왕 15년(1328)의 은병가치는 인종대와 비교했을 때 1/12.5 이하로 하락하였다.[75] 이는 은병에 구리가 많이 섞인 것이 원인인데 이같이 구리를 은병에 많이 사용할 수밖에 없었던 이유는 원과의 교역에서 지속적으로 은이 유출된 것 외에도 은소 해체로 인한 은광개발의 부진과 銀價 상승이 또 하나의 원인이었을 것이다. 또한 3)의 공민왕대에 간관은 은광 부근 주민에게 은 채굴의 대가로 공부를 면제해주자고 제의하였다. 이미 상당수 은광이 군현민에 의한 채굴로 바뀌었음을 보여주는데, 이는 은생산을 독려하기 위한 국가차원의 대응책이라고 판단된다.

4. 고려말의 금·은 채굴현황

여러 주현과 향 부곡 그리고 소에서 제때 공납을 하지 못했을 때 국가가 일정한 기간을 정하여 이전에 공납하지 못한 물자를 면제해주는 내용은 이미 예종대부터 나온다.[76] 그런데 의종은 금은 기명을 과도하게 수취하여 바친 자를 승진시킴으로써 백성들을 분노케 했다.[77] 특히 고려에서는 귀중

---

74) 이정신, 2006, 「고려시대 동의 사용현황과 동소」, 『한국사학보』 25, 168~169쪽.
75) 이경록, 2000, 「고려시대 은폐제도의 전개과정」, 『태동고전연구』 17, 8~10쪽.
76) 『高麗史』 80, 食貨 賑恤 恩免之制 睿宗 3年 2月.

품뿐 아니라 대외수출품, 그리고 불교의 융성에 따른 금탑[78]이나 불상의
주조로 많은 금이 소요되었는데 이는 전적으로 금소민의 공납에 힘입은
것이었다. 이 같은 실정이 결국 소민으로 하여금 금광이나 사금생산지를
떠나게 하였다. 소의 해체는 고려전기부터 국가의 과도한 수취에 반발하여
유망민이 나타나기는 했지만 중앙의 행정력이 지속적으로 미치지 못하던
몽골과의 전쟁기에 더욱 심각해졌다.『高麗史』高宗 33년 5월에 "서해도
州郡이 兵禍를 입었으니 요역과 공물을 7년 동안 감면하고 또 谷州·樹德의
소 銀貢을 5년 동안 減하라"[79]고 하였다고 하는데, 사실 서해도지역의
은소는 몽골군 침략으로 주민들이 이산하여 사실상 공납이 불가능한 실정이
었다. 이는 은뿐만 아니라 금도 마찬가지였을 것이다.

고려시대에는 금·은 세공품을 만들기 위한 관서로서 장야서가 있어
물자를 만들어 대외수출품, 그리고 왕실이나 귀족의 장신구로 사용하였다.
그리고 요나 송·금에 조공 명목으로 물자를 보낼 때에도 주로 금이나
은으로 만든 장식품을 보내었다. 고려에서 요에 수출되던 금제품으로는
金器, 金鋤鑼, 金鞍轡馬 등이 보이며[80] 靖宗대 김원충이 가져간 품목도
金吸瓶·銀藥瓶과 같은 형태였다.[81] 금과의 무역에서는 금은제품으로 金印
만 보인다.[82] 송의 경우에는 金腰帶, 金束帶, 金盤盞, 金注子, 金鋤鑼, 金花銀
器[83]가 있으며, 또한 금 100냥, 은 1,000냥 등[84] 가공되지 않은 형태로
보내는 경우도 있으나 대부분은 가공된 제품이었다.[85]

77)『高麗史』19, 毅宗 23年 2月 乙卯.
78)『高麗史』9, 世家 文宗 32年(1078) 7月, "是月 興王寺金塔成 以銀爲裏 金爲表 銀四百二十七
斤 金一百四十四斤."
79)『高麗史』79, 食貨 災免之制.
80) 葉隆禮,『契丹國志』21, 外國貢進禮物 新羅國貢進物件.
81)『高麗史』6, 世家 靖宗 4年 7月 甲寅.
82)『高麗史』17, 世家 仁宗 20年 5月 庚戌.
83)『高麗史』9, 文宗 34年 7月 癸亥.
84)『宋史』487, 列傳246 高麗傳 紹興 2年(仁宗 10) 閏4月.
85) 이정희, 1997,「고려전기 대요무역」,『지역과역사』4, 30쪽 ; 이진한, 2010,「고려시대의

몽골에 보낸 물품으로는 고종 18년 12월 경자에 황금 70근과 백금 1300근을 보내고 황금 12근 8냥·여러 金酒器 7근·白銀 29근·여러 銀酒食器 437근·은병 116口·銀渡金腰帶·金飾鞍子具馬 1필을 撒禮塔에게, 또 금 49근 5냥·은 341근·銀酒器 1080斤·銀瓶 120口 등의 예물을 그 妻子와 麾下將佐·14官人에게 준 기록이 보인다. 특히 몽골의 기록은 몇 근임을 명시하여 금은 제품보다는 금은 자체를 중시하고 있음을 보여준다. 고려의 송·요·금과의 관계는 주로 교역이었지만, 몽골의 경우는 고려가 일방적으로 바쳐야만 했다. 원 간섭기에 들어선 이후에도 몽골은 계속 금은을 요구하였다. 다음 기록을 보자.

I -1) 도당이 行省에 글을 올려 이르기를, "살펴보건대 쌍성 三撒(北靑) 등의 땅은 본래 본국 영토로서 북쪽으로 伊板領(摩天嶺)이 경계로 되어 있습니다. 그러나 關防을 상실함에 따라 여진인들이 무리지어 주현의 관리를 모조리 죽이고 토지와 인민을 차지한 후 제멋대로 採金戶計라 불렀습니다. 그 후 和州를 雙城으로 고치고 총관부와 천호소를 설치하게 되자 … 쌍성 등의 땅에서 해마다 마련하여 바치는 금 등의 물품은 본국이 독자적으로 청렴하고 재능있는 사람에게 맡겨 채납을 독려할 것입니다. 趙小生 卓都卿이 採金을 이유로 망녕되이 허위 사실을 날조하여 遼陽行省에 무고힐까 두렵습니다.[86]

　2) 判事 朱悅에게 명하여 원나라 사신을 동반하여 南方에서 금을 캐게 하였다.[87]

　3) 이 해에 前軍器注簿 洪宗老가 아들 洪仁伯의 죄를 용서받기 위해 達魯花赤에게 말하기를, "금이 나는 곳을 많이 안다" 하였다. 國學直講

　　　무역」, 『한국무역의 역사』, 청아출판사, 258쪽.
86) 『高麗史』 39, 恭愍王 6年 8月 戊午, "都堂呈行省書曰 照得雙城三撒等處 元是本國地面 北至伊板爲界 在先 因失關防 致被女眞人衆 盡殺州縣官吏 就得地土人民 擅自稱爲採金戶 計 及將和州 更名雙城 設置摠管府千戶所 … 雙城等處 年例辦納金子等物 本國自委廉幹人 員 臨督採納 恐趙小生卓都卿 指以採金爲由 妄捏虛事 赴告遼陽行省."
87) 『高麗史』 27, 元宗 14年 5月 己卯, "命判事朱悅伴元使 採金于南方."

최양을 보내 洪宗老를 데리고 洪州, 稷山, 旌善에서 캤는데 백성 11,446
명을 70일 동안 동원하여 7兩 9分을 얻었다.[88]

위의 I-1) 기록은 쌍성총관부에서도 금을 바쳤음을 보여준다. 공민왕이
원 지배를 벗어난 후 쌍성총관부의 영역을 고려 소유로 묵인해준다면
이전까지 쌍성총관부에서 바치던 금을 고려가 바칠 것이라고 약속하고
있는데, 이는 원에 경쟁적으로 공납을 약속하는 고려정부와 쌍성총관부의
처지를 잘 보여준다. 2)와 3)은 원에서 직접 관원을 파견하거나 다루가치를
내세워 금채굴에 관여하였음을 보여주는데 성과는 미미하였다. 원은 고려
가 바치는 금의 양이 줄어들자 고려를 의심했던 것 같다. 고려정부는 고려의
금생산이 부진함을 확인시키기 위해 원에서 파견한 관원을 동행하고 직접
현장을 가게 하였다. 충혜왕대에 가서 왕이 布와 金·銀·鈔를 가지고
원과 무역한 기록도 보이지만[89] 이미 원 간섭기에 들어서면 금소·은소가
해체되어 국가가 수취할 수 있는 금·은의 양은 상당히 줄어들었다. 그러나
무엇보다도 일방적으로 원에 바치기만 하던 종속관계가 금·은의 결핍현상
을 더욱 심화시켰을 것이다. 특히 원은 은을 대외무역의 결제수단으로
삼았으므로 은이 부족해지자 국내에는 包銀制度로 대처하고, 고려에는
과중한 공물을 요구하였다.[90]

충렬왕대 홍자번은 고려에 금은이 산출되는 곳이 없다고 하였으며,[91]
공양왕대에도 은과 구리가 고려에서는 산출되지 않는다고 하여[92] 고려는

88) 『高麗史』 28, 忠烈王 3年 12月, "是歲 前軍器注簿洪宗老 欲貫其子仁伯罪 說達魯花赤以謂
多識産金處 於是 遣國學直講崔 率宗老 採金于洪州稷山旌善 役民一萬一千四百四十六名
七十日 得七兩九分."
89) 『高麗史』 36, 忠惠王 3年 2月.
90) 이종봉, 2001, 「衡制와 量制의 변화」, 『韓國中世度量衡制硏究』, 혜안, 213쪽 ; 전병무,
1992, 「고려시대 은유통과 은소」, 『한국사연구』 78, 95쪽.
91) 『高麗史』 79, 食貨 貨幣 忠烈王 22年 5月, "中贊洪子藩上書, 國用金銀爲重, 而無出處."
92) 『高麗史』 79, 食貨 貨幣 恭讓王 3年 7月, "銀銅 旣非本國所産."

대외교역에서 금은을 제외시키려고 노력하였다. 그리고 공민왕 31년(1381)에 兩府부터 6품에 이르기까지 금·은을 바치게 하여 鑄錢 후 다시 돌려준점, 『三峰集』에 금은 채취제도가 모두 폐지되었다고 한 것93)은 금소·은소의 해체에 따라 국가의 광산물 수급이 불안정해졌음을 보여준다. 그러나 국가가 수취할 수 있는 양이 줄어들었을 뿐 개별적인 사채나 잠채는 늘어났으리라 보인다. 충렬왕 원년에 국가에 은을 내면 관직을 주는 納贖補官制94)가 시행된 것이나, 공양왕대에 고려상인들이 요양·심양에서 우마·금·은·저포·마포를 교역하고 있는 기록을 통해서 이를 짐작할 수 있다.95)

그런데 원이 망하고 명이 들어선 후에도 명은 고려에 더 많은 금과 은을 요구하여 고려정부는 큰 곤욕을 치러야 했다. 금의 수급부족에 대한 불안감은 원 간섭기가 아니라 오히려 명이 들어선 이후 더욱 심각해졌다.96) 조선시대에 들어와서의 금광개발은 태조대부터 보인다. 태조 7년 5월에는 田希吉을 시켜 端州에서 금을 캐게 하였더니 군인 80명이 사역하여 9일 만에 4돈을 바쳤다97)는 기록이 있다. 정부는 금은의 수매를 원활히 하기 위해 시가의 두 배에 달하는 수매가를 책정해 놓았는데98) 이로 인해 자진납부하는 경우도 있었다. 예컨대 태종 8년(1408) 7월에는 공주민 安夫介가 강변에서 습득한 것이라며 은 19량을 헌납하자 정부가 값에 맞추어 賞을 내렸고99) 세종 6년(1424) 7월에는 咸陽人 姜松이 은 4근을 경상도감사를

---

93) 『三峰集』 13, 朝鮮徑國典 上, 賦典 金銀珠玉銅鐵, "前朝有金銀所 官爲採之 國家凡産鐵之 處 每置鐵場 官集丁夫鑄冶之 民所鑄冶則不課焉 而採金銀之法 今皆廢矣."

94) 『高麗史』 80, 食貨 賑恤 納粟補官制.

95) 『高麗史』 46, 恭讓王 3年 5月 己酉, "以軍資少尹安魯生 爲西北面察訪別監 禁互市上國者 初商賈之徒 將牛馬金銀苧麻布 往遼瀋買賣者甚衆 國家雖禁之 未有著令 邊吏又不嚴禁 往來興販 絡繹於道."

96) 『高麗史』 134, 列傳47 辛禑 5年(1379) 3月, 10月, 辛禑 8年(1382) 4月, 辛禑 10年(1384) 閏10月.

97) 『太祖實錄』 14, 7年(1398) 5月 26日 壬申.

98) 유승주, 1993, 앞의 책, 70쪽.

99) 『太宗實錄』 16, 8年 7月 己未, "公州民安夫介獻銀十九兩 夫介因家財漂流 沿水涯尋覓

통해 헌납하자 국고미로써 이를 보상하였다.[100]

정부가 금은광의 개발을 시도한 것은 태조 7년(1398)이었다. 이 무렵은 斂鐵法과 철장제에 대한 농민들의 불만이 고조될 때였다. 정부에 의한 금·은 광산의 개발은 농민들에게 또 다른 부역을 강요하게 되어 농민과 지방관의 저항을 가져왔다. 이에 따라 정부는 포상제를 강화하여 일정한 성과를 거두었다. 태종 이후부터는 한편으로는 금은 광산을 탐사하기 위해 채방사를 파견하고 다른 한편으로 조선에는 금이 생산되지 않으므로 다른 물자로 대체하겠다는 의사를 명에 전하였다. 명이 금·은 세공을 감면하자 정부는 금·은광의 채굴을 당분간 중단하였다가 세종 20년에 다시 재개하였다. 정부는 주로 금광에 치중하였는데, 이유는 국내에 은의 보유량이 풍부하여 정부가 언제든지 수매할 수 있었다는 사실[101]과 금광이 거의 사금광인데 비해 은광은 석광이어서 부역농민의 피역저항이 더 컸기 때문이라고 판단된다.

5. 맺음말

금과 은은 아름다운 색깔과 광채, 손쉬운 가공법 등의 특징으로 인해 인류의 오랜 역사 속에서 장신구나 장식품, 화폐 등 부와 권위의 척도로서 이용되어 왔다. 이 같은 금과 은의 채굴은 고려시대의 경우, 금생산이 금광의 채굴보다는 사금채취를 주로 하였다. 따라서 금소의 상당수는 사금생산이 수월한 강가에 위치하고 있었다. 금·은의 생산지역은 충청도, 경상도, 강원도, 전라도 각지에 존재하였으며 정부는 이들의 안정적인 확보를

得銀以獻 命準直賞給."

100) 『世宗實錄』 25, 6年 7月 癸巳, "慶尙道監司進白銀四觔 乃咸陽人姜松所得也 命以國庫米量宜價之."

101) 유승주, 1993, 앞의 책, 82쪽.

위해 소를 설치하여 그 생산을 담당하게 했다. 금이 주로 강가에서 사금을 채취했다면, 은의 경우는 석광이므로 광산을 통해 채취하여 더욱 힘든 노역이 수반되었다고 판단된다. 국가에서는 일정한 액수를 정해 놓고 만일 이를 달성하지 못하면 즉시 지방관을 파면하였다.

주요 금소로는 홍주목의 옥사금소, 대흥현의 거변소, 가림현의 금소 등을 들 수 있으며 은소는 곡주의 적곡소, 청주목의 추자은소·배음은소, 고성현의 압점은소 등이 있다.

금과 은은 왕실과 귀족들의 귀중품으로서의 역할뿐 아니라 대외수출품으로서도 주요한 기능을 담당했으므로 국가에서는 금·은 소민에게 常貢뿐 아니라 別貢의 형식으로 과중하게 부과시켰다. 이 부담을 이기지 못하여 이미 고려전기부터 소민의 유리현상이 나타나기 시작하여 몽골과의 전쟁기에는 상당수가 해체되었다. 그러므로 원 간섭기에 들어서면 금소·은소가 해체됨에 따라 국가가 수취할 수 있는 금·은의 양은 상당히 줄어들었다고 판단된다. 그러나 무엇보다도 일방적으로 원에 바치기만 하는 종속관계가 금·은의 결핍현상을 더욱 심화시켰다. 더욱이 원은 고려가 요구한 액수만큼 공납하지 못하면 직접 기술자를 파견해서 주변 주민들을 동원하여 채굴하기도 했다.

충렬왕대에 정부가 원과의 교역에서 금·은을 제외시키려고 하였으며, 『三峰集』에 금·은 채취제도가 모두 폐지되었다고 한 것은 금소·은소의 해체에 따라 광산물의 수급이 불안정해졌음을 보여준다. 그런데 원이 망하고 명이 들어섬에 따라 명은 고려에 더 많은 금과 은을 요구하여 고려는 큰 곤욕을 치르게 되었다. 금의 수급 부족에 대한 불안감은 원 간섭기가 아닌 오히려 명이 들어선 후에 더욱 심각해졌으며, 이는 고려에 이어 조선시대에도 정부의 주요 현안이 되었다.

제2장 구리의 생산체제와 동소

1. 머리말

우리나라에서 동광업의 기원은 금·은과 더불어 긴 역사를 지니고 있으니, 이미 기원전 1천년경부터 청동기가 나타나기 시작하였다. 이어 삼국시대로 들어서면서 장신구·馬具 중에 금동제품이 나타나며, 신라통일기에는 거대한 불상·범종 및 기타 佛具類 등이 동이나 청동으로 제작되었음을 볼 수 있다. 고려 역시 다양한 佛具類와 더불어 민간의 식기가 동으로 만들어졌으며, 상업의 발달과 함께 동전도 만들어졌다. 『新增東國輿地勝覽』에 의하면 "다섯 가지 금속 중 동이 가장 많이 생산되는데 단단하고 또 빛깔이 붉다. 밥그릇과 수저는 다 이것으로 만드니, 중국에서 말하는 高麗銅이 이것이다"[1]라고 하였다.

이에 따라 대외교역에도 동과 동제품은 필수적이었으니, 후주·거란·송·금·원 등 여러 나라와의 동 교역이 보인다. 동은 무른 금속이므로 농기구나 무기를 만들기에는 적당하지 않지만 청동합금은 동에 비해 견고하며 녹이 쓸지 않아 무기는 물론 장식품을 만드는 데 아주 적합하다. 이같이 수요가 다양한 동은 어떻게 채굴하여 제련했는지 그 과정을 살피고자 한다. 그리고 고려시대 동의 생산지역과 동소를 살펴보고, 소 체제가 무너지는 후기에는

---

1) 『新增東國輿地勝覽』 1, 京都 上.

동의 생산체제가 어떤 형태로 변화되었는지 살펴보려고 한다.

고려시대 소에 관해서는 많은 논문이 있으나 동소에 대한 연구는 없는 실정이다.[2] 이는 유물·유적은 물론이고 문헌자료조차 제대로 남아 있지 않아 접근하기 어려운 것이 가장 큰 요인일 것이다. 그러나 고려시대 광산물 중 철소·은소에 관한 자료는 일부 남아 있는 만큼 이를 통해 유추해 보는 것도 한 방법일 것이다. 여기에서는 일단 시론적 입장에서 고려시대 동의 사용현황과 동소의 존재형태 등을 규명하고자 한다.

2. 구리의 종류와 사용실태

『世宗實錄地理志』나 『新增東國輿地勝覽』에 나타난 銅을 보면 대다수가 自然銅이나 그 외에도 銅鐵, 銅石, 赤銅, 白銅 등이 나온다.

자연동은 청황색으로, 제련을 거치지 않고 그대로 쓸 수 있는 광석인데 양이 많지 않으며 주로 약재로 쓰였다. 약재로 쓰이는 자연동은 황철광으로서 산골이라고 하는데 주로 골절상, 진통제, 어혈 등에 쓰인다고 한다.[3] 『世宗實錄地理志』에 의하면 자연동의 산지는 충청이 9곳(연기·공주·연산·진잠·예산·대흥·청양·음성·영동), 전라 7곳(진원·영광·당진·해남·순창·

2) 소 전반에 관해 참조할 글은 北村秀人, 1969, 「高麗時代の'所'制度について」, 『朝鮮學報』 50, 朝鮮學會 ; 金炫榮, 1986, 「고려시기의 所에 대한 재검토」, 『韓國史論』 15, 서울대 국사학과 ; 朴宗基, 1990, 『高麗時代 部曲制研究』, 서울대출판부 ; 서성호, 1992, 「고려전기 지배체제와 공장」, 『한국사론』 27 ; 윤경진, 2002, 「고려시기 소의 존재양태에 대한 시론」, 『한국중세사연구』 13.
　　구체적인 소를 거론한 논문으로는 서명희, 1990, 「高麗時代 '鐵所'에 대한 研究」, 『韓國史研究』 69, 韓國史研究會 ; 田炳武, 1992, 「高麗時代 銀流通과 銀所」, 『韓國史研究』 78 ; 이정신, 1998, 「高麗時代 종이의 생산 실태와 紙所」, 『韓國史學報』 5, 高麗史學會 ; 이정신, 1998, 「高麗時代의 漁業實態와 漁梁所」, 『韓國史學報』 3·4 ; 金琪燮, 1999, 「高麗時期 所의 입지와 기능에 관한 試論」, 『한국중세사연구』 7, 한국중세사학회 ; 李貞信, 1999, 「고려시대 茶생산과 茶所」, 『한국중세사연구』 6 등이 있다.
3) 『朝鮮王朝實錄』(학술DB 의학 상약채취원령).

창평·흥양), 평안도는 삼등, 경상도는 고성에 있다. 그러나 자연동이 생산된 다고 하여 반드시 동이 量産되는 것은 아니다. 동철광에 비해 약재로 쓰이는 자연동은 많은 양이 필요하지 않기 때문이다. 그러므로 자연동 산지라 하더라도 생산되는 양과 투입되는 노동력 등 경제성을 고려하여 동광이 개설되지 않을 수도 있다.

銅石(黃銅石)은 구리가 들어 있는 광물, 즉 銅鑛으로서 아직 동을 추출하기 이전의 원석을 말한다. 銅鐵은 동과 철이 아니라 동석에서 추출된 동원료를 의미한다. 赤銅은 석이 10% 미만인 석청동으로서 일반적인 동을 말한다. 『新增東國輿地勝覽』에 의하면 고려동은 단단하고 빛깔이 붉어 밥그릇과 수저는 다 이것으로 만든다고 하였는데[4] 여기서 말하는 고려동은 적동을 가리킨다. 白銅은 동·니켈 합금이 아니라 27~32%의 석이 들어 있는 석청동 이거나 석이 적게 든 청동에다 연, 아연 등을 약간씩 섞어 합금한 청동을 말한다. 동을 기본 원료로 하면서 석이 27~32% 정도 들어가면 용해하기 쉽고 주조성이 높으며 색깔은 은백색인 백동이 되는데, 주로 공예품 주조에 많이 이용된다.[5]

그 외에 鍮鉐은 금·은 다음으로 귀중한 것으로 『三國史記』에는 그 순서가 금－은－유석－동－납으로 되어 있다.[6] 아연광석에서 금속아연을 제련하 는 기술은 인도에서 12세기, 중국은 북송(960~1126) 때 비로소 사용되었다 고 한다. 고려 이전의 유석이라면 동에 아연 대신 주석이나 노감석(탄산아연, 菱亞鉛鑛)을 섞어 만든 것이다.[7] 동과 아연을 결합하여 만든 놋쇠(유석)는

---

4) 『新增東國輿地勝覽』1, 京都 上.

5) 리태영, 1991, 『조선광업사』, 백산자료원, 211쪽.

6) 『三國史記』33, 志2 屋舍.

7) 노감석은 菱亞鉛鑛($ZnCO_3$)으로서 300°C에서 분해하여 산화아연(ZnO)과 이산화탄소 가스(CO_2)로 분해한다. 중국에서는 11세기에 금속 아연이 나타날 때까지는 노감석으 로 구리에다 아연을 첨가하여 황동을 만들었다(송응성, 1997, 『천공개물』, 전통문화 사, 318쪽 주1) 참조). 따라서 노감석은 아연의 원광이라고 할 수 있다(『한국민족대백 과사전』구리).

12세기 이후에 나온 것으로 보인다.[8)]

고려시대 掌治署에 배속된 장인이 백동장·적동장인 것으로 보아 동을 백동과 적동으로 나누어 수취하였음을 알 수 있다. 고려정부가 각지에서 거두어들인 동의 상당수는 장야서에 공납되며 장야서에 배속된 장인들에 의해 정부나 왕실에서 필요한 물자가 생산되었다. 그러면 동의 사용현황을 살펴보자.

첫째, 동은 외국과의 교역에서 금·은에 이어 중요한 위치를 차지하였다.

A-1) 이 해에 周가 尙書水部員外郎 韓彦卿과 尙輦奉御 金彦英을 보내어 비단 수천 필을 가지고 와서 동과 교역하고자 하였다.[9)]

2) 광종 10년 겨울에 사신을 周에 보내어 동 5만 근, 紫水精·白水精 2,000개를 바쳤다.[10)]

3) 몽골이 按脫孛撤兒와 예부시랑 劉憲과 접반사 康和尙 등을 보내 鶻子(매)와 好銅(2만 근)을 요구하였다. 우리나라에서는 호동이 赤銅인지 물으니, 답하기를 호동은 놋쇠[鍮鉐]라 하였다. 이에 재추에서 6품에 이르기까지 놋쇠를 차등있게 거두었다.[11)]

4) 예부낭중 高汭를 몽골에 보내 매 20마리와 호동 612근과 황지, 백지 각각 100장을 보냈다.[12)]

고려는 광종 때 후주와 동을 교역하였다. 광종 9년에 후주 세종이 동전 만들 재료를 확보하기 위해[13)] 비단 수천 필을 가지고 와서 고려에 동을

8) 노태천, 1998,「한국고대 청동기에 포함된 아연성분에 대하여」,『한국고대사연구』 13.

9)『高麗史』2, 世家2 光宗 9年 5月, "是歲 周遣尙書水部員外郎韓彦卿尙輦奉御金彦英 賚帛數千匹 來市銅."

10)『高麗史』2, 世家2 光宗 10年, "冬 遣使如周 獻銅五萬斤紫白水精各二千顆."

11)『高麗史』25, 世家25 元宗 3年 9月 庚午, "庚午 蒙古遣按脫徹兒 禮部侍郎劉憲 接伴使康和尙等來 索鶻子及好銅 我國以好銅 疑是赤銅 問於憲 答曰 好銅者鍮鉐也 於是 令宰樞至六品 收鍮鉐有差."

12)『高麗史』25, 世家25 元宗 3年 9月 庚辰.

요청하자 그 이듬해에 고려가 동 5만 근을 수출하였다고 한다. 고려가
각 州·府에서 거두어들이는 歲貢이 金 10兩, 銀 2斤, 철 200근, 동 50근이었다
고 한다.14) 고려시대에 지표의 노두 부근의 자연동이나 품위가 4~5%인
동광석으로 동 1t을 생산하려면 60t의 광물을 채굴해야 하는데15) 동 5만
근을 생산하기 위해서는 1,800t의 동광석을 채굴해야 했을 것이다.

이것으로 미루어 보건대 고려는 5만 근이나 되는 구리를 수출할 정도의
물량은 보유하지 못했을 것이다. 위의 靖宗代의 기사에서 보는 바와 같이
고려가 각 지방에 요구한 동이나 금은의 수량이 너무 적다고 하여 이를
官에서 自力으로 조달하는 官備貢物로 추정하기도 하지만16) 별공으로 보아
야 할 것이다. 그럼에도 광종대의 수출물량은 생산량에 비해 지나친 감이
있다. 이는 당시 고려 내부의 정치적 상황에서 추정할 수밖에 없다.

광종은 왕권을 확립하는 과정에서 후주를 이용하려 한 것 같다. 즉 노비안
검법, 과거제도를 시행하면서 호족세력과 맞서는 과정에서, 바깥에서 적극
적으로 지원해줄 우군을 필요로 했던 광종은 후주를 택하여 연호를 사용하
고 구리를 수출했다고 판단된다. 고려전기에 철불이나 철전이 많이 나오는
것은 광종대의 과도한 동 수출로 인한 구리의 고갈과 관련있으리라 판단된
다.

광종 이후 외국과의 교역에는 동보다는 동제품이 주로 수출되었다. 기록
에 의하면 거란과의 교역 때 동기 등 동제품 일천 근을 수출하였으며17)

---

13) 『新五代史』周 本紀12 世宗 顯德 5年 7月 乙酉, "水部員外郎韓彦卿市銅于高麗" ; 『新五代
    史』附錄74, 四夷附錄3 高麗, "周世宗時 遣尙書水部員外郎韓彦卿 以帛數千匹 市銅於高
    麗 以鑄錢" ; 이용범, 1988, 「金代의 女眞과 그 生活」, 『中世 滿洲·蒙古史의 硏究』,
    동화출판공사.
14) 『高麗史』78, 食貨1 租稅 靖宗 7年 正月.
15) 최상준, 1994, 『조선기술발전사』, 과학백과사전종합출판사, 16쪽.
16) 姜晉哲, 1980, 『高麗土地制度史硏究』, 고려대출판부, 268쪽 ; 서성호, 1992, 「고려전기
    支配體制와 工匠」, 『韓國史論』27, 112쪽 주)100.
17) 『契丹國志』21, 外國貢進禮物.

송의 경우에도 사신들이 高麗銅器를 입수하려고 노력하였으며, 금나라
사신도 銅器를 선호하였다고 한다.[18] 고려전기에는 동기 제작기술이 발달
하여 동제품이 모두 수출품으로 이용되었던 것이다. 동제품의 수출 또한
구리 생산자의 과중한 공납을 요구하는 것이므로 고려초기부터 동소민의
고통이 심했을 것은 자명하다.

위의 3)에서 원이 호동을 요구하자 고려가 호동이 무엇인지를 물어 이것이
유석임을 알고는 6품 이상 관원들에게서 거두어 원에 보냈다고 한다. 당시
고려는 전쟁이 끝난 지 얼마 되지 않아 채굴과 제련이 정상적으로 이루어지
지 못해 아직 많은 양의 동이나 유석을 생산할 수 없었다고 판단된다.
따라서 원이 2만 근을 요구하자 관원들에게서 과렴 형태로 부랴부랴 유기를
걷어 612근을 보냈던 것이다. 원에 요구액의 3%만 보낸 것은 몽골에 항복한
이후에도 고려가 결코 고분고분하게 굽히지 않았음을 보여주는 것이기도
하지만 그보다는 유석 부족이 심각했기 때문일 것이다. 이후 원이 고려에
구리를 요구한 기록은 보이지 않는다. 원이 구리가 부족한 고려의 실정을
알았기 때문이 아닌가 생각한다.

둘째 구리로 동전을 만들었을 뿐 아니라 동 자체가 화폐의 기능을 하였다.
숙종은 은병을 주조하면서 동을 섞지 못하도록 경고하였으며 충렬왕도
쇄은에 동을 섞는 것을 금지시켰다.[19] 동은 금과 은에 비해 비교적 값이
저렴하여 은병을 만들 때 불법적으로 구리를 섞는 일로 종종 말썽이 되었기
때문이다. 초기단계의 은병은 교환용이라기보다는 신분과시용적인 성향이
강하였다. 또한 은병 1개가 布 100필에 해당하는 고액이어서 교역에 사용되
기보다는 부유층의 장식용으로 이용되었다. 이에 따라 고려후기에 가서는
실질적인 교환의 필요성에서 소은병이나 쇄은이 나오게 되었다. 그러나
은이나 쇄은에 비해 교역에 더욱 도움을 준 것은 동이었으며, 범죄를 저질렀

---

18) 『金史』48, 志29 食貨3 章宗 明昌 5年 3月, "又諭指有司 凡使高麗還者 所得銅器 令盡買之."
19) 『高麗史』79, 食貨2 貨幣 肅宗 6年 6月과 忠烈王 13年 4月.

을 때 동으로 배상할 수도 있었다.[20]

셋째, 구리로 그릇 등 생활필수품을 만들었다. 다음 기록을 보자.

B-1) 물이나 쌀 등 먹을 것, 마실 것은 모두 구리 항아리에 저장하는데 어깨로 맬 수 없으면 머리 위에 인다. 항아리 양쪽에는 귀가 달려 있어 한 손으로 잡은 채 옷을 추스르며 다니는데 등에는 아기도 업고 있다.[21]

2) 충렬왕 22년 5월에 중찬 홍자번이 便民事를 조목별로 상서하기를, "근래에 많은 銅匠이 외방에 머무니 무릇 주현의 관리 및 명을 전달하는 吏屬이 다투어 유동을 거두어 器皿을 만듭니다. 그러므로 백성들의 그릇이 날이 갈수록 줄어드니 마땅히 工匠으로 하여금 기한을 정해 수도로 돌아오게 하소서"라고 하였다.[22]

1015년(현종 6) 송에 사신으로 갔던 곽원은 고려 민간에서의 그릇은 모두 구리로 만들었다고 했으며[23] 서긍은 항아리를 머리에 이고 아기를 업고 가는 부녀자의 기록을 통해 고려에서 동제품이 일상적으로 사용되었음을 보여준다. 동은 도자기에 비해 가볍고 깨지지 않는 장점을 가지고 있었다.

고려후기에 가서야 일상화된 유동을 재료로 하여 만든 유기그릇은 선풍적인 인기를 얻었다. 그리하여 충렬왕대에는 지방에서도 수요가 공급을 따르지 못해 중앙에 있던 상당수 장인들이 지방으로 옮겨갈 정도였다.

---

20) 『高麗史』 84, 刑法1 名例 笞刑, "一十折杖七贖銅一斤 二十折杖七贖銅二斤 三十折杖八贖銅三斤 四十折杖九贖銅四斤 五十折杖十贖銅五斤" ; 『高麗史』 88, 列傳1 后妃 穆宗, "穆宗命罰金氏 銅一百斤 流藺卿諾于外 聞者皆賀."

21) 徐兢, 『高麗圖經』 20, 婦人 戴, "水米飮歠 並貯銅罌 不以肩舁 加於頂上 罍有二耳 一手扶持攝衣而行 背負其子."

22) 『高麗史』 84, 刑法1 職制, "(忠烈王) 二十二年 五月 中贊洪子藩 條上便民事 一近有鍮銅匠多居外方 凡州縣官吏 及使命人員 爭斂鍮銅 以爲器皿 故民戶之器 日以耗損 宜令工匠立限還京."

23) 『宋史』 487, 列傳246 外國3 高麗.

위의 글은 지방관리와 吏屬이 백성들의 유동을 거두어 工匠으로 하여금 기물을 만들게 하여 私利를 추구하고 있음을 보여준다.[24] 유기장이 지방에 머무르는 가장 큰 이유는 중앙의 수탈을 피하기 위해서라고 보이지만 한편으로는 지방 또한 유기 수요가 증대하여 유기장이 개인적으로 물자를 만들어 생활을 할 수 있을 정도였기 때문이다. 그런데 각지에서 유기 제작을 통한 이익이 증대되자 지방관과 이속들이 다투어 백성들의 그릇을 빼앗아 工匠에게 다시 만들게 하고 그 이익을 챙기는 과정에서 원성이 높아졌다. 다음은 소금과 철에 관한 기사지만 이것으로 동의 소유형태도 추정할 수 있을 것이다.

C. 도당에서 아뢰기를 "鹽鐵은 나라에서 부과하는 稅 가운데서 큰 것인데, 우리나라에서 철은 모두 개인이 사사로이 운영하고 관청에서 아직 이에 관한 법을 세우지도 못했습니다. 이에 冶官과 鐵戶를 두되 한결같이 鹽法과 같이하여 국용을 마련하도록 합시다"라고 하였더니 왕이 이 제의를 좇았으나 그 일은 끝내 실행되지 못하였다.[25]

위 기사는 소금과 철의 생산지가 권력층에게 점유되어 철에 대한 국가의 지배 시도가 제대로 시행되지 못했음을 보여준다. 철의 생산에서 미루어 볼 때 같은 광산물인 동도 마찬가지였으리라 생각되지만 이에 관한 자료는 찾기 어렵다. 다만 동소가 편입되었다면 가장 가능성이 많은 곳은 사원이다. 사원이 불상과 종 등을 만드는 데 가장 중요한 원료가 동이었기 때문이다.

동으로 만든 현존하는 佛像을 살펴보면 불국사 금동아미타여래좌상, 불국사 금동약사여래입상, 백률사 금동약사여래입상 정도가 150cm를 넘을 뿐 나머지는 30cm 이내의 불상이 대다수다. 고려의 경우, 전기부터 주로 규모가 큰 철불이 성행하였으며 금동불은 癸酉銘靑銅神將立像(40.9cm, 12

---

24) 서성호, 1992, 「고려전기 支配體制와 工匠」, 『韓國史論』 27, 129쪽.
25) 『高麗史』 79, 食貨2 鹽法 恭讓王 3年 7月.

세기, 개인소장), 금동관음보살입상(38.5cm, 13세기, 국립중앙박물관), 14세기에 만들어진 금동보살입상(37.3cm, 국립중앙박물관), 장곡사 금동약사여래입상(88cm), 당진 영탑사 금동삼존불상(51cm) 정도로 규모가 큰 금동부처가 그다지 많지 않다.[26] 조선의 억불정책으로 불상이 없어진 것도 있었으리라 생각되지만 근본적인 원인은 고려후기에 이르러서 동의 생산이 원활하지 못하였기 때문이라고 판단된다.

현존하는 梵鐘의 경우, 고려전기에 만들어진 것으로는 충남 천원군 성거산 천흥사 범종(높이 128.3cm, 국립중앙박물관), 경기도 화성 용주사 범종(144cm)이 있다. 후기 것으로는 1346년에 만들어진 북한 개성시의 연복사종, 내소사 동종(1222년, 103cm), 塔山寺銘 동종(79cm, 전남 해남군 대흥사) 등 몇몇에 불과하고[27] 대다수 사찰은 소규모의 종을 소유하고 있었다. 또한 사찰은 사리함, 제기, 불경 제작에 필요한 활자 등 구리의 수요가 많았다. 이 밖에 주민들의 일상품으로서 청동거울이나 그릇 등 동제품은 화려하게 반짝이면서도 금처럼 비싸지 않아 당시 많은 사람들의 사랑을 받았다.

3. 구리의 제련과 생산지역

1) 구리의 채굴과 제련과정

우리나라 청동기에 대한 연구는 합금의 특성에 중점을 두어 왔을 뿐 동광이나 야금사에 대한 연구는 거의 없었다. 철에 비해 동에 대해서는 광산이나 제련 유적이나 유구가 확인된 바가 없었기 때문일 것이다. 그러나 청동기의 사료와 유물을 통해 구리의 채굴과정을 유추할 수는 있다.

---

26) 황수영, 1989, 『한국의 불상』, 문예출판사.
27) 이호관 1989, 『범종』(빛깔있는 책들 42), 대원사.

우리나라 금속광산의 분포지대들은 땅 겉면층이 얕고 기반암은 대부분 노출되어 있어서 쉽게 금속광산을 탐사하고 광석을 채굴할 수 있었다. 고려 이전에는 露頭에서 여러 가지 금속광석을 채취하였으나 고려 이후부터는 생산량이 늘어남에 따라 점차 굴을 뚫고 동광석을 채굴하는 작업까지 병행하였다.[28] 즉 고려에서는 먼저 노두의 동광석을 채취한 후에, 광맥이 깊어져서 채굴조건이 불리해지자 일정한 간격으로 광맥의 走向을 따라 수평굴을 뚫으면서 동광석을 채굴하였을 것이다. 그리고 청동합금을 만드는 데 필요한 연과 석, 아연광석도 마찬가지로 채굴하였다고 판단된다. 이 같은 광산개발의 어려운 조건이 금·은·철과 더불어 동소를 필요로 하게 된 원인이었다.

고려시대 기록은 아니지만, 조선 태종대에 은광을 채굴하다가 갱도가 무너져 압사자와 부상자가 생겼다고 한다.[29] 조선시대에 들어가면 노두의 광물이 거의 없어져서 굴을 뚫고 채취하다가 이 같은 사고가 났다고 판단되는데 기록에 나타나지 않더라도 이런 사고는 빈번했을 것이다.

1993년에 신라시대의 동 제련 유적이 발견되었다. 즉, 경주시 황남동 376 유적에서 직경 12cm, 깊이 4cm, 그릇벽 두께 1.2cm의 주발모양 도가니가 발굴되었다. 함께 출토된 토기양식으로 보아 대략 5세기 중반경 유물로 추정된다. 출토된 토기 도가니는 구리 금속알갱이가 포함된 광재(slag)로 덮여 있었기 때문에 동 제련용 도가니로 추정되었다.[30] 이 그릇 안에 동광석 분말과 숯을 넣어 동을 제련한 것으로 생각된다. 다른 하나는 기원후 8세기로 추정되는 경주시 동천동 유적이다. 이 靑銅 工房址는 남북방향 길이

---

28) 최상준, 1994, 『조선기술발전사 3 - 고려편』, 과학백과사전종합출판사, 20쪽. 철의 경우 윤동석은 露天法에서 땅속의 광맥에서 채광하는 堅坑法으로 바뀐 것을 신라통일기로 보았다(尹東錫, 1989, 『三國時代 鐵器遺物의 金屬學的 硏究』, 고려대출판부, 134~135쪽). 그러나 그 이유는 설명하지 않고 있다.

29) 『太宗實錄』 23, 12年 1月 14日 己亥, "慶尙道採訪使司空濟 進銀一兩四錢 濟馳報 … 厥後監司報 採銀坑坎陷 壓死者五人 傷折者四人."

30) 盧泰天, 2000, 「청동합금기술의 발달」, 『韓國古代冶金技術史硏究』, 學硏文化社, 127쪽.

2·65m, 동서방향 넓이 2.2m, 깊이 0.3m의 장방형 수혈유구의 내부 남동 모서리에 靑銅爐를 설치하였다.[31] 소토화된 바닥과 벽체로 된 수혈의 남동 모서리는 가로, 세로 60cm 정도인데, 그 가운데 직경 15cm 정도 크기의 노를 설치해 놓았고 노의 밑면 서쪽 바닥에 송풍구를 만들어 놓았다. 청동생 산 노적과 연접하여 남쪽에서 확인된 부정형의 유구는 남북 길이 5m, 동서 3m 가량의 흑갈색 부식토에서 많은 양의 도가니와 소량의 청동슬래그, 목탄이 확인되었다. 또한 동천동 아래쪽 도로에서 청동덩어리가 출토되었 다. 이는 동을 합금하여 청동을 만든 후 주조하기 바로 전단계의 것으로 보인다.[32]

이같이 경주시 황남동과 동천동에서 각각 동 제련 도가니와 동 제련로가 발굴됨으로써 고대의 동 제련로는 구덩이 형태를 띠며, 동 제련에는 도가니 가 사용되었다는 사실을 알 수 있게 되었다. 황남동에서 출토된 도가니는 동 제련단계에서 4단계인 정동을 만드는 단계에서 필요한 도가니였다. 경주에서 발견된 이 2구의 유적은 수도에서 소요되는 청동기를 제련하기 위함이었을 것이다. 고려시대의 광산이나 제련 유구는 확인된 바가 없지만 이를 통해 그 과정을 대략 추정할 수 있다.

동을 만드는 과정은 동광석을 녹여 생동을 얻고, 이를 정련로에서 다시 정련하여 숙동을 만든다. 생동을 만드는 공정을 보면, 동광석과 나무, 석회석 을 넣고 불을 지핀 다음 풍구로 바람을 넣어 爐 안의 온도를 1200°C 이상으로 올린다. 이때 용해로에서 처음 생긴 녹은물은 유동철(동과 철, 유황이 결합된 유황물)과 광재다. 이 상태에서 강한 바람을 계속 넣으면 쇠물 속에 있던 철과 유황은 산화되어 위로 빠지고, 노에는 함량이 적은 생동(조동)이 남아 있게 된다. 숙동은 온도를 1350°C까지 올려 불순물이 포함된 철과 유황을 없애는 것이다. 이같이 생동을 정련시켜 숙동을 얻는 기술을 발전시킴으로

31) 發掘調査現況, 1999,「慶州 東川洞 B/L 遺蹟內 靑銅生産工房址」,『嶺南考古學』 24.
32) 최몽룡, 1997,「청동기문화」,『한국사 3』, 229~230쪽.

써 고려동도 새롭게 만들어졌다.[33]

위의 제련과정을 거쳐 동으로 만들어 중앙에 공납하면 중앙의 工匠에 의해 필요한 제품이 만들어졌다. 금속을 가공하는 수공업 관청으로는 무기를 만드는 군기감[34]과 금은이나 청동 그리고 철제 생필품을 주로 다루는 장야서[35]가 있었다. 특히 동제품은 장야서의 白銅匠, 赤銅匠, 鏡匠에 의해 만들어졌으며[36] 지방에는 유동장에 의한 민간 수공업이 활발하였다. 예컨대 현종 22년에 만든 淨兜寺五層石塔의 조성에는 향리층뿐만 아니라 鍮匠, 鐵匠, 漆匠들이 시납했다고 하여[37] 이미 고려전기에 若木郡 같은 지방에서 유기로 생업을 이어가고 있던 鍮匠의 모습이 보인다.

2) 구리의 생산지역과 동소

동소란 동광산에서 동광을 채굴하고 이를 제련하여 구리제품을 만들 수 있는 원료를 생산하는 곳이다. 당시 전국에 널리 분포되어 있던 소광산들은 광석을 채굴하여 제련하는 과정까지 모두 담당했으리라 생각된다. 그러므로 동소 또한 해당 금속광석을 캐는 광석채굴장, 광석을 녹이는 용해로, 그리고 간단한 주물시설을 갖추고 있었을 것이다.[38]

그 외에도 신라의 경우처럼 원광을 운반하여 수도 가까이에서 제련하거나 뗄감이 풍부한 곳을 선택하여 제련하기도 했을 것이다. 우선 구리가 생산되었던 지역을 살펴보기로 한다.

---

33) 최상준, 1994, 『조선기술발전사 3-고려편』, 과학백과사전종합출판사, 23~25쪽 참조.

34) 『高麗史』 76, 百官1 軍器寺, "掌兵器營造."

35) 『高麗史』 76, 百官1 掌冶署.

36) 『高麗史』 80, 食貨3 祿俸 掌冶署, "米六石 白銅匠 行首副尉一 赤銅匠 行首副尉一 鏡匠行首 校尉一."

37) 李基白 편저, 1987, 『韓國古代古文書資料集』, 일지사.

38) 리태영, 1998, 『고려광업사(1)』, 백산, 225쪽.

[표] 銅産地와 銅所[39]

도	소	현지명	토산	출전	비고
京畿道 永平縣	龍谷(동30)	경기도 포천군 영중면	銅鐵(수일산 ; 동20리)	신증	
忠淸道 公州牧			銅鐵(馬峴 ; 東25리)－신증 自然銅－세지	세지, 신증	『輿地圖書』에 공주목 우정리 동천리가 있다. 마현은 공주군 반포면 馬岩里 馬峴(고개)
慶尙道 義安郡 (昌原)	銅泉所	창원시 북배동	銅泉鄕(북15리 －신증)	세지, 신증	『世宗實錄』에는 동 생산지로 北背洞이 나옴 세지·신증에는 背寺洞
固城縣	石智銅所 亐次浦銅所 遊息銅所	경남 고성군 경남 고성군 경남 고성군		경상도지리지 경상도지리지 경상도지리지	세지·신증에 보이지 않음. 세종초 폐쇄하였으리라 추정
蔚山郡			白銅(北達川里)	세지	
靈山縣			銅石	세지	桂城縣(북15) 동쪽 新浦里 阿見寺洞
寧海 都護府			銅(동쪽大所山) 亞鉛(蒼水院南)	신증	경북 영덕군 축산동 봉화산
全羅道 珍山郡	金岳(岩)所 (동30) 銅界所 (북15)	충남 錦山郡 珍山面 동30 금산군 복수면 구례리	銅(達住山 ; 동20)	세지, 신증	대동여지도－錦城山 고려 때 진례현에 속함. 지금의 금산군 진산면
龍潭縣	銅鄕所 (동남35)	전북 진안군 용담리		신증	
黃海道 遂安郡	亦磨谷所 (북15)	수안군 북15	銅鐵	신증, 세지	銅里浦山에서 난다(북30 長川里)
長淵縣			銅鐵	세지, 신증	粘(眞)石洞에서 난다 (동15 ; 鍊銅)[40]
강원도 平昌郡	梁呑所 (남15)	평창군 남15	銅鐵(西 梁呑里)	신증, 세지	평창군은 원주속현. 충렬왕 25년 현령을 둠
金城縣		금화군 통구면	銅鐵	신증	현 남 楓洞里
평안도 龍州			동철	세지	
鐵州				고려사, 신증	철주를 銅山이라함
龜城 都護府			동철	신증	閣延에서 난다.

※ 세지 :『世宗實錄地理志』, 신증 :『新增東國輿地勝覽』

39) 자연동은 워낙 많은 곳에서 생산되고 주로 약재로 사용되므로 제외하였다.
40)『世宗實錄地理志』黃海道 海州牧 長淵縣, "銅鐵産縣東十五里 粘石洞" ;『新增東國輿地勝

『高麗史』지리지에서 철주가 본래 고려의 長寧縣인데 銅山이라고도 한다[41]는 것으로 보아 동이 생산되었으리라 추정된다. 그 외 동광석 채굴지역으로 유명한 곳은 경상도 창원과 고성, 그리고 전라도 용담(동향소) 등이 있다. 동소로는 고성현의 석지동소·유식동소·우차보동소, 진산군의 동계소, 의안군(창원)의 동천소, 용담현의 동향소, 영평현의 용곡소 등이 있다. 진산군 동계소는 현 금산군 복수면 구례리로 비정되는데 구례리라는 동리명은 과거에 구리가 많이 났던 데서 유래되었다고 하므로[42] 동소로 비정할 수 있다.

『世宗實錄地理志』에 보이는 창원 동천소는 『新增東國輿地勝覽』에 창원 북쪽 15리에 있다는 동천향일 것이다.[43] 실제로 세종 6년에 창원 북배동에서 동철과 생연석을 채굴 제련하여 동과 연을 얻었다고 한다.[44] 따라서 북배동이 동천소일 가능성이 크다. 영평현 용곡소도 동소였을 것이다. 『新增東國輿地勝覽』12, 영평현 고적조에는 현 동쪽 30리 지점에 용곡소가 있고 土産條에는 水日山에서 동철이 난다고 하는데 수일산은 동쪽 20리 지점에 있다.[45] 따라서 수일산의 동철은 용곡소 주민이 채취 제련하였으리라 추정된다.

그런데 위의 표를 살펴보면 『世宗實錄地理志』와 『新增東國輿地勝覽』에 함께 실린 경우, 『世宗實錄地理志』나 『新增東國輿地勝覽』 중 한 곳에만 동의 공납이 보이는 경우로 나뉘어져 있다. 예컨대 울산군 영산현 용주는 『世宗實錄地理志』, 공주 창원군 진산군 수안군 평창군 장연현은 『世宗實錄地理志』와 『新增東國輿地勝覽』, 영평현 영해도호부 용담현 금성현 龜城都護府는 『新增東國輿地勝覽』, 그리고 특수한 경우로 고성현은 『慶尙道地理志』,

─────────────
　　覽』43, 黃海道 海州牧 長淵縣 土産, "銅鐵出 眞石洞."
41) 『高麗史』 58, 地理3 北界 鐵州.
42) 1991, 『우리말 한글사전』, 한글학회, 구례리, 547쪽.
43) 서성호, 1997, 『고려전기 수공업연구』, 서울대 박사학위논문, 54쪽.
44) 『世宗實錄』 26, 6年 11月 16日 丁亥.
45) 『新增東國輿地勝覽』 12, 永平縣 古蹟.

철주는『高麗史』와『新增東國輿地勝覽』에서 보인다. 이는 추정컨대『世宗實錄地理志』와『新增東國輿地勝覽』이 출간된 1454년(단종 2)과 1481년(성종 12)의 28여 년이라는 시간차이 때문일 것이다. 즉 세종 이전부터 채굴되던 동광산이 성종 이후에 나오지 않으면『新增東國輿地勝覽』에는 실리지 못하고, 세종 이전에 없던 동광이 성종 이전에 다시 개발되었다면『新增東國輿地勝覽』에 실렸을 것이다. 그러나 이것도 확실하지 않다.『世宗實錄』에 구리가 경상도의 昌原·咸安·固城·靈山·義城·密陽·金海·仁同에서 생산된다고 하였는데[46]『世宗實錄地理志』에 보이는 동광은 창원 하나에 불과하기 때문이다.

4. 소의 붕괴와 구리 생산체제의 변화

소가 고려 때 처음 만들어져서 특산물을 생산했다는 것은 주지하는 바다. 그러나 소는 당초 특정 공물의 생산을 위해 설치된 특수구역이었던 만큼 소민의 노동력만으로는 감당하기 어려울 정도로 과다한 수취를 요구하는 일이 빈번했다. 이미 고려전기부터 소민들이 과중한 수탈을 이기지 못해 유망민이 늘고 있는 사실에서 소 제도의 모순점을 파악할 수 있다.[47]

『太祖實錄』에 의하면 部曲人이나 驛子·津尺은 왕건이 고려왕조를 세울 때 끝까지 저항했던 세력을 재편하면서 생겼다고 하는데[48] 여기에 所는 보이지 않는다. 물론 부곡제의 일환으로 소가 포함되어 있었으리라 추정할 수도 있으나, 고려에 저항했다고 하더라도 특산물이 생산되지 않는 지역에 무리하게 소를 설정할 수는 없었을 것이다. 이후 고려왕조는 현종대에 지방제도를 정비하면서 이전의 특수생산구역이던 소를 부곡제의 일환으로

---

46) 『世宗實錄』43, 11年(1429) 2月 19日 乙未.

47) 『高麗史』78, 食貨1 貢賦 睿宗 3年 2月.

48) 『太祖實錄』1, 元年 8月 己巳, "前朝五道兩界 驛子津尺部曲之人 皆是太祖時逆命者 俱當賤役."

편입시켰다고 생각된다.

그러나 소민에 대한 수취가 강화됨에 따라 소는 천민집단과 같은 대접을 받게 되고 소민의 유망은 갈수록 늘어났다. 이에 따라 국가에서도 군현을 소로 바꾸는 것을 군현민에 대한 형벌로 간주했으리라 판단된다. 다음의 철소나 은소에서 보는 바와 같이 국가에 공을 세운 대가로 승격시켰다면 그 반대급부도 가능하기 때문이다. 그러나 실제로 소로 강등되었다는 기록은 보이지 않는다. 향이나 부곡에 비해 특산물이 생산되지 않는다면 所로의 편입이 불가능하기 때문일 것이다.

예종대(1108)의 기록에 국가의 소에 대한 수탈이 가혹하여 유랑민을 이야기할 때 가장 많이 거론되는 것이 동소와 철소다. 소민들의 저항은 무신정권기에 들어서도 계속되었으며, 특히 몽골과의 30년 전쟁은 소민의 유망을 더욱 가속화시켰다. 이에 따라 정부에서는 소의 해체나 소민의 유망보다는 명분만 있다면 소민을 군현민으로 편입시키는 편이 보다 유리하다고 판단했을 것이다. 즉 고려사회가 역을 수취하는 단계를 벗어나 공물을 수취하는 단계로 발전하고 있음을 보여준다. 소가 해체됨에 따라 다인철소, 도내산철소, 이지은소 등의 工匠들은 철이나 은을 전문으로 제련하여 조제하는 독립적인 수공업자로 전화하였다.[49]

후기에 가서 소가 해체되어 가자 처음으로 군현민을 염호로 징발했다고 한 충선왕대의 기록[50]은 염소의 기능이 유명무실해졌음을 의미한다. 은소의 경우도 공민왕대에 주민들에게 은을 채취하게 하고 대신 공부를 면제시켜주었다고 한다.[51] 채굴이나 채광기법이 가장 비슷하였던 은소에서 미루어 보건대 동소 역시 마찬가지였을 것이다. 그 외에 맹성 수령 이인로 (1152~1220)가 먹 5,000정을 만들기 위해 맹성 공암촌에서 주변 촌락민과

---

49) 홍희유, 1989, 『조선상업사』, 과학백과사전종합출판사, 74쪽.
50) 『高麗史』 79, 食貨2 鹽法.
51) 『高麗史』 78, 食貨2 貨幣 恭愍王 5年 9月, "凡 産銀之所 復其居民 令採納官."

함께 생산에 참여한 기사52)도 지방관이 직접 가서 챙기지 않으면 안 될
정도로 소체제가 무너진 상황을 보여준다.53) 鐵所의 경우, 철소가 해체된
이후 조선은 稱干稱尺者와 같은 정역호를 지칭하여 공물을 납부케 하다가
일반 민호의 부담으로 전가시켰으며54) 탄소가 해체된 이후에는 각 지역의
驛子에게 숯 생산을 주로 담당하게 했다.55)

이같이 고려는 소가 해체되자 국가에서 필요로 하는 광산물을 주로
농한기의 백성이나 군인을 차출하여 채광·제련하게 하였다. 이에 따라
농민의 부담이 커지자 광산물은 더 이상 개발되지 못하였다. 지방관은
새로운 광물이 발견되더라도 부역을 두려워한 지역민들의 거부56)로 중앙에
알리는 것조차 어려웠는데, 이는 국가에서만 광산물을 관장하고 민간의
광산물 채취를 금지한 고려나 조선정부 모두 마찬가지였을 것이다. 다음은
세종대의 기록이지만 이를 통해 고려와 조선초기 동의 제련과 수취현황을
파악할 수 있을 것이다.

E-1) 경상도 採訪別監 白環이 아뢰기를, "2월부터 4월까지 군인 100명을
　　 사역하여 동 203근을 채굴하였는데, 5월까지만 일을 시키고, 6~7월에
　　 는 역을 정지하여 匠人을 쉬게 한 후, 다시 8월부터 일을 시작하기를
　　 바랍니다" 하니 그대로 따랐다.57)

---

52) 李仁老, 『破閑集』.
53) 서명희, 1990, 「高麗時代 鐵所에 대한 研究」, 『韓國史研究』 69. 공암촌이 묵소인가
　　 아닌가에 대해서는 논란이 많다. 위의 논문 22쪽 주)51 참조.
54) 유승원, 1979, 앞의 논문 ; 서명희, 1997, 앞의 논문.
55) 李貞信, 2003, 「公州 鳴鶴所民의 蜂起와 炭所」, 『韓國中世史研究』 15.
56) 『世祖實錄』 34, 10年(1464) 8月 5日 丙戌, "遣工曹正郞 辛義卿于江原 咸吉道 宣傳官朴植于
　　 慶尙道 採銅 命承政院馳書于觀察使曰 採銅軍人量宜抄定 但産銅之處 民慮後弊 多不實告
　　 曲盡搜訪 期於多採." 1464년에 동을 채굴하기 위해 신의경과 박식을 지방에 파견하였
　　 는데 이 지방 주민들이 이에 잘 응하지 않는 것을 보면 민간에서 부역노동에 끌려가는
　　 것을 두려워하여 비밀에 부쳤다는 사실을 알 수 있다.
57) 『世宗實錄』 36, 9年 5月 23日 庚戌, "慶尙道採訪別監白環啓 自二月至四月 役軍人百名
　　 採銅二百三觔 請限五月役之 至六七月停役 以休匠人 又自八月始役 從之."

2) 동철의 생산지를 시험하였다. 전라도 용담 銅里鄕에서는 군인 20명을
   사역하여 7일 동안 동 11냥을 주조하고, 경상도 김해 사읍교에서는
   군인 30명이 13일간 19냥을 주조하고, 창원 北背洞에서는 군인 30명이
   15일간 57냥쭝을 주조하였다.58)

3) 호조에서 아뢰기를, "동철을 왜인에게서 사들이는 것은 사실 오랫동안
   지속할 방책이 아닙니다. 청컨대 동이 생산되는 경상도 창원부에
   100근, 황해도의 수안과 장연에서 각각 50근씩 해마다 주조하여 상납
   하되, 창원에서 공납하는 정철 400근, 수안의 200근, 장연의 숯 70석과
   別紋席 30장은 면제하여 주십시오. 만일 공역을 꺼려 매매하여 공납에
   충당하는 자가 있으면 수령이 문책하게 하소서" 하였다.59)

4) 호조에서 아뢰기를, " … 경상도의 동철 제련은 생산지인 창원·함안·고
   성·靈山·義城·밀양·김해·仁同 등은 각 고을로 하여금 농한기에 채취
   하여 생산의 多少와 제련의 難易度를 시험하게 하소서" 하니 따랐다.60)

조선왕조는 지하자원을 안정적으로 조달하기 위해 태종대부터 채방사를
두어 금·은·동 광산 등의 특산물 산지를 탐사하게 했다. 채방사들은 채굴에
필요한 동원인력과 생산량을 조사한 뒤 현물과 함께 정부에 보고하였으며,
정부는 이를 토대로 세공액을 책정하였다. 1)·2)에서 조선시대의 동 채굴은
군인들에 의해 이루어졌으며 제련은 군인과 장인들이 담당했는데, 이는
군인이 소민의 역할을 대신했음을 보여준다.

동을 제련한 군인이 어떤 군인인지 분명하지 않지만, 숯이나 기와, 철의
燒木軍, 漢都鍊瓦軍, 吹鍊軍처럼 독자적 군대로 재편한 것 같지는 않은데,

---

58) 『世宗實錄』 26, 6年 11月 16日 丁亥, "銅鐵産處試驗 全羅道龍潭銅里鄕 役軍人二十名七日
    鼓鑄銅十一兩 慶尙道金海沙邑橋 軍人三十名十三日 鼓鑄十九兩 昌原北背洞 軍人三十名
    十五日 鼓鑄五十七兩."

59) 『世宗實錄』 31, 8年 3月 20日 甲寅, "戶曹啓 銅鐵買於倭人 固非永久之計 請於産銅慶尙道
    昌原府一百斤 黃海道遂安長淵各五十斤 每年鼓鑄上納 除昌原貢正鐵四百斤 遂安二百斤
    長淵炭七十石 別紋席三十張 如有憚於功役 貿易充貢者 守令論罪."

60) 『世宗實錄』 43, 11年 2月 19日 乙未, "戶曹啓 … 其慶尙道銅鐵炒鍊 則令所産昌原 咸安
    固城 靈山 義城 密陽 金海 仁同等官 當農隙採取 以試所産多少 炒鍊難易 從之."

동의 생산량이 철이나 숯에 비해 많지 않았기 때문일 것이다. 아마 이들은 연호군이었을 가능성이 크다. 煙戶軍이란 고려후기 왜구의 침입에 대비하여 설치된 지방군으로서 기존의 정규군만으로는 잦은 왜구의 침입에 대처할 수 없게 되자 임시로 지방 농민을 징발하여 왜적에 대비한 군사조직이었다. 이들은 조선시대에 들어서서는 국가적인 큰 공사에 동원되는 民戶軍으로 서[61] 동 채굴에도 차출되었을 것이다. 고려후기 소가 해체된 이후 동광업은 부진을 면하지 못하다가 조선초기에 연호군을 역에 가담시켜 다시 동광업을 부활시키려고 하였다고 판단된다. 그러나 제련은 여전히 동 기술자가 담당했을 것이다.

3)에서 정부는 창원부가 100근, 수안에서 50근의 동을 거두는 대신 창원은 400근, 수안은 200근의 철 공납을 면제해주었다. 이로써 동과 철의 가치가 대략 4 : 1이었음을 알 수 있다. 즉 구리의 가치가 철보다 4배 정도 높게 거래되었다고 추정된다. 이유는 동의 채취에 공력이 많이 들고 채취량이 적은 탓일 것이다. 세종대를 기준으로 1인당 하루 생산량이 동리향은 2.9g, 사읍교는 1.5g, 북배동은 4.75g 정도다.[62] 지역마다 편차가 심할 뿐만 아니라 생산량이 아주 적어 동의 제련이 매우 힘든 일이었던 것 같다. 동을 사서 공납하려는 사람이 있었다는 것은 사는 가격이 제련하는 수고로움의 가치보다 낮다는 것을 의미한다. 동의 국내생산을 독려하고 수입을 억제하려는 정부정책이 아니라면 일본에서 수입하는 것이 국내생산보다 훨씬 경제적이

---

61) 민현구, 1983,『조선초기의 군사제도와 정치』, 한국연구원, 211~214쪽. 연호군은 세종대에 잡색군으로 여러 차례 재편되었다. 잡색군은 향리와 牧子, 향교생도, 無役百姓, 공사천이 소속되어 있다. 연호군이 보이는 조선왕조실록 중 그 성격이 잘 드러나는 것은 다음과 같다.『太宗實錄』17, 9年 正月 18日 辛酉, "命栽松于建元陵 … 又發京畿左道 煙戶軍 及各司屬諸色匠人赴役";『世宗實錄』82, 20年 8月 9日 辛酉, "議政府因判中樞院 事李順蒙上言啓曰 … 每年藏氷 亦勿役船軍 令兵曹量定 京畿及江原忠淸 上道各官烟戶軍 役之."

62) 1근은 600g, 1근은 16량, 1량은 37.5g(李宗峯, 2001,『韓國中世度量衡制研究』, 혜안, 208~216쪽 참조).

었음을 의미한다. 이것이 조선시대에 들어서 동을 수입한 가장 큰 원인이었을 것이다.

그리고 구리의 공납 여부에 대해 수령이 문책한다는 것은 조선시대에 들어서서는 각 지방의 동 생산이 지방관의 재량하에 처리되었음을 보여준다. 즉 연호군은 지방군으로, 이들에 대한 징병과 지휘권이 수령에게 전적으로 부여된 사실과 연계된다. 고려가 국가적 차원에서 동소를 두어 동 생산을 독려했다면, 조선에서는 국가의 명을 받은 지방관이 광산물을 관장하면서 여전히 민간의 동 채취를 금지하여 백성들은 개별적으로 이윤을 추구하기 위한 동 생산에 가담할 수 없었다.

그런데 고려 정종 때에 국가에서 각 州·府에 요구한 동은 별공이 50근이었다.[63] 50근은 3만 g이다. 위의 기록에서 보면 각지의 1인당 생산량이 편차가 심하므로 그 중간을 잘라서 3g이라고 보면 100명이 100일간 제련하면 동 50근을 얻을 수 있다. 이는 채취된 동을 제련하는 것만을 나타내는 것이며, 채굴의 경우에는 경상도에서 군인 100명이 90일간 노역하여 203근 정도를 채취하였다고 한다. 이와 더불어 국가가 常貢에서 요구한 동의 액수는 알 수 없으나 이보다 훨씬 더 많은 분량이었을 것이다. 따라서 당시 열악한 채광기술을 생각한다면 굴을 파서 동광석을 채취하는 소민들의 고통은 매우 심각했을 것이다. 그러다가 소가 해체된 이후에는 지방관의 동세 아래 군인이나 백성들의 부역으로 광산물을 채취하여, 소민의 부담은 바로 농민들의 부역으로 바뀌게 되었다. 조선왕조가 들어선 이후에도 오직 국가만이 동을 관장하고 사적인 개발을 막아[64] 동의 채광과 제련은 더욱 부진을 면치 못하여 주로 일본에서 수입하게 되었다.

---

63) 『高麗史』 78, 食貨1 租稅 靖宗 7年 正月. 이 기록은 공물의 양이 적고 다양하지 못하므로 별공으로 추정된다.

64) 『成宗實錄』 44, 5年(1474) 閏6月 18日 辛丑. 정부는 개인이 동을 채굴하여 제련하는 것을 엄격히 단속하였다. "下書 全羅道觀察使李克均曰 道內珍山郡銅鐵産出處 曾已置簿 禁人採取 近有康孝舜者吹鍊來告 必是此郡多産銅鐵 防禁不嚴而然矣."

5. 맺음말

우리나라에서의 동광업의 기원은 금·은과 더불어 긴 역사를 지니고 있으니, 이미 기원전 1천년경부터 청동기가 나타나기 시작하였다. 이어 삼국시대로 들어서면서 장신구·馬具 중에 금동제품이 많이 있으며, 통일신라시대에는 거대한 불상·범종 및 기타 佛具類들이 동이나 청동으로 제작되었다. 고려시대에 들어서서 구리가 외국과의 무역, 동전, 생활식기, 불상, 동종 등으로 다양하게 이용됨에 따라 국가는 동소를 중심으로 동을 활발하게 생산하게 하였다. 그러나 동에서 한 단계 발전한 견고하고 아름다운 유기의 사용은 고려후기에 와서야 일상화된 것 같다.

고려시대에 동소가 있었다는 것은 확인되나 동광이나 제련유적이나 유구는 확인된 바가 없다. 그런데 최근 경주시 황남동 유적에서 동 제련용으로 추정되는 도가니가, 경주시 동천동에서 8세기경의 청동 관련 유적이 발견되었다. 이를 통해 고려시대의 동 제련과정을 추정할 수 있다. 『世宗實錄地理志』나 『新增東國輿地勝覽』에서 동이 토산품으로 나오는 곳은 13곳이며 동소로 추정되는 곳은 9곳 정도다. 그러나 실제로 『朝鮮王朝實錄』을 보면 더 많은 지역에서 동의 채굴과 제련이 이루어지고 있었다. 동의 채굴은 고려 이전까지는 노지채굴이었다가 점차 갱도를 파서 채굴하게 되었다. 따라서 동이나 은 등의 광업에 종사하는 소민들의 고통은 다른 소보다 더욱 힘들었을 것이다.

소의 붕괴는 고려 무신정권기부터 시작되었다. 특히 고려와 몽골과의 30년 전쟁은 소민이 유망하기에 가장 좋은 기회였다. 국가는 전쟁에 공을 세우거나, 원 간섭기에는 원 황제에 공을 세웠다고 하여 소를 군현으로 승격시켜주어 국가가 앞장서서 소의 해체에 가담하기도 했다.

고려는 소를 통해 국가에서 광산물을 관장하고 민간에서의 동 채취를 금지하여 구리 생산이 활발하지 않았다. 고려후기에 들어서서 소가 해체되자 국가에서는 주로 농한기의 백성이나 군인을 차출하여 동을 채굴·제련하게 하였다. 조선왕조 또한 연호군을 동원하여 동을 채굴하면서 사적인 개발을 막아 동의 채굴과 제련이 더욱 부진해져 주로 일본에서 수입하게 되었다.

제3장 철광업과 철소

1. 머리말

철은 인류가 존재한 이래 가장 중요한 지하자원이다. 이미 삼국 이전부터 각국은 철을 생산하여 농기구와 철제무기를 만들어 농업생산력의 발전과 전쟁에 우세한 위치를 확보하려고 노력하였다. 고려시대에 이르면서 철은 더욱 다양하게 활용되어 불상이나 화폐로까지 사용되기에 이르렀다. 그러므로 철소는 고려사회에서 특산물을 생산하는 소 중 가장 중요한 곳이었다. 철소는 철을 채광할 뿐 아니라 제련해서 정철을 만들어 무기를 생산하는 군기감 등 관청에 공납하는 일을 담당하였다. 이에 정부는 상공 혹은 별공의 형태로 많은 철을 수취하여 군기감에서 철제무기를 생산하게 했으며 지방에서는 농기구와 생활용품을 생산하게 했다.

철의 생산과 제련에 관한 글은 다양하게 나와 있으나[1] 고려시대 철소를 다룬 논문으로는 서성호, 서명희, 김기섭의 글이 있다.[2] 서성호는 수공업

---

[1] 리태영, 1991, 『고려광업사』 ; 최상준, 1994, 『조선기술발전사 3-고려편』, 과학백과사전종합출판사.

[2] 서성호, 1992, 「고려전기 지배체제와 공장」, 『한국사론』 27 ; 서성호, 1997, 『고려전기 수공업 연구』, 서울대 박사학위논문 ; 서성호, 1999, 「고려전기 수공업소에 대한 몇가지 문제에 대한 검토」, 『한국사론』 41·42 ; 서명희, 1990, 「고려시대 철소에 대한 연구」, 『한국사연구』 69 ; 김기섭, 2003, 「고려 무신집권기 철의 수취와 명학소민의 봉기」, 『한국중세사연구』 15.

전반을 다루면서 철소의 위치와 생산·수취를 다루고 있으며, 서명희는
소의 성립시기, 수취구조, 소민의 존재형태를 논의하면서 철소제에서 철장
제로의 변화과정을 서술하였다. 김기섭은 공주 명학소를 철소로 비정하는
과정에서 철소의 입지조건과 수취체계를 서술하였다. 이같이 선학의 다양
한 연구로 철의 존재가 어느 정도 규명되었으나 사료의 한계 때문에 고려시
대의 철소 모습이 확연하게 드러나지는 않는다. 여기에서는 선학들의 연구
성과를 토대로 철의 생산과 제련, 철소의 위치비정, 그리고 철소에서의
공납 등을 보완해 보려고 한다.

2. 고려시대의 철제련

철을 採鑛하는 방법은 크게 두 가지로 구분된다. 하나는 철광석을 철산에
서 채굴하는 방법과 다른 하나는 냇가나 개울가의 모래 속에 들어 있는
사철을 물에 일어서 채취하는 방법이다. 고려시대의 철광석 채굴방식은
노천채굴이나 사철광의 채굴이었다. 고려는 석철보다 쉽게 캘 수 있는
사철광을 대량 채굴하여 제철원료로 이용하였다고 하나[3] 고려사회에서
가장 큰 비중을 차지하고 있는 충주 다인철소나 항헤도 우봉현 우봉철소는
철광산에서 채굴하여 제련하였다. 이들 철광산은 노천채굴방식을 채택할
정도로 철광 함유량이 많았다고 한다.[4]

철은 철광산에서 철광석을 캔 다음 크기 4~12cm, 무게 200g 이하로
잘게 파쇄한 다음 제련한다.[5] 철은 水鐵(선철, 무쇠)과 正鐵(연철, 참쇠)로
구분한다. 정철을 만들기 위해서는 수철을 다시 녹여 탄소와 기타 불순물을
없애버려야 하는데, 이때 용해로에서 1200℃ 이상의 높은 온도에서 제련한

---

3) 최상준, 1994, 『조선기술발전사 3-고려편』, 과학백과사전종합출판사, 19쪽.

4) 『東文選』 2, 三都賦.

5) 1998, 『충주 완오리 야철유적』, 충주박물관·국립중앙과학관, 36쪽.

다. 수철은 녹여서 鑄物하여 솥이나 화로 등을 만들었으며, 정철은 달구어서 방짜[鍛冶]하여 칼·창·도끼 등 무기를 만들었다. 무기는 수철로는 만들 수가 없다. 수철은 탄소를 많이 함유하여 소성변형성이 매우 작으며 가스구 멍이 많아 외부작용에 의하여 잘 터지기 때문이다.

금속을 광물로부터 추출하는 기술은 이미 서기 1~2세기 고구려에 중국의 초강법이 도입되면서 시작되었다고 한다. 초강기술이란 철광석을 竪形爐에 서 환원시켜 가마 밖으로 꺼낸 후 그대로 熔融[용해]상태를 유지시키면서 대기 속에서 휘저어 선철 속의 탄소를 태워 강으로 만드는 방법이다.[6] 4세기 초강기술을 확인할 수 있는 유적으로는 진천 석장리 유적이 있다.[7]

고려시대 철소는 채광하여 제련한 철을 철정 형태로 중앙에 공납하였다.[8] 따라서 철소의 장인은 철을 제련하는 기술자이며, 철소민들은 철 제련에 필요한 채광, 운반, 숯을 구하여 불을 피우는 등의 모든 잡역을 담당했으리라 생각된다. 고려정부는 이것을 수취하여 군기감에서 철제무기를 제조하였 다. 그리고 개경에는 막대한 양의 철과 숯을 보관하기 위한 固守炭鐵庫를 설치하였다.[9]

또한 지방에서도 지방군을 무장시키기 위한 무기제조가 이루어졌을 것으로 판단되는데 특히 이민족과 경계를 접하고 있는 양계지방에서 더욱

---

6) 노태천, 2000, 『韓國古代 冶金技術史 硏究』, 학연문화사, 207쪽.
7) 2004, 『진천 석장리 철생산유적』, 국립청주박물관·포항산업과학연구원. 진천 석장리 유적은 충북 진천군 덕산면 석장리에 있는 초기백제의 철생산 유적이다. 이 유적은 제련로, 용해로, 단야 공방까지 조사된 철·철기 생산과 관련된 일련의 공정을 한눈에 살필 수 있는 종합제철유적이다. 여기서는 철광석과 목탄을 넣은 후 휘어진 대형 송풍관을 통해 노안에 바람을 넣어 철을 생산했다. 목탄의 소모를 줄이기 위해 철광석을 예비가열[焙燒]하고, 광석의 용점을 떨어뜨리기 위해 석회석을 사용하였음 이 밝혀졌다. 또한 제철로의 하부에는 숯을 깔아 습기를 차단하고, 점토에 짚과 모래를 섞어 고열로 노벽이 갈라 터지는 것을 방지했다. 석장리 유적에서 철 원료는 철광석뿐 아니라 사철을 모두 사용하였다. 상자모양[箱形爐]이나 원통형[圓形爐]의 대형 제철로는 고도로 발달된 제철 양상을 보여준다.
8) 충주 탄금대 토성에서 철정이 발견되었다. 길이는 5cm×30cm 정도다(사진 참조).
9) 『高麗史』 8, 文宗 24年 11月 ; 리태영, 1991, 『고려광업사』, 백산자료원, 192~194쪽.

많았다.[10] 무신집권기에 서북민들이 5년이나 개경정부에 맞설 수 있었던 까닭은 서경을 중심으로 한 양계지방에서 무기를 생산할 수 있었기 때문이었을 것이다. 그 외 농기구나 부엌칼 등 생활필수품은 소에서 사들인 수철로 각 지역의 대장간에서 匠人에 의해 만들어졌다.

전근대사회에서는 광산물의 채취와 제련에 노역이 많이 드는 만큼 그 가격도 매우 비쌌다고 생각된다. 신라시대에 진정법사의 어머니가 다리 부러진 솥을 사원에 보시한 것이나[11] 조선 세조대 하위지의 유서에 솥·노구솥·동이·쟁기·작두·호미·괭이·쇠스랑·낫·도끼·자귀·끌 등이 자손에게 주는 상속물품으로 들어 있는 것[12]은 철이 그만큼 귀중한 물품임을 나타낸다고 볼 수 있다.

3. 철의 생산지역과 다인철소

1) 철의 생산지역

철 등의 광산물은 일반 주민이 채취하기는 어렵다. 금이나 은의 경우에는 최소량을 채굴하더라도 그 가격이 높아 일정한 수익이 보장되지만 철의 경우에는 금·은에 비해 가격이 낮고 채굴이나 제련도 쉬운 일이 아니었다. 따라서 대다수의 철은 철소가 중심이 되어 생산되었으리라 생각된다. 고려 시대의 철소는 채광과 제련이 용이한 지역에 설치되었을 것인데, 철생산지로 판단되는 지역은 전국에 걸쳐 있다. 그 중에서 철소로 비정될 수 있는

---

10) 『太祖實錄』 2, 元年 9月 21日 己亥, "대사헌 南在 등이 上言하였다. … 고려 말에 각 도에 영을 내려서 쇠를 제련하여 兵器를 만들게 한 지가 오래 되었는데, 듣건대 서북면에서는 쇠를 제련하는 것이 예전보다 배나 되는데도 군기의 수량은 많지 않다고 합니다."

11) 『三國遺事』 5, 孝善 眞定師孝善雙美.

12) 정구복, 1997, 『조선전기고문서집성』, 국사편찬위원회, 197~198쪽 ; 안병우, 2003, 「조선전기 철물의 생산과 유통」, 『동방학지』 119, 27쪽.

곳은 대략 다음과 같이 추정할 수 있다.13)

[표 1] 철의 생산지와 철소

지명	소	위치	비고
황해도 우봉현	우봉철소(우현소, 남45리)	황해도 금천군 현내면 우봉리 남45	태조 2년 정월14) 세지, 仇時山과 觀音岾15)
충청도 충주목	다인철소	충주시 대소원면	『高麗史』 56, 지리
옥천군 16)	어모소(在안읍현, 군 동 38리)	충북 옥천군 안남면(혹은 안내면)	신증15, 옥천군 토산 ; 水鐵-安邑縣 枝內洞에서 나온다.
서산군	위포소	충남 서산시 남15리	세지 ; 토공-正鐵 신증19 ; 郡 南18리 都飛山에 鐵場
회덕현	침이소	대전시 대덕구 회덕동 북18리	세지, 토산-군 북20리 직동
尼山縣 17)	등수소(이산 남13)	충남 논산시 광석면 득윤리	세지, 토공-사철, 신증18, 이산현 토산
	저정소(이산 남14)	충남 논산시 노성면 마본촌	이산 남 천동에서 나는 철 제련 (세지, 신증18)
전주부	양량소(우양촌철소)	전북 완주군 봉동읍	신증33

---

13) 『世宗實錄地理志』에 나오는 나오는 철산지를 보면 평안도(용천 개천 은산 순안), 황해도(해주 연안 재령 서흥 봉산 황주 수안 평산 장연 우봉 은률 문화 송화 신계 안악 풍천), 강원도(철원 안변 문천 삼척 강릉 양양 정선 영월 횡성 김성 이천 춘천 고성 통천), 경기도(지평 영평), 충청도(충주 제천 전의 옥천 석성 은진 이산), 전라도(나주 무주 화순 장흥 함평 남평), 경상도(경주 밀양 울산 영천 예천 합천 김해 창원 상주 안동 영덕 양산)다. 우리나라 전역에서 철이 생산되므로 여기서는 고려시대 철소로 비정될 수 있는 지역만 선정하였다.

14) 『太祖實錄』 3, 2年(1393) 1月 9日 乙卯, "司憲府上言 牛峯鐵所別監金係先 監臨自盜 請收職牒 鞫問科罪."

15) 『世宗實錄地理志』 152, 黃海道 牛峯縣, "石鐵 産縣西十里仇時山 及十三里觀音岾 【鍊正 鐵以貢】"; 『新增東國輿地勝覽』 42, 黃海道 牛峯縣 古蹟, "牛峴所 在縣南四十五里."

16) 김동학·장태우·김원명·황재하, 1978, 「지질도폭설명서」, 『한국지질도』, 한도정판인 쇄공사. 철광으로는 옥천군 군서면 금산리에 옥천철산이 있었는데 식민지시대부터 1970년대까지 채굴하였다고 한다. 『新增東國輿地勝覽』 15, 忠淸道 沃川郡 "屬縣 安邑縣 古蹟 於毛所 在安邑縣, 【土産】 水鐵 安邑縣 枝內洞에서 난다."

17) 『新增東國輿地勝覽』 18, 忠淸道 尼山縣, "土産 鐵出縣南泉洞 古蹟猪井所 在縣南十四里 今稱馬本村 登水所 在縣南十三里 今稱 得尹村."

전라도 무안현	수다철소[18] (서25, 철소리[19])	나주시 다시면 동곡리 동촌 동 남쪽 수다곡마을	세지151 신증36
錦山郡 (진례현)	橫川所	금산군 남120	신증33, 토산
나주목 남평현	운곡소[20](남35)	나주시 남평읍 남35	세지149, 금산군
경상도 경주부	팔조부곡	경주시 동45리	세지150, 土産-沙鐵(府 東 感恩 浦(鐵場-歲貢 正鐵 6,533근)
산음현	송곡소(북13)	경남 산청군 북13	세지, 토산-사철(북馬淵洞山)
강원도 원주목	金亇谷所 所炭所(동13)	영월군주천면 금마리 원주시 동13	세지153, 토공-시우쇠 ; 신증46 주천현은 원주 동90리 ; 철소
정선군	皆也項所(남60)	정선군 남60	세지, 토공-시우쇠, 토산-석철(남50 能前山洞)
금화현	炭項所 馬峴所	동-20 馬峴(동-29) 아래	세지153, 토공-시우쇠, 토산-석 철(동20 方洞川) 신증47, 금화현 고적

※ 세지 : 『世宗實錄地理志』, 신증 : 『新增東國輿地勝覽』

우리나라는 철이 전국적으로 풍부하게 매장되어 있었다. 그 중에서 고려 시대의 경우, 철광산이 집중되어 있는 곳은 은율, 재령 일대였다. 이 지역의 주요 철광석 산지의 하나로 우봉철소를 들 수 있는데 우봉은 지금의 황해도 평산, 토산, 금천과 연결된 삼각지점의 중앙에 자리잡고 있다.[21] 『太祖實錄』 2年 기사에 우봉철소 별감이 보이며 『新增東國輿地勝覽』에는 우봉현 남45리 에 우현소가 있다고 하였다. 따라서 우현소와 우봉현에 있는 철소라는 의미인 우봉철소는 같은 지역으로 생각된다.

옥천군의 어모소는 안읍 속현에 있었는데 『新增東國輿地勝覽』에 안읍현 에 수철이 생산된다고 기록된 것으로 보아 어모소는 철소였을 것으로

18) 『世宗實錄地理志』 全羅道 羅州牧 務安縣, "古屬鐵所一 水多."
19) 『新增東國輿地勝覽』 36, 全羅道 務安縣, "토산 철 현 동쪽에 있는 鐵所里에서 나온다. 역원 ; 古鐵所院 鼎足浦에 있다. 산천 ; 鼎足浦 현에서 남쪽으로 30리 떨어져 있다."
20) 『世宗實錄地理志』 全羅道 羅州牧 南平縣, "古屬縣一 鐵冶 本百濟實於山縣 新羅改鐵冶縣 爲羅州領縣 高麗因之 所一 雲谷 ; 部曲一 道民 【鐵冶 雲谷 道民 本綾城屬縣, 本朝太宗十五 年乙未 以附近來屬】."
21) 리태영, 1991, 『조선광업사』, 백산자료원, 195쪽.

생각된다. 식민지시대부터 1970년대까지 옥천군 군서면 금산리에 철광이 있었다고 하나 어모소가 있었다는 옥천군 안내면과 거리가 많이 떨어져 있다. 그러나 철소는 철광산보다는 땔감이 많은 곳에 설치되기도 하므로[22) 완전히 부정하기는 어렵다.

서산군의 위포소는 군 남쪽 15리에 있다. 그런데 군의 남쪽 18리에 도비산이 있는데 『世宗實錄地理志』에 의하면 도비산 남쪽에 철장이 있다고 하였다. 이로 보아 도비산 남쪽의 철을 가져다가 위포소에서 제련했으리라 생각된다.

회덕현의 침이소는 현의 북쪽 18리에 있다. 『世宗實錄地理志』에 북20리에 있는 직동에서 철이 생산된다고 하였으므로 침이소는 철소로 보아도 무방할 것이다.[23) 침이소는 가까운 명학소의 숯을 가져다가 철을 제련했으리라 생각된다.[24)

이산현(논산시 노성면) 남쪽 13리에 등수소, 14리에 저정소가 있었는데 『新增東國輿地勝覽』에 이산 남쪽 천동에서 철이 생산된다고 한 것으로 보아 이 두 지역이 철을 채굴하여 제련하는 철소였으리라 생각된다.

전주의 경우 『新增東國輿地勝覽』에 보이는 양량소가 우양촌 철소로 비정된다.[25)

무안현은 『世宗實錄地理志』에 古屬鐵所로 水多(나주 서25리)가 있다고 나와 있으며, 『新增東國輿地勝覽』에는 철이 무안현 동쪽의 철소리에서 나온다고 되어 있다. 나주 서33리에 무안현이 있으므로 추정컨대 『新增東國輿地勝覽』을 편찬할 즈음에는 옛날 철이 생산된 곳이라는 의미인 철소리로

---

22) 김기섭, 2003, 「고려 무신집권기 철의 수취와 명학소민의 봉기」, 『한국중세사연구』 15, 60~64쪽.

23) 서성호, 1997, 앞의 논문, 56쪽.

24) 이정신, 2003, 「고려시대의 탄소와 명학소의 위치」, 『한국중세사연구』 15.

25) 『世宗實錄地理志』 全州府, "所二豆毛村·陽良" ; 『新增東國輿地勝覽』 33, 全州府 古蹟, "陽良所 在紆州東北 卽右楊村鐵所."

바뀌지 않았나 추정된다.[26]

나주목 남평현의 경우, 『三國史記』 지리지에 錦山지방에 철야현이 있다고 하는데[27] 금산은 지금의 나주다. 철야는 본래 백제의 실어산현이었는데 신라에서 철야현으로 고쳐 나주영현으로 삼아 고려까지 그대로 이어졌다.[28] 철야현은 그 이름으로 보아 철광석을 채취하였으며, 이곳에서 채취한 철광석을 부근 운곡소에서 제련했으리라 판단된다. 錦山郡의 횡천소는 철이 생산되는 곳이 횡천이라고 하였으므로[29] 철소임이 분명하다.

경주 감은포 철장에서는 사철을 제련하여 정철을 6,533근씩 공납했는데[30] 감은포는 현 경주시 양북면 용당리 탑동 동남쪽으로 감은사터 아래 일명 감은개라고 하는 곳이다. 『新增東國輿地勝覽』에 의하면 경주 동53리 팔조포에서 사철이 생산되며[31] 동45리에는 八助부곡이 있다. 그렇다면 팔조부곡은 감은포나 팔조포의 두 곳 모두 혹은 적어도 한 곳에서 산출되는 철을 제련해서 공납하였을 가능성이 있다.[32]

『世宗實錄地理志』에 산음현 북10리에 있는 마연동산에서 사철이 생산된다고 하는데 송곡소는 현의 북쪽 13리에 있었다. 그러므로 마연동산에서 채굴한 사철을 송곡소에서 제련했을 것이다.[33] 『世宗實錄地理志』에 강원도

---

26) 『新增東國輿地勝覽』 36, 全羅道 務安縣 ; 서성호, 1997, 앞의 논문, 55쪽. 서성호는 무안군의 수나철소는 나주목의 수다소와는 관련이 없으며 같은 군의 古鐵所院의 철소와도 거리상 무관한데 왜냐하면 『新增東國輿地勝覽』 36, 務安縣 驛院 條에 "古鐵所院 在鼎足浦"라고 나와 있으며 같은 책 山川 條에 정족포는 현 남쪽 30리에 있다고 했기 때문이라고 하였다. 그러나 무안현은 명종 2년에 감무가 파견되었으므로 수다소는 나주 소속이었다가 무안현 소속으로 바뀌었다고 생각된다.

27) 『三國史記』 35, 地理志 新羅 武州 錦山郡.

28) 『世宗實錄地理志』 全羅道 羅州牧 南平縣.

29) 『新增東國輿地勝覽』 33, 錦山郡 土産.

30) 『世宗實錄地理志』 150, 慶州府.

31) 『新增東國輿地勝覽』 21, 慶州府 土産.

32) 서성호, 1997, 앞의 논문, 72쪽.

33) 『世宗實錄地理志』 150, 山陰縣 ; 『新增東國輿地勝覽』 31, 山陰縣 山川·古蹟 ; 서성호, 1997, 앞의 논문, 56쪽.

원주목에 토공으로 정철이 있으며, 금마곡소가 주천현 남15리에 있다고 한다. 그런데 주천현은 원주 동90리(영월면 주천면 금마리)로서 원주에서 상당히 떨어져 있다. 영월군은 고려 때에는 원주 임내에 속했으므로[34] 금마곡소 또한 원주에 소속되었을 것이다. 원주목의 금마곡소는 인접한 제천현 북쪽의 미고개에서 나는 철을 생산하였을 것이다.[35]

정선군은 남50 能前山洞에서 석철이 생산되므로 남60리에 있는 개야항소는 이곳에서 채굴한 철을 제련하는 철소로 판단된다. 금화현의 경우 동20리에 있는 방동천에서 석철이 생산되는데, 이곳에 탄항소가 있으며 마현소는 마현 아래에 있는데 마현은 동29리에 있다. 그러므로 탄항소와 마현소 모두 철소일 가능성이 높다고 생각한다. 그 외 김해부 동쪽에 있는 감물야향도 사철을 생산했을 것으로 보인다.[36] 용궁현 남14리의 鵲灘에서는 사철이 산출되는데, 남13리에 豊壤部曲이 있다. 작탄의 사철을 풍양부곡민이 제련하였을 가능성이 있다.[37]

진주목의 경우 『慶尙道續撰地理誌』에서 정철 550근을 바쳤다고 하는데 『新增東國輿地勝覽』에 의하면 伐大所(서40리), 水曲所(서30리, 진주시 수곡면), 火谷所(동30리), 大谷所(동30리, 진주시 대곡면 대곡리), 水大谷所(남40리), 葛谷所(동20리)[38]의 6개의 所가 있다. 이 중 철소가 어떤 것인지는 알 수 없다.

지평현(경기도 양평군 지제면)은 공양왕 3년에 철장을 설치했다고 하는데, 이곳에는 소가 보이지 않는다. 『世宗實錄地理志』에 의하면 철이 많이 생산되지 않아 철장을 없애버렸다[39]고 한 것으로 보아 조선전기에만 철생

---

34) 『世宗實錄地理志』寧越郡, "本高句麗奈生郡 新羅奈城郡 高麗改寧越郡爲原州任內 恭愍王二十一年壬子 以鄕人延達麻實里院使在京師 有功於我 陞爲知郡事 本朝因之 土貢 正鐵."

35) 서성호 1997, 앞의 논문, 56쪽.

36) 박종기, 1991 『고려시대부곡제연구』, 서울대출판부, 147~148쪽.

37) 서성호, 1997, 앞의 논문, 72쪽.

38) 『新增東國輿地勝覽』 30, 慶尙道 晉州牧 古蹟.

산지로서의 기능을 한 것 같다.

울산의 경우, 울산시 북구 천곡동에 달천철장이 있었다고 하며『世宗實錄地理志』에는 철장에서 백동·철·생철·수철을 생산하였다고 하여 그 규모가 상당하였음을 추정할 수 있다.[40] 달천산은 철 함유량이 60% 이상인 노천광으로 삼한시대부터 개발되었다. '달내쇠굿'을 중심으로 한 이 인근 일대는 용광로가 소재한 흔적을 보여주는 점(골)마을 같은 유형의 마을 명칭이 다수 존재한다. 고려시대는 달천철산에서 석철을 발굴하여 인접 쇠부리가마에서 쇠를 녹였을 것이다.[41] 달천동이 신학성과 가까운 것으로 보아 박윤웅이 신학성에 근거를 두고 미역뿐 아니라 이곳 철광도 장악했으리라 추정된다.[42] 그러므로 울산군에 소가 보이지 않는 것은 고려초 개국공신이 었던 박윤웅의 세력이 고려중기까지 영향을 미쳐 국가가 수취하는 소를 설치하기는 어려웠기 때문이라고 생각된다.

또한 합천군 심묘리에 철장이 있어 세공으로 정철 9,500근을 바쳤다. 합천군에는 동10리에 박산소가 있으나 위치상으로 볼 때 오히려 좌이부곡이나 말곡향에서 철이 생산되었을 가능성이 크다.[43]

---

39) 『世宗實錄地理志』京畿 廣州牧 砥平縣, "本高句麗砥峴縣 新羅改今名 爲朔州領縣 高麗顯宗戊午 屬黃州任內 恭讓王三年辛未 置鐵場于縣境 始置監務以兼之 本朝太宗癸巳 例改爲縣監【鐵場則以産鐵不多革去】."

40) 2008, 「울산 達川 유적 1차발굴조사」, 울산문화재연구원. 달천철광에서 100여 리 떨어진 경북 청도군을 비롯해 가까이는 울주 두서, 상북, 범서, 온양 등지까지 쇠부리 터가 많이 발견되었다. 달천 철장 흙 속에 함유된 철 성분은 무려 41.8%로서, 땅속이 아닌 노지에 지천으로 깔려 있다. 이곳은 삼한시대부터 1990년대 초까지 철을 생산했다.

41) 권병탁, 1971, 「울산군 달천 철산업의 역사적 연구」, 『신라가야문화연구』 2, 영남대, 105쪽.

42) 구산우, 1992, 「나말여초의 울산지역과 박윤웅」, 『한국문화연구』 5, 11쪽 ; 『世宗實錄地理志』 150, 蔚山郡 ; 『新增東國輿地勝覽』 22, 蔚山郡 土産, "水鐵出達川山."

43) 『新增東國輿地勝覽』 30, 慶尙道 陜川郡 屬縣, "冶爐縣 군 북쪽 30리에 있다. 본래 신라 赤火縣인데 경덕왕이 지금 명칭으로 고쳐서 領縣으로 삼았는데 현종 때 본군에 내속되었다. 토산 철 야로현 深妙里에서 산출된다. 고적 坐伊部曲·末谷鄕 모두 야로현에 있다. 樸山所 군 동쪽 10리에 있다."

이들 철소 중 가장 중요시된 지역은 우봉철소와 다인철소다. 특히 고려시대는 거란, 여진, 몽골 등의 북방민족들과 전쟁을 하거나 전시상태로 지속된 경우가 많아 정부는 무기생산에 필수적인 철광산의 개발에 힘을 기울였다. 우봉철소에 대해서는 알 수 없으나 개경 가까이에 있다는 이점이 크게 작용했을 것이다. 다인철소의 경우, 오늘날까지도 이 지역에 산재한 쇠똥 흔적으로 보아도 수백 호를 넘는 대규모의 철광산 마을이었음을 짐작할 수 있다.44) 또한 충주시 칠금동에는 백제시대 제철유적이 발견되었으며,45) 충주 탄금대 토성에서는 탄요와 철정 40매가 발견되었는데 이는 탄금대 주변의 제철로에서 생산된 철을 토성 내에서 2차 공정을 거쳐 생산된 제품으로 추정하고 있다.46) 이미 이 지역은 백제시대부터 철생산의 중심지였다고 판단된다. 그러므로 명종대에 공주 명학소민이 봉기하여 충주까지 나아갔을 때 정부가 이들의 요구조건을 수락하고 명학소를 현으로 승격시킨 것은, 명학소민이 이곳의 철광을 장악하여 중앙에 저항할 경우의 위험성을 감지한 것도 하나의 원인이 되었으리라 생각한다.

2) 다인철소에서의 철생산과 공납

다인철소로 추정되는 지역 중 하나인 충주 이류면(2012년부터 대소원면으로 개칭) 완오리 야철유적지는 1997년에 발굴 조사되었다.47) 완오리 유적에서 남쪽으로 1.5km 떨어진 곳에 요도천이 흐르고, 이 요도천은 달천과 합류하며 달천은 다시 탄금대 부근에서 남한강과 합쳐져 서울로 흐르므로 수운의 이점도 지니고 있었다.48) 그러면 『충주 이류면 야철유적

---

44) 2010, 『고대도시유적 중원경-유적편』, 문화재청·국립중원문화재연구소.
45) 2008, 『충주 칠금동 제철유적』, 중원문화재연구원, 10~16쪽.
46) 2009, 『충주 탄금대 토성』, 중원문화재연구원·충주시, 87·129쪽.
47) 1998, 『충주 완오리 야철유적』, 충주박물관 국립중앙과학관.
48) 1998, 위의 책, 12쪽.

지표조사 보고서』를 토대로 다인철소의 존재형태에 접근하기로 한다.[49]

충주시 이류면은 제철에 이용되기 충분한 철광상이 형성되어 있었다.[50] 달천에서 음성천 사이는 철광상이 존재하는 지대인데, 특히 어래산, 쇠실고개부근, 탄용리 북편 403m 고지 정상부, 만정리, 두정리 서남방 403고지 부근 암석 등에 자철석을 함유하는 광상이 있었다. 야철지는 이류면 일대 요도천의 남북, 달천의 서쪽, 즉 금곡리, 장성리, 두정리, 매현리, 문주리, 완오리, 본리 등지에 41개 유적지가 산포되어 있다. 쇠똥을 이용한 화학분석과 미세조직 등의 성분분석을 통해 확인된 것은 이곳의 지표에서 보이는 쇠똥이 고대의 철제련과 관계되어 있으며, 완오리에서 철 제련이 가장 먼저 실시되어 본리와 장성리 일대로 확대되었다는 점이다. 그러므로 완오리 일대가 고려시대 다인철소의 중심지임을 알 수 있다.[51]

可金面 倉洞에는 수년 전까지 채광하던 쇠꼬치라는 곳이 있는데, 이곳은 노천광산으로 산의 정상부부터 채광하여 지하로 들어가 있다. 이 같은 야철장은 中原郡 上莘面 寺門里에도 있었다.[52] 그러므로 다인철소는 노천광산에서 캐온 석철을 주로 제련했음을 알 수 있다. 이곳 야철유적지에는 청자뿐 아니라 분청사기, 그리고 백자편이 수습되는 것으로 보아 고려는 물론 조선시대까지도 철생산이 지속되었음을 알 수 있다. 그리고 쇠똥이 산재한 지역은 촌락 정도의 소규모가 아니라 고려시대의 군·현에 상당하는 범위다. 이류면에서 철광산으로 추정되는 곳은 장성리의 양장고개, 두정리의 산정마을, 그리고 완오리의 암소고개가 있다. 이곳에서 철광을 채굴하여

---

49) 길경택·유봉희, 1996, 『충주 이류면 야철유적』, 충주박물관.

50) 1998, 『충주 완오리 야철유적』, 충주박물관 국립중앙과학관, 14~18쪽. 철생산의 입지조건과 자연환경에 대해서는 서성호, 1999, 「고려 수공업소의 몇가지 문제에 대한 검토」, 『한국사론』 41·42 참조.

51) 1998, 『충주 완오리 야철유적』, 114~116쪽 [표 2] 이류면 야철지 현황. 그러나 완오리 지역의 지표조사로는 고려시대 것이 많다고 보이지만 일부 발굴된 것은 조선시대 것으로 파악된다.

52) 金顯吉, 1990, 「忠州地域의 歷史地理的 背景」, 『國史館論叢』 16, 147쪽.

제련에 좋은 입지조건, 즉 물과 땔감이 많은 지역을 여러 군데 선정하여 철을 제련하였을 것이다. 그러나 땔감은 무한정 공급이 어려우므로 주변 나무가 울창한 지역으로 옮겨다니며 다시 철 제련시설을 설치했으리라 판단된다.

완오리 노벽은 모래 섞인 흙을 썼고, 송풍관은 질흙에다 석영입자를 보강시킨 것이며, 노바닥은 숯가루를 흙에 섞지 않고 그냥 진흙을 바른 것으로 생각된다. 높은 온도의 용광로에서 철을 만들면 반응온도가 높기 때문에 철은 탄소를 흡수하여 선철(수철)이 된다. 선철은 단단하여 부러지기 쉽기 때문에 제강로에 넣어서 탄소를 빼내어 강으로 만드는데 이것이 연철(정철)이다. 특히 완오리 유적에서는 남한의 다른 지역에서는 볼 수 없는 거대한 流出滓와 白鑄鐵 조각이 출토되는 것으로 보아 이곳 주위에 내경이 적어도 1m 이상 되는 高爐(용광로)가 있었을 가능성이 있다. 그 시기는 조선초로 보고 있으나[53] 아직 발굴되지 않은 지표조사로는 고려시대 유적이 훨씬 많아[54] 고려시대부터 조선시대까지 이어져 내려왔다고 볼 수 있을 것이다. 이렇듯 충주지역에는 남한에서는 일찍이 볼 수 없었던 커다란 쇠똥이 지금도 충주 일대에 널려 있는 것을 보아 철생산이 왕성하였음을 알 수 있다.

그 외 충주와 이웃한 음성현에도 철 제련 흔적이 남아 있다. 음성현 소속 금촌부곡은 음성군 금왕읍 무극리·생극리 일대인데 이곳은 쇠실·철골터·숫돌고개 등의 야철 관련 지명이 많이 남아 있으며, 파천부곡은 지금의 음성군 원남면 보천리인데 조선시대의 솥 제작 및 보습 제작 흔적이 남아 있다.[55] 이들 지역의 철 제련이 고려시대까지 거슬러 올라갈 수 있을지는 의문이지만 충주를 중심으로 한 철생산의 범위를 유추할 수는 있을

53) 이남규, 2012, 「중원지역 제철문화의 연구성과와 과제」, 『중원의 제철문화』(학술대회 발표요지), 29쪽.

54) 이남규, 2012, 위의 논문, 45~46쪽.

55) 2003, 『충북 음성군의 야철지·충주시 앙성면의 야철지』, 세연철박물관, 46·48쪽.

것이다. 그리고 다인철소 지역 외에도 충주시 앙성면 지당리와 용대리 국망산 야철지는 고려부터 조선시대에 이르는 야철지로 추정하고 있다.[56]

[표 2] 충주지역의 제철유적 발굴조사 현황(고려시대)[57]

유적명	유구	유물	비고
본리 노계마을	제련로2, 폐기장2, 소성유구1, 공방지3 外	철재, 단조박편, 노벽편, 철기 다수, 모루돌	중원문화재연구원 2010
큰골유적	제련로2, 단야로1	철재, 단조박편	한국문화재보호재단 2001
본리당저1	제련로1, 폐기장 外	철재, 송풍관편	중앙문화재연구원 2009
본리 노계Ⅱ	제련로2	철재, 노벽편	중앙문화재연구원 2009
본리 새터골Ⅲ	제련로1, 폐기장, 소성유구 등	철재, 노벽편	중앙문화재연구원 2009

3~4세기 백제의 제철유적이 충북 진천군 덕산면 석장리에서 발견되었다.[58] 진천 석장리 유적은 제련로, 용해로, 단야 공방까지 관련된 일련의 철기 생산공정을 한눈에 살필 수 있는 종합제철유적이다. 상자모양[箱形爐]이나 원통형[圓形爐]의 대형 제철로는 고도로 발달된 철산업을 보여준다. 그렇다면 철이 얼마나 공납되었는지 충주를 기준으로 추정해 보자.

A-1) 호조에서 충청도 감사의 關文에 의거하여 계하기를, "지난해에 봄부터 가을까지 오랫동안 가물어 失農하였으니, 炒鐵軍과 爐冶匠이 자칫하면 1개월을 지내게 되므로 양식을 가지고 가기는 실로 어렵습니다. 1년 동안의 공철이 다만 2만 8백 85근인데, 다섯 철장에 있는 正鐵이 10만 7백 95근이나 되니, 청컨대 정미년 가을 등의 예에 따라 올 봄의 炒鐵은 면제하기를 청합니다" 하니, 그대로 따랐다.[59]

56) 2003, 위의 책, 118~128쪽.
57) 이남규, 2012, 위의 논문, 29쪽.
58) 2004, 『진천 석장리 철생산 유적』, 국립청주박물관·포항산업과학연구원.
59) 『世宗實錄』 39, 10년(1428) 1月 28日 辛亥, "戶曹據忠淸道監司關啓 去歲自春至秋 久旱失農 炒鐵軍及爐冶匠 動經一朔 贏糧實難. 一年貢鐵 只二萬八百八十五斤 而五鐵場所在正鐵 十萬七百九十五斤 請依丁未年秋等例 除今春炒鐵 從之."

2) 『慶尙道續撰地理誌』 慶州府, 정철 920근(『世宗實錄地理志』 정철 6,533근)

울산군 세공 정철 479근 郡北 達川山 産 水鐵 品下 ; 생철 12,500근

영덕군 세공 339근(『世宗實錄地理志』 정철 1,724근)

합천군 冶爐縣 心妙里 産沙鐵 品中 세공 정철 500근(『世宗實錄地理志』
정철 9,500근)

용궁현 세공 360근(『世宗實錄地理志』 정철 8,878근)

산음현 北馬淵峴 産沙鐵 근 누락(『世宗實錄地理志』 정철 7,794근)

『慶尙道續撰地理誌』[60] 계 정철 19,733근(『世宗實錄地理志』 계 정철
44,379근, 생철 12,500근)

『高麗史』 靖宗 7년 3월 기사에서는 각 州府의 세공을 300근으로 한정시키고 있다.[61] 이때 정해진 세공액은 주현의 규모와 관계없이 같다는 점에서 모든 군현에 적용되는 상공이 아니라 외관이 파견된 대읍에 한하여 세공을

---

60) 아래 지역의 숫자는 『慶尙道續撰地理志』, 괄호 안의 숫자는 『世宗實錄地理志』의 철공량이다.

경주부 정철 920근(정철 6,533근), 밀양도호부 570근, 대구도호부 409근, 청도군 409근, 양산군 정철 409근, 흥해군 409근, 울산군 세공 정철 479근(생철 12,500근), 영일현 409근, 장기현 360근, 기장현 세공 정철 290근, 동래현 360근, 언양현 409근, 경산현 339근, 현풍현 339근, 창녕현 353근, 영산현 339근, 청하현 339근.

안동도 안동대도호부(정철 9,950근), 영해도호부 360근, 永川郡 360근, 풍기군 360근, 영덕군 339근(정철 1,724근), 진보현 세공 290근, 군위현 세공 339근, 봉화현·예안현· 義興縣 339근, 인동현 339근, 하양현 339근, 비안현 339근, 신녕현 290근.

상주도 상주목 정철 50근, 성주목 정철 500근, 선산부 정철 479근, 합천군 冶爐縣 정철 500근(정철 9,500근), 金山郡 정철 409근, 용궁현 세공 360근(정철 8,878근), 문경현 339근, 지례현 정철 360근, 개령현 정철 339근.

진주도 진주목 정철 550근, 김해도호부 철 479근, 창원도호부 정철 479근, 함양군(마천소·의탄소) 정철 479근, 昆陽郡 정철 479근, 의령현 정철 339근, 삼가현 철 360근, 하동현 정철 339근, 남해현 정철 290근, 사천현 정철 360근, 거창현 정철 409근, 안음현(加乙山所) 정철 360근, 산음현(정철 7,794근), 진해현 정철 209근, 칠원현 정철 339근.

『慶尙道續撰地理誌』 419,733근 ; 『世宗實錄地理志』 계 정철 44,379근, 생철 12,500근.

61) 『高麗史』 78, 租稅 靖宗 7年 3月.

더 거둔 별공으로 보아야 할 것이다.[62]

『世宗實錄地理志』(1454년, 단종 2년 편찬)에 비해 『慶尙道續撰地理誌』
(1469년, 예종 1년 편찬)는 철의 공납액수가 급격히 줄어들었다.『世宗實錄地
理志』에서 경주부는 세공이 정철 6,533근, 울산군은 생철 12,500근(정철로
환산하면 약 4,200근)이며, 안동도호부는 정철 9,950근이다. 이보다 후에
발간된 『慶尙道續撰地理誌』에는 경주부 920근, 울산군은 479근, 안동도는
4,463근으로 2~9배의 차이가 난다. 경상도 전체를 비교해보면 『慶尙道續撰
地理誌』가 정철 19,733근을 공납한 데 비해 『世宗實錄地理志』는 정철 44,379
근, 생철 12,500근을 공납하여 합 56,879근이있다. 생철은 생활필수품,
정철은 무기의 생산에 적합하여 각기 소요되는 분야가 다르긴 하지만,
생철을 정철로 만들면 약 1/3 이하로 줄어든다고 보이므로[63] 이를 정철로
환산하면 『慶尙道續撰地理誌』는 2만 근 정도, 세지는 4만 8천 근 정도를
공납했다고 볼 수 있다.

여기에서 『世宗實錄地理志』의 편찬시기인 세종대보다 예종 원년의 『慶尙
道續撰地理誌』 발간시기에 훨씬 적게 공납했음을 알 수 있다. 연산군대의
기록에 의하면, 세종조의 貢案을 세조 때 와서 1/3분을 감하였는데, 그럼에도
여유가 있어 다시 그 반을 감하여 세종대에 상정한 숫자에서 1/3만 수취했다
는 기록이 나온다.[64] 또한 공물대납의 경우, 당시 정부가 상정한 공철의
代納米價는 풍년에는 貢鐵 1兩에 價米 3升, 흉년에는 2승이었는데, 세조

---

62) 박종진, 2000, 「조세제도의 성립과 조세체계」,『고려시기 재정운영과 조세제도』,
서울대출판부, 44~45쪽. 이에 비해 박종기는 州府가 주와 부를 가리키기보다는
일반 군현의 뜻으로 사용되었다고 보았다(1990, 「고려의 수취체제와 부곡제」,『고려
시대 부곡제연구』, 서울대출판부, 154쪽)

63) 양관 저, 노태천 역, 1992,『중국고대 야철기술발전사』, 대한교과서주식회사, 295쪽.
明 唐順之의 前篇 제5권 철에 의하면, 생철을 숙철 또는 강으로 초련하는 데 비교적
많은 시간과 힘이 든다. 3근의 우수한 저탄강을 제련하는 데에 5명이 1일 노동해야
하며, 10근의 생철로 3근의 우수한 저탄강을 제련해 낼 수 있다.

64)『燕山君日記』28, 3年(1497) 10月 20日 戊子, "世宗朝詳定貢案 至世祖朝三分減其一
然亦有餘 而又減其半. 以世宗朝詳定數視之 則是三分取其一也."

10년 12월에는 1승 5합과 1승으로 하여 공철량을 반으로 줄였다.65)

이로써 조선전기는 초기에 비해 백성들의 공물을 획기적으로 줄여주었음을 볼 수 있다. 국가가 공물을 줄여주게 된 것은 첫째, 세조대에 가면 국가재정이 건실해져서 더 이상 과도한 공물을 필요치 않게 된 점, 둘째, 농업생산의 발달에 따라 특산물 수취를 곡물과 포 위주로 옮기려는 국가의 정책, 셋째, 소의 해체로 인해 공물로 거두어들이던 물품의 질이 저하된 점, 넷째, 상업의 발달로 국가에서 필요로 하는 물자는 언제든 구매가 가능해진 점 등이 원인으로 추정된다. 특히 철 공납이 줄어든 것은, 전쟁의 위험이 거의 보이지 않아 병장기를 만들 필요성이 줄어든 것도 또 하나의 원인이 될 것이다.

충청도의 경우, 『世宗實錄地理志』에는 세공액수가 보이지 않지만, 위의 세종 10년 기록에서 충청도의 1년 공액이 20,885근인데, 다섯 철장에 있는 정철이 10만 795근이나 된다고 했다. 충청도의 철장은 충주 末訖金, 전의현 동쪽 西方洞, 서산군 서쪽의 都飛山 남쪽, 정산(정철), 이산(사철)인데66) 이곳 다섯 철장에서 正鐵 10만 795근이 있다는 것으로 보아, 이들 지역은 국가가 한 해에 요구하는 공물의 5배를 보유하고 있었음을 알 수 있다. 따라서 충청도에서 가장 철이 많이 생산되는 다인철소가 있던 충주의 경우는 공액을 기준으로 삼는다면 적어도 5천 근 정도는 생산할 수 있었으리라 판단되며, 이는 고려시대에도 마찬가지였을 것이다. 다인철소에서의 철생산은 원 간섭기에도 지속되었다.

고려 충렬왕대에 응방 미라리의 금소 탈취67)나 공양왕대에 정부가 개인

---

65) 『世祖實錄』 34, 10年 12月 7日 丙戌, "戶曹啓 戶曹謄錄正鐵代納價米 豊年一兩三升 險年二升 比他貢物之價 過乎高重 民弊不貲 自今正鐵代納之價 豊年則一兩一升五合 險年 則一升以爲定額 從之." 이를 유승주는 정부가 공철량을 반감한 것은 사실상 부역농민 들에게 대납으로 인해 공철의 부담을 두 배로 늘린 셈이기 때문이라고 하였는데 이는 좀 더 검토해 볼 문제다(1993, 『조선시대 광업사연구』, 고려대출판부, 45쪽).

66) 『世宗實錄地理志』 149, 忠淸道 참조.

67) 『高麗史』 89, 列傳 齊國大長公主.

이 사사로이 운영하는 철을 막고자 冶官과 鐵戶를 두려 했으나 실패한 모습[68]에서 고려후기에는 철광산의 상당수를 권세가들이 보유하고 국가에 공물을 바치지 않았음을 추정할 수 있다. 즉 권세가의 탈점이나 탈세는 토지에 한한 것이 아니었다고 볼 수 있다. 또한 몽골의 과도한 철 요구도 철소민을 이탈케 한 주요 요인이었을 것이다.

충렬왕대에는 몽골에서 환도 1,000자루를 요구하여[69] 고려가 환도 378자루를 바쳤다는 기록이 보인다.[70] 이 환도를 고려 왕이 충주에서 만들도록 했는데 이는 다인철소를 의미한다고 생각한다. 결국 다인철소는 철을 채굴·제련힐 뿐 아니라 철제품까시도 생산할 수 있는 곳이었다고 판단된다.

이로써 추정하건대 고려시대 다인철소의 영역은 촌락 정도가 아니라 군현에 버금 가는 큰 규모였으리라 판단된다. 즉 초기에는 철을 생산하는 특수집단으로서 조그만 촌락에서 시작되었으나 철산지가 늘어나고 철제련이 확대되면서 점점 그 범위가 늘어나게 되었을 것이다. 이는 강진의 자기소도 마찬가지였다.[71] 다인철소는 익안현으로 승격되는데, 『新增東國輿地勝覽』古蹟에 翼安廢縣으로 나오는 것으로 보아 조선 중종 이전에 폐현이 된 것으로 보인다. 이 지역에서 수백 년 동안 철광석을 캐내고 주변 나무를 베어 제련함으로써 익안현은 조선중기 이후에는 회복이 불가능할 정도로 황폐해져 결국 폐현이 되었다.

3) 철의 공납

철소로 지정되기 위해서는 철광석이 있고, 철제련에 필수적인 숯의 공급

---

68) 『高麗史』 79, 食貨2 鹽法 恭讓王 3年 7月.
69) 『高麗史』 28, 世家 忠烈王 3年(1277) 4月 丁卯, "元遣劉弘忽奴來 王命李藏茂 偕往忠州 鑄環刀一千."
70) 『高麗史』 29, 忠烈王 6年 2月 己卯, "遣校尉鄭之演如元 獻環刀三百七十八把."
71) 서성호, 1999, 「고려 수공업소의 몇가지 문제에 대한 검토」, 『한국사론』 41·42, 250~253쪽.

이 원활해야 하며, 채광과 선광 및 제련 기술을 가진 장인, 그리고 채광·선광 및 柴木의 공급에 필요한 노동력이 갖추어져야 하는데[72] 다인철소가 가장 적합한 지역이었다. 또한 철을 중앙으로 공납하기에도 편리하여, 충주목의 곡식창고인 경원창 기슭의 남한강에서 배를 띄워 개경으로 바로 운송할 수 있었다.

철이 생산된다고 하더라도 처음 철소로 지정한 지역을 제외하고는 고려 정부는 더 이상의 철소 지정은 하지 않았다. 고려후기에 들어서서는 새로 철산지가 발견되면 철소로 비정하지 않더라도 철산지 주변 주민들의 요역 동원으로 철공급에는 큰 차질이 없었기 때문일 것이다. 소에서 생산되는 특산물의 경우, 국가에 납부해야 할 공물의 양은 소단위로 정해졌지만 공납은 군현단위의 공물에 포함되었다.[73] 그러나 상공 이외의 별공은 따로 직납했을 것으로 보인다. 철의 공납현황을 살펴보자.

> B-1) 충렬왕 4년 여름에 왕과 공주가 원에 행차하는데 嘉林縣人이 達魯花赤에게 고하기를, "현의 촌락은 원성전 貞和院, 將軍房, 忽赤, 순군에 분속되어 오직 금소 1村만 있는데 지금 응방 迷剌里가 또 빼앗으니 우리들은 홀로 무엇으로써 부역을 바치리오"라고 하였다.[74]
>
> 2) 도병마사가 아뢰기를, "(안서도호부) 관내에서 공납하는 철을 예전에는 병기 제조에 충당하였는데 근자에 흥왕사를 창건하면서 또 더 부과하여 백성들이 그 괴로움을 견디지 못하고 있습니다. 鹽, 海, 安 세 주에서 정유, 무술의 두 해에 걸쳐 바친 병기제조용 貢鐵을 덜어내어 흥왕사를 짓는 데 전용하게 함으로써, 민폐를 덜어주시기 바랍니다"라고 하니 왕이 이를 좇았다.[75]

---

72) 김기섭, 2003, 앞의 논문, 52쪽.

73) 박종진, 2000, 『고려시기 재정운영과 조세제도』, 서울대출판부, 115~117쪽.

74) 『高麗史』 89, 列傳 齊國大長公主.

75) 高麗史』 3, 文宗 12年 2月 辛亥, "都兵馬使奏 界內鐵貢 舊充兵器 近創興王寺 又令加賦 民不堪苦 請減鹽海安三州 丁酉 戊戌 二年 軍器貢鐵 專供興王之用 以紓勞弊 從之."

3) 鐵場이 1이다. 현 동쪽 10리 蓬村에 있는데, 煉鐵 2,200근을 繕工監에
 바치고, 914근을 全州에 바친다.[76]

정부는 각 지방에 상공 외에 별공의 형태로 많은 물자를 요구하였다.
공부수취 관할 관청은 三司였다.[77] 그러므로 상공이 지방관을 통해 각
군현의 공물과 함께 공납한 데 비해 별공은 필요에 따라 삼사가 所吏에게
명하여 운송하도록 하였을 것이다.

1)의 기록은 가림현에서 납부하는 공물에는 금소의 금까지 포함되었음을
보여준다. 그러므로 ㄱ 지역에 소속된 安良部曲·古多只所·召羅所·今巖所·
今勿村處 등 모든 지역에서 거두어들인 공물을 합산해서 중앙에 바쳤을
것이다. 그러나 물자에 따라 군현민과 함께 공물로서 납부하는 경우도
있고, 중앙에 직접 공납하는 경우도 있었을 것이다. 그러나 중앙에 직접
공납할 경우에도 군현 지방관의 지시하에 吏가 수합하여 납부했다고 판단된
다. 2)의 기록에 의하면 안서도호부 관하 철공에 대한 수세 책임은 안서도호
부였기 때문이다. 호부로부터 안서도호부 해주에 하달된 징수액은 주현인
풍주·옹진현·백령진 등에는 각 지방관에게, 속현인 염주·백주·안주 등에는
향리를 통해 철공이 부과되었을 것이다.[78]

3)의 조선초기 무주현 봉촌의 철장에서 생산된 철은 2,200근은 중앙
선공감에 납입하고, 914근은 전주관아에 납입하였는데 이 같은 경우는
무안현에도 보인다.[79] 이로써 미루어 보건대 고려시대의 경우에도 정부의

---

76) 『世宗實錄地理志』 151, 全羅道 茂朱縣, "鐵場一 【在縣東十里蓬村 煉鐵二千二百斤 納于
 繕工監 九百十四斤 納于全州】."
77) 박종진, 2000, 앞의 책, 124쪽 ; 김기섭, 2003, 「고려 무신집권기 철의 수취와 명학소민의
 봉기」, 『한국중세사연구』 15, 50쪽.
78) 김기섭, 2003, 앞의 논문, 51쪽.
79) 『世宗實錄地理志』 羅州牧 務安縣, "鐵場二 一在縣東南紫口洞 一在縣南炭洞 【品皆上
 鍊鐵一千五百八十六斤 納于軍器監】." 그리고 고산현도 공납하는 곳이 명시되어
 있다(같은 책, 全羅道 全州府 高山縣, "鐵場一 【在縣北番北番洞 煉正鐵七百四斤十二兩
 納于軍器監】").

요구에 따라 중앙의 해당 관아와 지방에 분납했을 것이다. 철은 일반 백성들이 중앙에 공납하기 어려운 물자였으므로 전부 철소를 통해 공납이 이루어졌으리라 생각되는데, 이는 금·은·동도 마찬가지였을 것이다. 철생산지를 두고 고려와 동녕부와의 갈등도 보인다.

> C-1) 서해도 내의 곡주·수안의 두 성이 지난해에 타가차르[塔察兒] 대왕에게 투탁하자 대왕이 기리다이[吉里歹]를 보내 민호를 점검한 바 있습니다. 얼마 후에 중서성에서 보내온 공문에는 "諸王은 일방적으로 민호를 받아들여 자신의 投下로 만들 수 없다. 하물며 그 땅은 고려에 속한 것이니 그 민호를 받아들이는 것은 합당하지 않다"라고 하였습니다. 그런데도 최탄 등이 우리가 파견한 관원들을 쫓아내고 제멋대로 다스리고 있으니 만일 최탄 등의 일방적인 허황된 말만 듣는다면 불합리한 처사가 될 것입니다. 또 서해도의 은율현은 한번도 투탁한 일이 없는데 최탄 등은 투항했다고 망녕되이 거짓말하면서 17호를 탈취해 갔으나 그 뒤 중서성의 지시를 받아 다시 본국으로 소속시켰습니다.[80]

타가차르는 동방 3왕가의 징기스칸의 막내 옷치킨[斡赤斤]의 손자로서 고려 동북방면에 자리잡고 있었다. 타가차르는 쿠빌라이가 황제로 즉위하는 데 도움을 주어 쿠빌라이로부터 막대한 권익을 보장받았다. 쿠빌라이 시기의 옷치킨 왕가는 타가차르의 이 훈공에 힘입어 지속적으로 세력을 확대하였다.

위의 기록은 고려 투항민을 자의적으로 소유하려는 타가차르와 그것을 제제하려 한 쿠빌라이의 갈등을 보여준다. 옷치킨 왕가의 임의적인 고려민 포섭은 몽골의 부마국 고려의 세력을 잠식하고 중앙정부의 통치권을 침해하

---

80) 『高麗史』 28, 忠烈王 4年 7月 壬辰, "西海道內谷州遂安兩城 往年投拜搭察兒大王 大王使吉里歹來點民戶 尋蒙省旨云 諸王投下不得一面收拾民戶 況高麗附屬國土不合收拾 今崔坦等逐去本國差遣官員 擅自管領 若聽取坦等一面誑辭似不合理 西海道殷栗縣 不曾投拜崔坦等妄稱投拜 爭一十七戶 已受省旨 復屬本國."

는 행위이므로 쿠빌라이로서는 용인할 수 없는 일이었다.[81] 그러므로 타가
차르가 고려의 철을 관장하고 있다는 것은 원 황실에 위협이 된다고 판단한
원은 이를 고려에 돌려주게 하였다. 이것을 최탄이 위협을 가하여 곡주·수안
을 동녕부 소속으로 만들었던 것이다.

곡주·수안·은율의 소유권이 문제가 된 것은 일차적으로는 개경 가까이에
있는 이곳이 동녕부 소속이 된다면 최탄 등에 의해 고려가 위협을 당할
우려가 있다는 점이 가장 중요하지만, 또 하나의 문제점은 이곳이 철·은·동
의 산지여서[82] 광산물을 동녕부에 빼앗기게 될 경우 발생할 막대한 경제적
손실도 고려되었을 것이다. 충렬왕의 입장에서는 이는 절대 양보할 수
있는 문제가 아니었으므로, 원에 강력히 항의하여 충렬왕 12년 정월에
비로소 고려의 영역으로 만들 수 있었다.

4. 철소의 붕괴와 철장제의 시행

철소 붕괴의 가장 큰 원인은 철 제련의 노역이 매우 힘들다는 점이었다.
다음 기록을 보자.

> D. 형조에서 아뢰기를, "삼가 우리나라에서 번역한 『大明律』을 상고하건대,
> '徒流遷徙하는 지방은, 直隷府州는 京城에 直屬하여, 경기 좌·우도와
> 경성에서는 먼 곳은 경상도, 중간은 전라도·양광도, 가까운 곳은 서해도·
> 교주도이며, 서해도에서는 경상도의 鹽所·炒鐵所에 付處하고, 교주도와
> 강릉도에서는 전라도의 염소·초철소에 부처하며, 양광도에서는 평양·
> 삭방도의 염소·초철소에 부처한다."[83]

---

81) 고명수, 2004, 「몽골제국시기 옷치킨 왕가의 세력기반과 그 변화」, 『사총』 58, 143쪽.
82) 『世宗實錄地理志』, "黃海道 豐川郡 殷栗縣 石鐵 産縣北十九里金山里【中品 鍊正鐵以
貢】" ; "黃海道 黃州牧 谷山郡 銀石 産郡北三十五里 銀金洞 大嶺 石壁" ; "黃州牧
遂安郡 銅鐵 産郡北三十里 長川里."

이 제도는 세종 12년에 다시 수정되지만 조선시대에 들어서서 소가 해체된 이후 유배형 죄수들을 주로 초철소나 염소로 보내 노역을 시키려고 할 정도로 소금생산과 철제련의 노동강도가 힘들었음을 보여준다. 그러므로 고려시대의 철소민들은 이를 벗어나기 위해 유리하거나 군현으로의 승격을 희망했다. 이에 정부는 고종 42년 다인철소를 익안현으로 승격시켜[84] 충주의 속현으로 삼았다. 그 외 승격된 소의 사례로는 함열현 도내산은소[85]와 영주 이지은소[86]가 있다.

여기에서 특이한 사항은 은·철이라는 광산물을 채굴하여 제련하는 소만 현으로 승격된 기록이 나온다는 점이다. 이는 광산물을 채굴하는 소민의 원성이 가장 높았음을 추정하게 한다. 현으로의 승격시기는 몽골과의 전쟁 이후였다. 이 중 다인철소는 몽골군을 막은 공으로, 도내산은소와 이지은소는 이곳 사람이 원에 환관으로 가서 세운 공으로 현으로 승격되었다고 한다. 그런데 조선시대 기록에서 이지은소가 승격된 이지현이나 태조 3년에 이지현을 편입시킨 하양현에서 은이 생산된다는 기록이 보이지 않는다. 따라서 이지은소가 현으로 승격된 것은 이곳 출신이 원 황제의 총애를 받은 탓도 있겠지만 무엇보다도 은생산량이 줄어 은소로서의 기능이 약화된 것이 가장 큰 이유였을 것이다. 그러나 충주는 조선시대에도 여전히 철이 생산되고 있었다.[87]

고종 40년대는 상당수의 주민이 정부에 등을 돌리고 원에 투항하는

---

83) 『世宗實錄』48, 12年(1430) 5月 15日 甲寅, "謹稽本朝所譯 大明律 徒流遷徙地方 直隷府州 直屬京城 [京畿]左右道京城則 遠處慶尙道 中間全羅道楊廣道 近處西海道交州道 西海道 則付處慶尙道鹽所炒鐵所 交州江陵道則付處全羅道鹽所炒鐵所 楊廣道則平壤朔方道鹽 所炒鐵所."

84) 『高麗史』57, 地理 忠州牧.

85) 『高麗史』57, 地理2 全羅道 咸悅縣.

86) 崔瀣, 『拙藁千百』2, 永州梨旨銀所陞爲縣碑.

87) 『世宗實錄地理志』149, 忠州牧, "鐵場이 1이니, 州의 남쪽 末訖金에 있다. 【中品】" ; 『新增東國輿地勝覽』14, 忠州牧, "土山 鐵 ; 周連里에서 산출한다."

사례가 생겨나고 있었다. 이에 정부로서는 몽골군을 물리친 다인철소민을 크게 치하하여 민심을 돌려놓을 필요가 있어 익안현으로 승격시킨 것으로 생각된다.[88] 그러나 현으로 승격시켰음에도 불구하고 감무나 현령을 파견하지 않고 충주속현으로 둔 것은 충주목사의 관리하에 철을 계속 생산하게 하여 중앙에 공납하게 하려는 정책으로 보인다.

소가 해체됨에 따라 다인철소, 도내산철소, 이지은소의 工匠들은 철이나 은을 전문적으로 제련하여 조제하는 독립적인 수공업자의 처지로 전화하였다.[89] 정부는 소에서 부과하던 각종 물품들을 군현민에게 부과하였고 그것을 잡공 형태로 거두어들였다. 나음 기록을 보자.

E-1) (충선왕 원년(1309) 2월) 이때 처음으로 군현으로 하여금 백성을 징발하여 鹽戶로 삼고 또 鹽倉을 설치하게 하니 백성들이 이를 몹시 괴로워하였다.[90]
  2) 무릇 은이 산출되는 곳이라면 그곳 주민들의 부역을 면제해주고 은을 채취하여 관에 납입하게 한다.[91]

처음으로 군현민을 염호로 징발했다는 충선왕대의 기록은 이미 13세기에 이르면 염소의 기능이 유명무실해졌음을 의미한다. 2)익 은소의 경우도 공민왕대에는 주민들에게 은을 채취하게 하고 대신 부역을 면제시켜주었다고 한다. 이로 보아 철소도 마찬가지였으리라 추정된다. 鐵所가 해체된 이후에 조선은 稱干稱尺者와 같은 정역호를 지칭해서 공물이나 진상물을 납부케 하다가 이를 일반 민호에게 부담시켰다.[92]

---

88) 윤용혁은 다인철소가 칼·창·화살촉 등 각종 무기류의 제작 및 공급처라는 전략적 중요성 때문에 승격되었다고 보았다(尹龍爀, 1991, 「高麗의 蒙古에 대한 抗戰」, 『高麗對蒙抗爭史研究』, 一志社, 306쪽).
89) 홍희유, 1989, 『조선상업사』, 과학백과사전종합출판사, 74쪽.
90) 『高麗史』 79, 食貨2 鹽法.
91) 『高麗史』 78, 食貨2 貨幣 恭愍王 5年 9月, "凡 産銀之所 復其居民 令採納官."

고려후기에 소가 해체되자 정부는 광산물을 주로 농한기의 백성이나 군인을 차출하여 채광·제련하게 하였다. 이에 따라 농민의 반발이 커지자 광산물은 더 이상 개발되지 못하였다. 즉 새로운 광물이 발견되더라도 지역 주민들의 거부로[93] 중앙에서는 실상을 제대로 알기조차 어려웠다. 이는 국가에서만 광산물을 관장하고 민간의 광산물 채취를 금지한 고려나 조선 모두 마찬가지였을 것이다. 이에 정부에서는 철전매제를 시행하자는 안이 논의되었으나 시행되지 못하였다.

> F-1) 도당에서 아뢰기를 "鹽鐵은 나라에서 부과하는 稅 가운데 큰 비중을 차지하는데, 우리나라에서는 철은 모두 개인이 사사로이 운영하고 관청에서 아직 관련 법규조차 세우지도 못했습니다. 이에 冶官과 鐵戶를 설치하고 염법과 동일하게 시행하여 국용을 마련하도록 합시다"라고 하였더니 왕이 허락하였으나 끝내 실행되지 못하였다.[94]
>
> 2) 도망한 고을의 황무지를 개간하는 자에게는 20년을 기한하여 그 밭의 전세를 받지 말고, 그 백성을 부역시키지 말며, 水軍萬戶에 전속시켜 城堡를 수축하고, 노약한 자를 불러모으며, 먼 곳까지 斥候를 두고 烽火를 신중히 하며, 평소에 일이 없을 때에는 농사짓고, 고기잡고, 소금굽고, 鐵工질하여 먹고 살며, 때때로 배를 만들고, 적이 이르면 들을 비우고 城堡 안으로 들어가고, 수군을 시켜 치게 하소서.[95]

백성들의 생활에 필수적인 소금과 더불어 철의 전매제를 실시하기 위해 이미 충선왕대에 務農鹽鐵使를 두었으며,[96] 공민왕대에는 염철별감을 각

---

92) 유승원, 1979, 앞의 논문 ; 서명희, 1990, 앞의 논문.

93)『世祖實錄』34, 10年(1464) 8月 5日 丙戌, "遣工曹正郎 辛義卿于江原 咸吉道 宣傳官朴植于 慶尙道 採銅 命承政院馳書于觀察使曰 採銅軍人量宜抄定 但産銅之處 民慮後弊 多不實告 曲盡搜訪 期於多採."

94)『高麗史』79, 食貨2 鹽法 恭讓王 3年 7月, "都堂啓 鹽鐵國課之大者 本朝鐵人皆私之 而官未立法 宜置冶官鐵戶 一如鹽法 以資國用 上從之 然事竟不行."

95)『高麗史節要』33, 禑王 4年 7月 趙浚상소.

도로 파견한 것[97]으로 보아 고려정부는 철전매제를 실시하기 위해 노력했음을 알 수 있다. 공양왕 또한 冶官과 鐵戶를 두려고 했으나 관원들의 반대로 실패하였다. 1)에서 철을 개인이 사사로이 운영하는 주체는 권세가였을 것이다. 그러므로 철전매제가 실패한 것은 권세가인 철광소유주가 그들에게 불리한 제도를 받아들이려 하지 않았다는 점, 또 소금전매제조차도 소금값만 내고 소금을 받지 못하는 폐단이 발생하던 시기에 또다시 철전매제를 실시할 명분이 없었기 때문이었다. 공양왕 2년에 시범적으로 王康을 경상도 수군도체찰사 겸 방어염철사로 삼았는데[98] 이후 기록이 없는 것으로 보아 방어염철사의 직능을 제대로 시행하지 못하였다고 생각된다.

당시 공양왕대는 조선왕조를 세우고자 하는 이성계일파가 정치의 주도권을 장악하고 있던 시기였다. 그들은 공양왕 3년 5월에 과전법을 시행하여 권문세가의 경제적 기반을 무너뜨렸으며 이어 철의 국유화를 시행하여 각철법을 시행하려 했다. 그러나 그 반발도 만만치 않았다. 따라서 이성계일파로서는 과전법 시행에 대한 반감에 철광소유자 등의 반발까지 사게 되면 새로운 조선왕조의 설립에 차질을 가져올 수 있다고 판단했던 것 같다. 뒤이은 정몽주의 도전은 이성계의 개혁에 반감을 가진 고려 권세가들의 지지와 성원에 힘입은 것이라고 볼 수 있다.

고려말 새로운 국가 설립을 꿈꾸던 이성계세력은 철소제가 무너진 후 철장제를 시행하였다. 철은 전략물자이므로 관영제적 철장제는 국가가 철을 용이하게 확보할 수 있는 방안이었기 때문이다.[99] 철장에서 철제련을 하는 사람은 일반 민호 중에 차출된 丁夫다. 이는 철소민들이 하던 일이 일반 군현민에게 전가된 것이라고 볼 수 있으나 실상은 철소민 상당수가

---

96) 『高麗史』 76, 百官 典農寺.
97) 『高麗史』 39, 世家.
98) 『高麗史節要』 34, 恭讓王 2年 正月.
99) 안병우, 2003, 앞의 「조선전기 철물의 생산과 유통」, 49쪽.

철간이 되어 공철을 생산하였다고 판단된다.[100] 그러나 철장제는 철장관을 국가가 별도로 파견해야 하고 수많은 취련군들에게 공납과 잡역을 면제하고 봉족을 지급해야 하는 등 물자와 인력의 소모가 컸다. 취련군의 입장에서도 상시로 철장역에 동원되어야 하기 때문에 농사에도 피해가 컸다. 이에 태종 7년(1407)에 철장제를 이용한 공철법을 폐지하고 철장도회제를 채택하였다.

여기에 특기할 사항은 수군에게 철제련을 시킨다는 점이다. 수군에게 힘든 노역을 부과하는 것은 철뿐 아니라 소금, 숯 산지에도 나타난다. 수군은 연해를 지키는 기본 업무 외에 조세나 군수물자의 운반, 해상경비, 진성의 축조 및 경비, 함선의 건조 및 수리, 함선용 장비의 마련 등에 종사해야 했고 이 밖에 어업, 소금생산 등 수많은 노역에 동원되면서도 그들의 무기와 식량은 자비로 부담해야 했다. 따라서 군역 중 가장 힘든 수군 복무는 그들의 사회적 지위를 점차 악화시켜 결국 수군은 신량역천계급으로 전락하게 되었다. 이러한 추세 속에서 향 소 부곡민은 물론 노비까지 수군으로 편입되었다.[101] 이 과정에서 상당수의 철소민이 수군에 편제되어 철생산을 담당했다고 판단된다.

5. 맺음말

철은 인류가 존재한 이래 가장 중요한 지하자원이다. 철을 생산함으로써 농기구와 철제무기를 만들어 농업생산량이 급격히 발전하고 외국이나 국내에서의 전쟁이나 정변에도 우세한 위치를 확보할 수 있었다. 고려시대에 들어서면서 철은 더욱 다양하게 활용되어 불상 제작, 화폐로까지 사용되

---

100) 유승주, 1993,『조선시대광업사연구』, 고려대출판부, 12~13쪽 ; 서명희, 1990, 앞의 「고려시대 철소에 대한 연구」, 31~32쪽.
101)『조선수군사』, 사회과학출판사(1991, 백산자료원), 105~106쪽.

었다. 그러므로 철소는 고려사회에서 특산물을 생산하는 소 중 가장 중요한 곳이었다. 철소는 철을 채광할 뿐 아니라 제련하여 무기를 생산하는 군기감 등 관청에 공납하는 일을 담당했기 때문이었다.

소는 당초 특정 공물의 생산을 위해 설치된 구역이었던 만큼 소민의 노동력으로는 감당하기 어려울 정도로 국가가 공물을 과다하게 요구하는 일이 빈번했다.

고려시대 철소로 추정되는 곳은 황해도 우봉현의 우봉철소, 충주의 다인 철소, 옥천군의 어모소, 서산군의 위포소, 회덕현의 침이소, 전주의 우양촌 철소, 무안현의 수다철소 등이 있다. 철을 채굴하여 제련하던 철소민은 생산물을 세공으로 관부에 수납할 책무를 가지고 있으며, 수납하고 남은 물품은 일반 백성들에게 팔거나 물물교환하여 생활을 유지하였다. 고려는 전국 각지에서 철광을 채굴하여 철소민으로 하여금 제련하게 하였는데 그 중 가장 중요한 지역이 다인철소다. 다인철소는 충북 중원군 이류면에 있었는데 이곳은 몇 개의 철광산과 수십 개의 철제련소가 있었다고 추정되는 쇠똥이 산재하고 있어 고려시대 철소의 존재형태를 알려주는 중요한 지역이다.

정부는 철소에서 상공 형태로 소속 군현의 공물과 더불어 공납하게 하고, 또한 별공 형태로 직접 많은 공물을 중앙에 직납하게 하였다. 그러나 철생산은 힘든 노역이 수반되어 철소민들의 생활은 어려웠다. 이러한 과중한 철의 수취는 철소민을 유망하게 만들어 결국 철소는 해체되고 대신 고려말에 가서는 군현민을 징발하는 철장제가 시행되었다. 그러나 철장제는 철장관을 국가가 별도로 파견해야 하고 수많은 취련군들에게 공납과 잡역을 면제하고 봉족을 지급해야 하는 등 물자와 인력의 소모가 컸다. 취련군인 부역농민의 입장에서도 상시로 철장역에 동원되어야 하기 때문에 농사에도 피해가 커서 태종 7년(1407)에는 철장도회제를 채택하였다.

세종대 기록에 의하면 철을 제련하기 위해 죄수들을 각 지방의 염소와 초철소에 부역시켰는데 이는 철과 소금이 그만큼 노역이 힘든 기피업종이었음을 보여준다. 여기에 특기할 사항은 수군에게 철제련을 시킨다는 점이다. 이는 수군의 사회적 지위를 점차 약화시켜 결국 신량역천계급으로 전락하게 하였다. 이로 인해 조선시대에 들어와서는 상당수의 철소민이 수군에 편제되어 철생산을 담당하게 되었다고 판단된다.

結論

고려시대의 소는 향 부곡이 주로 농경에 종사하는 것과 달리 특산물을 생산하여 공납하는 특수행정구역임은 익히 알려져 있는 사실이다. 그러나 향 부곡과 달리 특산물을 생산 공납하는 특수한 성격을 지니고 있음에도 부곡제의 일환으로 연구되어 왔다. 이는 소가 부곡과 마찬가지로 군현제의 일환으로 존재했다는 점에서 타당성이 있지만, 한편으로는 수공업 생산지로서의 소의 특징적인 모습이 부곡제 속에 매몰되어 버린 감이 있다.

소가 고려초부터 군현제의 일환이었는지는 의문이다. 추정컨대 소의 초기단계는 특산물을 생산하기 위한 장인집단의 거주지 성격이었는데 점차 소에서의 생산량이 늘어남에 따라 그 규모가 커져 현종대 지방제도의 완비와 동시에 부곡제의 일환으로 편제되었다고 판단된다. 즉 소의 장인은 고려 이전에는 권세가에 사적으로 예속되어 존재했으리라 생각된다. 이들을 불러모아 특수물자를 생산하는 소로 편성하게 된 것은 태조대부터지만 이것이 특수집단이 아닌 지방제도에 편입된 것은 현종대의 군현개편이 그 시초가 되었으리라 추정된다. 따라서 소의 규모가 커짐에 따라 정부는 소를 부곡제에 편입시켜 군현제의 하나로 운영하였을 것이다. 그러나 군현제로 편제했을 경우에도 소는 특산물을 생산하는 만큼 일반 군현 및 부곡과는 달리 정부의 영향력이 직접 작용할 수 있는 체제였다고 판단된다.

부곡제의 존재형태에 대한 논의는 신분제 문제와 직결된다. 부곡제에 대해서는 초기 연구자들은 천민집단으로 파악하였으나 오늘날은 양인으로 보는 것이 대체적인 견해다. 그럼에도 부곡제는 군현인과 부곡인이 결혼하면 그 자손은 부곡인이 된다든지 부곡인의 관직금지 조항, 혼인관계, 형법, 신분의 모든 면에서 군현민과 차이를 두었으며, 또한 향 소 부곡인이 국가에 공을 세우면 군현으로 승격시켜주는 점에서도 군현민과 동격으로 볼 수는 없다. 그러나 국가는 부곡민을 사적으로 소유하는 것은 불가능하게 했다. 즉 정부는 노비를 제외한 이들 부곡민을 국가체제에 편입시킴으로써 권세가가 사적으로 소유하지 못하게 하였는데, 이는 소민도 마찬가지였다.

소의 설치는 국가차원에서 특산물 생산을 안정적으로 보급받게 하고자 하기 위해서였다. 그런데 국가가 요구하는 과중한 특산물은 주로 소민의 신역을 통해 충당시켰고 이로써 그들에 대한 사회적 처우는 더욱 나빠지고 있었다. 무신집권기 공주 명학소민의 봉기라든가 노올 부곡민의 저항은 날이 갈수록 강도가 높아진 노역에 대한 반감으로 볼 수 있을 것이다.

고려시대의 소는 광산물을 생산하는 金所·銀所·銅所·鐵所, 해산물을 생산하는 鹽所·藿所·魚梁所, 특수농산물을 생산하는 薑所·茶所, 수공업제품을 생산하는 絲所·紬所·紙所·瓦所·炭所·墨所로 나눌 수 있다.

국가에서는 이들 광산물, 수산물, 특수농산물, 수공업제품 등의 생산지를 소로 편제하여 별도의 수취체계를 마련하였다. 이들 각 소에 대해서는 소민의 신분뿐 아니라, 다른 수공업과의 관계, 생산과 공납방식 등 많은 부분이 규명되어야 하는 과제를 가지고 있다. 이를 위해 우선 각 소를 생산방식에 따라 구분하고 유형화해서 분석해 보았다.

우선 지소를 보자. 우리나라에서 종이는 삼국시대부터 제조되었으나 종이 생산이 본격화되어 일상적으로 사용된 것은 고려시대부터였다. 종이를 사용하는 계층은 주로 지배층으로서, 국가는 수요에 충당하기 위해 농민에게 지방특산물로서 공납을 요구하는 동시에 소라는 특수집단을 만들어 보다 품질이 좋은 종이를 생산할 수 있도록 제도화하였다. 紙所에는 匠人과 所民이 있어 고도의 기술이 요하는 부분과 그렇지 않은 부분으로 나누어 일을 하고 있었다.

고려시대의 지소로 지금까지 알려져 있는 곳은 의령현의 저지소, 함양군의 마천소, 임실현의 양등량지소, 전주부의 두모촌소 등 극히 일부에 불과하다. 지소 주민들은 그들의 생산능력에 비해 닥나무가 부족하면 이웃마을의 닥나무를 구입해서까지 만들었다. 예컨대 전주의 경우, 두모촌소라는 하나의 수의 생산량으로는 국기의 요구를 충당할 수 없었을 것이므로 지방관은 농민에게도 종이 생산을 독려했을 것이라고 생각된다.

고려후기에 이르러 지소는 해체되기 시작하였다. 이는 지소뿐 아니라 다른 소와 함께 일어난 현상이지만, 그 이유는 원으로부터의 과다한 종이요구가 소민의 부담을 더욱 늘려 소민들을 유리하게 만들었다는 점, 상업의 발달로 종이를 쉽게 구할 수 있게 된 점, 전반적으로 제지기술과 상업이 발달함에 따라 매매가 일상화된 점을 들 수 있다. 소가 해체되자 조선왕조에 들어서서는 양질의 종이를 안정되게 확보하기 위해 조지서를 설치하였다.

비단은 왕실이나 귀족 등 부유층의 의복만이 아니라 국가 간의 예물이나 교역, 그리고 신하들에 대한 사여품, 관리 녹봉용, 군수품 등 다양한 재정적 용도로 충당하였다. 비단생산에는 실을 만들고 옷감을 짜는 사소와 주소라는 특수지역이 있었다. 각 소의 특산물이 남자들이 주로 생산을 담당하는 데 비해 사소와 주소의 경우는 여성이 주로 담당한다는 점에서 특기할 만하다.

주로 남쪽에서 생산되던 비단이 양계지방으로 전파된 것은 문종대부터였다. 정부는 비단생산을 늘리기 위해 누에치기를 장려하여 지방관의 인사고과에도 반영하였다. 국가는 공물을 수취할 때 삼베와 모시는 포로 거두어들인 데 비해 비단은 雪綿子(솜)와 繭絲(고치실)로 거두었다. 견직은 삼베나 모시에 비해 실을 생산하는 방적과정은 1/5~1/7밖에 시간이 소요되지 않으나 직포과정은 매우 오랜 시간을 요구하기 때문이다. 그러나 고려후기에 이르면 안동·경주 등 비단생산으로 유명한 지역에서는 뛰어난 기술로 羅·綃·綾·繰·縑·縳縠 등의 다양하고 고운 비단을 제작하였다. 그러므로 사소·주소가 이곳에 있었을 가능성이 있으나 안동부를 위시한 청주, 경주, 해양에는 소가 보이지 않고 오직 경산부에만 薪谷所가 있을 뿐이다. 대신 진주목조에는 소가 6개나 있어 이 중에서 사소나 주소가 있었으리라 추정된다.

고려후기에 이르러서는 소가 해체되고 원의 비단이 수입되면서 비단생산이 날로 위축되었다. 이에 따라 대외무역에서는 비단보다 모시가 더욱 인기를 끌었다. 이 같은 모시 특수에 편승하여 고려사회는 모시 중심으로 수공업 생산구조를 재편하게 되었다.

고려 무신집권기 공주 명학소민은 소의 신분에서 벗어나기 의해 무려 1년 반이나 저항을 계속하였으나 실제로 명학소가 무엇을 생산하는 소였는지는 알려져 있지 않다. 명학소는 유성현 동쪽 10리에 있었다고 하므로, 이곳은 대략 둔산동, 탄방동, 갈마동 부근으로 비정할 수 있다. 탄방동이 옛날에는 숯을 생산하던 숯뱅이 마을이었다는 데에 착안하여 탄소로 비정하고, 그 생산실태와 공납을 살펴보았다.

숯은 무덤 성토시에 해충의 침입과 습기를 막기 위해, 氷庫, 저장시설 뿐 아니라 민간에서 취사와 난방으로 사용하였는데 그 중에서 가장 중요한 기능은 철이나 금, 은, 동을 제련하는 것이었다. 특히 광물을 제련하기 위해서는 대규모의 숯 생산시스템이 필요했으며 여기에 사용될 숯을 생산하는 것이 탄소였다.

탄소에는 숯가마를 만들고 숯불을 조절하여 좋은 숯을 생산하는 데 결정적인 역할을 하는 炭匠과 나무를 운반하여 숯을 만들 수 있게끔 보조역할을 하는 소민이 있었다. 그러나 숯은 금, 은, 소금 등에 비해 특수한 지역에서 생산된다거나 고도의 기술이 요구되지는 않았다. 이로 인해 고려 후기에 들어서서 소가 해체되자 숯은 各驛에서 만들어 공납하게 되었다.

조선시대에 들어서면서 숯은 船軍과 일반 백성들의 공물로 조달되었다. 특히 선군의 경우, 특수한 물자를 전업적으로 생산하는 소목군이 있었는데 아마 이들이 이전의 탄소민이었을 가능성이 높다. 그리고 부족한 숯은 백성들의 공물로 조달하였다. 숯과 같은 잡공은 중앙정부가 각 주현을 단위로 정한 납부액을 주현이 각 호에 다시 할당하는 체계로 부과하여 지방관이나 향리들의 비리가 개입될 여지가 많았다. 이러한 폐단은 1608년 (광해군 즉위년)에 이르러 대동법의 시행으로 조금씩 해소되어 갔다.

글씨를 쓰거나 인쇄를 할 때 필수적인 먹은 물과 아교 그리고 소나무나 오동, 유채씨 기름의 그을음을 굳혀서 만든다. 먹의 생산에서 가장 중요한 것은 아교와 그을음의 배합비율로서, 이는 묵장만이 알 수 있는 제묵법의 비밀이었다. 고려시대에는 먹의 상당수가 묵소를 통해 생산되었으리라 추정되는데 그 과정이 이인로의 『破閑集』에 잘 나타나 있다.

묵소로 추정할 수 있는 곳은 평안도 맹주(맹산), 순주(순천), 평로성(영원), 연주(영변), 개천, 황해노 몽산, 강원도 평강, 충청도 단양, 경상도 경주 등 9개 지역이다. 그 중 맹성과 단양에서 생산된 먹이 특히 유명하며, 단양의 먹은 단산오옥이라고 불릴 정도였다.

고려후기에 가서 소민들의 저항이나 몽골침입 때 세운 공로로 인해, 혹은 군현제의 개편 등 여러 요인으로 소가 해체되자 소의 기능을 이어받아 특산물을 담당한 사람은 干尺之徒와 같은 신량역천계급이었다. 이때 철간· 염간·은척·진척과 더불어 묵척도 생겨났다. 조선왕조가 수립되자 墨匠은 묵척으로 천시되어 군사적 임무까지 감당해야 했다. 그러나 상당수의 묵장 은 독립적으로 생산에 종사하여 국가에 일정한 세금을 납부했던 것으로 판단된다.

기와는 양질의 점토를 재료로 일정한 모양으로 만든 다음 가마 속에서 높은 온도로 구워낸 건축자재다. 고려시대 기와는 도읍지인 개성 만월대를 비롯하여 평양과 경주 그리고 전국 각지의 절터에서 많이 출토되며, 특히 청자기와까지 사용되고 있어 기와의 발전이 고려청자와 연계되고 있음을 짐작할 수 있다.

기와는 일반인의 수요보다는 주로 궁전이나 사원 건축에 사용되었으므로, 생산 또한 국가적인 조영사업의 일환으로 실시되었다. 기와생산에는 가마를 만들고, 기와를 빚어 불을 때는 등 여러 단계의 공정을 거치게 되어 일정한 조직체를 필요로 한다. 고려의 와소도 기와생산을 와장이 담당한다면 그 밖의 점토채취나 땔감조달은 소민들의 몫이었을 것이다. 이들은 국가에 요구에 따라 공납하였지만 필요한 경우, 와장이 건축장소에 직접 가서 생산하기도 하였으리라 생각된다.

기와를 생산한 지역은 전국적으로 나타나지만 고려시대 와소로 알려져 있는 것은 永同郡의 栗谷瓦所가 유일하다. 그러나 그 외에 대전 구완동 요지를 와소에 포함시켜도 될 것 같다. 구완동 요지는 위치로 보아 촌개소·복수소 중 하나일 가능성이 높다.

와소 또한 소의 해체와 함께 사라져 갔다. 이에 따라 원 간섭기에 들어서는 사장들이 개인적으로 기와를 생산하여 판매하였다. 그러나 궁궐이나 사찰 등 정교한 조각이 필요한 기와는 국가차원에서 생산할 필요성을 느껴 조선시대에는 瓦署를 두었다. 그리고 민가의 수요를 충족시키기 위해서는 따로 별와요를 설치하였다. 그러나 조선왕조가 노역에 대한 대가인 위전을 폐지함으로써 장인들의 불만이 커져 갔고, 생산의욕은 저하되어 그 품질은 날로 조악해졌다. 또한 기와생산에 필수적인 나무의 공급을 선군에게 일임하니, 그 부담을 견디지 못해 이탈하는 자가 늘어났다. 이에 조선왕조는 수차례 별와요의 치폐를 거듭하였고 그 과정에서 관요는 자연히 그 기능을 상실하였다.

청자는 나말여초 중국 월주요 지방의 가마 축조기법에서 영향받아 중부 지방의 전축요에서 만들어졌다. 그러나 전축요는 耐火塼을 사용하여 대규모 요를 쌓으므로 정밀한 기술과 많은 인력이 요구된다. 이에 고려 장인들은 중국의 전축요 기술을 응용하여 고려의 실정에 맞는 토축요를 만들었는데, 그 중심지역이 강진과 부안이었다.

고려시대의 요지는 많이 발굴되었지만 자기소로 밝힐 수 있는 지역은 황해도 해주의 청산소, 경기도 여주목의 신잉이소, 고양군의 건자산소, 공주목의 촌개소와 복수소, 부안현의 신덕소, 강진군의 대구소와 칠량소, 고창군의 도성소, 해남군의 몇몇 소 정도다.

정부가 각 소에서 생산되는 특산물을 수취하는 방법은 물품에 따라 달랐으리라 보이는데, 자기의 경우 물자의 특성상 전적으로 瓷器所에서 수취하였을 것이다. 국가는 이들에게 대가를 지불하지 않고 필요한 만큼의 물품을 공납하도록 강요하였기 때문에 공장은 자신의 생계를 꾸려 가기 위해 국가에 공납하는 자기 외에 사적으로 은밀히 생산하여 판매하였다고 핀딘된다.

자기소 체제는 몽골의 침입과 원 간섭기에 들어서면서 점차 해체되었다. 특히 부안의 경우, 몽골이 일본정벌을 준비하면서 900여 척의 배를 만들게 했을 뿐 아니라 충렬왕 5~8년에는 대대적인 궁궐 신축공사가 있었다. 이 같은 일들은 부안이 더 이상 도요지로서 기능을 할 수 없을 정도로 땔감을 부족하게 만들었다. 특히 고려말이 되면 왜구의 빈번한 침입으로 강진을 비롯한 해안은 사람이 살 수 없게 됨에 따라 자기소는 무너지고 자기장은 각지로 흩어졌다. 그러나 국가주도의 자기소는 무너졌지만 내륙으로 흩어진 장인들이 각기 독립적으로 소규모 사요를 경영하게 되어 민간의 자기생산은 더욱 활발해졌다.

조선왕조 성립 후 소가 완전히 해체되자 국가의 수공업 지배방식은 둘로 나뉜다. 원료나 단순작업으로 생산되는 물품을 군현의 공납으로 충당하는 방식과 숙련된 기술과 일정한 품질이 요구되는 자기 등의 수공업 제품을 직접 국가가 주도하여 생산하게 하는 방식이다. 이에 따라 국가는 관공장제를 확대 재편하면서 우수한 자기를 생산하기 위해 광주에 분원을 설치하였다.

차는 신라시대부터 들어와 고려시대에는 민간에까지 넓게 전파되었다. 이에 따라 고려사회는 차를 마시며 매매도 하고 숙식도 가능한 茶店, 茶亭, 茶院이 발달하였다. 고려시대의 차는 團茶와 葉茶가 있었는데 주로 단차가 많이 사용되었으며, 차의 종류로는 茶, 大茶, 雙角龍茶, 香茶, 雀舌茶, 腦原茶가 있었다.

차는 전라남북도·경상남도 전역에서 생산되었고 지리산을 중심으로 花開·咸陽·언양·밀양 등지에서 특히 활발하였다.

차나무는 3월경에 묘목을 차밭에 옮겨심은 뒤 보통 3~4년 정도 지나야 찻잎을 수확할 수 있으므로 중앙이나 지방관청 혹은 사원의 지원이 없이는 영세한 농민이 차나무를 재배하기에는 어려운 형편이다. 따라서 茶는 중앙 혹은 지방관청이나 사원의 지시하에 집단적으로 재배하게 되었으며 이것이 다소의 경영형태로 고착되었으리라 여겨진다.

고려시대에는 차생산이 활발하여 忠宣王은 즉위교서에서 "조정에서 근무하는 양반들은 남에게 뇌물을 받을 수 없고 심지어는 茶, 藥, 종이, 먹까지도 받을 수 없다"고 하여 차를 받는 것이 뇌물에 속하지 않을 정도로 차가 보편화되었음을 보여준다. 다소는 고려후기에 들어 여러 소의 해체와 함께 소멸되었다. 차생산은 조선시대 이후에도 계속되었지만, 크게 활성화되지는 못하고 일부 지역의 특산물로서만 존재하였다.

생강은 식품, 양념, 향신료로 쓰이지만 그 외 약용으로 쓰이는 경우가 많다. 하지만 병충해에 취약하고 저장이 어렵다. 국가에서는 기온이 따뜻하여 생강생산에 적합한 전라도지역을 배정하여 강소로 편제하고 안정적으로 필요한 양을 수취했으리라 생각된다.

일반 농작물의 경우 생산되는 수확량이 20~200배에 달하는 데 비해 생강은 씨생강(종강)이 많이 소요되어 100kg를 심어도 1000kg 정도를 수확하는 즉, 10배 정도의 수익만 올린다고 한다. 여기에 저장시설까지 감안한다면 생강은 비쌀 수밖에 없는 상품이었다. 전주 이남의 따뜻한 지방에서만 자라고 보관이 어려워 많은 양이 생산되지 못하였기 때문에 국왕의 하사품이나 뇌물로 사용될 정도였다.

고려시대의 강소로 추정되는 곳은 전주목, 나주목, 남원도호부, 임실현, 광양현, 보성군, 낙안군의 7지역이다. 생강은 병충해에 취약하여 보관이 어려운 만큼, 재배가 잘되고 보관이 용이한 곳을 소로 편성하여, 생강 재배기술이 뛰어난 농경민에게 이를 맡겨 일정량을 중앙에 공납하게 했을 것이다. 고려후기에 와서 강소는 소의 소멸과 함께 자연스럽게 없어진 것으로 보인다. 즉 농업기술의 발달로 생강의 생산과 보관이 보다 용이해져서 특별히 강소를 두지 않더라도 생강 확보에 큰 문제가 없게 되었던 것이다.

수산물은 농경을 시작하기 이전부터 사람들이 가장 쉽게 접할 수 있는 양식이었다. 고려왕조는 국가가 필요로 하는 특산물을 지속적으로 확보하기 위해 소를 만들었는데, 어량도 예외가 아니었다. 그러나 바다나 강이 있는 전 지역에 소가 설치된 것은 아니고 대체로 개경에 가깝거나 어량이 풍부한 지역이 선정되었다. 어량소민은 신선도를 유지하기 위해 정부, 왕실 혹은 소가 소속된 기관에 직납했으리라 보인다. 일부 개경에서 거리가 먼 어량소나 소에 편입되지 않은 어민들은 米나 布로 바꾸어 납부하였다.

고려후기에 가서 어업이 발달함에 따라 권세가들은 어량 설치를 통한 사유화와 배의 확보에 주의를 기울여 어량소도 권세가의 손길을 피할 수 없었다. 공민왕은 원의 지배를 벗어나면서 모든 어량을 司宰監에 전속시키겠다고 표명하였으나, 권세가들의 거부로 이 시도는 실패하였다. 이와 더불어 지속적인 왜구의 침입으로 해안지대가 사람이 살 수 없는 황폐한 지역으로 변모하면서 고기잡이, 소금생산으로 생계를 유지하던 어량소민은 물론 바닷가 주민조차 육지로 이주하지 않을 수 없었고 이로 인해 해산물의 조달은 물론 조운조차 불가능해졌다.

禑王 말년에 이르러 왜구의 침입이 소강 상태에 이르자 정부는 어업을 장려하고 군인들을 회유하기 위해 그들에게 우선적으로 어량을 제공하였는데 이는 조선 태조대까지 계속되었다. 그러나 고려후기에 대규모로 어량을 설치하여 많은 이윤을 획득했던 지배층은 조선왕조 성립 후 다시 어량 확보에 힘을 기울이면서 정부의 군사우선책은 제대로 시행될 수가 없었다. 이에 정부는 왕실에 필요한 해산물을 공급하는 生鮮干을 두어 그들의 수요에 충당시켰다. 어량소는 이 같은 시대적 상황과 맞물려 사라지게 되었다.

해조류는 다른 수산물에 비해 채취가 쉬워 일상적인 식품으로 애용되었다. 주로 우리나라, 중국, 일본 등에서만 식용으로 이용되는 미역은 겨울에서 봄에 걸쳐 채취하며 이때 딴 것이 맛도 가장 좋다. 우리나라는 삼면이 바다로 둘러싸여 있어 곳곳에서 채취가 가능했고 일반 백성들도 먹을 수가 있었다. 따라서 고려정부가 곽소를 운용해서 미역을 공급하게 한 것은 품질이 우수한 미역을 안정적으로 공급받기 위해서였다고 생각된다.

곽전에 관한 기록을 보면, 울산 호족 박윤웅이 개국공신이 되어 태조로부터 특별히 곽전을 하사받았다고 한다. 박윤웅은 울주의 토호로서 이전부터 곽전을 소유하고 있었는데 이제 울주가 고려에 편입되자 태조가 이를 인정해주었다고 보아야 할 것이다.

곽전은 고려후기에 가면서 지배층의 수탈대상이 되었다. 고려후기의 농민들이 토지겸병으로 유리되거나 농장의 전호가 된 것과 마찬가지로 어민들은 스스로 어량이나 미역채취에 필수적인 배를 소유하고 있지 못하는 한 어량이나 배의 소유주에게 예속될 수밖에 없었다. 이리하여 미역생산지가 권세가의 소유영역으로 확대되어 감에 따라 국가의 조세수입은 감소하고 어민들은 이제 국가가 아닌 권세가의 지배를 받게 되었다. 이 때문에 忠惠王은 閔渙으로 하여금 惡少까지 동원하면서 山稅·海稅 등을 강제로 거두게 하는 비상수단을 강구할 정도였다.

그런데 고려말기에 이르러 왜구가 해안지방을 침입하여 약탈을 자행함에 따라 바닷가 가까이에 있던 자기소 등은 모두 내륙으로 옮겨갔으나 곽소는 바닷가를 벗어날 수 없었으므로 어량소·염소의 붕괴와 더불어 곽소 역시 점차 해체되었다. 조선시대에 가면 생선간·염간과 더불어 해척이 등장하는데, 생선간은 세종대에만 기록이 나오고, 해척은 세종대부터 조선후기까지 존재하였다. 처음에는 생선간이 주로 중앙에 직접 어물을 바쳤다면 세종 이후부터 생선간은 없어지고 해척으로 통일되었다.

소금은 인류가 생손하는 데 꼭 필요한 식품이다. 고려시대에는 소금을 전업적으로 생산하는 염소가 설치되어 왕실이나 국가기관에 소금을 안정적으로 공급하였다 그러나 고려사회에서 필요로 한 모든 소금을 염소에서 생산했던 것은 아니고, 바닷가 주민에 의해 생산 유통된 양이 훨씬 많았을 것이다. 토지와 마찬가지로 국왕은 필요에 따라 관원에게 염분을 하사하였으며 특히 아들을 낳은 궁인에게는 전통적으로 염분을 하사하였다. 여기에서 그들에게 준 염분은 수조권으로 추정되지만, 이로부터 염분의 사유화가 서서히 진행되었으리라 판단된다.

소금 만드는 방법으로는 해수직자법과 염전식 제염법이 있는데 대체로 동해안은 해수직자법, 서·남해안은 염전식 제염법이 시행되었다. 고려시대의 염소로 명확하게 밝혀진 것은 진도군의 仇向茶鹽田所, 浦保鹽田所, 大村鹽田所가 있으며, 보성군과 승평군의 몇몇 소도 염소였으리라 추정된다.

염소의 주민은 장인과 소민으로 나뉘어져 있었다. 장인은 염분에 불 땔 때는 일 등 중요한 일을 담당했던 데 비해, 소민은 바닷물을 길러오거나 염전을 갈고 땔감을 조달하는 일을 담당하였다. 고려말 왜구의 침입으로 염소가 완전히 해체된 후 조선왕조에 들어오면 국가는 염간으로 하여금 소금을 생산하게 했다. 이때도 소금생산에서 가장 어려운 일은 땔감의 조달이었다. 이에 조선정부는 땔감의 조달을 선군에게 맡겨, 선군은 다른 군인에 비해 그 위상이 더욱 낮아졌다.

충선왕 때에 이르러 재정난의 해결과 권세가의 염분소유를 막기 위해 각염제를 시행하였다. 국가는 전국의 모든 염분을 국가에 소속시키고 군현민을 징발해 염호로 삼았으며 民部로 하여금 소금의 생산과 유통을 관리하게 하였다. 그러나 중앙관청, 왕실이나 사원 소유의 염분만 민부에 소속시켜 일원화하였을 뿐, 개인 소유의 염분은 그대로 두어 국가는 유통권만 장악한 것 같다. 그러나 각염법은 염분 소유주의 반발, 생산부문에서 소금공급의 부족과, 유통과정에서 管鹽官의 부정 등 여러 가지 폐단이 노출되었다. 더욱이 전매제의 시행을 뒷받침할 만큼 국가통제력이 강력하지 못했기 때문에, 시행된 지 얼마 되지 않아 권세가나 吏屬에 의한 독점현상이 나타나면서 소금공급은 더욱 부족하게 되었다. 그리하여 소금의 구매대가로 납부하던 鹽價布가 새로운 조세항목으로 변화되어 백성의 부담만 가중시키는 결과를 초래하였다. 그러나 고려정부는 각염법을 부족한 재원을 보충하는 수단으로 사용했기 때문에 폐지할 수 없었다. 조선시대에 들어와서야 비로소 각염제는 폐지되고 징세제로 바뀌게 되었다.

금과 은은 독특한 색깔과 광채, 손쉬운 가공법 등으로 인해 인류에게 오랫동안 사랑받으며 장신구나 장식품, 화폐 등 부와 권위의 척도로서 이용되어 왔다. 고려시대의 금생산은 금광채굴보다는 사금채취가 주였다. 따라서 금소의 상당수는 사금생산이 수월한 강가에 위치하고 있었다. 금과 은의 생산지역은 충청도, 경상도, 강원도, 전라도 각지에 존재하였으며 정부는 이들의 안정적인 확보를 위해 소를 설치하고 그 생산을 담당하게 했다. 금이 주로 강가에서 사금을 채취했다면, 은의 경우는 석광이므로 광산을 통해 채취하여 보다 힘든 노역이 수반되었다고 판단된다.

금과 은은 왕실과 귀족의 귀중품으로서의 역할뿐 아니라 대외수출용으로 주요한 기능을 담당했으므로 국가에서는 금·은 소민에게 常貢뿐 아니라 別貢 형식으로도 과중하게 부과했다. 이 부담을 이기지 못하여 이미 고려전기부터 소민의 유리현상이 나타나기 시작하여 몽골과의 전쟁기에는 상당수가 해체되었다. 이에 따라 국가가 수취할 수 있는 금·은의 양도 상당히 줄어들었다. 원 간섭기에 들어서면서 특히 은을 과다하게 요구하던 원은 고려가 요구한 액수만큼 공급하지 못하자 직접 기술자를 파견하여 채굴하기도 했다. 이에 충렬왕은 고려에서 금·은이 생산되지 않는다고 公布하여 원과의 교역에서 이를 제외시키려고 시도하였다.

그런데 원을 대신하여 새로 들어선 명은 고려에 더 많은 금과 은을 요구히였다. 따라서 금의 수급부족에 대한 불안감은 원 간섭기가 아니라 오히려 명이 들어선 이후 더욱 심각해졌으며 이는 고려에 이어 조선시대에 들어서도 정부의 주요 현안이 되었다.

우리나라는 이미 기원전 1천년경부터 청동기가 사용되었다. 이어 삼국시대와 남북국시대를 거치면서 장신구·馬具 불상·범종 및 기타 佛具類 등이 제작되었다. 고려시대에 들어서서 구리가 외국과의 무역, 동전, 생활식기, 불상, 동종 등의 제조에 다양하게 이용됨에 따라 국가는 동소를 중심으로 동을 활발히 생산하였다. 그러나 동에서 한 단계 발전한 유기는 고려후기에 와서야 일상화된 것 같다.

고려시대에 동소가 있었다는 것은 확인되나 동광이나 제련 유적, 유구는 확인된 바가 없다. 그런데 최근 경주시 황남동 유적에서 신라시대의 동제련 용으로 추정되는 도가니가, 경주시 동천동에서 8세기경의 청동 관련 유적이 발견되었다. 이를 통해 고려시대의 동 제련과정을 추정할 수 있다.『世宗實錄 地理志』나 『新增東國輿地勝覽』에서 동이 공물로 나오는 곳은 13곳이며 동소로 추정되는 곳은 9곳 정도다. 동의 채굴은 고려 이전까지는 노지채굴이 었다가 점차 갱도를 파서 채굴하였다고 생각된다.

소의 붕괴는 무신집권기부터 시작되었다. 특히 고려와 몽골의 30년 전쟁 은 소가 해체될 수 있는 가장 좋은 기회였다. 국가는 전쟁에 공을 세우거나 원 간섭기에 원 황제에게 공을 세웠다고 하여 소를 군현으로 승격시켜주는 방식으로 국가가 앞서서 소의 해체에 가담하기도 했다. 소가 해체되자 국가에서는 주로 농한기의 백성이나 군인을 차출하여 구리를 채광·제련하 게 하였다. 조선시대에 들어와서 국가는 동을 생산하기 위해 일반 민호나 군사를 동원하였다. 그 과정에서 고려시대 소민의 상당수는 군역에 충당되 였지만 특수한 군역에 몰아넣음으로서 일반 양인과 구분되는 身良役賤者가 되었다.

철은 국가 성립 이래 가장 중요한 지하자원이다. 철을 생산함으로써 농기구와 철제무기를 만들어 농업생산량이 급격히 발전하고 전쟁에서도 우세한 위치를 확보할 수 있었다. 그러므로 고려시대의 철소는 특산물을 생산하는 소 중 가장 중요한 곳으로서, 철을 채광할 뿐 아니라 제련하여 군기감 등 관청에 공납하는 일을 담당하였다.

철을 채굴하여 제련하던 철소민은 생산물을 세공으로 바칠 책무를 가지 고 있으며, 수납하고 남은 물품은 일반 백성들에게 팔거나 물물교환을 하여 생활을 유지하였다. 전국 각지에 걸쳐 있던 고려의 철소 중 가장 중요한 지역이 다인철소다. 다인철소는 충북 중원군 이류면(대소원면)에 있었는데 이곳은 산재한 쇠똥으로 보아 몇 개의 철광산과 수십 개의 철제련소가 있었다고 추정된다.

정부는 철소에서 상공 형태로 소속 군현의 공물과 더불어 공납하게 하고, 또한 별공 형태로 많은 공물을 중앙에 직접 직납하게 하였다. 결국 과중한 철의 수취와 원 간섭기라는 정치적 격변기로 인해 철소는 해체되고 대신 고려말에 가서는 군현민을 징발하는 철장제가 시행되었다. 그러나 철장제는 철장관을 국가가 별도로 파견해야 하고 수많은 취련군들에게 공납과 잡역을 면제하고 봉족을 지급해야 하는 등 정부의 재력과 인력의 소모가 컸다. 취련군인 부역농민의 입장에서도 상시로 철장역에 동원되어야 하기 때문에 농사도 피해가 커서 태종 7년(1407) 철장제를 이용한 공철법은 폐지되고 철장도회제가 채택되었다.

그 외 저소나 마소가 있었을 것으로 추정할 수 있으나 사료에 나타나지 않는다. 모시에 대한 기록은 신라 헌안왕 4년에 처음 보인다.[1] 경문왕 응렴은 집이 넉넉하여 사치스러운 옷을 입을 수 있는데도 항상 삼베와 모시옷을 즐겨입는 사람을 훌륭한 인물로 생각한다고 하였다. 이로 보건대 신라시대에 모시·삼베는 왕족이나 귀족이 입는 귀한 옷감이 아니었음을 알 수 있다. 경문왕대에 당에 보낸 물품 중에 三十升紵衫段 40필이 보이기는 하지만[2] 모시가 일반화된 것 같지는 않다. 모시는 고려시대에 들어와 발달하였는데『高麗圖經』에 고려사람들은 저포와 마포를 많이 입는다고 하면서 모시의 품질에 대해 극찬을 하고 있다.[3] 그러나 고려백성들이

---

1) 『三國史記』11, 新羅本紀 憲安王 4年 9月, "王會臣於臨海殿 王族膺廉年十五歲 預坐焉 王欲觀其志 忽問曰 汝游學有日矣 得無見善人者乎 答曰 臣嘗見三人 竊以爲有善行也 王曰 何如 曰 一高門子弟 其與人也 不自先而處於下 一家富於財 可以侈衣服 而常以麻紵 自喜."
2) 『三國史記』11. 景文王 9年 7月.

주로 입은 것은 마포이며 저포는 생산 자체가 많지 않았다.

모시는 한정된 지역에서만 생산되어 紵所를 설정할 수도 있었을 것 같은데 주소는 보이지 않는다. 아마 모시는 고려전기까지는 그다지 보편적인 직물이 아니었으므로 저소의 필요성을 느끼지 못한 것이 아닌가 추정된다. 모시 생산은 전국적인 분포를 보이는 삼베와 달리 충청도와 전라도지역으로 국한되었다. 특히 충청남도 서천지역의 모시가 품질과 뛰어난 제직기술로 이름이 났는데 그 중 한산 세모시가 유명하다. 원 간섭기에 들어서면서 고려비단이 중국에 밀리면서 저포의 선호도가 높아졌지만 이때는 소가 해체되던 시기여서 저소를 둘 수 없었으리라 생각된다.

삼베에 대해서는, 『三國志 魏志』 동이전에 濊와 弁·辰에 麻가 있었다는 기록이 있으며, 『三國遺事』에 가락국에서 허왕후의 나라인 아유타국에 포를 보냈다고 기록되어 있고 『三國史記』에도 포가 등장한다.[4] 삼베는 고려시대 주민들이 가장 많이 생산한 직물이었다. 삼베의 품질은 포의 精細度로써 가늠하는데, 보통은 5~10승(새)이며 뛰어난 베로 20승이 나온다.[5] 삼베는 마·마포·포·세포·黑麻布·黃麻布가 있는데, 주로 남자의 노동력이 총 노동의 63%를 점하였다.[6] 사소·주소와 달리 삼베를 생산하는 마소가 보이지 않는 것은 굳이 소라는 특수집단을 운영하지 않더라도 삼베의 수급은 지장이 없다고 판단했기 때문일 것이다. 그 외 소로 비정할 수 있는 물자로는 옥, 유황, 수정, 죽전 등이 있으나[7] 확실하게 단정하기는 어렵다.

3) 『高麗圖經』 23, 雜俗2 土産, "其國 自種紵麻 人多衣布 絶品者 謂之絁 潔白如玉 而窘邊幅 王與貴臣 皆衣之."

4) 『三國史記』 33, 雜志2 色服, "平人 幞頭只用絹布 表衣袴只用布 … 履用麻已下 布用十二升 已下."

5) 『高麗史』 123, 列傳 朱印遠 ; 『高麗史節要』 27, 忠烈王 27年 8月.

6) 위은숙, 1988, 「12세기 농업기술의 발전」, 『부대사학』 12, 237쪽.

7) 김기섭, 1999, 「고려시기 소의 입지와 기능에 관한 시론」, 『한국중세사연구』 7, 197~204쪽.

이상으로 각 소의 존재형태에 대해 간략하게 정리하였다. 요컨대 소는 고려시대의 특수한 수공업 생산구역으로서, 규모는 작은 촌락에서부터 군·현에 이를 정도로 큰 규모의 다양한 모습을 지니고 있었다. 또한 각 물품마다 생산조건은 다양하였으나 공납은 상공은 주로 군·현의 공물에 포함되고 별공은 중앙에 직납하였다. 국가는 주요한 특산품을 수취하기 위해 소 제도를 만들었는데 소민들은 농민에 비해 낮은 처우를 받았다. 그러나 이들은 매매의 대상은 아니었으며 군현제에 편성되어 국가의 관장하에 있었다는 점에서 사회적 성격으로는 양인이라고 볼 수 있다.

고려시대에는 수공업이 크게 발달하지 못하여 국가에서 소요되는 물품을 안정적으로 공납받기 위해 소는 필수적이었다. 그러나 수공업과 상업의 발달과 함께 소민들은 억압된 지위에서 벗어나 자유로운 생산활동을 갈망하게 되었다. 더욱이 몽골과의 전쟁과 원 간섭기는 소 해체의 결정적인 계기가 되었다. 이에 따라 국가에서도 이들을 굳이 긴박시켜 제품을 생산하게 할 필요가 없다고 판단하여 소는 자연스럽게 해체되어 갔다.

소 수공업은 완제품인 공물을 생산하는 소와 원료를 생산하는 두 부류로 나뉜다. 金·銀·銅·鐵·絲·紬는 원료이며 그 나머지는 완제품이다. 선공시, 장야서, 장복서 등 각 중앙의 소속 관청은 원료를 생산하는 金·銀·銅·鐵·絲·紬 등의 원료를 주로 소에서 공납받아 왕실이나 국가가 필요로 하는 우수한 제품을 만들었으며, 그 외 도자기·소금·미역 같은 완제품은 사재시 등 왕실이나 특정 필요한 기관에 바로 분납했을 것이다.

고려시대의 불완전한 수공업은 소라는 특수구역을 통해 점차 기술이 발달하고 생산량이 늘어났다. 고려중기에는 관영 수공업, 민영 수공업, 소 수공업 가운데 소 수공업이 가장 큰 비중을 차지하였으며 이를 통해 고려시대 수공업이 크게 발달할 수 있었다. 그러나 후기로 갈수록 所의 해체로 인해 所가 수공업에서 차지하는 비중은 점차 낮아졌다. 이에 따라 소의 장인들은 각지로 흩어져 수공업에 종사하게 되었는데, 이것은 민영 수공업의 수준을 한 단계 높이는 역할을 하게 되었다. 이것이 고려시대 소의 존재이유이며 역사적 의의라고 볼 수 있을 것이다.

부록_ 고려시대의 소

[황해도]

지명	소	현재 위치	비고
瑞興都護府	酢梨(在慈悲嶺下)	서흥 서60 ; 황해도 서흥군 목감면 신기리(현 황해북도 서흥군 관정리)	
載寧郡	廣淺(북30)	황해도 재령군 북30	
遂安郡	介磨谷(북15)	황해도 수안군 북15	은소 혹은 동소[1]
谷山郡	赤谷(서30)	황해도 곡산군 서30	은소
牛峯縣	우봉철소 혹은 牛峴所(남45)	황해도 금천군 현내면 우봉리 남45	철소
海州牧	靑山(북90)	황해도 봉천군 봉암리 가마터	자기소
	長峯(동60)	황해도 배천군 원산리 가마터	자기소
	黃菴(서45)	황해도 해주시 서45	어량소
豊川都護府	古立(在海邊)	황해도 송화군 풍해면 ; 현 황해남도 과일군 과일리	어량소
康翎縣	廣川(동5)	황해도 옹진군 강령 동5 ; 황해남도 강령군 강령읍	어량소

[경기도]

지명	소	현재 위치	비고
驪州牧	新仍伊(서15)	경기도 여주군 북내면 중암리	자기소
高陽郡	巴乙串(在幸州)	경기도 고양시 행주외동	어량소
	巾子山(巾子山下)	경기도 고양시 원흥동	자기소
永平縣	龍谷(동30)	경기도 포천시 영중면 동30	동소
抱川縣	垂岩(북20)	경기도 포천시 북20	
加平縣	皆呑	경기도 가평군 하면 현리	
	紙壤	경기도 가평군	

---

1) 『高麗史』 80, 食貨 賑恤 災免之制, "高宗 三十三年五月制 以西海道州郡被兵 蠲徭貢七年 又減谷州樹德兩所 銀貢五年" ; 『世宗實錄地理志』, "銅鐵産郡北三十里 長川里【今上丙午始貢, 每年五十斤】" ; 『新增東國輿地勝覽』 42, 黃海道 遂安郡 土産 鐵 出見造山 銅鐵 出銅里浦山.

[충청도]

지명	소	현재 위치	비고
公州牧	甲村(儒城縣 북10)	대전시 유성구 갑동. 현 국군묘지 자리	
	鳴鶴(儒城縣 동10)	대전시 서구 탄방동	탄소
	今丹(남20)	충남 공주시 남20	
	村介(儒城縣 동23)	대전시 중구 구완동	와소 혹은 자기소
	福水(儒城縣 동23)	대전시 중구 구완동	자기소 혹은 와소
	撲山(德津縣 동5)	대전시 유성구 봉산동(덕진현은 공주시 반포면 공암리)	
	金生(德津縣 동7)	대전시 유성구 용산동	금소
한산군	鸚谷(북13)	전북 완주군 이서면 은교리	
林川郡 (고려때 가림현)	古多只(북25)	충남 부여군 임천면. 지형이 곳 형태임	
	召羅(남15)	충남 부여군 임천면 남15리	絲所나 紬所
	今岩(남3)	충남 부여군 임천면 남3리	
	金所2)	충남 부여군 임천면	금소
懷德郡	針伊(북18)	대전시 대덕구 회덕동 북18	철소
尼山縣	猪井(남14, 今稱馬本村)	충남 논산시 노성면 남14이산 남 천동에서 나는 철 제련	철소
	登水(남13, 今稱得尹村)	충남 논산시 광석면 득윤리·이산 남 천동에서 나는 철 제련	철소
夫餘縣	楓枝(남10)	충남 부여군 남10리	
燕岐縣	鶯川(남10)	충남 연기군 남면 보통리	
忠州牧	多仁鐵(서30)	충북 중원군 이류면(대소원면)	철소
淸風郡	木村(북10)	충북 제천시 청풍면 북10리	
	箭山(북17)	제천시 금성면 활산리(본래 청풍군 북면 국사봉 밑)	묵소
	結買(북2)	충북 제천시 청풍면 북2리	
丹陽郡	金衣谷(동30)	충북 단양군 단양읍 금곡리(단산오옥으로 유명)	묵소
槐山郡	毛坤	충북 괴산군	
	主乙長伊	충북 괴산군	
永春縣	澤坪(서15)	충북 단양군 영춘면 서15	
	於上川(서37)	충북 단양군 어상천면	
堤川縣	空梓(서15)	충북 제천시 백운면 도곡리	지소
淸州牧	拜音銀所(一作背陰)	충북 청주시	은소
	楸子銀所(一作椒子)	충북 진천군 백곡현 석현리?	은소
	新銀所(有靑川縣)	충북 괴산군 청천면(청천현-동60, 검단산-동64)	은소

---

2) 『高麗史』 89, 列傳 齊國大長公主.

沃川郡	酢汁器(在管城縣)	충북 옥천군 서15	
	於毛(在安邑縣)	옥천군 안남면 지수리3)(안읍현-郡東30)	철소
	酸汁巖鄉(남10, 지금	충북 옥천군 남10	
	은 銀所村이라 한다)		은생산
清安縣	谷銀谷(在靑塘縣)4)	충북 괴산군 청안면	은소로 추정6)
	念谷(在靑塘縣)	충북 괴산군 청안면	
	游筒(在靑塘縣)	충북 괴산군 청안면	
	薉谷(동12)5)	충북 괴산군 청안면 동12	
鎭川縣	脇呑(서북36)7)	충북 진천군 서북36	
영동현	栗谷瓦所	충북 영동군	와소
靑山縣	界銀(川)	충북 옥천군 청산면	은소
	居尒	충북 옥천군 청산면	
洪州牧	玉賜金(남27, 其東有	충남 홍성군 광천읍 남산리	금소(고려도경 홍
	井號曰玉賜井)		주산)
	上田(남74)	충남 청양군 남양면	금소
	高伊山(高丘縣 서48)	충남 서산시 고북면	어량소로 추정
	明海(新平縣 북114)	충남 당진군 신평면(명해산 ; 당진군 송	
		산면 도문리·삼월리에 걸친 산 109m)	
	鳥史(남34)	충남 홍성군 광천읍	
	馬餘(북15)	충남 홍성군 북15	
舒川郡	林述(북14, 今稱獐項	충남 서천군 북14	어량소 혹은 염소
	村)		
瑞山郡	安眠(남100)	충남 태안군 안면읍	어량소 염소 중 1
	禾邊(남30)	충남 서산시 부석면	어량소 염소 중 1
	葦浦(남15)	충남 서산시 남15(신증, 郡 南18리 都飛山	철소
		에 철장)	

3) 윤길원, 2000, 「옥천 철산지 어모소연구」, 『충북향토문화』 11.

4) 『世宗實錄地理志』忠淸道 淸州牧 淸安縣, "靑塘縣은 고려 초에 본래 청주 임내에 붙여 일명 淸淵이라 하였는데, 뒤에 감무를 두어 道安을 겸임하게 하였다. 道安縣은 본래 고구려의 道西縣인데, 신라에서 都西로 고쳐 黑壤郡 領縣을 삼았고, 고려에서 道安縣으로 고쳐 현종 9년에 청주 임내에 붙였다. 본조 태종 병자에 두 현의 백성이 적고 땅이 좁으므로 합하여 淸安으로 하고 감무를 두었는데, 태종 13년 계사에 例에 의하여 현감으로 고쳤다."

5) 김기섭, 1999, 「고려시기 소의 입지와 기능에 관한 시론」, 『한국중세연구』 7. 씨는 도기소로 추정하고 있으나 명확하지 않다.

6) 김기섭, 1999, 위의 논문.

7) 『萬機要覽』軍政篇4 關防, "脅呑峙. 稷山과의 경계에 있다."

泰安郡	吳山(남25)	충남 태안군 남15	어량소 염소 중 1
	梁骨(남13)	충남 태안군 남13	어량소 염소 중 1
沔川郡	逃村(북20)	충남 당진군 면천면 북20 ; 당진군 합덕읍 신리-섬말(도촌리)	어량소 염소 중 1
鴻山縣	非刀(古稱鳩站, 북41)	부여군 홍산면 북41	
	吾合(남6)	부여군 홍산면 남6	
德山縣	乃朴(남18)	충남 예산군 덕산면 내라리	
	薪谷(在德豊縣 去今治, 북17)	충남 예산군 덕산면	
大興縣	居邊(古稱居叱勿所, 동21)	충남 예산군 신양면 가지리(충남 예산군 대흥면 동21 ; 동17에 竹遷川)	금소
藍浦縣	樸坪(今稱深田里, 동35)	충남 보령시 미산면 동35	
	橫川(동21)	충남 보령시 남포면 동21	
保寧縣	巾子山(今稱靑所里, 북20)	충남 보령시 청소면 진죽리	어량소 염소 중 1
禮山縣	立石(동16)	충남 예산군 동16	
海美縣	寺谷(동1)	충남 서산시 해미면 황락리 절골(일락사)	

[경상도]

지명	소	현재 위치	비고
梁山郡	於谷(서5)	경남 양산시 서5	竹箭所[8]
永川郡	梨旨銀(新寧縣 서20)	경북 영천시 신녕면, 고려후기에 현으로 승격	은소
醴泉郡	冬老坪(북53)	경북 문경시 동로면	
豊基郡	林谷(在順興府)	경북 영주시 부석면 임곡리	자기소[9]
義城縣	骨羅(동남50)	경북 의성군 동남50	
大邱都護府	資己(在解顔縣 북20)	대구시 동구 백안동	
密陽都護府	陰谷(서25)	경남 밀양시 서25	은소 혹은 철소
河陽縣	安心(一名明山 在公山下)	경북 경산시 하양읍 팔공산 아래(신증27, 대동지지, 그리고 발굴조사보고서 참조)	와소 혹은 지소
尙州牧	鐥銀(在化寧縣) 銀尺所 海上伊(在中牟縣) 阿多(在中牟縣(慶地))	경북 상주시 화령면 경북 상주시 함창읍 경북 상주시 모동면 경북 상주시 모동면	은소 은소
金山郡	黃金(서30-50리) 水多谷(남28)	경북 김천시 황금동 경북 김천시 남28	자기소
聞慶縣	仍乙項(동10)	경북 문경시 마성면 외어리(속칭 늘목)	
咸昌縣	金川(동5)	경북 상주시 함창읍 동5	
晉州牧	伐大(서40) 水谷(서30) 火谷(동30) 大谷(동30) 水大谷(남40) 葛谷(동20)	경남 진주시 서40 경남 진주시 수곡면 경남 진주시 동30 경남 진주시 대곡면 경남 진주시 남40 경남 진주시 동20	곽소?
陜川郡	樸山(동10)	경남 합천군 동10	묵소
草溪郡	代如谷(북28)	경남 합천군 초계면	
咸陽郡	馬川(古作淺, 남30) 義呑	경남 함양군 마천면 경남 함양군	어량소 도기소[10]
昆南郡[11]	蒲谷(동10) 盤龍(동15)[12]	경남 사천시 곤양면 동10 경남 사천시 곤양면 동15	어량소

---

8) 김기섭, 1999, 앞의 논문. 씨는 어곡소를 죽전과 같은 兵器具를 생산하던 소로 비정하였다. 그러나 죽전소라는 소가 있었는지 여부도 확실하지 않다.

9) 서성호, 1999, 「고려 수공업의 몇 가지 문제에 대한 검토」, 『한국사론』 41·42, 284쪽.

10) 김기섭, 1999, 앞의 논문, 192쪽.

11) 『新增東國輿地勝覽』 31, 慶尙道 昆陽郡, "고려 현종이 진주에 예속시켰고 본조 세종 원년에 … 南海郡을 합쳐서 昆南郡으로 승격시켰다. 19년에 다시 갈라서 남해현을

南海縣	亐山	경남 남해군	곽소 혹은 염소?
泗川縣	觀海谷(북10)	경남 사천시 북10	곽소 혹은 염소?
三嘉縣	綿縣	경남 합천군 삼가면	
	吐村	경남 합천군 삼가면 외토리	
宜寧縣	楮旨(在新繁縣)	경남 의령군 부림면 신반리	지소
	釜谷(남15)	경남 의령군 남15	
	桐谷(동15)	경남 의령군 동15	
	弓谷(동15)	경남 의령군 동15	
山陰縣	松谷	경남 산청군 북13(사철-北 馬淵洞山)	철소
安陰縣13)	加乙山(서40)	경남 함양군 안의면 서40	
昌原都護府14)	安城(서30)	경남 창원시 서30	
	銅泉	경남 창원시 북15	동소
咸安郡	杆谷(남18)	경남 함안군 남18	
	知谷(서37)	경남 함안군 서37	
	楸子谷(남20)	경남 함안군 남20	
	比史谷(남27)	경남 함안군 남27	
	損村(서40)	경남 함안군 서40	
固城縣	鴨岾銀所	경남 고성군	은소
	石智銅所	경남 고성군(경상도지리지-동소)	동소
	遊息銅所	경남 고성군(경상도지리지-동소)	동소
	亐次浦銅所	경남 고성군(경상도지리지-동소)	동소
	達岾	경남 고성군	곽소로 추정
	模島	경남 고성군	곽소로 추정
順興都護府	下谷	경북 영주시 순흥면	

　　설치하고, 진주 金陽部曲을 내속시켜서 지금 이름으로 고쳤다.”

12) 김기섭, 1999, 앞의 논문. 씨는 도기소로 추정하나 도기소의 존재 여부도 확실하지 않다.

13) 『世宗實錄地理志』, “조선 태종조에 利安縣과 感陰縣을 합해 만들었다.”

14) 『世宗實錄地理志』 慶尙道 晉州牧 昌原都護府, “所一 銅泉 沙鐵【産部南岳上里 夫乙無山】鉛銅石【産府東北背寺洞 中品】”; 『新增東國輿地勝覽』 32, 昌原都護府, “【古跡】新所鄕 在府北二十五里. 銅泉鄕 在府北十五里【土産】鐵 出佛母山. 鉛銅石 出府東北背寺洞.”

[전라도]

지명	소	현재 위치	비고
全州府	陽良(在紆州東北)	전북 완주군 봉동읍(우양촌철소)	철소
	豆毛村(在利城縣)	전북 완주군 이서면 이성리	지소
金堤郡	馬川(북20)	전북 김제시 북20	
	才南(동30)	전북 김제시 동30	
古阜郡	禿邊(南毛助里, 남20)	전북 정읍시 고부면 20(모조부곡은 남30)	
	德林(서15)	전북 정읍시 고부면 서15	
錦山郡	大谷(남60)	충남 금산군 남60	
	安城(동남115)	충남 무주군 안성면(금산군 동남115)	자기소15)
	橫川(남120)	충남 금산군 남120	철소?
珍山郡	金岳(岳古作岩, 동30)	충남 금산군 진산면 동30(銅-達往山 東20)	동소
	銅界(북15)	충남 금산군 복수면 구례리	
	橫程	충남 금산군 진산면	동소
萬頃縣	泥波山(서15)	전북 김제시 진봉면 고사리 왕봉산(일명 이파산, 만경면 서15)16)	
金溝縣	櫟陽(북7)	전북 김제시 금구면 산동리(신증34, 금구현 고적조에 역양폐현)	
扶安縣	申德(동5)	전북 부안군 동5	
咸悅縣 용안현	道乃山銀(一名倉山所)	전북 익산시 용안면 (고려 충숙왕대 용안현으로 승격17))	은소
나주목 務安縣18)	水多(서25, 一名橫山)19)	나주시 다시면 동곡리 동촌 동남쪽 수다곡마을20)	철소
靈岩縣	冬栢(동15)	전남 영암군 동5	
	馬峯(해남 남60)	전남 해남군 마산면	
	神葛(해남 동20)	전남 해남군 동20, 신증에는 부곡으로 기록	
	貴仁(영암 남90)	전남 영암군 남90	
高敞縣	德巖(북29, 巖古作密)	전북 고창군 아산면 반암리	자기소
	陶成(북25)	고창군 아산면 용계리(신증에는 도성부곡으로 기재)	자기소

---

15) 서성호, 1999, 앞의 논문, 284쪽.

16) 서성호, 1999, 위의 논문, 285쪽.

17) 『世宗實錄地理志』 龍安縣.

18) 『世宗實錄地理志』 全羅道 羅州牧 務安縣, "成宗十年辛卯 復稱務安郡 隷于羅州 明宗二年壬辰 別置監務 本朝因之 古屬鐵所一 水多 鐵場二 一在縣東南紫口洞 一在縣南炭洞【品皆上 鍊鐵一千五百八十六斤 納于軍器監】."

19) 『新增東國輿地勝覽』에는 나주시 소속으로 되어 있다. 옛 이름은 水墮. 수다소는 서 20리부터 30리까지의 영역. 수다진은 서 30리에 있다. 수다소에서 철을 생산하여 수다진에서 배로 운반하였으리라 생각된다.

茂長縣	龍山	전북 고창군 무장면(세지)	茶所
	梓亦	전북 고창군 무장면	茶所
南平縣	雲谷(남35)	전남 나주시 남평읍 남35	철소
長興都護府	饒狼(남35)	전남 장흥군 남35	모두
	守太(동10)	전남 장흥군 동10	茶所(세지)
	七百乳(동20)	전남 장흥군 동20	
	井山(동10)	전남 장흥군 동10	
	雲膏(북20, 세지 雲高)	전남 장흥군 북20	
	丁火(동5)	전남 장흥군 동5	
	昌居(북20)	전남 장흥군 북20	
	熊岾(동15)	전남 장흥군 동15	
	加佐(북30)	전남 장흥군 북30	
	居開(북20)	전남 장흥군 북20	
	加乙坪(동31)	전남 장흥군 동31	
	香余(북20)	전남 장흥군 북20	
	安則谷	전남 장흥군	
康津縣	大口(동남30)	전남 강진군 대구면 용운리와 사당리	자기소
	大谷(동30)	전남 강진군 동30	
	七陽(동남15)	전남 강진군 칠량면 삼흥리	자기소
	山訃(북20)	전남 강진군 북20	
	山深(서북35)	전남 강진군 서북35	
	種玉(남50)	전남 강진군 남50	
	舊溪(남17)	전남 강진군 남17	
	富元(남15)	전남 강진군 남15	
南原都護府	省火岾(남50, 所火尺)	전북 남원시 남50	
	豆加(남60)	전북 남원시 남60	
	熊陰(남50)	전북 남원시 남50	강소
	龍鳳(동20)	전북 남원시 주천면	자기소
	申內洞(남17, 세지 申內河)	전북 남원시 남17	강소
	歧於淺(남30)	전북 남원시 남30	
	陽川(남8)	전북 남원시 노암동	
	金城(동15)	전북 남원시 초촌리	
	南田(在楡谷北6)	전남 구례군 논곡리(유곡은 섬진강 기슭)	
	放光(楡谷北10)	전남 구례군 광의면 방광리	
	置等保(세종)		
	興福(세종)		

---

20) 서성호, 1997, 『고려전기 수공업연구』, 서울대 박사학위논문, 55쪽.

순창군	置等(서30)	전북 순창군	
	高刀巖(동24)	전북 순창군	
	柳等(동15)	전북 순창군 유등면 외이리	
순창군	甘勿吐(동10)	전북 순창군 유등면 건곡리	
	芿佐	전북 순창군(세지)	
	弓津	전북 순창군(세지)	
龍潭縣	銅鄕(동남35)	전북 진안군 용담리	동소
任實縣	楊等良	전북 임실군(세지)	지소
鎭安縣	剛珠(在馬靈縣)	전북 진안군 마령면	
玉果縣	鸚谷(在鸚山下)	전남 옥성군 옥과면	
長水縣	陽岳(북60)	전북 장수군	
	梨方(북30)	전북 장수군	사소·주소
	天蠶(북15)	전북 장수군	
	福興	전북 장수군	
順天都護府	上伊沙(서20)	전남 순천시 상사면	어량소·염
	豆仍只(남60)	전남 순천시 남60(바닷가-순천만)	소·곽소 중
	月谷(在富有縣東)	전남 순천시 주암면 광천리	하나
	豆坪(在麗水縣)	전남 여수시	
	調海(在麗水縣)	전남 여수시	
	調水(在麗水縣)	전남 여수시	
樂安郡	加用(남30, 一名浦龍倉)	전남 순천시 낙안면 남30	
	品魚(동29)	전남 순천시 낙안면 동29	
	草川(동50)	전남 순천시 낙안면 동50	
	開寧(동10)	전남 순천시 낙안면 동10	곽소
寶城郡	弥力(북15)	전남 보성군 미력면 미력리	금소
	浦谷(남20)	전남 보성군 봉산리	다소
	金谷(동10)	전남 보성군 초당리	금소
	功神	전남 보성군(세지)	
	神同串	전남 보성군(세지)	
	房高城	전남 보성군(세지)	
	酢桃	전남 보성군 남양면(세지)	
綾城縣	品坪(남30)	화순군 능주면 남30	
光陽縣	大谷(동15)	전남 광양시 광양읍 죽림리	
	玉谷(동30)	전남 광양시 옥곡면(산기슭)	강소
	孔村(동65)	광양시 동65(경남 하동군 금성면 궁항리)	곽소
	多沙川(동65)	광양시 동65(경남 하동군 금성면 고모리)	
	蚊縣(동60)	전남 광양시 동60	
	孔乙道(동46)	전남 광양시 동46(광양군 진월면)	

光陽縣	車衣浦(동-46)	전남 광양시 동-46(광양군 진월면)	강소
	仇良浦(동-45)	전남 광양시 동-45(광양군 진월면 망덕리)	
	奴乙道	전남 광양시(세지)	
	實岾	전남 광양시(세지)	
	烏頂	전남 광양시(세지)	
	知巖川	전남 광양시(세지)	
	熊陰	전남 광양시(세지)	
	骨若	광양시 골약면 황길리(세지 신증)21)	
求禮縣	南田(북6)	전남 구례군 구례읍 논곡리	다소
	放光(북10)	전남 구례군 광의면 방광리	다소
興陽縣22)	申筒(在南陽)	전남 고흥군 남양면	
	酢桃所(在南陽)	전남 고흥군 남양면	
同福縣	瓦村(북20, 今稱瓦旨茶貢里)	전남 화순군 동복면(세지)	다소
海珍郡 (해남+진도)	生薑	전남 진도군(위치비정 어려움)	강소
	仇向茶鹽田	전남 진도군	염소
	浦保鹽田	전남 진도군	염소
	大材鹽田	전남 진도군	염소
	熊山	전남 해남군 산이면 진산리와 초송리	해남군 소속 소는 자기소로 추정됨
	柵山	전남 해남군	
	大上伊	전남 해남군	
	仇良山	전남 해남군	
	德池(古名德津)	전남 해남군	

---

21) 서성호, 1999, 앞의 논문, 285쪽. 그러나 자기소라고 확실하게 비정하지는 않았다(동광양시 문화유적학술조사보고서).

22) 『新增東國輿地勝覽』 40, 흥양현, "본래 長興府 高伊部曲인데 고려 충렬왕 11년에 이곳 사람 柳庇(뒤에 淸臣으로 이름을 고침)가 통역으로 원에 가서 공이 있었기 때문에 高興으로 이름을 고치고 縣으로 승격시키고 감무를 두었다."

[강원도]

지명	소	현재 위치	비고
江陵大都護府	般谷(동6)	강원도 강릉시 동6	
	竹原	강원도 강릉시	
原州牧	所呑(동13)	강원도 원주시 동13	철소
	金亇谷(在酒泉縣 남15)	영월군 주천면 금마리(주천현은 원주 東90)	철소
	射林(동45)	강원도 원주시 동45	
春川都護府	枝內村(동15)	강원도 춘천시 신북면 지내리	
旌善縣	皆也項(남60)	강원도 정선군 남60	철소
	立呑(남20)	강원도 정선군 남20	금소나
	北坪(북15)	강원도 정선군 북평면 북평리	은소23)
寧越郡	楊等(서15)	강원도 영월군 남면 연당리	
	梨木(동50)	강원도 영월군 중동면 이목리	
	耳達(서40)	강원도 영월군 서면 쌍룡리	
	省尒呑(동30)	강원도 영월군 영월읍 문산리	
	注文伊(동40)	강원도 영월군 하동면 주문리	
	居呑(동30)	강원도 영월군 영월읍 거운리	
平昌郡	沓谷(동45)	강원도 평창군 동45	
	古林(동59)	강원도 평창군 동59	
	新林(동65)	강원도 평창군 동65	
	石乙項(동63)	강원도 평창군 동63	
	梁呑(남15)	강원도 평창군 남15(동철 서 양탄리)	동소
	乃火石(동50)	강원도 평창군 동50	
麟蹄縣	伊布(북144)	강원도 인제군 서화면	
橫城郡	猪村(동20)	강원도 횡성군 동20	
淮陽都護府	熊林(동30)	강원도 회양군 동30	금소
	北尺(在長楊縣)	강원도 회양군 장양면	
金城縣	小水伊(在通溝)	강원도 김화군 통구면(동철 생산)	동소
楊口縣	亥安(북60)	강원도 양구군 해안면	
平康縣	新村(북59)	강원도 평강군 북59	
	史丁(북60)	강원도 평강군 북60	묵소
	墨谷(동북30)	강원도 평강군 동북30	
	楡林(북90)	강원도 평강군 북90	
金化縣	炭項(동20)	강원도 김화군 동20(석철 동20 方洞川)	
	馬峴(在馬峴下, 마현은 동29)	강원도 김화군 동29	
翼谷縣	凝川貢(복령현(안변서남30) 남15)24)	함남 안변군 서곡면 성우리	

※ 세지 : 『世宗實錄地理志』, 신증 : 『新增東國輿地勝覽』

---

23) 서성호, 1997, 앞의 논문, 56쪽.

24) 『高麗史』 83, 兵3 州縣郡條(동계). 『新增東國輿地勝覽』 49, 安邊都護府條 大東地志에는 凝川眞所로 나와 있다.

【부록】
화 보

初雕本阿毗達磨識身足論 卷13 12세기, 호림박물관

정도사 오층석탑 조성 형지기 1019년(현종 10)~1031년(현종 22)
54行 2천여 字에 이르는 고려시대의 고문서. 量田에 관한 고려초의 문서 일부를 轉載하고 있을 뿐 아니라 지역사회의 운영원리와 지방사찰의 운영형태 등을 엿볼 수 있는 내용을 담고 있다.

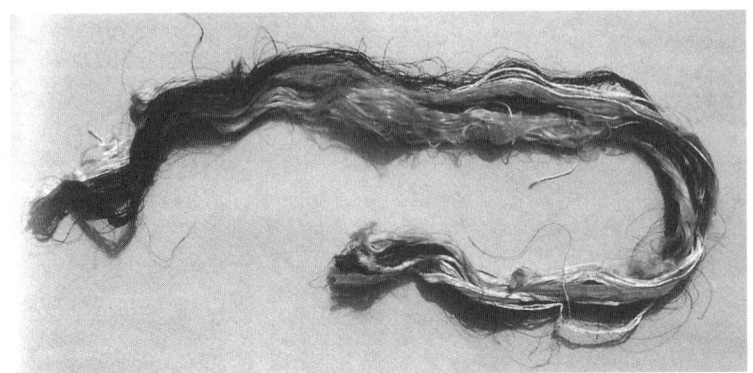

五色絲

朱紅無紋羅

鸞鵲雲紋緞

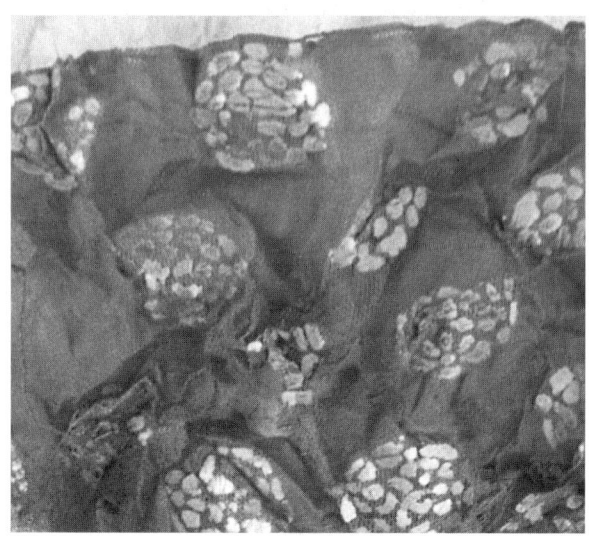

金箔羅

상 · 명학소 민중봉기기념탑
대전시 서구 탄방동 소재

하 · 고려시대의 먹
청주박물관

연꽃범자무늬 수막새
익산 미륵사지 출토, 한남대박물관

귀목무늬 수막새
부여 왕흥사지 출토, 한남대박물관

연꽃귀목무늬 수막새
부여 왕흥사지 출토, 한남대박물관

범자무늬 수막새
부여 무량사 출토, 한남대박물관

청자기와
국립중앙박물관

진도 용장성 출토 기와

강진 청자박물관 가마터 강진군 대구면 사당리

강진 사당리 41호 청자가마

강진청자 국립중앙박물관

강진군 대구면 사당리 출토 청자대접 강진청자박물관

부안 유천리 청자 12세기

고려시대 청자벼루
충주박물관

푸르고 아름다운 술병에 금꽃 아로새겼으니
호사로운 집안에서 이 술병을 사랑하였을 것이다
옛날 賀老가 기분좋을 적에
늦은 봄 경호에서 이 술병을 안고
흠뻑 취했으리라.

靑瓷陽刻蓮唐草文象嵌詩銘瓢形瓶
국립중앙박물관

울산 미역바위가 있는 곽암 울산시 북구 구유동 판지마을

銀入絲로 장식한 청동대야 12~13세기

천흥사 동종 국립중앙박물관
몸체에 새겨진 명문 "聖居山天興寺鐘銘統和二十八年庚戌二月日"
에 따르면 1010년(현종 1)에 주조된 것으로 고려시대 동종 가운데
가장 규모가 크고 형태가 아름답다.

충주 다인철소(이류면 완오리) 지역의 鐵滓(쇠똥, slag)

충주 이류면 완오리 지역

청주 용두사지 철당간

당간은 20개의 철통으로 이루어졌으며, 세 번째 철통에 새겨진 명문 중 "維峻豊三年太歲壬戌三月二十九日鑄成"에 의해 962년에 조성되었음을 알 수 있다.

철정(鐵鋌) 충주 탄금대 토성 내 저수시설의 매몰층 출토

참고문헌

■ 資 料

『三國史記』,『三國遺事』,『高麗史』,『高麗史節要』,『朝鮮王朝實錄』,『慶尙道地理志』,『世宗實錄地理志』,『新增東國輿地勝覽』,『朝鮮金石總覽』,『韓國金石全文』,『韓國金石遺文』,『高麗圖經』,『東文選』,『東國李相國集』,『破閑集』,『補閑集』,『拙藁千百』,『益齋集』,『稼亭集』,『牧隱集』,『曹溪山松廣寺史庫』(1977, 아세아문화사),『三峰集』,『經國大典』,『擇里志』,『經世遺表』,『芝峰類說』,『稼曺龜鑑』,『國朝寶鑑』,『佔畢齋集』,『梅月堂詩集』,『東史綱目』,『海東繹史』,『林園十六志』,『通度寺誌』,『山林經濟』,『谿谷先生集』,『三國志 魏志』東夷傳,『宋史』,『元史』,『契丹國志』,『日本書紀』,『大日本古文書』

■ 저 서

白南雲, 1937,『朝鮮封建社會經濟史(上)』, 改造社.

박구병, 1964,『한국민족문화사대계Ⅲ 한국어업기술사』, 고려대 민족문화연구소.

姜萬吉, 1973,『朝鮮後期 商業資本의 發達』, 고려대출판부.

邊太燮, 1974,『高麗政治制度史研究』, 一潮閣.

이우승, 1978,『생강재배』, 송원문화사.

권병탁, 1979,『전통도자기의 생산과 수요』, 영남대출판부.

강진철, 1980,『高麗土地制度史研究』, 고려대출판부.

최순우, 1982,『한국청자도요지』, 한국정신문화연구원.

閔賢九, 1983,『朝鮮初期의 軍事制度와 政治』, 韓國研究院.

조동일, 1983,『한국문학통사 2』, 지식산업사.

이수건, 1984,『한국중세사회사연구』, 일조각.

유승원, 1987,『조선초기 신분제 연구』, 을유문화사.

이용범, 1988,『中世 滿洲·蒙古史의 研究』, 동화출판공사.

전상운, 1988,『한국과학기술사』, 정음사.

김동욱, 1988,『근재 안축과 그 시가의 연구』, 성균관대 박사학위논문.

漆俠, 1988,『宋代經濟史(下)』, 上海人民出版社.

강경숙, 1989,『한국도자사』, 일지사.

428

尹東錫, 1989, 『三國時代 鐵器遺物의 金屬學的 研究』高大出版部.

이겸노, 1989, 『문방사우』(빛깔있는 책들 22), 대원사.

이기윤, 1989, 『다도』(빛깔있는 책들 67), 대원사.

이호관, 1989, 『범종』(빛깔있는 책들 42), 대원사.

홍희유, 1989, 『조선중세 수공업사연구』, 지양사.

홍희유, 1989, 『조선상업사』, 과학백과사전종합출판사.

황의수, 1989, 『조선기와』(빛깔있는 책들 27), 대원사.

朴宗基, 1990, 『高麗時代 部曲制研究』, 서울대출판부.

손영종·조희승, 1990, 『조선수공업사 1』, 공업종합출판사(1997, 백산자료원).

오붕근·손영종, 1991, 『조선수군사』, 사회과학출판사(1997, 백산자료원).

이정신, 1991, 『고려무신정권기 농민천민 항쟁연구』, 고려대 민족문화연구소.

리태영, 1991, 『조선광업사』, 공업종합출판사(1998, 백산자료원).

정양모, 1991, 『한국의 도자기』, 문예출판사.

홍희유, 1991, 『조선수공업사 2』, 공업종합출판사(1997, 백산자료원).

諸岡存·家入一雄 共著, 李明培 譯, 1991, 『朝鮮의 茶와 禪』, 保林社.

국립중앙박물관, 1992, 『고려도자명문』(국립중앙박물관소장품도록 제8집).

김성구, 1992 『옛기와』(빛깔있는 책들 122), 대원사.

양관 저, 노태촌 역, 1992, 『중국고대야철기술발전사』, 대한교과서주식회사.

고세연, 1993, 『茶의 美學』, 艸衣.

김용선, 1993, 『高麗墓誌銘集成』, 한림대출판부.

류승주, 1993, 『조선시대 광업사연구』, 고려대출판부.

윤용이, 1993, 『한국도자사연구』, 문예출판사.

박희준, 1994, 『차한잔』, 신어림.

전상운, 1994, 『한국과학기술사』, 정음사.

최상준 외, 1994, 『조선기술발전사 3 - 고려편』, 과학백과사전종합출판사.

김영진, 1995, 『조선도자사연구』, 춘추각.

김종태, 1995, 『차이야기』, 오름시스템(주).

권영국 외, 1996, 『譯註 高麗史 食貨志』, 한국정신문화연구원.

김종태, 1996, 『茶의 科學과 文化』, 保林社.

김철, 1996, 『한지제조의 이론과 실제』, 원광대출판부.

박남수, 1996, 『신라수공업사』, 신서원.

朴龍雲, 1996, 『고려시대 開京 연구』, 一志社.

徐聖鎬, 1997, 『高麗前期 手工業 研究』, 서울대 박사학위논문.

송응성, 1997, 『천공개물』, 전통문화사.

정구복, 1997, 『조선전기고문서집성』, 국사편찬위원회.

김영숙 편저, 1998, 『한국복식문화사전』, 미술문화.
김일우, 1998, 『고려초기 국가의 지방지배체계연구』, 일지사.
李相瑄, 1998, 『高麗時代 寺院의 社會經濟 硏究』, 성신여대출판부.
황수영, 1998, 『한국의 불상』, 혜안.
盧泰天, 2000, 『韓國古代冶金技術史硏究』, 學硏文化社.
박종진, 2000, 『고려시기 재정운영과 조세제도』, 서울대출판부.
오일순, 2000, 『고려시대 역제와 신분제 변동』, 혜안.
尹薰杓, 2000, 『麗末鮮初 軍制改革硏究』, 혜안.
권삼문, 2001, 『동해안 어촌의 민속학적 이해』, 민속원.
김난옥, 2001, 『고려시대 천사·천역양인 연구』, 신서원.
李宗峯, 2001, 『韓國中世度量衡制硏究』, 혜안.
임건상, 2001, 『임건상전집』, 혜안.
森郁夫, 2001 『瓦』, 法政大學出版局.
안병우, 2002, 『고려전기의 재정구조』, 서울대출판부.
이종민, 2002, 『한국의 초기청자연구』, 홍익대 박사학위논문.
鄭鍾秀, 2002, 『朝鮮初期 喪葬儀禮 硏究』, 중앙대 박사학위논문.
김영진, 2003, 『도자기가마터 발굴보고』, 백산자료원.
강경숙, 2005, 『한국도자기가마터연구』, 시공아트.
고광민 외, 2006, 『조선시대 소금생산방식』, 신서원.
김삼기, 2006, 『조선시대 제지수공업 연구』, 민속원.
장남원, 2006, 『고려중기 청자연구』, 혜안.
송응성 저, 최주 주역, 1997, 『천공개물』, 전통문화사.
윤용이, 2007, 『우리 옛 도자기의 아름다움』, 돌베개.
이영, 2007, 『잊혀진 전쟁, 왜구』, 에피스테메.
김종운·한성욱·한성천, 2008, 『부안청자』, 학연문화사.
유승훈, 2008, 『우리나라 제염업과 소금민속』, 민속원.
남미혜, 2009, 『조선시대 양잠업연구』, 지식산업사.
채웅석, 2009, 『고려사 형법지 역주』, 신서원.
최광식·이진한 외, 2010, 『한국무역의 역사』, 청아출판사.

■ 자료집

한글학회, 1991, 『우리말 한글사전』.
한글학회, 1999, 『한글 땅이름 큰사전』.
魚叔權, 「俗例造墨法」, 『攷事撮要』.
陸友, 『墨史』卷下 高麗.

430

『邑誌』14, 平安道1 (亞細亞文化社).

『慶尙道邑誌』1832年刊 (1982, 亞細亞文化社).

『湖南邑誌』3, 谷城, 1872(『邑誌』4, 1983, 亞細亞文化社).

陳勇, 『農書』卷下.

권병탁, 1971, 「울산군 달천 철산업의 역사적 연구」, 『신라가야문화연구』2, 영남대.

정명호·윤용이, 1985, 『고창 아산댐 수몰지구 발굴조사보고서』, 원광대 마한·백제문화연구소·한국전력공사 영광 원자력건설사무소.

삼성미술문화재단·호암미술관, 1987, 『용인 서리 고려백자요』.

李基白 편저, 1987, 『韓國古代古文書資料集』, 일지사.

大田市, 1988, 「古蹟과 地名編(上)」, 『우리고장 忠南』, 충청남도 교육위원회.

최맹식, 1989, 「익산 미륵사지 기와가마터」, 『용암차문섭교수 화갑기념사학논총』.

국립광주박물관 편, 1991, 『고흥 운대리 - 국립광주박물관 전남지방 도요지 조사보고 -』.

서산문화원·충북대 고고미술사학과 편, 1991, 『서산태안유적(上)』.

국립부여박물관, 1992, 『부여정암리가마터 Ⅱ』.

大田直轄市市史編纂委員會, 1994, 『大田地名志』.

길경택·유봉희, 1996, 『충주 이류면 야철유적』, 충주박물관.

조현종 외, 1996, 『광주 雲南洞 유적』, 국립광주박물관.

1997, 『경부고속철도 대전사토장 영동보수기지 예정부지 고고 민속 조사보고』, 충남대박물관·한국고속철도건설공사.

1998, 『충주 완오리 야철유적』, 충주박물관·국립중앙과학관.

發掘調査現況, 1999, 「慶州 東川洞 B/L 遺蹟內 靑銅生産工房址」, 『嶺南考古學』24.

忠南大學校博物館 外, 1999, 『天安 大興里遺蹟』(忠南大學校博物館叢書 第19冊).

韓國文化財保護財團, 1999, 「淸原 角里遺蹟」, 『淸原 梧倉遺蹟(Ⅱ)』.

韓國文化財保護財團, 2000, 『淸州 龍岩遺蹟(1)』(學術調査報告 第74冊).

2000, 『대전 보문사지(1)』, 한국문화재보호재단·대전광역시.

崔健·李鍾玟·張起熏, 2001, 『大田 舊完洞 窯址』(海剛陶瓷美術館學術叢書 13), 해강도자미술관 대전광역시.

2001, 『大田 舊完洞 窯址』(어청골 청자요지·와요지 발굴조사보고서).

朴淳發·姜秉權, 2002, 『永同 稽山里 遺蹟』, 충남대.

2002, 『대정동유적』, 고려대 매장문화연구소.

李殷昌, 2002, 『靑陽 冠峴里 瓦窯址』, 대전보건대학박물관·청양군.

2003, 『대전 노은동유적』, 한남대학교 중앙박물관·대전광역시 종합건설본부.

김건수·이영철·이인숙, 2004, 『장흥 하방촌 와요지』, 호남문화재연구원.

2004, 『진천 석장리 철생산유적』, 국립청주박물관·포항산업과학연구원.

朴美羅, 2006, 『강진 현산리 가마터』, 한국수자원공사·남도문화재연구원.

2008, 「울산 達川 유적 1차발굴조사」, 울산문화재연구원.

2008, 『충주 칠금동 제철유적』, 중원문화재연구원.

2009, 『충주 탄금대 토성』, 중원문화재연구원·충주시.

2010, 『고대도시유적 중원경-유적편』, 문화재청·국립중원문화재연구소.

■ 논문

李光麟, 1958, 「朝鮮初期의 製紙業」, 『歷史學報』 10.

申奭鎬, 1959, 「여말선초의 왜구와 그 대책」, 『국사상의 제문제』 3.

림건상, 1961, 「우리 나라 부곡제의 존재시기에 관하여」, 『력사과학』 1961. 3, 사회과학원
　　　　력사연구소.

김재민, 1962, 1968, 「契丹絲考」, 『역사교육』 6, 8.

尹武炳, 1962, 「高麗時代 州府郡縣의 領屬關係와 界首官」, 『歷史學報』 17·18合.

武田幸男, 1966, 「高麗時代における通度寺の寺領支配」, 『東洋史研究』 25-1.

北村秀仁, 1969, 「高麗時代の所について」, 『朝鮮學報』 50.

강만길, 1975, 「수공업」, 『한국사 5』.

日野開三郎, 1977, 「國際交流史上より見た滿鮮絹織物(三)」, 『朝鮮學報』 82.

吳隆京, 1977, 「彌勒寺址의 綠油瓦當에 대한 考察」, 『馬韓百濟文化』 創刊號.

權丙卓, 1978, 「高麗後期 陶瓷器所의 經營形態」, 『大丘史學』, 15·16.

孫弘烈, 1978, 「고려시대의 염업제도」, 『청대사림』 3.

劉承源, 1979, 「조선초기의 鹽干」, 『한국학보』 17, 일지사.

李基白, 1979, 「新羅 景德王代 華嚴經 寫經參與者에 대한 考察」, 『歷史學報』 83.

권태억, 1980, 「한말·일제초기 서울지방의 직물업」, 『한국문화』 1.

朴敬源, 1981, 「高麗鑄金匠考-韓仲敍와 그의 作品 」, 『考古美術』 149.

최완기, 1981, 「고려조의 세곡운송」, 『한국사연구』 34.

文一平, 1982, 「茶故事」, 『湖岩全集 2-문화·풍속편』, 民俗苑.

박종진, 1983, 「충선왕대의 재정개혁책과 그 성격」, 『한국사론』 9.

沈正輔, 1983, 「百濟 復興軍의 主要據點에 關한 研究」, 『百濟研究』 14.

張慶浩·崔孟植, 1983, 「彌勒寺址出土 기와 등文樣에 對한 調査研究」, 『문화재』 19, 문화재관
　　　　리국.

安秉佑, 1984, 「高麗의 屯田에 관한 一考察」, 『韓國史論』 10.

강순길, 1985, 「충선왕의 염법개혁과 염호」, 『한국사연구』 48.

權寧國, 1985, 「14세기 権鹽制의 成立과 運用」, 『韓國史論』 13.

송성안, 1985, 「고려전기 자기수공업」, 『慶大史論』 8.

오일순, 1985, 「高麗前期 部曲民에 관한 一試論」, 『學林』 7.

홍종필, 1985, 「高麗後期 鹽業考」, 『白山學報』 30·31합.

432

北村秀人, 1985, 「高麗時代の絹織物生産について」, 『人文研究』 37-9, 大阪市立大文學部.

金炫榮, 1986, 「고려시기의 所에 대한 재검토」, 『韓國史論』 15, 서울대 국사학과.

유승원, 1987, 「조선초기 신량역천 계층」, 『조선초기 신분제 연구』, 을유문화사.

全完吉, 1987, 「高麗時代의 茶文化論」, 『民族文化研究』 20.

具山祐, 1988, 「고려시기 부곡제의 연구성과와 과제」, 『釜大史學』 12.

김호종, 1988, 「조선후기의 염업경영실태」, 『역사교육논집』 12.

위은숙, 1988, 「12세기 농업기술의 발전」, 『부대사학』 12.

徐首生, 1989, 「八萬大藏經과 佛教文化史上의 價値性 및 保存策」, 『高麗大藏經』.

中西章, 1989, 「古代建築の繼承と新しい時代への胎動－高麗の建築」, 『朝鮮半島建築』.

金顯吉, 1990, 「忠州地域의 歷史地理的 背景」, 『國史館論叢』 16.

서명희, 1990, 「고려시대의 철소에 대하여」, 『한국사연구』 69.

안병우, 1990, 「고려전기 공해전의 설치와 운영」, 『이재룡환력기념 한국사학논총』.

김덕자, 1991, 「경기도내 향·부곡·소 촌락의 역사지리적 연구」, 『지리교육논집』 26.

윤승남, 1991, 「고려후반기 향·소·부곡제의 쇠퇴와 그 철폐에 대하여」, 『력사과학』 1991-4, 사회과학원 력사연구소.

이의명, 1991, 「15·16세기 양잠정책과 그 성과」, 『한국사론』 24.

구산우, 1992, 「羅末麗初의 蔚山지역과 朴潤雄」, 『韓國文化研究』 5.

서성호, 1992, 「고려전기 지배체제와 工匠」, 『한국사론』 27.

이해준, 1992, 「강진지역 고려청자의 발달배경」, 『강진의 청자요지』.

林英正, 1992, 「고려시대 使役·工匠僧에 대하여」, 『伽山이지관스님화갑기념논총 한국불교문화사상사(상)』.

田炳武, 1992, 「高麗時代 銀流通과 銀所」, 『韓國史研究』 78, 韓國史研究會.

위은숙, 1993, 「고려후기 직물수공업의 구조변동과 그 성격」, 『한국문화연구』 6.

전병무, 1993, 「고려 충혜왕의 상업활동과 재정정책」, 『역사와현실』 10.

조효숙, 1993, 「고려시대 견직물의 실증적 연구」, 『복식』 20.

최정혜, 1993, 「고려시대의 수막새에 대한 검토」, 『박물관연구논집』 2, 부산시립박물관.

황하영, 1993, 「태안반도의 생강재배에 관한 지리학적 연구」, 공주대 교육대학원 석사학위 논문.

박구병, 1994, 「수산업」, 『한국사 24』, 국사편찬위원회.

안병우, 1994, 「고려시대 수공업과 상업」, 『한국사 6』, 한길사.

이혜옥, 1994, 「고려후기 수취체제의 변화」, 『14세기 고려의 정치와 사회』, 민음사.

조효숙, 1994, 「高麗時代 織造手工業과 織物生産의 實態」, 『국사관논총』 55.

한춘순, 1995, 「조선초기 잠업정책에 대한 고찰」, 『경희사학』 19.

홍승기, 1995, 「신분제도」, 『한국사 15』, 국사편찬위원회.

朴漢男, 1996, 「12세기 麗金貿易에 대한 검토」, 『大東文化研究』 31.

金潤坤·宋聖安, 1997 「고려시대 寺院手工業에 관한 一檢討」, 『慶大史論』 10.

박종기, 1997, 「조선초기의 부곡」, 『국사관논총』 92.

서성호, 1997, 『고려전기 수공업 연구』, 서울대 박사학위논문.

이정희, 1997, 「고려전기 대요무역」, 『지역과역사』 4.

최몽룡, 1997, 「청동기문화」, 『한국사 3』, 국사편찬위원회.

권영국, 1998, 「조선초 염업정책과 생산체제」, 『사학연구』 55·56합.

김일우, 1998, 「고려시대 탐라의 지방편제 시기와 그 단위의 형태」, 『한국사학보』 5.

노태천, 1998, 「한국고대 청동기에 포함된 아연성분에 대하여」, 『한국고대사연구』 13.

이병희, 1998, 「고려시기 전남지방의 향 부곡」, 『지방사와 지방문화』.

이정신, 1998, 「高麗時代 종이의 생산 실태와 紙所」, 『韓國史學報』 5, 高麗史學會.

이정신, 1998, 「高麗時代의 漁業實態와 漁梁所」, 『韓國史學報』 3·4, 高麗史學會.

金琪燮, 1999, 「高麗時期 所의 입지와 기능에 관한 試論」, 『한국중세사연구』 7.

서성호, 1999, 「고려 수공업소의 몇가지 문제에 대한 검토」, 『한국사론』 41·42.

李貞信, 1999, 「고려시대 茶생산과 茶所」, 『한국중세사연구』 6.

최연주, 1999, 「고려후기의 각염법을 둘러싼 분쟁과 그성격」, 『한국중세사연구』 6.

강봉룡, 2000, 「해남지역 청자생산의 역사지리적 배경」, 『고려청자, 강진으로의 귀향』, 강진청자자료박물관.

金鎬詳, 2000, 「古代 白炭窯 考察」, 『慶州史學』 19.

이경록, 2000, 「고려시대 은폐제도의 전개과정」, 『태동고전연구』 17.

이희관, 2000, 「고려 청자사상의 강진요와 부안요」, 『고려청자, 강진으로의 귀향』.

한성욱, 2000, 「해남지역 청자의 현황과 성격」, 『고려청자, 강진으로의 귀향』.

강종호, 2001, 「미역양식업 가격안정지지제도개선을 위한 정책방향」, 『한국해양수산개발원보고서』.

金吉植, 2001, 「古代 炭窯의 築造背景」, 『東垣學術論文集』.

金吉植, 2001, 「氷庫를 통해 본 公州 艇止山 遺蹟의 性格」, 『考古學志』 12.

김난옥, 2001, 「9~11세기 용인 서리 백자요와 지방세력」, 『용인서리백자요지의 재조명』.

박종기, 2001, 「경기 북부지역 중세 군현치소와 특수촌락변화연구」, 『북악사론』 8.

이희관·최건, 2001, 「고려초기 청자생산체제의 변동과 그 배경」, 『미술사학연구』 232.

이희관, 2002, 「시흥 芳山大窯의 생산집단과 개시시기 문제」, 『신라 금석문의 현황과 과제』.

金吉植, 2002, 「古代의 氷庫와 喪葬禮」, 『韓國考古學報』 47.

김창민, 2002, 「평등이념과 개인의 전략 ; 흑산도의 바위미역채취에 관한 민속지」, 『지방사와 지방문화』, 역사문화학회.

윤경진, 2002, 「고려시기 소의 존재양태에 대한 시론」, 『한국중세사연구』 13.

이진한, 2002, 「고려시대 수령직의 제수자격」, 『사총』 55.

434

한성욱, 2002, 「해남지역 청자의 현황과 성격」, 『해남의 청자요지』(목포대박물관 학술총
　　　서89), 해남군·목포대박물관.

金有植, 2002, 「統一新羅綠釉瓦の檢討」, 『朝鮮古代硏究』 3.

金琪燮, 2003, 「고려무신집권기 철의 수취와 명학소민의 봉기」, 『한국중세연구』 15.

김난옥, 2003, 「고려후기의 잡척」, 『한국사학보』 15.

박종진, 2003, 「안찰사의 기능과 위상」, 『동방학지』 122.

안병우, 2003, 「조선전기 철물의 생산과 유통」, 『동방학지』 119.

이정신, 2003, 「고려시대의 탄소와 명학소의 위치」, 『한국중세연구』 15.

고명수, 2004, 「몽골제국시기 옷치킨 왕가의 세력기반과 그 변화」, 『사총』 58.

이종민, 2004, 「고려시대 청자가마의 구조와 생산방식 고찰」, 『한국상고사학보』 45.

이종민, 2004, 「高麗時代 寺址出土 磁器의 器種과 性格」, 『丹蒙文化硏究』 8.

장남원, 2004, 「고려시대 경기지역 요업의 성격」, 『고문화』 63.

이희관, 2005, 「고려시대의 도자소와 그전개」, 『사학연구』 77.

清水昭博 저, 韓辰淑 역, 2005, 「기와의 전래」, 『백제연구』 41.

김영원, 2006, 「고려시대 扶安 靑磁의 연구」, 『미술사논단』 22.

朴美羅, 2006, 『강진 현산리 가마터』, 한국수자원공사·남도문화재연구원.

박종기, 2006, 「조선초기 부곡의 규모와 존재형태」, 『동방학지』 133.

육정임, 2006, 「송원대 방직업과 여성의 지위」, 『동양사학연구』 96.

이정신, 2006, 「고려시대 동의 사용현황과 동소」, 『한국사학보』 25.

구일회, 2007, 「부안군 유천리 고려청자 연구」, 『미술사논단』 25.

이정신, 2007, 「고려시대 기와생산체제와 그 변화」, 『한국사학보』 29.

조복현, 2007, 「宋代 絹價의 變動과 그 特徵 硏究」, 『東洋史學硏究』 100.

김애경, 2008, 「완도 해저출토 청자의 특징과 생산시기」, 『해양문화재』 1.

박지영, 2008, 「고려시대 도자기 장고 연구」, 『해양문화재』 1.

이강한, 2008, 「고려 충선왕-원 무종의 재정운용 및 '정책공유'」, 『동방학지』 143.

장남원, 2008, 「완도선 인양 철화정자의 특징과 제작시기」, 『해양문화재』 1.

장남원, 2008, 「조운과 도자생산, 그리고 유통」, 『미술사연구』 22.

한성욱, 2009, 「고려청자의 생산과 유통」, 『청자보물섬 뱃길체험기념 국제학술심포지엄』
　　　(2009. 6. 9).

윤용이, 2009, 「고려청자의 생산과 소비, 항로」, 『청자보물섬 뱃길체험기념 국제학술심포
　　　지엄』.

윤명철, 2009, 「청자산업과 관련된 고려의 대외항로」, 『청자보물섬 뱃길체험기념 국제학
　　　술심포지엄』.

최연식, 2009, 「태안 청자운반선 출토 고려목간의 현황과 내용」, 『청자보물섬 뱃길체험기
　　　념 국제학술심포지엄』.

김난옥, 2011, 「고려시대 소의 편재방식과 소민의 사회적 지위」, 『역사교육』 120.
박종기, 2011, 「고려시대 종이 생산과 所 생산체제」, 『한국학논총』 35.

■ 일본논문

旗田巍, 1951. 「高麗時代の賤民制度'部曲'について」, 『和田博士還曆記念 東洋史論集』 和田
        博士還曆記念東洋史論叢編纂委員會 / 1972, 『朝鮮中世社會史の研究』, 法政大學
        出版局.
村上四男, 1957. 「高麗時代の'所'について」, 『和歌山大學學藝學部紀要 人文科學』 7.
中西章, 1989, 「古代建築の繼承と新しい時代への胎動−高麗の建築」, 『朝鮮半島建築』, 理工
        學社.
高正龍, 1999, 「韓國における滴水瓦の成立時期」, 『朝鮮古代研究』 1.

찾아보기

이정신

고려대학교 문과대학 사학과 및 동 대학원 졸업
현재 한남대학교 문과대학 사학과 교수
한남대학교 박물관장, 한국중세사학회 회장 역임

주요 논저
『고려 무신정권기 농민·천민 항쟁연구』, 『고려시대의 정치변동과 대외정책』, 「고려 조선시대 윤관
9성 인식의 변화」, 「고려시대 금은채굴과 금소·은소」, 「원간섭기 원종·충렬왕의 정치적 행적」, 「고려시대
기와생산체제와 그 변화」, 「고려시대 경주민의 항쟁과 제사」 외 다수

한국중세사학회 연구총서 4

고려시대의 특수행정구역 所 연구

이 정 신 지음

2013년 2월 26일 초판 1쇄 발행

펴낸이 오일주
펴낸곳 도서출판 혜안
등록번호 제22-471호
등록일자 1993년 7월 30일

주소 ⑨ 121-836 서울시 마포구 서교동 326-26번지 102호
전화 3141-3711~2 / **팩시밀리** 3141-3710
E-Mail hyeanpub@hanmail.net

ISBN 978-89-8494-464-0 93910

값 32,000 원